光盘导航

光盘界面

案例欣赏

案例欣赏

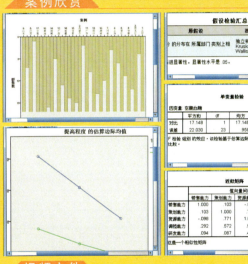

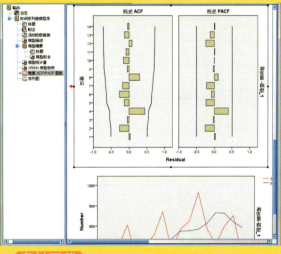

视频文件

素材下载

案例欣赏

3D-散点图
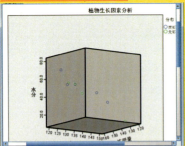

常规模型分析数据
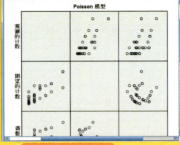

二价聚类分析
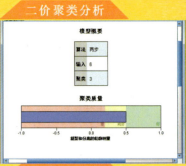

复式箱图
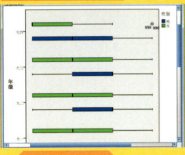

分析小麦产量因素
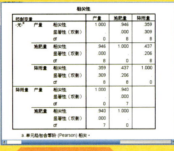

分析景区游客量
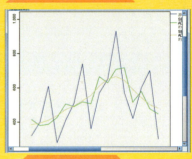

探索性分析考试成绩
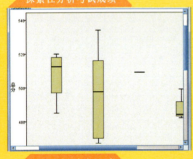

频率分析考试成绩
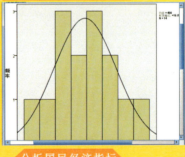

层次聚类法分析数据
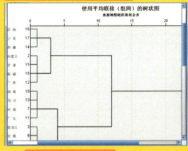

尺度分析城市距离
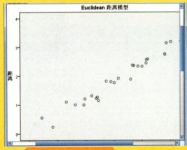

分析国民经济指标
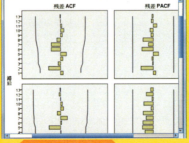

分析日常娱乐项目

分析早餐影响因素

聚类高低关闭图
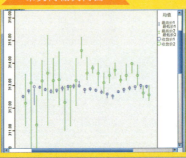

曲线估计分析法
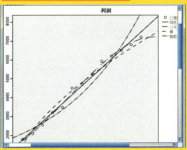

SPSS数据统计与分析
标准教程

■ 夏丽华 谢金玲 等编著

清华大学出版社
北京

内 容 简 介

SPSS 20.0 是 IBM 公式最新推出的数据统计分析软件,是各行业办公人员必备的统计分析工具之一。本书汇集了用户在使用 SPSS 20.0 分析数据时最常用的基础分析方法,通过实用案例,详细向用户解释了管理数据文件、基本统计分析、差异性均值分析、非参数检验、方差分析、相关分析、回归分析、信度分析、对数线性分析、聚类和判别分析、时间序列分析、绘制统计图表等内容。配书光盘提供了本书实例完整素材文件和全程配音教学视频文件。

本书结构编排合理,图文并茂,实例丰富,可操作性强,可有效帮助用户提升 SPSS 20.0 的操作水平。本书适合作为高职高专院校学生学习使用,也可作为计算机、金融、教育、医疗,以及具备一定统计学基础的用户深入学习 SPSS 20.0 的培训和参考资料。

本书封面贴有清华大学出版社防伪标签,无标签者不得销售。
版权所有,侵权必究。举报:010-62782989,beiqinquan@tup.tsinghua.edu.cn。

图书在版编目(CIP)数据

SPSS 数据统计与分析标准教程/夏丽华等编著. —北京:清华大学出版社,2013.12(2023.8重印)
(清华电脑学堂)

ISBN 978-7-302-32890-2

Ⅰ. ①S… Ⅱ. ①夏… Ⅲ. ①统计分析-软件包-教材 Ⅳ. ①C819

中国版本图书馆 CIP 数据核字(2013)第 136364 号

责任编辑:冯志强
封面设计:吕单单
责任校对:徐俊伟
责任印制:沈 露

出版发行:清华大学出版社
网　　址:http://www.tup.com.cn, http://www.wqbook.com
地　　址:北京清华大学学研大厦 A 座　　邮　　编:100084
社 总 机:010-83470000　　邮　　购:010-62786544
投稿与读者服务:010-62776969,c-service@tup.tsinghua.edu.cn
质量反馈:010-62772015,zhiliang@tup.tsinghua.edu.cn

印 装 者:三河市春园印刷有限公司
经　　销:全国新华书店
开　　本:185mm×260mm　　印 张:23　　插 页:1　　字 数:549 千字
　　　　　(附光盘1张)
版　　次:2014 年 5 月第 1 版　　印　　次:2023 年 8 月第 6 次印刷
定　　价:49.00 元

产品编号:054391-01

前　言

SPSS 20.0 是 IBM 公式最新推出的数据分析软件，也是当前世界上最为流行的三大统计分析软件之一。它以强大的统计分析功能、方便易用的用户操作方式、灵活的表格式分析报告和精美的图形展示形式，以及可以直接读取 Excel 及 DBF 数据文档优势，充分赢得了各个领域广大数据分析人员的喜爱，并得到了广泛的应用。

本书以 SPSS 20.0 中的基础分析方法出发，配以大量实例，采用知识点讲解与动手练习相结合的方式，详细介绍了 SPSS 20.0 中的数据分析基础应用知识与具体使用方法。每一章都配合了丰富的插图说明，生动具体、浅显易懂，使用户能够迅速上手，轻松掌握功能强大的 SPSS 20.0 在日常生活与数据分析中的应用，为工作和学习带来事半功倍的效果。

1. 本书内容介绍

全书系统全面地介绍了 SPSS 20.0 的基础分析知识，每个知识点下面都提供了具体实例，用来巩固所学技巧。本书共分为 13 章，内容概括如下：

第 1 章：全面讲解了初始 SPSS 20.0 的基础知识，介绍了 SPSS 发展历史、SPSS 的功能性、SPSS 软件安装、SPSS 软件介绍等内容。

第 2 章：全面讲解了管理数据文件的应用知识，介绍了定义变量、编辑变量、设置 SPSS 数据、拆分和合并数据文件等内容。

第 3 章：全面讲解了描述统计分析的应用知识，介绍了频数分析、描述分析、交叉表分析、探索性统计分析、比率分析等内容。

第 4 章：全面讲解了差异性均值分析的应用知识，介绍了假设检验概述、均值比较、单样本 T 检验、独立样本 T 检验等内容。

第 5 章：全面讲解了非参数检验的应用知识，介绍了二项式检验、卡方检验、K-S 检验、游程检验、Wilcoxon 符号秩检验、独立样本非参数检验、相关样本非参数检验等内容。

第 6 章：全面讲解了方差分析的应用知识，介绍了单因素方差分析、双因素方差分析、多元方差分析、重复测量的双因素方差分析、协方差分析等内容。

第 7 章：全面讲解了相关分析的应用知识，介绍了双变量相关分析、偏相关分析、距离相关分析等内容。

第 8 章：全面讲解了回归分析的应用知识，介绍了一元线性回归分析、多元线性回归分析、非线性回归分析、曲线估计回归分析等内容。

第 9 章：全面讲解了信度分析的应用知识，介绍了重测和复本信度、内部一致性信度、分半信度、评分信度、多维尺度分析等内容。

第 10 章：全面讲解了对数线性分析的应用知识，介绍了常规模型、Logit 模型、模型选择等内容。

第 11 章：全面讲解了聚类和判别分析的应用知识，介绍了二阶聚类分析、K-均值聚类分析、层次聚类分析、普通判别分析、决策树分析等内容。

第 12 章：全面讲解了时间序列分析的应用知识，介绍了时间序列数据的预处理、指数平滑模型、ARIMA 模型、季节分析模型等内容。

第 13 章：全面讲解了绘制统计图的应用知识，介绍了条形图、线图、面积图和饼图、散点图、高低图、箱图、编辑统计图等内容。

2．本书主要特色

- **系统全面**　本书提供了 50 多个实用案例，通过实例分析、设计过程讲解 SPSS 20.0 的应用知识，涵盖了 SPSS 20.0 中的各个分析工具。
- **课堂练习**　本书各章都安排了课堂练习，全部围绕实例讲解相关内容，灵活生动地展示了 SPSS 20.0 各分析方法的具体功能。课堂练习体现本书实例的丰富性，方便读者组织学习。每章后面还提供了思考与练习，用来测试读者对本章内容的掌握程度。
- **全程图解**　各章内容全部采用图解方式，图像均做了大量的裁切、拼合、加工，信息丰富，效果精美，阅读体验轻松，上手容易。
- **随书光盘**　本书使用 Director 技术制作了多媒体光盘，提供了本书实例完整素材文件和全程配音教学视频文件，便于读者自学和跟踪练习图书内容。

3．本书使用对象

本书从 SPSS 20.0 基础分析知识入手，全面介绍了 SPSS 20.0 面向数据分析应用的知识体系。本书制作了多媒体光盘，图文并茂，能有效吸引读者学习。本书适合作为高职高专院校学生学习使用，也可作为数据分析爱好者及办公人员等用户深入学习 SPSS 20.0 的培训和参考资料。

参与本书编写的人员除了封面署名人员之外，还有王海峰、马玉仲、席宏伟、祁凯、徐恺、王泽波、王磊、张仕禹、夏小军、赵振江、李振山、李文才、李海庆、王树兴、何永国、李海峰、王蕾、王曙光、牛小平、贾栓稳、王立新、苏静、赵元庆、郭磊、何方、徐铭、李大庆等人。由于时间仓促，水平有限，疏漏之处在所难免，敬请读者朋友批评指正。

编　者

目 录

第1章 初识 SPSS ······1
  1.1 SPSS 概述 ······2
    1.1.1 SPSS 发展历史 ······2
    1.1.2 SPSS 的功能性 ······2
    1.1.3 SPSS 的产品特点 ······3
  1.2 SPSS 软件安装 ······4
    1.2.1 SPSS 软件的环境要求 ······4
    1.2.2 安装 SPSS 软件 ······4
  1.3 SPSS 软件介绍 ······6
    1.3.1 启用 SPSS 软件 ······6
    1.3.2 SPSS 数据编辑窗口 ······7
    1.3.3 SPSS 结果输出窗口 ······10
    1.3.4 SPSS 语法编辑窗口 ······10
    1.3.5 SPSS 脚本编辑窗口 ······11

第2章 管理数据文件 ······12
  2.1 变量与常量 ······13
    2.1.1 理解常量 ······13
    2.1.2 理解操作符与表达式 ······13
    2.1.3 定义变量 ······14
    2.1.4 编辑变量 ······19
    2.1.5 指定加权变量 ······20
    2.1.6 创建变量 ······20
  2.2 设置 SPSS 数据 ······22
    2.2.1 输入数据 ······22
    2.2.2 读取数据文件 ······24
    2.2.3 保存数据文件 ······29
  2.3 编辑 SPSS 数据 ······31
    2.3.1 复制与移动数据 ······31
    2.3.2 设置字体格式 ······32
    2.3.3 查找和替换数据 ······33
    2.3.4 编辑个案 ······34
  2.4 拆分与合并数据文件 ······36
    2.4.1 拆分数据文件 ······36
    2.4.2 合并数据文件 ······36
  2.5 课堂练习：读取 Excel 数据文件 ······38
  2.6 课堂练习：管理员工信息数据文件 ······40
  2.7 思考与练习 ······42

第3章 描述统计分析 ······44
  3.1 频数分析 ······45
    3.1.1 频数分析概述 ······45
    3.1.2 设置频率统计量 ······46
    3.1.3 设置频率格式 ······47
    3.1.4 设置频率图表 ······48
    3.1.5 Bootstrap 分析方法 ······48
    3.1.6 显示分析结果 ······50
  3.2 描述分析 ······50
    3.2.1 描述分析概述 ······50
    3.2.2 SPSS 描述统计分析方法 ······52
  3.3 交叉表分析 ······54
    3.3.1 交叉表分析概述 ······54
    3.3.2 添加交叉表变量 ······55
    3.3.3 交叉表中的精确检验 ······55
    3.3.4 交叉表中的统计量 ······56
    3.3.5 交叉表中的单元显示 ······57
    3.3.6 显示交叉表分析结果 ······58
  3.4 探索性统计分析 ······59
    3.4.1 探索性统计分析概述 ······59
    3.4.2 设置统计变量 ······60
    3.4.3 设置探索统计量 ······60
    3.4.4 设置探索图 ······61
    3.4.5 显示探索分析结果 ······62
  3.5 比率分析 ······63
    3.5.1 设置比率变量 ······63
    3.5.2 设置比率统计量 ······63
    3.5.3 保存/显示分析结果 ······64
  3.6 P-P 图和 Q-Q 图 ······65
    3.6.1 P-P 图 ······65
    3.6.2 Q-Q 图 ······66

3.7 课堂练习：交叉表分析工作年限 …… 67
3.8 课堂练习：频数分析考试成绩 …… 69
3.9 课堂练习：销售比率分析 …… 71
3.10 思考与练习 …… 72

第4章 差异性均值分析 …… 74

4.1 假设检验概述 …… 75
  4.1.1 假设检验基本原理 …… 75
  4.1.2 两种类型的错误 …… 75
  4.1.3 单侧与双侧检验 …… 76
4.2 均值比较 …… 77
  4.2.1 添加均值比较变量 …… 77
  4.2.2 设置均值比较选项 …… 77
  4.2.3 设置Bootstrap选项 …… 78
  4.2.4 显示均值比较结果 …… 79
4.3 单样本T检验 …… 79
  4.3.1 单样本T检验概述 …… 79
  4.3.2 使用单样本T检验 …… 80
4.4 独立样本T检验 …… 81
  4.4.1 独立样本T检验概述 …… 81
  4.4.2 使用独立样本T检验 …… 82
4.5 配对样本T检验 …… 84
  4.5.1 配对样本T检验概述 …… 84
  4.5.2 使用配对样本T检验 …… 84
4.6 课堂练习：均值比较考试成绩 …… 85
4.7 课堂练习：独立样本T检验身高数据 …… 88
4.8 课堂练习：配对样本T检验体重数据 …… 90
4.9 思考与练习 …… 91

第5章 非参数检验 …… 94

5.1 非参数检验概述 …… 95
5.2 单样本非参数检验概述 …… 95
  5.2.1 设置检验目标 …… 96
  5.2.2 设置检验字段 …… 96
  5.2.3 设置检验类型 …… 97
5.3 二项式检验 …… 98
  5.3.1 二项式检验概述 …… 98
  5.3.2 添加分析变量 …… 99
  5.3.3 设置检验选项 …… 99
  5.3.4 显示分析结果 …… 100
5.4 卡方检验 …… 101
  5.4.1 卡方检验概述 …… 101
  5.4.2 添加分析变量 …… 102
  5.4.3 设置检验选项 …… 102
  5.4.4 显示分析结果 …… 103
5.5 K-S检验 …… 103
  5.5.1 K-S检验概述 …… 103
  5.5.2 添加分析变量 …… 104
  5.5.3 设置检验选项 …… 104
  5.5.4 显示分析结果 …… 105
5.6 Wilcoxon符号秩检验 …… 106
  5.6.1 添加分析变量 …… 106
  5.6.2 设置分析选项 …… 106
  5.6.3 显示分析结果 …… 106
5.7 游程检验 …… 107
  5.7.1 游程检验概述 …… 107
  5.7.2 添加分析变量 …… 108
  5.7.3 设置分析选项 …… 108
  5.7.4 显示分析结果 …… 109
5.8 独立样本非参数检验 …… 110
  5.8.1 独立样本非参数检验概述 …… 110
  5.8.2 设置检验目标 …… 111
  5.8.3 设置检验字段 …… 112
  5.8.4 设置检验类型 …… 112
5.9 相关样本非参数检验 …… 114
  5.9.1 相关样本非参数检验概述 …… 114
  5.9.2 设置检验目标 …… 116
  5.9.3 设置检验字段 …… 117
  5.9.4 设置检验类型 …… 117
5.10 课堂练习：分析考试成绩的差异性 …… 119
5.11 课堂练习：评价招聘方案 …… 122
5.12 课堂练习：分析血糖值的合格度 …… 124
5.13 思考与练习 …… 126

第6章 方差分析 …… 129

6.1 方差分析概述 …… 130
  6.1.1 方差分析的因素 …… 130
  6.1.2 方差分析的假设条件 …… 130

6.1.3 方差分析的基本流程………131
6.2 单因素方差分析……………………133
 6.2.1 单因素方差概述…………133
 6.2.2 正态分布检验……………133
 6.2.3 设置对比方式……………134
 6.2.4 设置方差齐性……………135
 6.2.5 设置分析选项……………136
 6.2.6 设置附加选项……………137
 6.2.7 显示分析结果……………137
6.3 双因素方差分析……………………139
 6.3.1 设置单变量模型…………139
 6.3.2 设置对比方式……………141
 6.3.3 设置轮廓图………………142
 6.3.4 设置均值的比较方式………142
 6.3.5 设置保存选项……………143
 6.3.6 设置分析选项……………145
 6.3.7 显示分析结果……………146
6.4 多元方差分析………………………147
 6.4.1 设置变量模型……………147
 6.4.2 设置对比方式……………149
 6.4.3 设置轮廓图………………149
 6.4.4 设置两两比较方式………149
 6.4.5 设置保存方式……………150
 6.4.6 设置分析选项……………152
 6.4.7 显示分析结果……………153
6.5 重复测量的双因素方差分析………155
 6.5.1 添加测量因子……………155
 6.5.2 设置轮廓图………………155
 6.5.3 设置选项…………………156
 6.5.4 显示分析结果……………156
6.6 协方差分析…………………………158
 6.6.1 协方差概述………………158
 6.6.2 检验交互性………………159
 6.6.3 协方差分析数据…………160
 6.6.4 显示分析结果……………161
6.6 课堂练习：重复测量法分析考试
 成绩……………………………162
6.7 课堂练习：协方差分析空腹
 血糖……………………………165
6.8 思考与练习…………………………168

第7章 相关分析…………………………170
7.1 相关分析概述………………………171
 7.1.1 函数关系和相关关系………171
 7.1.2 相关关系的分类…………171
 7.1.3 相关系数…………………172
7.2 双变量相关分析……………………173
 7.2.1 双变量相关分析方法………173
 7.2.2 设置分析变量……………174
 7.2.3 设置分析选项……………174
 7.2.4 显示分析结果……………175
7.3 偏相关分析…………………………176
 7.3.1 偏相关分析概述…………176
 7.3.2 设置分析变量……………176
 7.3.3 设置分析选项……………177
 7.3.4 显示分析结果……………177
7.4 距离相关分析………………………178
 7.4.1 距离相关分析概述………178
 7.4.2 非相似性测量……………179
 7.4.3 相似性测量………………182
7.5 课堂练习：分析小麦的产量
 因素……………………………184
7.6 课堂练习：分析公司间的执行
 能力……………………………186
7.7 思考与练习…………………………189

第8章 回归分析…………………………191
8.1 线性回归分析………………………192
 8.1.1 一元线性回归分析概述……192
 8.1.2 一元线性回归分析………192
 8.1.3 多元线性回归概述………198
 8.1.4 多元线性回归分析………198
8.2 非线性回归分析……………………202
 8.2.1 非线性回归概述…………202
 8.2.2 初步分析数据……………204
 8.2.3 设置参数…………………205
 8.2.4 设置损失函数……………206
 8.2.5 设置参数约束……………206
 8.2.6 设置保存和分析选项………207
 8.2.7 显示分析结果……………208
8.3 曲线估计回归分析…………………209

8.3.1 曲线估计回归模型……209
8.3.2 设置分析变量和模型……210
8.3.3 设置保存选项……211
8.3.4 显示分析结果……211
8.4 课堂练习：非线性回归分析
推广费用……213
8.5 课堂练习：曲线估计分析
企业利润……216
8.6 思考与练习……218

第9章 信度分析……220
9.1 信度分析概述……221
9.1.1 信度分析的基本理论……221
9.1.2 信度系数……222
9.2 重测和复本信度……222
9.2.1 重测信度分析……222
9.2.2 复本信度分析……223
9.3 内部一致性信度……224
9.3.1 内部一致性信度概述……224
9.3.2 设置分析变量……225
9.3.3 设置统计量……226
9.3.4 显示分析结果……227
9.4 分半信度……228
9.4.1 分半信度概述……228
9.4.2 双变量执行信度分析……228
9.4.3 分半信度分析法……229
9.5 评分信度……230
9.5.1 评分信度概述……230
9.5.2 设置分析变量……230
9.5.3 设置检验的精确程度……231
9.5.4 设置分析选项……232
9.5.5 显示分析结果……232
9.6 多维尺度分析……232
9.6.1 设置分析变量……232
9.6.2 设置分析模型……233
9.6.3 设置分析选项……234
9.6.4 显示分析结果……234
9.7 课堂练习：分析成绩的内部
一致性信度……235
9.8 课堂练习：尺度分析城市距离……236

9.9 思考与练习……238

第10章 对数线性分析……240
10.1 对数线性分析概述……241
10.1.1 列联表分析概述……241
10.1.2 对数线性模型的
表现形式……241
10.2 常规模型……242
10.2.1 常规模型概述……242
10.2.2 添加分析变量……242
10.2.3 设置模型选项……243
10.2.4 设置保存选项……244
10.2.5 设置分析选项……244
10.2.6 显示分析结果……245
10.3 Logit 模型……246
10.3.1 Logit 模型概述……246
10.3.2 添加分析变量……247
10.3.3 设置分析选项……247
10.3.4 设置保存选项……248
10.3.5 设置模型选项……248
10.3.6 显示分析结果……248
10.4 模型选择……249
10.4.1 设置分析变量……249
10.4.2 设置分析模型……250
10.4.3 设置分析选项……250
10.4.4 显示分析结果……250
10.5 课堂练习：分析早餐的
影响因素……251
10.6 课堂练习：分析日常娱乐项目……254
10.7 思考与练习……256

第11章 聚类和判别分析……258
11.1 聚类和判别分析概述……259
11.1.1 聚类分析概述……259
11.1.2 判别分析概述……261
11.2 二阶聚类分析……262
11.2.1 添加分析变量……262
11.2.2 设置分析选项……263
11.2.3 设置输出选项……264

11.2.4　显示分析结果⋯⋯⋯⋯264
11.3　K-均值聚类分析⋯⋯⋯⋯⋯267
　　11.3.1　添加分析变量⋯⋯⋯⋯268
　　11.3.2　设置迭代选项⋯⋯⋯⋯268
　　11.3.3　设置保存选项⋯⋯⋯⋯269
　　11.3.4　设置分析选项⋯⋯⋯⋯269
　　11.3.5　显示分析结果⋯⋯⋯⋯270
11.4　层次聚类分析⋯⋯⋯⋯⋯⋯271
　　11.4.1　设置分析变量⋯⋯⋯⋯271
　　11.4.2　设置统计量选项⋯⋯⋯272
　　11.4.3　设置分析图⋯⋯⋯⋯⋯272
　　11.4.4　设置聚类方法⋯⋯⋯⋯273
　　11.4.5　设置保存选项⋯⋯⋯⋯275
　　11.4.6　显示分析结果⋯⋯⋯⋯276
11.5　普通判别分析⋯⋯⋯⋯⋯⋯277
　　11.5.1　设置分析变量⋯⋯⋯⋯277
　　11.5.2　设置统计量⋯⋯⋯⋯⋯278
　　11.5.3　设置步进法分析方法⋯279
　　11.5.4　设置分类选项⋯⋯⋯⋯280
　　11.5.5　设置保存选项⋯⋯⋯⋯281
　　11.5.6　显示分析结果⋯⋯⋯⋯281
11.6　决策树分析⋯⋯⋯⋯⋯⋯⋯282
　　11.6.1　设置分析变量⋯⋯⋯⋯283
　　11.6.2　设置输出选项⋯⋯⋯⋯284
　　11.6.3　设置验证条件⋯⋯⋯⋯287
　　11.6.4　设置标准条件选项⋯⋯288
　　11.6.5　设置保存选项⋯⋯⋯⋯290
　　11.6.6　设置分析选项⋯⋯⋯⋯290
　　11.6.7　显示分析结果⋯⋯⋯⋯291
11.7　课堂练习：二阶聚类分析
　　　学历水平⋯⋯⋯⋯⋯⋯⋯⋯292
11.8　课堂练习：判别分析学校水平⋯295
11.9　思考与练习⋯⋯⋯⋯⋯⋯⋯297

第12章　时间序列分析⋯⋯⋯⋯⋯300

12.1　时间序列分析概述⋯⋯⋯⋯301
　　12.1.1　时间序列的分类⋯⋯⋯301
　　12.1.2　时间序列的特点⋯⋯⋯301
　　12.1.3　时间序列的构成因素⋯302

12.2　时间序列数据的预处理⋯⋯302
　　12.2.1　缺失值替换⋯⋯⋯⋯⋯302
　　12.2.2　定义日期变量⋯⋯⋯⋯303
　　12.2.3　创建时间序列⋯⋯⋯⋯304
12.3　指数平滑模型⋯⋯⋯⋯⋯⋯306
　　12.3.1　添加分析变量⋯⋯⋯⋯306
　　12.3.2　设置分析条件⋯⋯⋯⋯306
　　12.3.3　设置统计量选项⋯⋯⋯307
　　12.3.4　设置图表选项⋯⋯⋯⋯308
　　12.3.5　设置输出过滤选项⋯⋯309
　　12.3.6　设置保存选项⋯⋯⋯⋯309
　　12.3.7　设置分析选项⋯⋯⋯⋯310
　　12.3.8　显示分析结果⋯⋯⋯⋯311
12.4　ARIMA 模型⋯⋯⋯⋯⋯⋯⋯311
　　12.4.1　添加分析变量⋯⋯⋯⋯311
　　12.4.2　设置模型类别⋯⋯⋯⋯312
　　12.4.3　设置离群值⋯⋯⋯⋯⋯313
　　12.4.4　设置统计量和图表
　　　　　　选项⋯⋯⋯⋯⋯⋯⋯⋯314
　　12.4.5　显示分析结果⋯⋯⋯⋯314
　　12.4.6　更改分析设置⋯⋯⋯⋯315
12.5　季节分析模型⋯⋯⋯⋯⋯⋯316
　　12.5.1　添加分析变量⋯⋯⋯⋯316
　　12.5.2　设置保存选项⋯⋯⋯⋯316
　　12.5.3　显示分析结果⋯⋯⋯⋯317
　　12.5.4　制作分析图表⋯⋯⋯⋯317
12.6　课堂练习：分析景区游客量⋯318
12.7　课堂练习：分析国民经济指标⋯320
12.8　思考与练习⋯⋯⋯⋯⋯⋯⋯323

第13章　绘制统计图⋯⋯⋯⋯⋯325

13.1　条形图⋯⋯⋯⋯⋯⋯⋯⋯⋯326
　　13.1.1　简单条形图⋯⋯⋯⋯⋯326
　　13.1.2　复式条形图⋯⋯⋯⋯⋯328
　　13.1.3　堆积条形图⋯⋯⋯⋯⋯329
　　13.1.4　3-D 条形图⋯⋯⋯⋯⋯330
　　13.1.5　简单误差条形图⋯⋯⋯331
　　13.1.6　复式误差条形图⋯⋯⋯333
13.2　线图⋯⋯⋯⋯⋯⋯⋯⋯⋯⋯334
　　13.2.1　简单线图⋯⋯⋯⋯⋯⋯334
　　13.2.2　多线线图⋯⋯⋯⋯⋯⋯335
　　13.2.3　垂直线图⋯⋯⋯⋯⋯⋯337
13.3　面积图和饼图⋯⋯⋯⋯⋯⋯338

13.3.1 简单面积图 ································ 338
13.3.2 堆积面积图 ································ 338
13.3.3 饼图 ······································ 339
13.4 散点图 ·· 340
13.4.1 简单分布散点图 ·························· 340
13.4.2 矩阵散点图 ······························· 340
13.4.3 重叠散点图 ······························· 341
13.4.4 3-D 散点图 ································ 342
13.5 高低图 ·· 342
13.5.1 简单高低关闭图 ·························· 343
13.5.2 简单范围栏图 ···························· 344
13.5.3 聚类高低关闭图 ·························· 344
13.5.4 差别面积图 ······························· 345
13.6 箱图 ··· 346

13.6.1 简单箱图 ································· 346
13.6.2 复式箱图 ································· 347
13.6.3 对比箱图 ································· 348
13.7 编辑统计图 ····································· 348
13.7.1 添加数据标签 ···························· 348
13.7.2 美化统计图 ······························· 349
13.7.3 设置排序方式 ···························· 350
13.7.4 设置坐标轴 ······························· 351
13.8 制作交互式统计图表 ·························· 352
13.8.1 使用图表构建程序 ······················· 352
13.8.2 使用图形画板模板 ······················· 353
13.9 课堂练习：绘制 3-D 散点图 ················· 354
13.10 课堂练习：绘制复式箱图 ··················· 355
13.11 思考与练习 ···································· 357

第 1 章

初识 SPSS

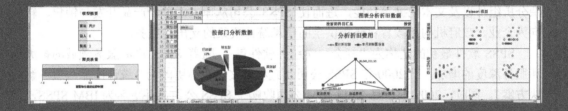

SPSS（Statistical Product and Service Solutions，SPSS），即统计产品与服务解决方案软件，是当前世界上最为流行的三大统计分析软件之一。它以强大的统计分析功能、方便易用的用户操作方式、灵活的表格式分析报告和精美的图形展示形式，以及可以直接读取 Excel 及 DBF 数据文档优势，充分赢得了各个领域广大数据分析人员的喜爱，并得到了广泛的应用。

在本章中，将从 SPSS 软件的产生、发展、功能与特点，以及 SPSS 软件的安装、界面介绍等方面，详细介绍 SPSS 软件的基础知识，帮助用户认识并熟悉 SPSS 软件。

本章学习目标：

- SPSS 概述
- SPSS 软件安装
- SPSS 软件介绍
- SPSS 数据统计分析基础步骤

1.1 SPSS 概述

SPSS 是世界上最早的统计分析软件，它是一个组合式的软件包，集数据整理、分析功能于一身，不仅可以为用户提供数据管理、统计分析、趋势分析、制表、绘图服务，还可用于计划、经济、教育、心理、医学、生物、气象及其他社会科学领域。

1.1.1 SPSS 发展历史

SPSS 是由美国斯坦福大学中的 Norman H 等三位研究生于 1968 年研发成功，同时于 1975 年在芝加哥成立了 SPSS 公司。1984 年 SPSS 总部首先推出了世界上第一个统计分析软件的微机版本 SPSS/PC+，并得到了广大的应用与高度的评价。

SPSS 公司于 1992 年推出了 Windows 版本统计软件，同时开始了全球化的发展。1994——1998 年，SPSS 公司先后并购了 SYSTAT、BMDP、Quantime、ISL 等公司，通过收购引进了数据挖掘技术、为 IBM 的 eServer iSeries 开发的商业智能套件、Web 分析、复杂分析组件以及文本挖掘等功能，进而使 SPSS 公司从原来的单一产品开发与销售，转向为企业、政府机构和教育科研提供全面信息统计决策的支出与服务。

SPSS 软件最初的全称为"社会科学统计软件包"，随着 SPSS 产品服务领域的扩大和服务深度的增加，于 2000 年 SPSS 公司正式将英文名全称更改为"统计产品与服务解决方案"。同时，2009 年 7 月 28 日 IBM 公司收购了 SPSS 公司，并更名为 IBM SPSS，对于 SPSS 而言，SPSS 预测分析技术与 IBM 的数据库软件、商业智能软件和咨询顾问服务更好地结合，能够更完善地实现预测分析技术及市场应用解决方案。而适用所有行业的软件功能进一步进行完善，包括了需求预测、员工聘用与保留、客户盈利率、信用评分与欺诈检测等服务。如今 SPSS 已研发出版本 20.0，而目前中最新版本 21.0 只有 Linux 版本。迄今，SPSS 公司已有 40 余年的历史，其具体发展历史概述如表 1-1 所述。

表 1-1 SPSS 发展历史概述

年 份	发展概述
1968 年	斯坦福大学三位研究生创建了 SPSS
1968 年	诞生了第一个用于大型机的统计分析软件
1975 年	在芝加哥成立了 SPSS 总部
1984 年	推出了用于个人电脑的 SPSS/PC+
1992 年	推出了 Windows 版本，同时自 SPSS 11.0 版本开始，SPSS 全名更改为"Statistical Product and Service Solutions"，即"统计产品和解决服务方案"
2009 年	SPSS 公司重新包装 SPSS 产品线，并定位为预测统计分析软件（Predictive Analytics Software）PASW，包括统计分析、数据挖掘、数据收集和企业应用服务 4 部分
2010 年	SPSS 软件的名称由 PASW SPSS 统一更改为 IBM SPSS

1.1.2 SPSS 的功能性

SPSS 是一个组合式软件包，集数据整理、数据分析功能于一身，也是世界上最早采用图形菜单驱动界面的一款统计软件，它与 SAS 和 BMDP 并称为最有影响力的三大统计软件。SPSS 为方便用户使用，将大部分经常使用的功能以统一、规范的界面进行展现，使用 Windows 窗口方式展示各种统计与分析数据的功能，并使用对话框展示各种功能的设置选项。

SPSS 基本功能包括数据管理、统计分析、图表分析、输出管理等。而 SPSS 软件的统计分析过程，则包括描述性统计、聚类统计、数据简化、时间序列分析、回归分析、相关分析等分析类型。其中，SPSS 中比较突出的一些功能如下所述。

1．数据管理

从 SPSS 10.0 版本之后，每个新增版本都会对数据管理功能方法进行一些有效的改进，以帮助用户可以更方便地使用 SPSS 软件。例如，将变量名由 64 个字符的规定进行放大，以可以兼容各种复杂的数据库。另外，改进 Autorecoda 过程，可以使用自动编码模块，方便用户按照自定义的顺序进行变量值的重编码。

2．结果报告

在 SPSS 16.0 版本中，SPSS 在推出了全新的常规图功能之后，完善了 SPSS 的报表功能。在常规中的统计图中，除了引用了图组、带误差线的分类图形、线形、误差线条形图、堆积和分段饼图等交互图功能之外，还引用了人口金字塔、点密度图等新图形。而在常规中的统计表中，所有过程的输出都更改为美观的枢轴表。利用枢轴表不仅可以对统计数据进行排序、合并或省略表格中若干小类的输入等功能，而且还可以将枢轴表直接导出到 PowerPoint 中。

3．统计建模

在 SPSS 12.0 版本中引用了 Complex Samples 模板，以满足用户进行复杂抽样设计的需求，而该建模的操作方式相似于完全随机抽样数据的分析操作。另外，在 13.0 版本中又为该模块引进了一般线性模型，以满足用户对复杂抽样研究中各种连续性变量的建模预测。同时，还为该模块引入了用于分类数据的 Logistic 回归模型。这样一来，用户在进行多阶段分层整群抽样，或者更复杂的 PPS 抽样时，不仅可以在该模块中轻松地实现从抽样设计、统计描述到复杂统计建模的整个分析过程，还可以使用相对复杂的方差分析模型、线性回归模型等统计模型。

1.1.3　SPSS 的产品特点

SPSS 分析结果清晰、直观、易学易用，并采用了通用的类似于 Excel 表格方式的输入与管理数据接口，可以方便、快速地直接读取 Excel 与 DBF 数据文件；但是 SPSS 软件却很难与 Office 等一般办公软件相兼容，用户只能使用复制的方式对其进行交互。其中，SPSS 软件主要包括下面一些特点：

- **操作简便**　具有便于操作与友好的界面，方便用户使用鼠标进行各种操作。
- **编程方便**　SPSS 具有第 4 代语言的特点，用户只需了解统计学原理，即可对各类数据进行专业分析。在该软件中，用户无需学习统计专业中的各种计算方法，只需花费些时间记忆软件中的命令、过程与统计信息的选项即可。

- **功能强大** SPSS 自带了 11 种类型的 130 多个函数，并提供了多种统计分析方法，以帮助用户完成数据输入、编辑、统计分析、报表与图形制作等数据统计与分析操作。
- **数据接口** SPSS 软件还具有读取与输出 Dbase、FoxBASE、FoxPRO 产生的*.dbf 文件，以及文本编辑器软件产生的 SCSII 数据文件、Excel 产生的*.xls 文件等多种格式的文件。另外，SPSS 软件还可以将结果保存为*.txt 及 html 格式的文件。
- **模块组合** SPSS 软件为用户提供了多种功能模块，便于用于根据分析需求选择不同的模板类型，从而体现了自身软件的灵活性与互动性。

1.2 SPSS 软件安装

通过对前面 SPSS 概述的了解，用户已经掌握了 SPSS 软件的功能与特点，在本小节中重点介绍 SPSS 软件的安装过程。

1.2.1 SPSS 软件的环境要求

在安装 SPSS 软件之前，为了保证该软件的正常运行，还需要查看本地计算机的硬件与软件配置。

SPSS 软件对计算机配置的要求比较低，一般比较主流的计算机都适合安装 SPSS 软件。随着 SPSS 软件版本不断升级，为了保证 SPSS 软件运行的流畅性，还需要保持计算机最低硬件为：

- **CPU** 一般要求 CPU 位于 1GHz 或更高。
- **内存** 内存要求位于 516MB 以上。
- **运行环境** 运行环境没有特殊要求，SPSS 软件可以在 Windows XP 或 Windows Vista，以及 Windows 7 以上系统中运行。
- **硬盘空间** 硬盘要求大于 650MB 即可。

1.2.2 安装 SPSS 软件

SPSS 软件的安装过程与其他软件安装大体一致，用户直接运行光盘文件，或打开包含安装文件的文件夹，双击"setup"文件，弹出 SPSS 安装向导对话框，并单击【下一步】按钮，如图 1-1 所示。

在弹出的要求信息界面中，直接单击【下一步】按钮。选中【单个用户许可证】选项，单击【下一步】按钮，如图 1-2 所示。

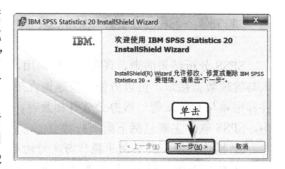

图 1-1 安装向导

> **提示**
>
> 【单个用户许可证】表示在下面输入认证码时,需要提供个人用户的认证码。否则需要提供站点或网络要求的认证码。

在弹出的【软件许可协议】向导界面中,选中【我接受许可协议中的全部条款】选项,并单击【下一步】按钮,如图1-3所示。

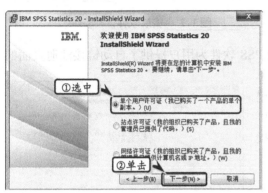

图1-2 选中用户类别　　　　图1-3 接受许可协议

在弹出的【客户信息】向导界面中,在【用户姓名】与【单位】文本框中,分别输入用户的姓名与单位名称,并单击【下一步】按钮,如图1-4所示。

此时,系统自动弹出【帮助语言】向导界面,保持选择【简体中文】选项,禁用其他语言选项,并单击【下一步】按钮,如图1-5所示。

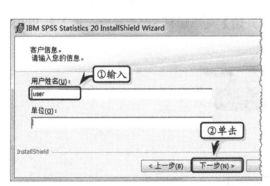
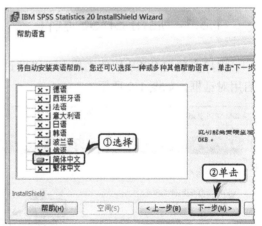

图1-4 输入客户信息　　　　图1-5 选择语言类别

在弹出的【目的地文件夹】向导界面中,系统会将软件默认并保存在C盘内,用户可选择默认的保存位置,也可以通过单击【更改】按钮,重新选择安装路径。在此,保存默认文件安装路径,并单击【下一步】按钮,如图1-6所示。

在弹出的【已做好安装程序的准备】向导界面中,单击【安装】按钮,系统便会自动安装软件,如图1-7所示。

图1-6 选择安装路径

图1-7 安装软件

最后,系统会自动弹出安装完成界面,SPSS 软件为用户提供了自动链接注册页面的功能,如图1-8所示。在该界面中,启用【单击此处进行注册,以获取产品更新与优惠提醒】复选框,在单击【确定】按钮之后,即可自动链接到产品注册页面中,用户只需按照提示界面,一步一步进行注册即可。

1.3 SPSS 软件介绍

安装完 SPSS 软件后,用户便可以使用该软件进行数据分析了。但是,对于新手来讲,还需要先熟悉一下 SPSS 软件的基本功能,为日后进行各种复杂的数据分析打下坚实的基础。

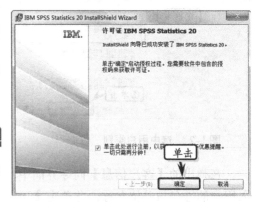

图1-8 完成安装

1.3.1 启用 SPSS 软件

用户安装完 SPSS 软件之后,可以通过【开始】菜单运行 SPSS 软件,进入到 SPSS 启用对话框,如图1-9所示。

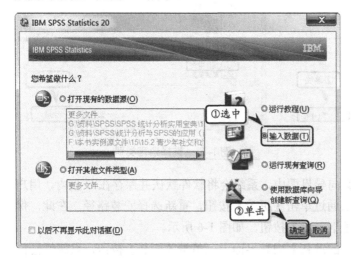

图1-9 启动对话框

在该对话框中，主要包括下列选项：

- **打开现有的数据源**　该选项为默认选项，表示本地计算机中存在 SPSS 数据文件，选中某个数据文件，单击【确定】按钮即可打开该数据文件。
- **打开其他文件类型**　选中该选项，单击【确定】按钮，在弹出的【打开文件】对话框中，选中所需要打开的文件即可。
- **运行教程**　选中该选项，单击【确定】按钮，即可打开帮助教程。
- **输入数据**　选中该选项，单击【确定】按钮即可进入数据编辑窗口。
- **运行现有查询**　选中该选项，在弹出的对话框中选择查询的文件夹，选择文件即可打开该数据文件。
- **使用数据库向导创建新查询**　选中该选项，可以进入【数据库向导】对话框中，创建数据库向导。
- **以后不再显示此对话框**　启用该复选框，单击【确定】按钮之后，再次启动 SPSS 软件时，将不在显示该对话框，直接进入数据编辑窗口内。

> **提　示**
>
> SPSS 软件的退出操作与普通软件的退出操作大体一致，可以通过单击右上角的【关闭】按钮，或者执行【文件】|【退出】命令，即可退出该软件。

1.3.2　SPSS 数据编辑窗口

SPSS 软件在默认情况下会直接打开数据编辑窗口，该窗口是 SPSS 的基本界面。数据编辑窗口包括"数据视图"与"变量视图"页，用来显示数据文件内容。另外，在该界面中间为可扩展的平面二维表格，可以在二维表格中编辑文件数据，如图 1-10 所示。

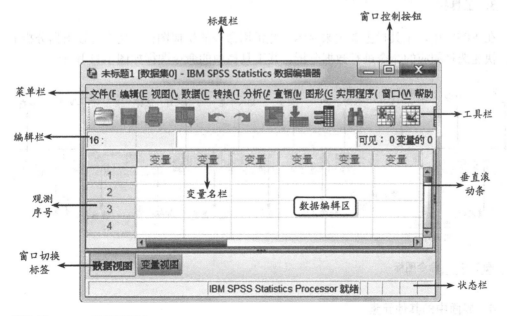

图 1-10　数据编辑窗口

1. 标题栏

SPSS 中的标题栏与其他常用软件的标题栏大体一致,位于数据编辑窗口的最上方,主要用来显示数据编辑或当前打开文件的名称,以及最小化、最大化和关闭按钮。

2. 菜单栏

菜单栏位于标题栏的下方,主要用于显示 SPSS 软件中的 11 种菜单,其每个菜单对应了一组相应的命令,便于用户进行操作。SPSS 菜单栏中相对应的命令以及命令功能,如表 1-2 所示。

表 1-2 数据编辑窗口菜单项及功能

菜单项	命令及其功能
文件	主要用于新建或打开数据文件,以及对数据文件进行保存、打印和退出等
编辑	主要用于修改或编辑窗口中的数据内容,包括撤销、剪切、复制、插入变量等功能
视图	主要用于窗口的外观控制,显示或隐藏工具栏、状态栏、数据编辑器、网格线等
数据	主要用于建立和编辑数据文件,具有定义变量属性、复制数据属性、定义日期、转置、重组等功能
转换	主要用来计算变量、计算个案内的值、自动重新编码、随机数字生成器等
分析	主要用于定位不同的统计程序,例如报告、描述统计、回归、一般线性模型等
直销	主要用于选择分析方法
图形	主要用于建立与编辑统计图表,具有统计图概览、交互作图方式等功能
使用程序	主要用于设置 SPSS 的运行环境,例如变量、OMS 控制面板、数据文件注释等
窗口	主要用于窗口控制,例如拆分、所有窗口最小化、激活窗口列表等
帮助	主要用于按照查找要求打开各类帮助文件,包括主题、教程、个案研究、统计辅导等

3. 工具栏

在 SPSS 中,工具栏主要用来显示一些常用命令的快捷图标,用户可以根据分析需求,快速选择相应的命令进行数据分析。其工具栏中的命令图标如图 1-11 所示。

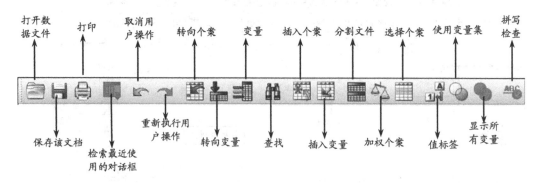

图 1-11 命令图标

4. 界面中的其他元素

在数据编辑窗口中,除了比较重要的标题栏、工具栏与菜单栏之外,还包括下列元素：
- **编辑栏** 用于输入或编辑统计数据，它与 Excel 中的编辑栏作用相似。
- **状态栏** 用于显示 SPSS 当前的运行状态，当打开 SPSS 软件时，状态栏中会显示"IBM SPSS Statistics Processor 就绪"的提示信息。
- **变量名栏** 主要用于显示数据文件中所包含变量的变量名。
- **观测序号** 主要用于显示数据文件的观测值，其观测的个数常与样本容量一致。
- **数据编辑区** 数据编辑器主要以变量名与观测序号组成，每一行叫做一个个案，其组成方式与 Excel 相似。

5．窗口切换标签

窗口切换标签主要用于切换"数据视图"与"变量视图"界面，"数据视图"界面主要用于查看、录入和修改统计数据，而"变量视图"界面主要用于输入和修改变量属性。默认情况下，系统会直接显示"数据视图"界面，单击【变量视图】按钮即可切换到"变量视图"界面中，如图 1-12 所示。

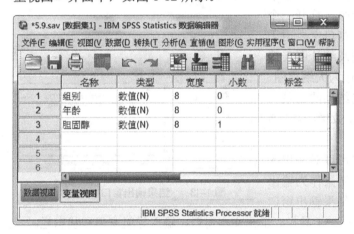

图 1-12 变量视图

在"变量视图"界面中，以行表示变量，每行描述一个变量，在每行中可以定义变量的属性，其每个属性的含义如下所述。
- **名称** 名称是变量存储的标志，其变量的名称开头必须为汉字、字母或字符@，而其他字符禁止使用空白符号或特殊符号（如！与？等）。名称的总长度必须位于 64 个字符内，字母不区分大小写，最后一个字符不能是点、句号或下划线。
- **类型** 单击该列中的单元格中的按钮，可以弹出【变量类型】对话框。变量类型主要包括数值型、逗号型、科学计数法等 8 种类型，最常用的为数值型变量。
- **宽度** 系统默认的宽度值为 8，用户可根据实际情况调整宽度值，其宽度值介于 1～40 之间的整数。
- **小数** 系统默认的小数点后面保留两位，而字符型变量不限制小数点位置，其小数位置介于 0～16 之间的整数。
- **标签** 主要用于对变量名称的说明，在处理变量名称较多的数据时，为了了解每个变量的函数，还需要在标签列中对变量的名称进行标注。

- ❑ **值** 主要用于说明变量的取值含义。
- ❑ **缺失** 用于选择缺失值的处理方式,其中缺失值主要包括没有缺失值、离散缺失值与范围加上一个可选离散缺失值3种类型。用户可以把缺失值定义在一个连续的区间内,也可以同时附加该区间之外的离散值。
- ❑ **列** 表示变量所占单元格的列数,系统默认的字符宽度为8,用户可根据实际情况调整列宽值。
- ❑ **对齐** 用于定义变量的对齐格式,包括左、右和居中3种对齐格式。
- ❑ **度量标准** 用来定义变量的度量标注,包括度量尺度、序号尺度和名义尺度3种类型。
- ❑ **角色** 在该列中,主要包括输入、目标、两者都、无、分区和拆分6种功能。

1.3.3 SPSS 结果输出窗口

当用户运行统计分析命令后,系统会自动打开结果输出窗口。用户也可以通过执行【文件】|【新建】|【输出】命令,打开一个新的结果输出窗口。结果输出窗口主要用于显示统计分析结果、统计报告及统计图表等内容,它分为左右两部分,左边为大纲视图,属于导航窗口,用来显示输出结果的目录;而右边用来显示统计分析结果,如图1-13所示。

图1-13 结果输出窗口

在结果输出窗口中,用户可以对输出的结果进行编辑整理,并可以将结果作为输出文件进行保存,后缀为*.spv。结果输出窗口从上至下依次为标题栏、菜单栏、工具栏、输出文本窗口、输入导航窗口和状态栏。

1.3.4 SPSS 语法编辑窗口

在 SPSS 软件中,执行【文件】|【新建】|【语法】命令,或执行【文件】|【打开】|【语法】命令,即可新建或打开已存的语法编辑窗口,如图1-14所示。

语法编辑窗口是按照SPSS规则编写SPSS程序语句的一个非激活窗口,它和结果输出窗口相似,左侧的导航窗口主要用来显示语法目录,而右侧部分主要用来输入语法命令。用户可以使用自有格式的语法和固定语法两种方式进行输入,并通过"运行"来执行数据的统计分析。

图1-14 语法编辑窗口

使用语法编辑器,可以在处理复杂的数据

资料时，不需要根据数据的修改而重新修改数据的分析设置；另外，对于一些特殊的专业性的分析来讲，运用语法编辑器可以弥补对话框中无法进行分析设置的缺憾。

1.3.5 SPSS 脚本编辑窗口

在 SPSS 软件中，执行【文件】|【新建】|【脚本】命令，或执行【文件】|【打开】|【脚本】命令，即可新建或打开已存在的脚本编辑窗口，如图 1-15 所示。

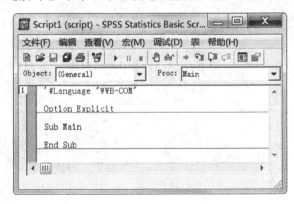

图 1-15 脚本编辑窗口

脚本编辑窗口是一种使用 Sax BASIC 语言编辑环境，用户可通过该语言编写所需要的统计分析程序。另外，还可以在该窗口中使用命令语句执行数据转换和统计分析操作，或者将图表输出为多种图表格式的文件。

系统在 Script 文件夹中安装了示范性脚本文件，用户可以直接调用这些文件，或通过编辑这些文件来实现某些特定功能。脚本编辑窗口为一个非激活窗口，其保存文件的后缀名为*.wwd 或*.sbs。

第 2 章
管理数据文件

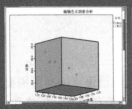 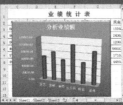 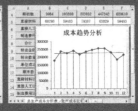 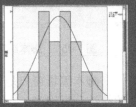

SPSS 数据文件是进行一系列数据分析的基础，它是由数据结构和内容组成的特殊格式的文件，在格式上有别于常用的 Excel 类的数据文件。另外，SPSS 数据可以像 Excel 那样，以平面二维表格的样式直观地显示在数据编辑窗口中，便于对齐并进行输入与编辑。

使用 SPSS 软件进行数据分析之前，还需要建立一个 SPSS 的数据文件。在本章中，将详细介绍使用 SPSS 软件输入与编辑数据，以及合并与拆分数据文件的基础知识与操作技巧，为用户使用 SPSS 软件进行复杂数据分析奠定操作基础。

本章学习目标：

- ➢ 定义变量
- ➢ 编辑变量
- ➢ 设置 SPSS 数据
- ➢ 编辑 SPSS 数据
- ➢ 合并数据文件
- ➢ 拆分数据文件

2.1 变量与常量

SPSS 数据是由内容与结构两部分组成的。内容部分主要包括基础数据部分；而结构部分则是对 SPSS 变量及其属性的描述。在使用 SPSS 软件对数据进行分析之前，还需要根据数据的不同类型，进行变量的定义与编辑操作，以便于帮助用户对数据进行记忆与分析。

2.1.1 理解常量

在了解与定义变量之外，还需要先了解一下常量，并从常量的理解基础上深刻理解与掌握 SPSS 数据变量的基础知识。在 SPSS 数据中，经常使用的常量包括数值型、字符型、日期型、日期时间型等常量。

1．数值型常量

数值型常量是在 SPSS 语句中出现的常规数字，与 Excel 中数据类型大体一致，也分为普通显示方式与科学计数法两种形式。

- ❏ **普通显示方式**　普通显示方式即是用户在书写数字时所显示的数字方式，例如数字 2、6、35、12.8 等显示方式。
- ❏ **科学计数法**　科学计数法是指数字以计算机显示的方式进行显示，一般情况下用户表示比较大或比较小的数字。例如表示比较大的数字时显示为 4.11E+12，或者表示比较小的数字时显示为 1.21E–21 等。

2．字符型常量

字符型常量通常是由单引号或双引号加以标注的字符串，当字符串中包含 " ' " 符号时，该字符串必须使用双引号进行标注。另外，在数据窗口中，字符串不必使用引号进行标注，直接输入即可。

3．日期型常量

日期型常量跟平时表示日期的格式差不多，通常由表示日数的 d、月份的 m 与年份的 y 字母进行表示。例如，2013 年 5 月 3 日，使用日期型中的日期型格式为"mm/dd/yyyy"表示为 05/03/2013。

2.1.2 理解操作符与表达式

在 SPSS 中，基本运算符主要包括如下 3 种类型。

- ❏ **数学运算符**　主要包括常用的加（+）、减（　）、乘（*）、除（/）、幂（**）和括号（）等，可以链接数值型常量、变量和函数构成的算术表达式。运算的结果为数值型常量，而运算的顺序与普通算术的运算顺序大致相同，也是先括号、函数、乘方、后乘除与加减。

- **关系运算符** 关系运算符是建立在两个类型一致的常量之间的比较关系，并由系统判定关系的成立与否，其比较结果为逻辑型常量。一般常用的比较运算符包括小于（<）、大于（>）、小于或等于（<=）、大于或等于（>=）、等于（=）和不等于（~=）。
- **逻辑运算符** 逻辑运算符又称为布尔运算符，主要包括与（&）、或（|）和非（~），逻辑运算符与逻辑型变量构成了逻辑表达式，而逻辑表达式的值通常为逻辑型常量。

2.1.3 定义变量

定义变量需要在"变量视图"界面中进行，启用 SPSS 软件，进入到数据编辑窗口中，单击【变量视图】按钮，即可切换到"变量视图"界面中。在该界面中，主要包括名称、类型、宽度、小数等 11 种变量类型。

1. 定义变量名称

默认情况下，系统会以 VAR00001、VAR00002 或 VAR00003 等样式进行命名变量，如图 2-1 所示。但是，对于具有大量变量的数据文件来讲，这种默认的变量名称容易混淆变量的真正含义。此时，为了区分变量的具体用途与含义，用户还需要根据数据类型自定义变量名称。在定义变量名称时，用户可以直接在【名称】列中的单元格内输入变量名称，其名称可以为汉字，也可以为英文或字母。当然，对于具有较大变量的数据文件来讲，还可以使用流水编号来定义变量名称，以防止混淆。

虽然，可以使用任何方式来定义变量名称，但是 SPSS 系统还是为用户提供了定义变量名称的一些原则，在定义变量名称时用户还需要遵循下列规则：

- 变量名称必须以字母、汉字或字符@开头，其它字符可以为任意字母、数字或常用符号。
- 变量的最后一个字符不能为句号。
- 变量名称的总长度应该控制在 64 个字符（32 个汉字）以内。
- 变量名称内不能包含空白字符或其它特殊字符。
- 在定义变量名称时，变量名称必须是唯一的。
- 变量名不区分大小写。
- 变量名称中不能包含 SPSS 的保留字符。如 All、And、By、Eq 等。
- 变量名称的结尾不可以使用"."、"—"或"_"结尾。

2. 定义变量类型

SPSS 为用户提供了数值、逗号、点、科学计数法等 9 种变量类型，用户只需单击【类型】单元格内的按钮，即可打开【变量类型】对话框，如图 2-2 所示。

【变量类型】对话框中的 9 种变量类型的具体含义如表 2-1 所示。

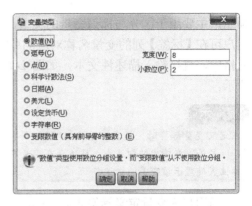

图 2-1　默认变量名称　　　　　图 2-2　【变量类型】对话框

表 2-1　变量类型的含义

变量类型	格式或含义	默认宽度	默认小数点位数
数值	表示标准数值型，即整数+小数点+小数的位数	默认宽度为 8，其值介于 0~40 之间	默认小数位数为 2，其值介于 0~16 之间
逗号	表示带逗号的数值型，即整数部分每 3 位数由逗号进行隔开		
点	以逗号作为小数点的数值型，即数值以整数进行显示，整数部分每 3 位由逗号进行隔开，而小数点则由逗号进行表示，小数位必须为 0		
科学计数法	该变量类型在数据编辑窗口中以指数形式进行显示，指数既可以用 E 或 D 来表示，也可以以正负号的形式进行表示		
日期	用户可以从系统提供了 29 种日期类型中选择	无默认值	无默认值
美元	表示带有美元符号的数值型，用户可以从系统提供的 12 种类型中选择	默认宽度为 8，其值介于 0~40 之间	默认小数位数为 2，其值介于 0~16 之间
设定货币	用户可以从系统提供的 5 种货币类型中选择具体的类型		
字符串	表示在数据编辑窗口中将以字符的形式进行显示	默认宽度为 8，其值介于 1~32767 之间	无默认值
受限数值	表示以受限制的整数进行显示，例如具有前导零的整数。		

3．定义变量宽度与小数位数

在【宽度】列的单元格中，可以直接输入宽度值，或单击单元格内的微调框设置宽度值。同样方法，也可以在【小数】列中的单元格中输入或设置小数位数，如图 2-3 所示。其中，宽度值的取值范围一般介于 0~40 之间，而小数位数的取值一般介于 0~16 之间。

4．定义变量标签

变量标签是对变量可能取值的进一步

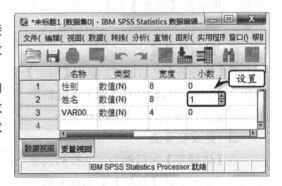

图 2-3　设置小数位数

描述，主要用于区分与标识变量的类型。用户可在【标签】列的变量名称对应的单元格中，直接输入描述性文本，如图2-4所示。

> **提示**
> 在定义变量标签时，最多可以使用256个字符。另外，在输出的结果中，系统会在变量名称位置处显示该变量的标识。

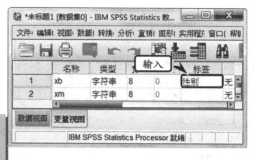

图2-4 输入变量标签

当用户为变量定义标签之后，单击视图左下角的【数据视图】按钮，切换到"数据视图"窗口中。此时，将鼠标移至被标识过的变量名称处，系统将自动显示变量名称的标签内容，如图2-5所示。

5. 定义变量值

在定义变量时，往往会存在一个变量同时具有水平的可能性。例如对于"性别"变量来讲，便具有男性与女性两个水平。此时，为了区分每个水平的具体含义，还需要对水平赋予一定的值。例如，为女性水平赋予0值，为男性水平赋予1值，其具体操作方法如下所述。

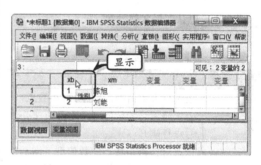

图2-5 显示变量标签

□ **设置变量值**

在"变量视图"窗口中，单击【值】列单元格中的按钮，在弹出的【值标签】对话框中的【值】文本框中输入"1"，在【标签】文本框中输入代表男性的"m"字符，并单击【添加】按钮，如图2-6所示。

□ **显示变量值**

在【值标签】对话框中，单击【确定】按钮之后，系统将自动在【值】单元格中显示所定义的变量值，如图2-7所示。

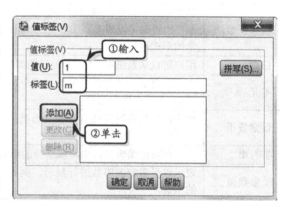

图2-6 输入值信息

□ **更改变量值**

在【值标签】对话框中，选择列表框中已定义的值，将【标签】文本框中的字符更改为"男"，单击【更改】按钮，即

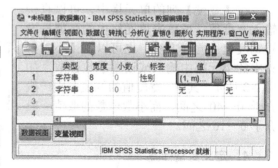

图2-7 显示变量值

可更改变量值,如图 2-8 所示。

❑ **删除变量值**

在【值标签】对话框中,选择列表框中已定义的值,单击【删除】按钮,即可删除所选择的变量值,如图 2-9 所示。

6．定义变量缺失值

缺失值是指数据窗口中以小点表示的值,是由于原始数据收集不齐全或数据整理时利用了部分变了值而造成的数据缺失现象。缺失值是不参加数据分析的,一般情况下用户可以通过定义变量缺失值的方法,来解决数据缺失的问题。

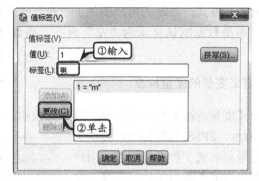

图 2-8 更改变量值

在"变量视图"窗口中,单击【缺失】单元格中的按钮,在弹出的【缺失值】对话框中,选择缺失值方式即可,如图 2-10 所示。

其中,在【缺失值】对话框中,主要包括下列 3 种选项。

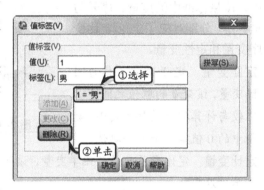

图 2-9 删除变量值

- ❑ **没有缺失值** 该选项为系统默认的选项,所有的数据都将参加数据分析。另外,在数据窗口中以"."进行表示。
- ❑ **离散缺失值** 选中该选项,可以设置 3 个变量值作为离散缺失值,但所制定的变量值必须要在变量中出现过。
- ❑ **范围加上一个可选离散缺失值** 选中该选项,可以允许用户指定一个缺失值的范围,即在【低】文本框中输入缺失值范围内的最低值,在【高】文本框中输入缺失

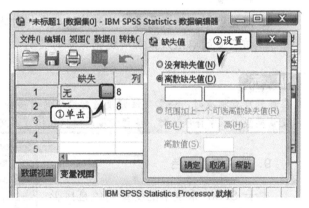

图 2-10 定义变量缺失值

值范围内的最高值。除此之外,还可以在【离散值】文本框中输入一个单独的缺失值。

7．定义列宽和对齐方式

在"变量视图"窗口中的【列】单元格中,可以直接输入变量的列宽,或者单击微

调框调整列宽值。其中，系统默认的列宽值为 8。

同样方法，用户可以在【对齐】单元格中，单击其下拉按钮，在其展开的列表中选择变量的对齐方式。系统为用户提供了"左"、"右"与"居中"3 种对齐方式，一般情况下字符串型数据默认显示为"左"对齐，而数值型数据和日期型数据默认为"右"对齐。

8. 定义变量的度量标准

选择【度量标准】单元格，单击其下拉按钮，在其列表中选择相应的选项即可，如图 2-11 所示。SPSS 系统为用户提供了度量、序号与名义 3 种度量标准，用户可根据所分析的变量形状进行选择，而系统默认的度量标准为"度量"。

其中，度量标准中的度量、序号与名义度量标准，分别对应了定距/定比变量、定序变量和定性变量。

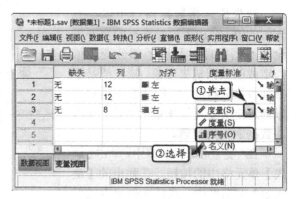

图 2-11　设置度量标准

- ❑ **定距变量**　定距变量又称为间隔变量，该变量的取值之间可以比较与计算彼此差异的大小，变量中的 0 值是表示一个取值。
- ❑ **定比变量**　定比变量又称为比率变量，该变量类似于定距变量，而变量中的 0 值表示"没有"。
- ❑ **定序变量**　该变量的取值大小可以预测对象的顺序关系，是基于"质"因素的一种变量。
- ❑ **定性变量**　该变量是一种测量精确度相对比较低，且基于"质"因素的一种变量，该变量的取值只代表所观测对象的类别。

> **提　示**
>
> 在设置度量标准时，还需要注意度量标准中的选项会根据变量类型的改变而改变。例如，当变量类型为"字符串"时，度量标准选项只包括"名义"与"序列"。

9. 定义变量角色

由于 SPSS 系统中的变量角色直接影响了文本框与语法命令，所以在定义变量时还需要根据变量的具体类型定义变量的角色。用户只需单击【角色】单元格中的下拉按钮，从其列表中选择相应的选项即可，如图 2-12 所示。

在【角色】列表中，包括下列 6 种

图 2-12　定义变量角色

选项：

- **输入** 该角色选项表示用于输入型变量，也是系统默认选项。
- **目标** 该角色选项表示用于输出目标型变量，例如因变量。
- **两者都** 该角色选项表示用于输入和输出目标型变量。
- **无** 该角色选项表示不会对变量应用角色分配。
- **分区** 该角色选项表示用于区分在独立样本中练习、测试与验证时的所获得的数据型变量。
- **拆分** 该角色选项表示用于拆分 SPSS 统计中的变量。

2.1.4 编辑变量

对于具有大型变量的统计分析数据来讲，在制作变量时还需要对变量进行删除、插入、重新赋值等编辑操作，以满足用户对多种变量进行随意操作的需求。

在 SPSS 中可以像在 Excel 中那样，在已添加的变量中间插入一个新的变量，其操作原理类似于 Excel 中插入行的操作原理。另外，还可以像插入变量那样删除多余的变量。

1. 插入变量

选择需要在其上方插入新变量的变量行，执行【编辑】|【插入变量】命令，即可插入一个系统默认的变量，如图 2-13 所示。

另外，选择需要在其上方插入新变量的变量行，右击鼠标执行【插入变量】命令，即可插入一个系统默认的变量，如图 2-14 所示。

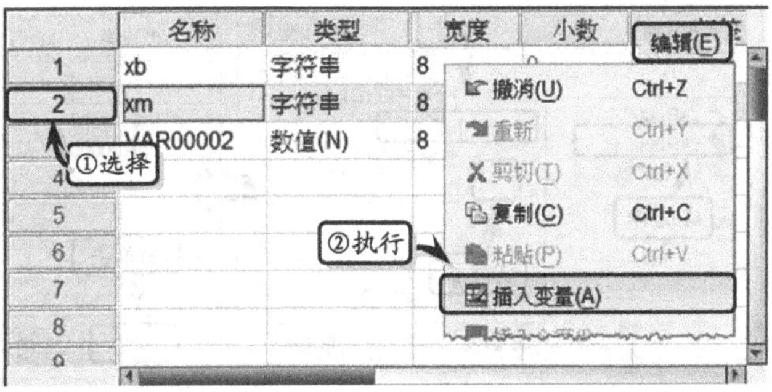

图 2-13 命令法插入变量

技 巧

在插入变量时，单击变量名称左侧的观测序号（行号），即可选中变量所在的整行。例如，单击标注为 2 的观测序号（行号），即可选中"xm"变量行。

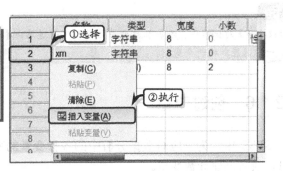

2. 删除变量

删除变量的方法与插入变量的方法大体一致，用户只需选择

图 2-14 鼠标法插入变量

需要删除的变量行，执行【编辑】|【清除】命令，即可删除所选的变量，如图 2-15 所示。

> **提示**
>
> 选择需要删除的变量行，右击鼠标执行【清除】命令，也可删除所选择的边框。

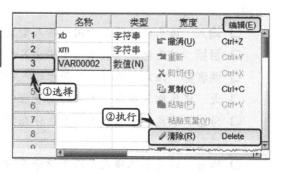

图 2-15　删除变量

2.1.5　指定加权变量

在进行数据统计分析时，加权平均值是必不可少且常用的一种统计方法。在 SPSS 中考虑使用加权平均值时，为了保证统计数据的正确性，还需对统计数据制定加权变量。首先，在变量视图窗口中，执行【数据】|【加权个案】命令，如图 2-16 所示。

在弹出的【加权个案】对话框中，选中【加权个案】选项，同时选择需要加权的变量，单击按钮添加变量，单击【确定】按钮即可，如图 2-17 所示。

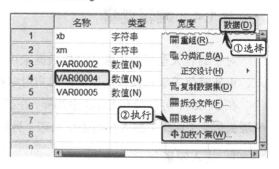

图 2-16　执行加权命令

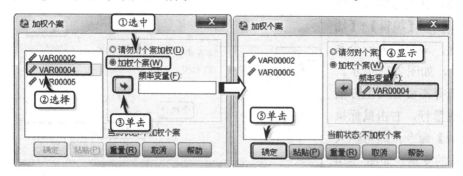

图 2-17　设置加权变量

> **提示**
>
> 在【加权个案】对话框中，添加加权变量之后，可通过单击【重置】按钮，取消所有已加权的变量。另外，一次只能加权一个变量。

2.1.6　创建变量

在 SPSS 中，为了应对数据分析中的各种变量的变换，还需要根据现有变量创建新的变量，或者创建计数变量。

1. 创建新变量

创建新变量是根据现有变量创建的新变量，该方法创建的变量可以通过数据转换来提取变量之间的关系。

在变量视图窗口中，执行【转换】|【计数变量】命令，在弹出的【计算变量】对话框中，设置各变量参数即可，如图2-18所示。

在【计算变量】对话框中，主要包括下列选项。

- ❏ **目标变量** 主要用来输入变量名称，可以为存在的变量或新变量。
- ❏ **类型与标签** 主要用来定义变量的类型与标签，单击该按钮可以弹出【计算变量:类型和标签】对话框。
- ❏ **数字表达式** 主要用来输入新建变量的表达式，表达式中可以包含计算面板中的符号与数字，以及【函数组】中的函数，以及【函数和特殊变量】列表框中的选项。
- ❏ **函数组** 主要用来显示表达式中可以添加的函数类别。
- ❏ **函数和特殊变量** 主要根据【函数组】中所选择的函数类别，来显示具体的函数，以帮助用户设置变量的表达式。
- ❏ **如果** 单击该按钮，可以弹出【计算变量: If个案】对话框，如图2-19所示。在该对话框中，主要用来指定逻辑表达式。而逻辑表达式可以对每个个案返回真、假或缺失值，该表达式类似于Excel中的IF函数。

最后，在【计算变量】对话框中，单击【确定】按钮之后，系统将自动在变量视图中显示新创建的变量，如图2-20所示。

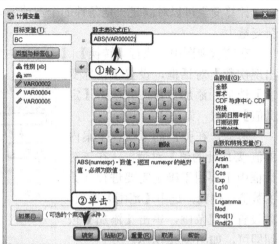

图 2-18 【计算变量】对话框

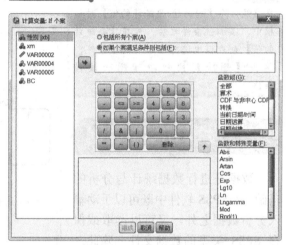

图 2-19 【计数变量:If个案】对话框

图 2-20 显示新创建的变量

提 示

数据编辑窗口中的行称为"个案"，SPSS数据文件的内容是由所有的个案组成的。而数据编辑窗口中的列称为"变量"。

2. 创建计数变量

计算变量可以对满足一定条件的个案或所有个案进行计数操作，并将计数结果放入新变量中。

在变量视图中，执行【转换】|【对个案内的值计数】命令，弹出【计数个案内值的出现次数】对话框，设置【目标变量】选项，添加变量，并单击【定义值】按钮，如图2-21所示。

然后，在弹出的【统计个案内的值:要统计的值】对话框，在该对话框中主要用于确定需要进行计数的数值。例如，选中【范围】选项，并设置数值范围，单击【添加】按钮即可，如图2-22所示。

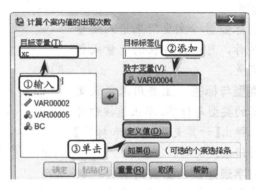

图 2-21　【计数个案内值的出现次数】对话框

提　示

在【统计个案内的值:要统计的值】对话框中，添加值条件之后，可在【要统计的值】列表框中选择已添加的值条件，单击【删除】按钮即可删除该值条件。

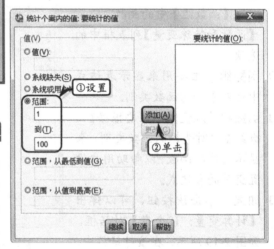

图 2-22　【统计个案内的值:要统计的值】对话框

2.2　设置 SPSS 数据

数据是进行数据统计与分析的基础，在 SPSS 软件中既可以手动输入分析数据之外，又可以读取或保存 SPSS 类型的数据文件。除此之外，还可以在 SPSS 中直接读取其他格式的数据文件，以帮助用户达到快速输入分析数据的目的。

2.2.1　输入数据

定义完变量之后，用户便可以在 SPSS 中的数据窗口中输入分析数据了。SPSS 为用户提供了直接输入、变量值标签法输入和语法编辑器法3种输入方法。

1. 直接输入普通数据

启用 SPSS 软件，切换到"数据视图"窗口中，在该视图中一行表示一个个案，每列表示一个变量。由于前面已经设置完变量了，所以在该视图中直接按照变量的类型，在变量对应的单元格中逐个输入数据即可，如图 2-23 所示。

2．变量值标签输入法

变量值标签输入法是输入带变量值标签的数据，在 SPSS 中切换到"数据视图"窗口，单击【工具栏】中的【值标签】按钮，如图 2-24 所示。

单击【变量】列中的单元格，此时系统会自动在单元格中显示下拉按钮，单击下拉按钮，在其列表中选择相应的标签值即可，如图 2-25 所示。

图 2-23 直接输入数据

> 提 示
> 在使用该方法输入数据之前，还需要在"变量视图"窗口中定义变量标签值，否则将无法显示标签列表。

3．语法编辑器输入法

当用户需要在 SPSS 中输入大量数值型分析数据时，使用直接输入方法比较费时费力。此时，可以通过使用"语法编辑器"输入数据的方法，来解决上述问题。

执行【文件】|【新建】|【语法】命令，打开【语法编辑器】窗口。在窗口中，按照 SPSS 语法规则，输入数值型数据。例如，使用自由格式的语法输入一个公司一个季度下每月的产品销售额，如图 2-26 所示。

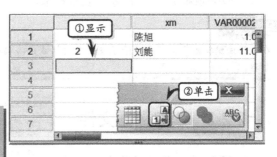

图 2-24 启用【值标签】功能

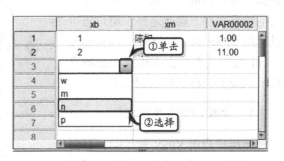

图 2-25 选择标签值

> 提 示
> 在"语法编辑器"窗口中，字母 m 表示月份，字母 a、b 和 c 分别表示产品名称。

然后，在"语法编辑器"窗口中，执行【运行】|【全部】命令，系统会自动在"数据编辑器"窗口中显示所输入的数据，如图 2-27 所示。

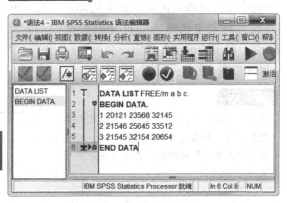

图 2-26 输入语法

在使用自由格式语法输入统计数据时，还需要注意下列问题：
- 自由格式的语法命令为 DATA LIST FREE/变量+空格+变量+…"."。
- 自由格式语法下输入的数据必须由空格进行分割。
- 每一行代表一个个案，新的个案必须新起一行进行输入。
- 在输入数据时，前后不能存在空格。
- 在语法中的 BEGIN DATA 与 END DATA 后面必须添加"."符号，表示结束。

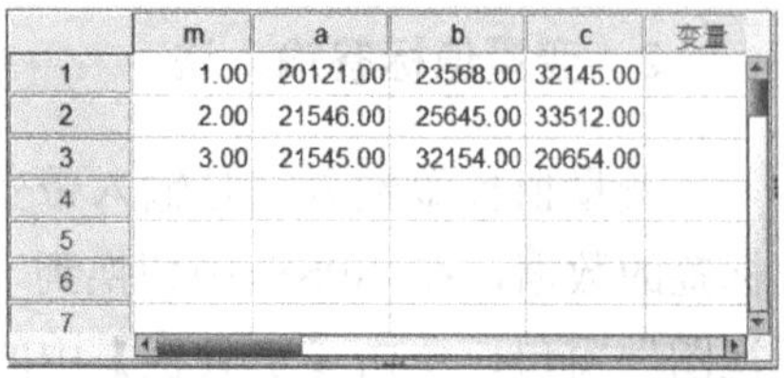

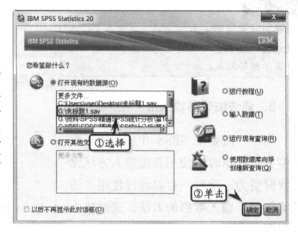
图 2-27 显示输入数据

提 示

在"语法编辑器"窗口中，除了使用自由格式语法编辑数据之外，还可以使用固定格式的语法编辑数据。

2.2.2 读取数据文件

在 SPSS 中，除了手动输入分析数据之外，还可以读取 SPSS 本身格式的数据文件。除此之外，用户还可以运用 SPSS 强大的互融性，来读取 Excel 数据文件、文本格式的数据文件，以及其他格式的数据文件。

1. 读取 SPSS 数据文件

当用户启用 SPSS 软件时，系统会自动弹出打开对话框，在该对话框中选中【打开现有的数据源】选项，并在其列表中选择需要打开的数据文件，单击【确定】按钮，即可打开 SPSS 数据文件，如图 2-28 所示。

图 2-28 选择数据文件

提 示

在打开对话框中，选中【打开其他文件类型】选项，双击【更多文件】选项，可弹出【打开数据】对话框，选择相应的数据文件即可。

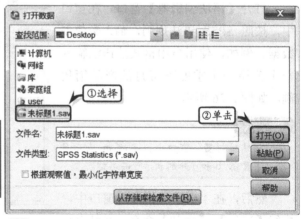

另外，在"数据编辑器"窗口中，执行【文件】|【打开】|【数据】命令，在弹出的【打开数据】对话框中，选择需要打开的 SPSS 数据文件，单击【打开】

图 2-29 选择数据文件

按钮即可，如图 2-29 所示。

在 SPSS 软件中，可以打开如表 2-2 所示的文件格式的数据文件。

表 2-2 可以打开的其他数据格式文件

文 件 类 型	含 义
SPP Statistics(*.sav)	表示可以打开 SPSS 数据文件
SPSS/PC+(*.sys)	表示可以打开 SPSS/PC+数据文件
Systat(*.syd,*.sys)	表示可以打开软件包内的系统文件
便携(*.por)	表示可以打开 SPSS 版本内的 ASCH 码数据文件
Excel(*.xls,*.xlsx,*.xlsm)	表示可以打开 Excel 类新旧版本的数据文件
Lotus(*.w*)	表示可以打开 Lotus 公司的 1-2-3 格式的数据文件
Sylk(*.slk)	表示可以打开 Multiplan 公司的 symbolic 格式的数据文件
dBase(*.dbf)	表示可以打开数据库 dBase 与 Foxbase 格式的数据文件
SAS(*.sas7dbat,*.sd7,*.sd2,*.ssd01,*.ssd04,*.xpt)	表示可以打开 SAS 软件包中长文件名的数据文件
Stata(*.dta)	表示可以打开数据管理统计绘图软件类的数据文件
文本格式(*.txt,*.dat,*.csv)	表示可以打开纯文本类型的数据文件
所有文件(*.*)	表示可以打开所有类型的文件

2．读取 Excel 数据文件

在 SPSS 中可以直接读取 Excel 类型的数据，执行【文件】|【打开】|【数据】命令，将【文件类型】设置为"Excel"，单击【打开】按钮即可，如图 2-30 所示。

在弹出的【打开 Excel 数据源】对话框中，启用【从第一行数据读取变量名】复选框，并单击【确定】按钮，如图 2-31 所示。

图 2-30 设置文件类型

此时，SPSS 系统将自动读取 Excel 数据文件中的数据，如图 2-32 所示。

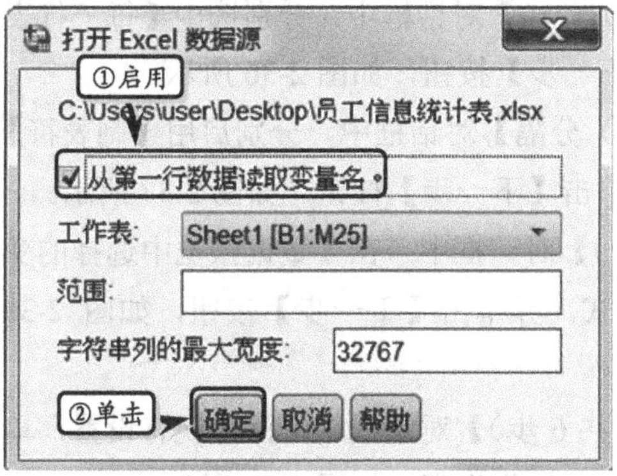

图 2-31 设置读取范围

图 2-32 显示分析数据

3. 读取文本格式数据文件

在 SPSS 中，用户还可以根据读取向导，读取文本格式的数据文件。执行【文件】|【打开文本数据】命令，选择文本格式的文件，单击【打开】按钮，如图 2-33 所示。

图 2-33　选择文本数据文件

弹出【文本导入向导-第 1 步，共 6 步】对话框，选中【否】选项，并单击【下一步】按钮，如图 2-34 所示。

在弹出的【文本导入向导-第 2 步（共 6 步）】对话框中，分别选中【分割】与【是】选项，并单击【下一步】按钮，如图 2-35 所示。

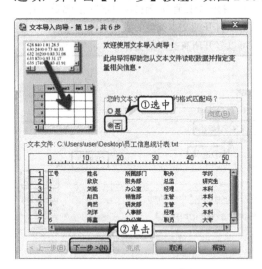

图 2-34　向导第一步

图 2-35　设置变量排列与变量名称

在弹出的【文本导入向导-第 3 步（共 6 步）分隔】对话框中，分别选中【每一行表示一个个案】与【全部个案】选项，并单击【下一步】按钮，如图 2-36 所示。

在弹出的【文本导入向导-第 4 步（共 6 步）分隔】对话框中，分别启用【制表符】与【空格】复选框，同时选中【无】选项，并单击【下一步】按钮，如图 2-37 所示。

在弹出的【文本导入向导-第 5 步（共 6 步）】对话框中，在【数据预览中选择的变量规范】列表中，分别设置变量名称与数据格式，并单击【下一步】按钮，如图 2-38 所示。

最后，在弹出的【文本导入向导-第 6 步（共 6 步）】对话框中，保持现有设置，单击【完成】按钮，即完成整个文本数据格式读取的操作步骤，如图 2-39 所示。

图 2-36 设置数据个案

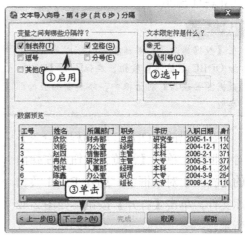

图 2-37 设置变量间隔与字符类型

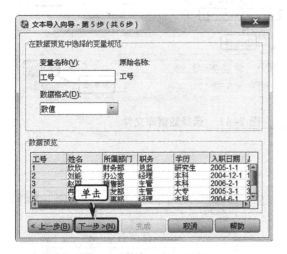

图 2-38 设置变量名称与数据格式

图 2-39 完成数据导入

此时，在 SPSS "数据编辑"窗口中，将显示被导入的文本文件中的数据。而在"变量视图"中也将自动显示导入的变量设置值，如图 2-40 所示。

4．读取数据库格式的数据文件

当用户需要读入数据库格式的数据时，可以使用 SPSS 提供的数据库向导功能来实现。执行【文件】|【打开数据库】|【新建查询】命令，在弹出的【数据库向导】对话框中的【ODBC 数据源】列表框中，选择【Excel

图 2-40 导入的变量值

Files】选项，并单击【下一步】按钮，如图 2-41 所示。

> **提 示**
> 在【数据库向导】对话框中，可以单击【添加 ODBC 数据源】按钮，在弹出的【ODBC 数据源管理器】对话框中，添加新的数据源类型。

在弹出的【ODBC 驱动程序登录】对话框中，单击【浏览】按钮。在弹出的【打开】对话框中，选择 Excel 数据库文件，单击【打开】按钮，如图 2-42 所示。

在【ODBC 驱动程序登录】对话框中单击【确定】按钮，在【可用表格】列表框中选择工作表的名称，单击【添加】按钮，如图 2-43 所示。

然后，单击【下一步】按钮，在弹出的【限制检索个案】组中，如果没有表达式可以选填，可以直接单击【下一步】按钮。在弹出的【定义变量】对话框中，检查所定义的变量，并单击【下一步】按钮，如图 2-44 所示。

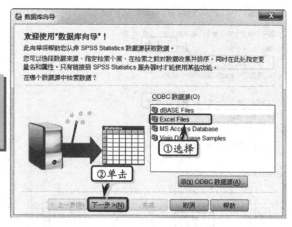

图 2-41　选择数据源类型

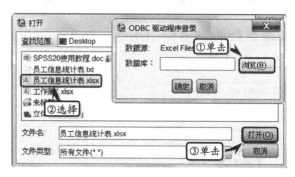

图 2-42　选择数据库文件

图 2-43　添加数据

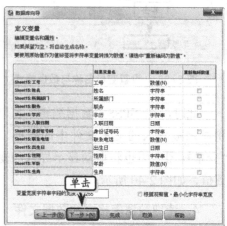

图 2-44　检查变量

在弹出的【结果】组中，单击【浏览】按钮，并在弹出的【另存为】对话框中输入文件名和设置保存位置，单击【保存】按钮，如图 2-45 所示。

最后，单击【完成】按钮，完成导入数据库文件的操作步骤。此时，在 SPSS 软件中将自动显示导入的数据库数据，如图 2-46 所示。

提 示

如果用户想导入其他类型的数据库文件，可以在一开始的【数据库向导】对话框中的【ODBC 数据源】列表框中，选择相应的数据源类型，再按照向导步骤中的提示一步一步地操作即可。

图 2-45 保存结果

2.2.3 保存数据文件

当用户在 SPSS 中输入或读取统计数据之后，为了便于下一次编辑分析文件，还需要将当前的 SPSS 文件进行保存。

1. 保存为 SPSS 文件

执行【文件】|【另存为】命令，在弹出的【将数据保存为】对话框中，设置保存位置与保存名称，如图 2-47 所示。

	工号	姓名	所属部门	职务	学
1	1.00	欣欣	财务部	总监	研究生
2	2.00	刘能	办公室	经理	本科
3	3.00	赵四	销售部	主管	本科
4	4.00	冉然	研发部	主管	大专
5	5.00	刘洋	人事部	经理	本科
6	6.00	陈鑫	办公室	职员	大专
7	7.00	金山	生产部	组长	大专
8	8.00	陈旭	生产部	职员	大专以下
9	9.00	贺龙	销售部	经理	本科
10	10.00	冉然	研发部	职员	本科

图 2-46 导入的数据库数据

提 示

对于新创建的数据文件，执行【文件】|【保存】命令，也可打开【将数据保存为】对话框。但对于已保存过的文件来讲，执行【文件】|【保存】命令后，系统将自动保存文件，并不弹出【将数据保存为】对话框。

图 2-47 设置保存位置与名称

此时，在【将数据保存为】对话框中会显示文件中的保留变量与总变量数量，单击【变量】按钮，在弹出的【数据保存为:变量】对话框中，可以设置需要保存的变量数，如图 2-48 所示。

在【数据保存为:变量】对话框中，单击【全部保留】按钮可保留所有的变量，单击【仅可视】按钮可以保留正在使用的变量，而单击【全部丢弃】按钮可以取消所有变量的

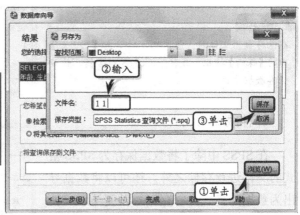

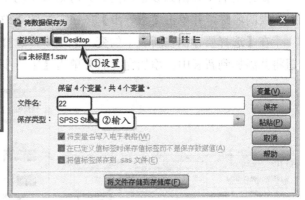

选择。

> **提示**
> 在保存数据文件时，用户也可以单击【工具栏】中的【保存】按钮，或按下 Ctrl+S 组合键，快速保存数据文件。

2. 将数据导出到数据库

在 SPSS 中除了将数据保存为 SPSS 格式的文件进行存储之外，还可以将数据导出为数据库格式进行存储，以便于用户使用其他分析软件对数据进行多方位性的分析。

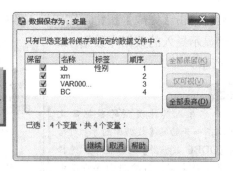

图 2-48 设置保留变量

执行【文件】|【导出到数据库】命令，弹出【导出到数据库向导】对话框。在【ODBC 数据源】列表框中选择数据库类型，在此选择【Excel Files】选项，并单击【下一步】按钮，如图 2-49 所示。

在弹出的【ODBC 驱动程序登录】对话框中，单击【浏览】按钮，在弹出的【打开】对话框中，选择数据源文件，并单击【打开】按钮，如图 2-50 所示。

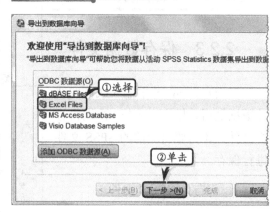

图 2-49 选择数据源

在弹出的【导出到数据库向导】对话框中的【选择如何导出数据】组中，设置新建工作表的名称，并单击【下一步】按钮，如图 2-51 所示。

在【选择要存储在新表中的变…】组中，选择左侧列表框中的变量选项，单击 按钮将其添加到新表中，添加完之后并单击【下一步】按钮，如图 2-52 所示。

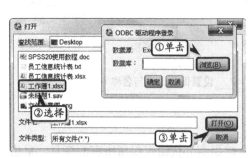

图 2-50 选择数据源文件

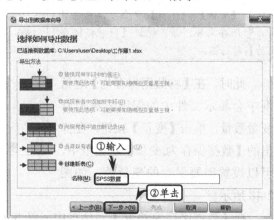

图 2-51 设置工作表的名称

最后，在【完成】组中，选中【导出数据】选项，单击【下一步】按钮，完成整个数据的导出操作，如图 2-53 所示。

此时，打开数据导出后的 Excel 工作表，用户会发现系统自动在该工作表中添加新表，并将 SPSS 数据保存在新表中，如图 2-54 所示。

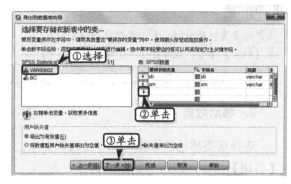

图 2-52　添加变量

2.3　编辑 SPSS 数据

在 SPSS 中输入或导入分析数据之后，还需要对数据进行复制、粘贴、剪切等编辑操作，以及运用查找与替换功能，快速查找需要更改的数据，以保证后续数据分析过程中不会因数据的排列而出现错误的分析结果。

2.3.1　复制与移动数据

复制数据是对所选数据进行的相对移动，是将该数据以副本的方式移动到其他位置，复制数据可以在文件中显示多个该数据。而移动数据即是剪切数据，属于数据的绝对移动，是将数据从一个位置转移到另外一个位置，移动数据只能在文件中显示一个该数据。

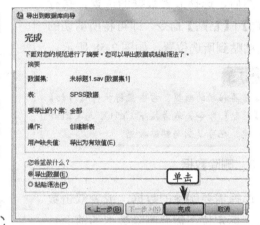

图 2-53　导出数据

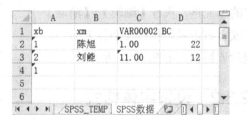

图 2-54　显示导出的数据

1. 复制数据

选择需要复制的数据，执行【编辑】|【复制】命令，即可复制所选数据，如图 2-55 所示。

然后，选择放置数据的位置，执行【编辑】|【粘贴】命令，即可将所复制的数据粘贴到所选位置，如图 2-56 所示。

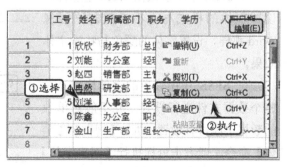

图 2-55　复制数据

> **提 示**
> 选择需要复制的数据，右击鼠标执行【复制】与【粘贴】命令，或者按下 Ctrl+C 与 Ctrl+V 组合键，也可复制与粘贴数据。

2. 移动数据

选择需要移动的数据，执行【编辑】|【剪切】命令，即可剪切所选数据，如图 2-57 所示。

然后，选择放置数据的位置，执行【编辑】|【粘贴】命令，即可将所剪切的数据粘贴到所选位置，如图 2-58 所示。

> **提 示**
> 选择需要移动的数据，右击鼠标执行【剪切】与【粘贴】命令，或者按下 Ctrl+X 与 Ctrl+V 组合键，也可复制与粘贴数据。

3. 删除数据

选择需要删除的数据，或者双击数据将光标定位在需要删除数据的前面，按 Delete 键即可删除数据。另外选择数据所在的单元格，执行【编辑】|【清除】命令，或者右击鼠标执行【清除】命令，即可删除该数据，如图 2-59 所示。

2.3.2 设置字体格式

在 SPSS 中可以像在 Word 中那样，设置字体的样式与大小。但却不能像 Word 那样，设置字体的颜色与特殊字体效果。

在 SPSS 中所设置的字体格式是对整个数据文件进行设置，并不能对单独的数据字段进行设置。执行【视图】|【字体】命令，或右击鼠标执行【网格字体】命令，在弹出的【字体】对话框中，设置字体样式与大小，单击【确定】按钮

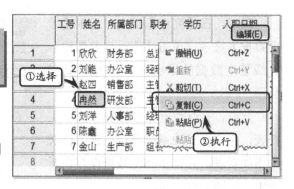

图 2-56 粘贴数据

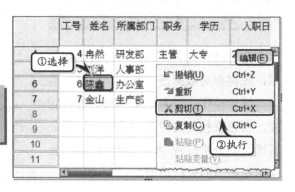

图 2-57 剪切数据

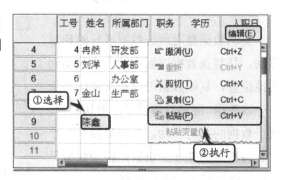

图 2-58 移动数据

图 2-59 删除数据

即可,如图 2-60 所示。

> **提示**
> 在 SPSS"数据编辑器"窗口中,不管是在"数据视图"窗口还是在"变量视图"窗口中设置字体格式,另外一个窗口中的字体格式也会随着该窗口字体格式的设置而改变。

> **技巧**
> 用户可通过执行【编辑】|【网格线】命令,来隐藏或显示 SPSS"数据编辑器"窗口中的网格线。

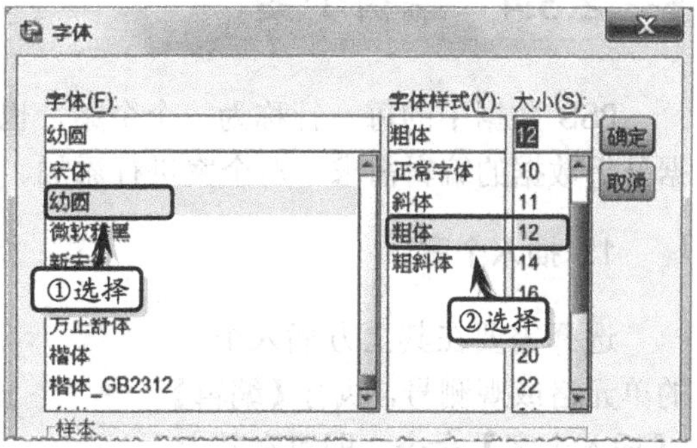

2.3.3 查找和替换数据

对于包含大量数据的 SPSS 文件来讲,修改或查找某个数据时会显得特别麻烦。此时,用户可以使用 SPSS 提供的查找和替换数据的功能,来解决查找与修改问题。

SPSS 中的查找功能是根据变量进行查找的,首先需要选择某个变量列中的单元格,然后执行【编辑】|【查找】命令,在弹出的【查找和替换-数据视图】对话框中,输入查找内容,单击【查找下一个】按钮即可,如图 2-61 所示。

在弹出的【查找和替换-数据视图】对话框中,输入查找内容,启用【替换】复选框,并在【替换】文本框中输入替换内容,单击【全部替换】命令即可,如图 2-62 所示。

另外,单击【查找和替换-数据视图】对话框中的【显示选项】按钮,即可展开所隐藏的选项,用于设置查找数据的方式,如图 2-63 所示。

> **提示**
> 在"变量视图"窗口中,只有"名称"、"标签"、"值"与"缺失"列可以使用【查找】功能,只有"标签"和"值"列可以使用【替换】功能。

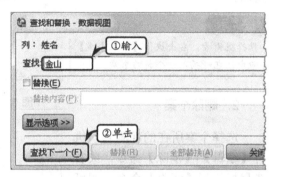

图 2-60 设置字体格式

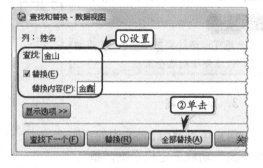

图 2-61 查找数据

图 2-62 替换数据

图 2-63 显示所隐藏的选项

2.3.4 编辑个案

SPSS 数据中的每一行称为一个个案,也可以将个案理解为数据行。编辑个案即是根据分析数据的编辑需求,对个案进行添加、删除、定位与选择等操作。

1. 插入个案

选择需要在其上方插入个案的单元格或观测号,执行【编辑】|【插入个案】命令,即可在其上方插入一个新的个案,如图 2-64 所示。

提示
选择观测号,右击执行【插入个案】命令,也可插入一个新的个案。

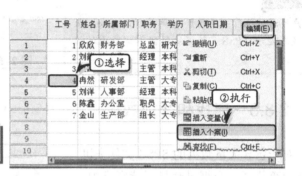
图 2-64 插入个案

2. 删除个案

选择个案所在的观测号,执行【编辑】|【清除】命令,或右击鼠标执行【清除】命令,即可删除所选个案,如图 2-65 所示。

技巧
用户还可以通过按下 Delete 键的方法,快速删除所选个案。

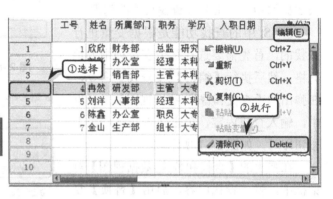
图 2-65 删除个案

3. 定位个案

用户可以使用 SPSS 中的"转到个案"功能来定位个案,执行【编辑】|【转至个案】命令,在弹出的【转到】对话框中,设置转向的个案数,单击【转向】按钮即可,如图 2-66 所示。

提示
在【转到】对话框中,单击【变量】按钮,单击【转向变量】下拉按钮,选择变量名称,单击【转向】按钮,即可定位变量的位置。

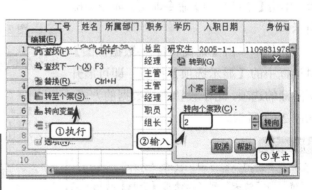
图 2-66 转至个案

4. 选择个案

在实际工作中，用户往往需要选择符合指定条件的个案，以便于对数据进行更详细的分析。此时，可通过 SPSS 中的"选择个案"功能，来实现上述要求。

执行【数据】|【选择个案】命令，弹出【选择个案】对话框。在该对话框中，选中【如果条件满足】选项，并单击【如果】按钮，如图 2-67 所示。

在【选择个案】对话框中，主要包括如表 2-3 所示中的选项。

表 2-3 【选择个案】对话框选项

选项组	选 项	含 义
选择	全部个案	该选项为默认选项，表示对个案不做选择，使用所有的个案
	如果条件满足	该选项表示通过设置条件表达式，来选择符合要求的个案。选择该选项，单击【如果】按钮，可以设置指定条件
	随机个案样本	该选项表示可以对指定比例的个案，或对指定个案群集进行选择。选择该选项，单击【样本】按钮，可以在【选择个案：随机样本】对话框中设置具体参数
	基于时间或个案全距	该选项表示可以对指定范围内的个案进行选择。选择该选项，单击【范围】按钮，可在弹出的【选择个案：范围】对话框中设置具体的范围值
	使用筛选器变量	该选项表示可以将符合要求的个案指定为筛选器，以此来选择个案。选择该选项后，在左侧的列表框中选择个案，单击【添加】按钮即可
输出	过滤掉未选定的个案	该选项表示在选择结果中不显示未选定的个案，单未选择的个案仍被保留在"数据视图"窗口中，并以斜线标注未选择个案的观测号
	将选定个案复制到新数据集	该选项表示将选定的个案复制到新命名的"数据编辑器"窗口中
	删除未选定个案	该选项表示在原数据中将删除未选择的个案，保留已选择的个案

在弹出的【选择个案:If】对话框中，设置满足选择个案的条件，并单击【继续】按钮，如图 2-68 所示。在【选择个案】对话框中，单击【确定】按钮即可。

图 2-67　设置选择条件

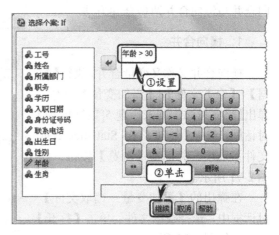

图 2-68　设置个案参数

2.4 拆分与合并数据文件

在实际工作中，用户会发现需要将多个数据文件合并为一个整体的新文件，或者将一个文件拆分成多个小文件进行统计分析。此时，用户可以使用 SPSS 中的"拆分文件"与"合并文件"功能，来满足分析中拆分与合并数据文件的需求。

2.4.1 拆分数据文件

拆分数据文件是按照指定的变量，对数据文件进行分组，也就是将数据文件按照不同的变量分成不同的组，以便对数据进行更详细的统计分析。

执行【数据】|【拆分文件】命令，弹出【分割文件】对话框。将【学历】变量添加到【分组方式】列表框中，并单击【确定】按钮，如图 2-69 所示。

此时，在"数据编辑器"窗口中，将显示拆分文件后的数据，即按照"学历"变量进行排序的数据。另外，在窗口的右下角将显示"拆分条件"内容，如图 2-70 所示。

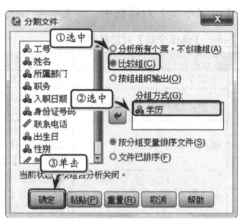

图 2-69 拆分数据文件

2.4.2 合并数据文件

合并数据文件是将外部的数据合并到当前 SPSS 数据文件中，一般分为横向合并与纵向合并两种合并方法。

1. 横向合并

横向合并又称又变量合并，执行【数据】|【合并文件】|【添加变量】命令，弹出【将变量添加到未标题 5[数据集 4]】对话框。选中【外部 SPSS Statistics 数据文件】选项，并单击【浏览】按钮，如图 2-71 所示。

在弹出的【添加变量：读取文件】对话框中，选择数据文件，单击【打开】按钮，如图 2-72 所示。

在弹出的【添加变量从 C:\Users\user\Desktop\未标题 6.sav】对话框中，查看新的活

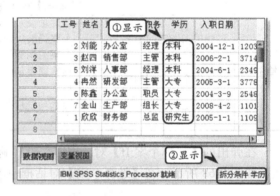

图 2-70 显示拆分文件

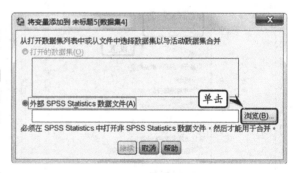

图 2-71 选择添加类型

动数据集中的变量是否跟合并文件中的变量相同,然后单击【确定】按钮,即可将选择的数据文件合并到当前的数据文件中,如图 2-73 所示。

在【添加变量从 C:\Users\user\ Desktop\未标题 6.sav】对话框中,主要包括下列选项:

- **已删除的变量** 在该列表框中主要用于显示不能合并到新数据文件中的变量。
- **新的活动数据集** 在该列表框中主要用于显示已经合并到新数据文件中的变量,其中变量名称后面为"(*)"后缀的变量表示为原数据文件中的变量,而变量名称后面为"(+)"后缀的变量表示为新数据文件中的变量。
- **关键变量** 在该列表框中主要用于显示索引变量,其中索引变量是新旧数据文件中名称相同的变量。
- **按照排序文件中的关键变量匹配个案** 当新旧两个数据文件中的个案数量不同或顺序不同时,可以启用该复选框。

图 2-72 选择数据文件

图 2-73 设置变量

- **将个案源表示为变量** 该复选框系统默认为禁用状态,启用该复选框后"0"表示当前数据文件中的个案,"1"表示被导入数据文件中的个案。

2. 纵向合并

纵向合并又称为个案合并,执行【数据】|【合并文件】|【添加个案】命令,弹出【将个案添加到未标题 1.sav[数据集 1]】对话框。选中【外部 SPSS Statistics 数据文件】选项,并单击【浏览】按钮,如图 2-74 所示。

在弹出的【添加个案:读取文件】对话框中,选择数据文件,单击【打开】按钮,如图 2-75 所示。

在弹出的【添加个案从 C:\Users\user\Desktop\未标题 6.sav】对话框中,查看新的活动数据集中的变量是否跟合

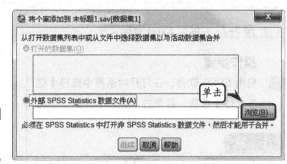

图 2-74 选择添加类型

并文件中的变量相同,然后单击【确定】按钮,即可将选择的数据文件合并到当前的数据文件中,如图 2-76 所示。

▲ 图 2-75　选择数据文件

▲ 图 2-76　设置变量

2.5　课堂练习：读取 Excel 数据文件

虽然 SPSS 具有强大的数据分析能力，并能运用不同的分析方法对数据进行多方位的专业性分析。但是，在 SPSS 中录入大量分析数据时，既费劲又浪费时间。此时，用户可以先将分析数据按照一定的要求在 Excel 中进行录入。然后，再利用 SPSS 中的"读取其他格式数据文件"功能，将 Excel 数据导入到 SPSS 中，从而解决录入数据费劲的问题，如图 2-77 所示。

	编号	姓名	所属部门	办公软件	财务知识	法律知识	英语口语	职业素养	人力管理	总成绩	平均分
1	1008	刘洋	财务部	83	89	96	89	73	90	520	86.666
2	2021	刘能	市场部	90	77	76	89	77	86	495	82.500
3	2011	陈鑫	市场部	82	61	91	82	73	81	470	78.333
4	2012	金山	市场部	70	73	60	95	84	90	472	78.666
5	2013	陈旭	市场部	92	80	89	76	87	92	516	86.000
6	1018	欣欣	行政部	80	84	95	87	78	85	509	84.833
7	3011	赵四	研发部	88	60	84	90	71	89	482	80.333
8											
9											
10											
11											

▲ 图 2-77　读取 Excel 数据文件

操作步骤

1 启用 SPSS 软件，在打开对话框中选择【更多文件】选项，并单击【确定】按钮，如图 2-78 所示。

> **注　意**
> 在 SPSS 软件中，执行【文件】|【打开】|【数据】命令，也可打开【打开数据】对话框。

2 在弹出的【打开数据】对话框中，将【文件类型】设置为"Excel"，选择数据文件，并单击【打开】按钮，如图 2-79 所示。

▲ 图 2-78　选择打开方式

● 图 2-79　选择 Excel 文件

3. 在弹出的【打开 Excel 数据源】对话框中，单击【确定】按钮，如图 2-80 所示。

● 图 2-80　设置数据表

4. 此时，在 SPSS 中的"数据编辑器"窗口中，将显示读取后的 Excel 数据，如图 2-81 所示。

● 图 2-81　显示读取后的数据

5. 在"数据视图"窗口中，右击执行【网格字体】命令，如图 2-82 所示。

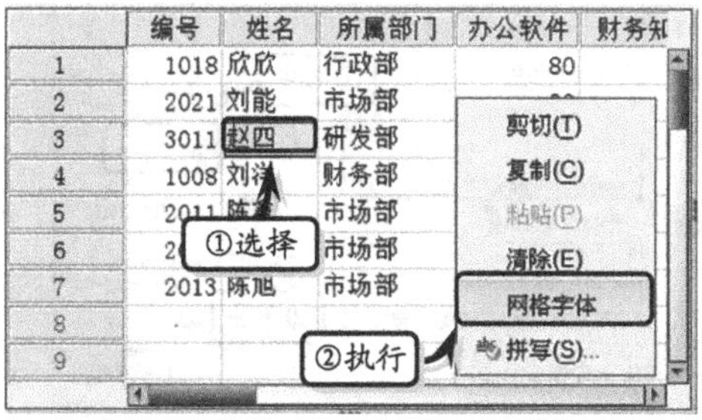

● 图 2-82　执行网格字体命令

6. 在弹出的【字体】对话框中，设置字体样式与大小，并单击【确定】按钮，如图 2-83 所示。

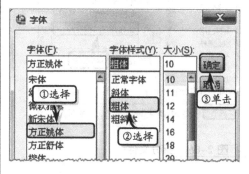

● 图 2-83　设置字体格式

7. 切换到"变量视图"窗口中，单击变量对应的【对齐】下拉按钮，选择【居中】选项，如图 2-84 所示。使用同样的方法，设置其它变量的对齐方式。

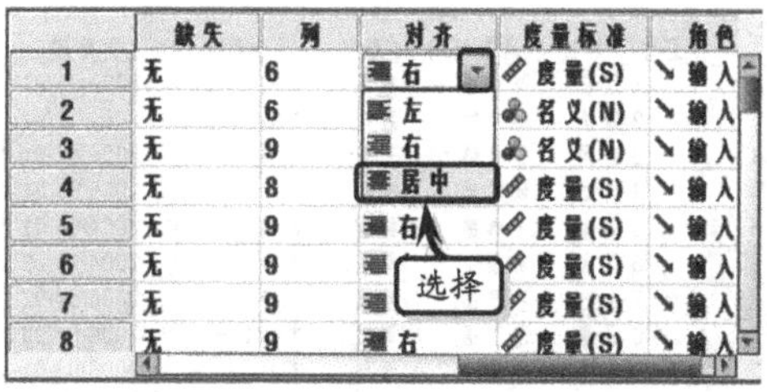

● 图 2-84　设置变量对齐方式

8. 切换到"数就是图"窗口中，执行【数据】|【拆分文件】命令，如图 2-85 所示。

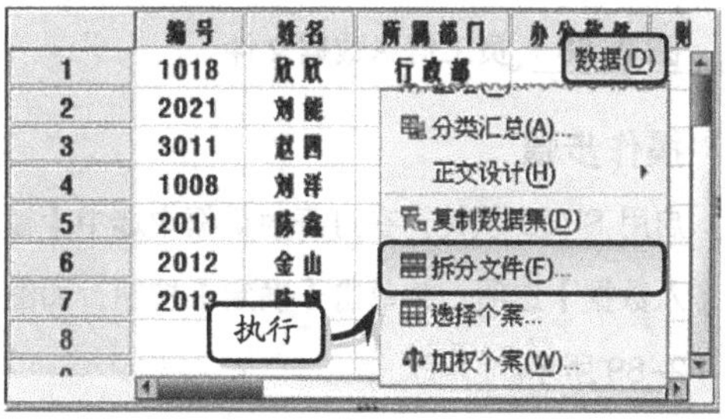

● 图 2-85　执行命令

9. 在弹出的【分割文件】对话框中，选中【比较组】选项，将【所属部门】变量添加到的【分组方式】列表框中，并单击【确定】按钮，如图 2-86 所示。

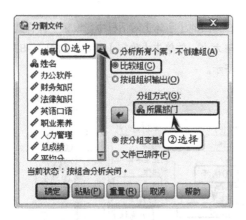

▶ 图 2-86 拆分文件

10 执行【文件】|【另存为】命令,设置保存名称,单击【保存】按钮,如图 2-87 所示。

▶ 图 2-87 保存数据文件

2.6 课堂练习:管理员工信息数据文件

在使用 SPSS 分析数据之前,还需要进行一些基础操作。例如,根据数据类型创建数据的变量,以及录入数据等工作。在本练习中,将通过定义变量、输入数据、合并数据文件等功能,制作一份员工信息数据文件,如图 2-88 所示。

	工号	姓名	所属部门	职务	学历	入职日期	身份证号码	联系电话	出生日	性别	年龄	生肖
1	1	欣欣	财务部	总监	研究生	2005/01/01	110983197806124576	11122232311	1978/06/12	男	35	马
2	2	刘娥	办公室	经理	本科	2004/12/01	120374197912281234	11122232312	1979/12/28	男	34	羊
3	3	赵四	销售部	主管	本科	2006/02/01	371487198601025917	11122232313	1986/01/02	男	27	虎
4	4	冉然	研发部	主管	大专	2005/03/01	377837198312128735	11122232314	1983/12/12	男	30	猪
5	5	刘洋	人事部	经理	本科	2004/06/01	234987198110113223	11122232315	1981/10/11	女	32	鸡
6	6	陈鑫	办公室	职员	大专	2004/03/09	254879198812048769	11122232316	1988/12/04	女	25	龙
7	7	金山	生产部	组长	大专	2008/04/02	110123198603031234	11122232317	1986/03/03	男	27	虎
8	8	陈旭	生产部	职员	大专以下	2009/04/03	112123198801180291	11122232318	1988/01/18	男	25	龙
9	9	贺龙	销售部	经理	本科	2006/02/01	110983197806124576	11122232319	1978/06/12	男	35	马
10	10	冉然	销售部	职员	本科	2005/03/01	120374197912281234	11122232320	1979/12/28	男	34	羊
11	11	刘娟	人事部	经理	本科	2004/06/01	371487198601025917	11122232321	1986/01/02	男	27	虎
12	12	金鑫	办公室	经理	本科	2004/03/09	377837198312128735	11122232322	1983/12/12	男	30	猪
13	13	李娜	销售部	主管	本科	2008/04/02	234987198110113223	11122232323	1981/10/11	女	32	鸡
14	14	晏娜	研发部	职员	本科	2009/04/03	254879198812048769	11122232324	1988/12/04	女	25	龙
15	15	张冉	人事部	职员	大专	2010/02/01	110123198603031234	11122232325	1986/03/03	男	25	虎
16	16	赵军	财务部	主管	大专	2005/04/03	112123198801180291	11122232326	1988/01/18	男	25	龙

▶ 图 2-88 员工信息数据文件

操作步骤

1 启用 SPSS 软件,在打开对话框中选中【输入数据】选项,并单击【确定】按钮,如图 2-89 所示。

2 切换到"变量视图"窗口中,在【名称】列中的第 1 个单元格中输入"工号",并按下 Enter 键,如图 2-90 所示。

3 单击【对齐】单元格中的下拉按钮,选择【居中】选项,如图 2-91 所示。

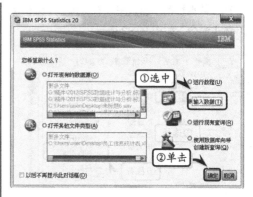

▶ 图 2-89 设置打开类型

图 2-90　输入变量

图 2-91　设置对齐方式

4 在【名称】列中的第 2 个单元格中输入"姓名",单击【类型】单元格中的按钮,选中【字符串】选项,并将【字符】设置为"9",如图 2-92 所示。

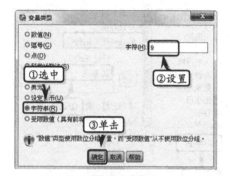

图 2-92　定义变量类型

5 使用同样的方法,输入其他字符型变量。在【名称】列中输入"入职日期"文本,单击【类型】单元格中的按钮,选中【日期】选项,并设置日期类型,如图 2-93 所示。

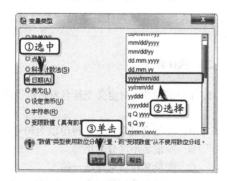

图 2-93　设置日期类型

6 同样方法,输入其他变量。切换到"数据视图"窗口中,根据变量类型依次输入分析数据,如图 2-94 所示。

工号	姓名	所属部门	职务	学历
1	1	欣欣	财务部	总监	研究生
2	2	刘能	办公室	经理	本科
3	3	赵四	销售部	主管	本科
4	4	冉然	研发部	主管	大专
5	5	刘洋	人事部	经理	本科
6	6	陈鑫	办公室	职员	大专
7	7	金山	生产部	组长	大专
8	8	陈旭	生产部	职员	大专以下
9	9	贺龙	销售部	经理	本科

图 2-94　输入分析数据

> **注　意**
> 在定义变量时,还需要将数值型变量的"小数"定义为"0"。

7 执行【数据】|【合并文件】|【添加个案】命令,在弹出的对话框中单击【浏览】按钮,如图 2-95 所示。

图 2-95　选择数据文件类型

8 在弹出的【添加个案:读取文件】对话框中,选择外部数据文件,单击【打开】按钮,如图 2-96 所示。

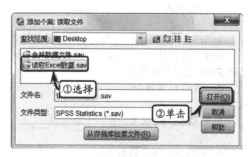

图 2-96　选择数据文件

⑨ 在【将个案添加到未标题1[数据集0]】对话框中，单击【继续】按钮，如图2-97所示。

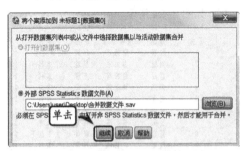

图2-97 继续合并数据文件

⑩ 在弹出的【添加个案从…】对话框中，直接单击【确定】按钮，如图2-98所示。

图2-98 添加变量

⑪ 此时，在SPSS"数据编辑器"窗口中，将显示合并后的数据，如图2-99所示。

图2-99 合并后的数据

⑫ 执行【数据】|【拆分文件】命令，选中【按组组织输出】选项，并将【职务】变量添加进去，单击【确定】按钮，如图2-100所示。

图2-100 拆分文件

2.7 思考与练习

一、填空题

1. SPSS数据是由____与____两部分组成的，____部分主要包括基础数据部分，而____部分则是对SPSS变量及其属性的描述。

2. 数值型常量分_____与_____两种形状。

3. 在SPSS中，基本运算符主要包括_____、_____与_____3种类型。

4. 默认情况下，系统会以_____、_____或_____等样式进行命名变量。

5. 变量名称必须以_____、_____或字符@开头，其他符可以为任意字母、数字或常用符号。

二、选择题

1. 下列选项中，对定义变量名表述错误的为____。
   A. 变量名最后一个字符可以为句号
   B. 变量名不区分大小写
   C. 变量名称必须是唯一的
   D. 变量名称不能包含SPSS保留字符

2. 度量标准中的度量、序号与名义度量标准，分别对应了定距/定比变量、定序变量和定性变量，下列说法中，_____表述为错误的。

A. 定距变量又称为间隔变量，变量中的0值表示一个取值

B. 定比变量又成为比率变量，变量中的0值表示一个取值

C. 定序变量是基于"质"因素的一种变量

D. 定性变量是基于"质"因素的一种变量，其取值只代表所观测对象的类别

3. 在 SPSS 中可以读取其他格式的数据文件，下列选项中，_____文件格式不能被 SPSS 所读取。

A. *.dbf   B. *.txt
C. *.xls   D. *.ppt

4. 在"变量视图"窗口中，_____变量列不能使用【查找】功能。

A. 名称   B. 标签
C. 值   D. 对齐

5. SPSS 为用户提供了 9 种变量类型，下列描述错误的一项为_____。

A. 数值表示整数+小数点+小数的位数

B. 逗号表示整数部分每 3 位数由逗号进行隔开

C. 系统为用户提供了 30 种日期变量类型

D. 美元表示带美元符号的数值型

三、问答题

1. 如何在"变量视图"中插入一个新的变量？
2. 如何读取文本格式的数据文件？
3. 在保存 SPSS 数据文件时，如何保存部分变量？
4. 怎样隐藏视图窗口中的网格线？
5. 如何定位个案？

四、上机练习

1. 语法编辑器输入数据

本练习将使用 SPSS 中的"语法编辑器"窗口，快速输入分析数据，如图 2-101 所示。在本练习中，执行【文件】|【新建】|【语法】命令，打开【语法编辑器】窗口。在窗口中，按照 SPSS 语法规则，输入数值型数据。然后，在"语法编辑器"窗口中，执行【运行】|【全部】命令即可。

图 2-101   语法编辑器输入数据

2. 选择个案

本练习将根据"管理员工信息数据文件"数据文件，来选择指定的个案，如图 2-102 所示。在本练习中，执行【数据】|【选择个案】命令，弹出【选择个案】对话框。在该对话框中，选中【如果条件满足】选项，并单击【如果】按钮。在弹出的【选择个案：If】对话框中，设置满足选择个案的条件，并单击【继续】按钮。最后，在【选择个案】对话框中，选中【删除未选定个案】选项，并单击【确定】按钮。

图 2-102   选择个案

第 3 章
描述统计分析

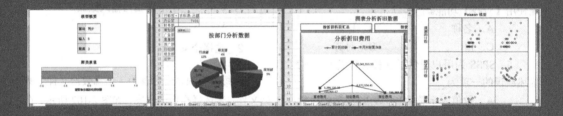

统计分析的目的是研究数据的总体特征,描述统计分析内容是统计分析学中的基础内容,是对分析数据进行正确统计推断的先决条件。通过描述统计分析,可以使杂乱无章的数据呈现出其规律性,以帮助用户把握数据的整体分布形态,为数据建模提供数据依据。在本章中,将详细介绍描述统计分析的基础知识与分析方法,为用户学习高深的统计分析技术奠定基础。

本章学习目标:

- ➢ 频数分析
- ➢ 描述分析
- ➢ 交叉列联表分析
- ➢ 探索性统计分析
- ➢ 比率分析

3.1 频数分析

频数分析是基本统计分析中的一种重要形式，是把握数据分布特征的统计分析方法之一。通过频数分析，可以清晰地分析数据中各变量的取值状况。

3.1.1 频数分析概述

频数也称为次数，是指同一观测值在一组数据中出现的次数。而频率则是每个小组的频数与总数值的比值。另外，在变量分配数列中，频数表明对应组标志值的作用程度，其值越大表明该组标志值对于总体水平所起的作用越大，反之亦然。用户在使用频数分析数据之前，还需要先了解一下频数分析中的统计量、参数、频率分析图表等一些频数分析的基础内容。

1. 频数统计量

在 SPSS 中，频数分析是运用统计量和图形来描述多种类型的变量，并可以在其分析结果报告中，运用升序和降序方法来排列不同的变量。另外，当变量具有多个值时，可以通过提取频率报告，或者使用默认值或百分比标记图表的方法来分析。在使用频数统计分析数据之前，还需要先了解一下频数的统计量。

- ❏ 百分位值 用于描述数值在一组数据中的相对位置，包括百分位数、Z 分数等。
- ❏ 集中趋势 是描述分布位置的统计量，包括均值、中位数、众数等。
- ❏ 离散程度 是测量数据中变异和展开的统计量，包括标准方差、方差、最小值、最大值等。
- ❏ 分布指标 是描述分布形状和对称性的统计量，包括偏度系数、峰度系数等，这些统计量与其标准误一起显示。

2. 频数分布表中的参数

在使用 SPSS 编制频数分布表时，还需要了解下列术语及参数：
- ❏ 频数 是指变量值在某个区间内出现的次数。
- ❏ 百分比 是指各频数值与总样本数的比率。
- ❏ 有效百分比 是指各频数与总体有效样本数的比率。其中，有效样本数是总样本数量减去缺失样本数量的差值。有效百分比适用于分析变量中存在缺失值的数据。
- ❏ 累积百分比 是指各百分比的累计值。

3. 频数分析中常用图表

在频数分析中，经常会使用图表功能，形象且直观地显示变量之间的取值情况。其中，最常用的统计图表为下列 3 种：
- ❏ 条形图 条形图是使用条形直观地显示频数分布变化的图形，包括单式和复式两种条形图，该图形适用于分析定序和定类变量。
- ❏ 饼图 饼图是使用圆形或扇形来显示频数百分比变化的一种图形，主要用于显示各部分对整体的贡献情况,该图形适用于数据的结构组成分析。
- **直方图** 直方图是使用矩形的面积来显示频数分布变化的一种图形,用于显示分布的形状、中心和分布。该图形适用于分析定距型变量。另外,还可以通过为直方图添加正态分布曲线的方法,来比较正态分布结果。

3.1.2 设置频率统计量

在 SPSS 软件中,执行【分析】|【描述统计】|【频率】命令,弹出【频率】对话框,如图 3-1 所示。

在【频率】对话框中,左侧的列表框中显示当前数据表中的变量,而在【变量】列表框中将显示用户需要进行频率分析所添加的变量。例如,在左侧的列表框中选择【办公软件】选项,单击【添加】按钮,如图 3-2 所示。

在【频率】对话框中,单击【统计量】按钮,打开【频率:统计量】对话框,如图 3-3 所示。在该对话框中,设置完各选项之后,单击【继续】按钮可以返回到【频率】对话框中。

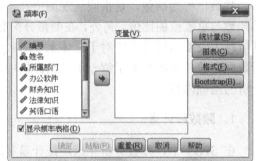

图 3-1 【频率】对话框

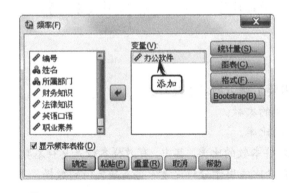

图 3-2 添加变量

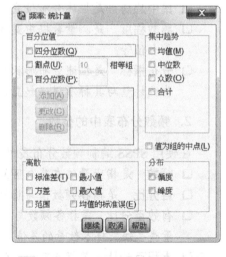

图 3-3 【频率:统计量】对话框

在【频率:统计量】对话框中,主要包括如表 3-1 所示中的选项。

表 3-1 【频率:统计量】对话框选项

选项组	选 项	作 用
百分位值	四分位数	表示将观察值分为 4 个大小相等的组,例如 25%、50%、75%个百分位数
	割点…相等组	表示将观察值分为指定的 n 个大小相等的组

续表

选项组	选项	作用
百分位值	百分位数	表示由用户随意指定单个百分位值，例如指定95%个百分位数，表示将有95%的观察值大于该值。在该选项中，指定百分位值之后，可通过单击【添加】按钮，添加百分位值；单击【更改】按钮，更改百分位值；同样通过单击【删除】按钮，删除百分位值
集中趋势	均值	表示算数平均值，是总和除以个案的结果值，该方法是一种集中趋势的测量
	中位数	又称为中数，表示第50个百分位的数值。当个案个数为偶数时，则中位数是个案在升序或降序排列的情况下最中间两个个案的平均。另外，中位数是集中趋势的测量，对于远离中心的值并不敏感
	众数	众数是一组数组中最频繁出现的值，当数组中出现多个频繁出现的值时，则每一个数值都是一个众数，但频率分析过程中只会显示多个众数中最小的数值
	合计	表示所有带有非缺失值的个案值的合计值
离散	标准差	表示对围绕均值的离差的测量，其值越大表示数据的离散程度越大
	方差	该值等于与均值的差的平方和除以个案数量减去 1，其度量方差的单位是变量本身的单位的平方
	范围	范围又称为全距，表示数值变量的最大值与最小值之间的差，即最大值减去最小值，是描述数据离散情况最简单的一种分析方法
	最小值	表示数值变量的最小值
	最大值	表示数值变量的最大值
	均值的标准误	表示取自同一分布的样本与样本之间均值差的测量
分布	偏度	表示分布的不对称性度量，当偏度值为 0 时表示正态分布，当偏度值超过标准误差的两倍时，表示不具有对称性
	峰度	用于观测值聚焦在中点周围的程度的一种测量，当峰度值为 0 时表示正态分布，其分布的峰度比较高狭
值为组的中点		表示当数据中的值为组中点时，应启用该复选框以用来估计原始未分组数据的中位数和百分位数

3.1.3 设置频率格式

在使用频率方法分析数据时，还需要根据分析要求设置频率分析方法的格式，其格式主要包括数据的排列方式与变量的显示方式。

执行【分析】|【描述统计】|【频率】命令，在【频率】对话框中，单击【格式】按钮，弹出【频率:格式】对话框，如图 3-4 所示。在该对话框中，设置完各选项之后，单击【继续】按钮可以返回到【频率】对话框中。

在【频率:格式】对话框中，主要包括如表 3-2 所示中的选项。

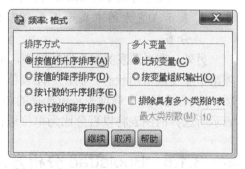

图 3-4　【频率:格式】对话框

表 3-2 【频率：是】对话框选项

选项组	选 项	作 用
排序方式	按值的升序排列	表示对频数分布按照数值的大小进行升序排列
	按值的降序排列	表示对频数分布按照数值的大小进行降序排列
	按计数的升序排列	表示对频数分布按照频数的大小进行升序排列
	按计数的降序排列	表示对频数分布按照频数的大小进行降序排列
多个变量	比较变量	表示在单个表中显示所有的变量
	按变量组织输出	表示显示每个变量的独立统计量表
排除具有多个类别的表		表示显示用于指定数量值的表

3.1.4 设置频率图表

SPSS 软件为用户提供了显示频数分析结果的条形图、饼图与直方图图表。只需执行【分析】|【描述统计】|【频率】命令，在【频率】对话框中，单击【图表】按钮，即可弹出【频率:图表】对话框，如图 3-5 所示。在该对话框中，设置完各选项之后，单击【继续】按钮可以返回到【频率】对话框中。

在【频率:图表】对话框中，主要包括"图表类型"与"图表值"两个选项组。其中，在"图表类型"选项组中主要包括下列选项：

- 无 选中该选项，表示在结果中将不显示图表。
- 条形图 选中该选项，表示在结果中将以条形图的样式显示分析数据。
- 饼图 选中该选项，表示在结果中将以饼图的样式显示分析数据。
- 直方图 选中该选项，表示在结果中将以直方图的样式显示分析数据。
- 在直方图上显示正态曲线 该复选框只有在选中【直方图】选项后才可用。启用该复选框，表示在直方图中显示正态分布曲线，用以判断分析结果数据是否接近于正态分布。

图 3-5 【频率:图表】对话框

另外，在"图表类型"选项组中，选中【条形图】与【饼图】选项时，"图表值"选项组中才变成可用状态。而在"图表值"选项组中，主要包括【频率】和【百分比】选项。其中，【频率】选项表示所选择的图表将以频数为单位进行显示；而【百分比】选项表示所选择的图表将以百分比为单位进行显示。

3.1.5 Bootstrap 分析方法

Bootstrap 是 SPSS 新增功能，是一种非参数统计方法，也是一种从样本计算得到的估计值来做出有关这些总体参数的推论。使用 Bootstrap 方法可以导出稳健的标准误差值，并能为诸如均值、中位数、比例、相关系数或回归系数等估计值导出置信区间。另外，Bootstrap 方法还可以用于构建假设检验。

执行【分析】|【统计分析】|【频率】命令，在【频率】对话框中，单击【Bootstrap】按钮，即可弹出【Bootstrap】对话框，如图 3-6 所示。在该对话框中，设置完各选项之后，单击【继续】按钮可以返回到【频率】对话框中。

在【Bootstrap】对话框中，启用【执行 bootstrap】选项，使 Bootstrap 各选项处于可用状态。各选项的具体功能如下所述：

- **样本数** 可通过在文本框中指定一个正整数的方法，来设置 Bootstrap 执行时所需要的样本个数。而当用户需要生成的百分位数和 BCa 区间时，至少需要 1000 个 Bootstrap 样本。其取值范围介于 0～2147483647 之间的整数。

- **设置 Mersenne Twister 种子** 启用该复选框，可以允许用户复制分析，另外所设置种子会保留随机数生成器的当前状态并分析完成后恢复该状态。其取值范围介于 1～2000000000 之间。

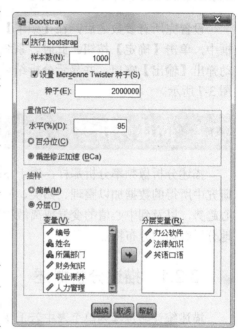

图 3-6　【Bootstrap】对话框

- **置信区间** 指定一个大于 50 且小于 100 的置信水平。其中，"百分位"选项表示简单地使用对应于所需置信区间百分位数的有序 Bootstrap 值。而"偏差修正加速（BCa）"选项表示该区间为调整区间，分析比较准确，但运算时间比较长。

- **抽样** 在该选项组中主要包括"简单"与"分层"两种选项，其中，"简单"选项表示为通过放回方式从原始数据集进行个案重新取样；而"分层"选项表示为通过放回方式从原始数据集进行个案重新取样，但在层次变量的交叉分类定义的层内。如果层中的单元相对均一，且不同层间的单元相差较大，则分层 Bootstrap 抽样非常有用。

另外，用户在使用 Bootstrap 方法进行频数分析时，还需要注意下列几点：

- Bootstrap 不能用于多重插补数据集。如果在数据集中存在 Imputation_变量，Bootstrap 对话框将被禁用。

- Bootstrap 使用列表删除来确定个案基础，即在任何分析变量上具有取缺失值的个案将从分析中删除，因此当 Bootstrap 生效时，不管分析过程中是否制定了其他处理缺失值的方法，该列表删除照样处于生效状态。

- 频率分析结果中的统计表支持均值、标准差、方差、中位数、偏度、峰度和百分位数的 Bootstrap 估计。
- 统计分析结果中的频率表支出百分比的 Bootstrap 估计。

3.1.6 显示分析结果

设置完所有参数之后，在【频率】对话框中，单击【确定】按钮。此时，系统会自动弹出【输出】窗口，并显示分析结果，如图 3-7 所示。

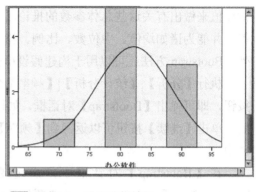

图 3-7 显示分析结果

3.2 描述分析

描述分析像频率分析那样，属于 SPSS 数据分析中"描述分析"的一部分。它是将研究中所得的数据加以整理、归类、简化或绘制成图表，以此分析数据的观测个数、中心趋势，以及到中心值的变异或离散程度的一种过程。通过描述分析，可以清晰、准确地分析数据的分布特点。

3.2.1 描述分析概述

描述统计的过程为单个表中若干变量显示单变量摘要的统计量，并以此计算标准化值。其中，描述统计主要涉及数据的集中趋势、离散程度和分布形态，最常用的指标有平均数、标准差和方差等。

1. 集中趋势

集中趋势是指一组数据向某一中心值靠拢的程度，反映了该组数据中心点的位置。集中趋势统计主要是寻找数据水平的代表值或中心值，其度量包括均值、中位数、众数和中列数。

- 均值

均值又称为算术平均数，表示一组数据或统计总体的平均特征值，是最常见的代表值或中心值，主要反映了某个变量在该组观测数据中的集中趋势和平均水平。均值是计算平均指标最常用的方法和形式，其计算公式表现为：

$$\bar{x} = \frac{\sum_{i=1}^{n} x_i}{n}$$

式中：n 代表总体样本数，x_i 代表各样本值。通过该公式，用户可以发现均值的大小比较容易受到数据中极端值的影响。

- 众数

众数是指一组数据中出现最多的数值，也是明显集中趋势的数值。在统计分析数据中，鉴于数据分组区别于单项式和组距不同类型的分组，所以众数的方法也各不相同。

其中，由单项式分组确定众数的方法比较简单，即表示出现次数最多的数值，该方法也是最常用的方法之一。

另外，由组距分组确定的众数需要先确定众数组，然后再根据计算公式计算出众数的近似值。而众数值是依据众数组的次数与众数组相邻的两组次数的关系近似值，其计算公式分为上限与下限公式，表示为：

上限公式：$M_o = L_{M_o} + \dfrac{f_{M_o} - f_{M_{o-1}}}{(f_{M_o} - f_{M_{o-1}}) + (f_{M_o} - f_{M_{o+1}})} \times d_{M_o}$

下限公式：$M_o = U_{M_o} - \dfrac{f_{M_o} - f_{M_{o+1}}}{(f_{M_o} - f_{M_{o-1}}) + (f_{M_o} - f_{M_{o+1}})} \times d_{M_o}$

式中：M_o 代表众数；L_{M_o} 代表众数组的下限；U_{M_o} 代表众数的上限；f_{M_o} 代表众数组的次数；$f_{M_{o-1}}$ 代表众数组前一次的次数；$f_{M_{o+1}}$ 代表众数组后一组的次数；d_{M_o} 代表众数组的组距。

除了上述介绍的均值与众数之外，还包括集中趋势描述统计中的中位数与中列数等，用户应根据集中趋势度量的不同计算特点与实际数据的分析类型，合理选择相应的集中趋势度量类型，以便准确地分析不同类型的数据。

2．离散程度

离散程度是观测各个取值之间的差异程度，也可以理解为一组数据远离其中心值的程度。通过对数据离散程度的分析，不仅可以反映各个数值之间的差异大小，而且还可以反映分布中心的数值对各个数值代表性的高低。观测度量包括样本方差、标准差与全距。

❑ **样本方差**

样本方差是各个数据与平均数之差的平方的平均数，主要用于研究随机变量和均值之间的偏离程度。样本方差的值越大，表示变量之间的差异性越大。其计算公式表现为：

$$\sigma^2 = \dfrac{\sum_{i=1}^{n}(x_i - \bar{x})^2}{n}$$

❑ **样本标准差**

样本标准差也称为样本均方差，是随机变量偏离平均数的距离的平均数，是方差的平方根，是反映了随机变量分布离散程度的一种指标。标准差跟方差一样，其数值越大表明变量值之间的差异越大。在实际应用中，需要注意平均数相同的，标准差未必相同。标准差的计算公式表现为：

$$\sigma = \sqrt{\dfrac{\sum_{i=1}^{n}(x_i - \bar{x})^2}{n}}$$

❑ **全距**

全距又称为极差，是观测变量的最大值与最小值之间的绝对差，也可以理解为是观测变量的最大值与最小值之间的区间跨度。全距的计算公式表现为：

$$R = \max(x_i) - \min(x_i)$$

在使用全距统计分析数据时，在相同数值的情况下其值越大，表明数据的分散程度越大，反之则表明数据的集中性越好。

3. 分布形态

分布形态主要用于分析数据的具体分布情况，例如分析数据的分布是否对称、数据的偏斜度，以及分析数据的分布陡缓分布情况等。一般情况下，可以使用偏度与峰度两个统计量进行分析。

- ❏ 偏度

偏度是描述统计量取值分布对称或偏斜程度的一种指标，其计算公式表现为：

$$\alpha = \frac{\sum_{i=1}^{n}(x_i - \bar{x})^k f_i}{\sigma^3 \sum_{i=1}^{n} f_i}$$

当数据分布为正态时，偏度值等于 0；当数据分布为正偏斜时，偏度值大于 0；当数据分布为负偏斜时，偏度值小于 0；而偏度的绝对值越大，表明数据分布的偏斜度越大。

- ❏ 峰度

峰度是描述统计量取值分布是否陡缓程度的统计量，也是衡量取值分配的集中程度，其计算公式表现为：

$$\beta = \frac{\sum(x-\bar{x})^4 f}{\sigma^4 \sum f} - 3$$

当峰值结果值等于 0 时，表示数据分布与正态分布的陡缓程度相同；当峰值结果值大于 0 时，表示数据分布比正态分布更加集中，其平均数的代表性更大；而当峰值结果值小于 0 时，表示数据分布比正态分布更加分散，其平均数的代表性更小。

3.2.2 SPSS 描述统计分析方法

SPSS 为用户提供了简单的描述统计分析方法，无需用户根据计算公式一步一步地进行计算，只需执行【描述】命令，即可快速且准确地对数据进行描述分析。

1. 添加变量

在 SPSS 软件中，执行【分析】|【描述统计】|【描述】命令，弹出【描述性】对话框，在【描述性】对话框中，左侧的列表框中显示当前数据表中的变量，而在【变量】列表框中将显示用户需要进行频率分析所添加的变量。例如，在左侧的列表框中选择【总成绩】选项，单击【添加】按钮，如图 3-8 所示。

在【描述性】对话框中，启用【将标

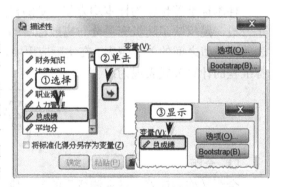

图 3-8　添加变量

准化得分另存为变量】复选框，系统将会对所选择的变量进行标准化处理，并产生相应的 Z 分值作为新变量保存在数据窗口中。Z 分值的表达公式为：

$$Z_i = \frac{x_i - \bar{x}}{s}$$

2. 设置统计选项

在【描述性】对话框中，单击【选项】按钮，弹出【描述:选项】对话框，如图 3-9 所示。

在【描述:选项】对话框中，各选项的具体功能如表 3-3 所示。

图 3-9　【描述:选项】对话框

表 3-3　【描述:选项】对话框选项的具体功能

选项组	选　项	功　　能
均值		启用该复选框，可以计算默认情况下变量的平均值
合计		启用该复选框，可以计算默认情况下变量的总和
离散	标准差	启用该复选框，可以按照标准差的方式测量数据的分布情况
	方差	启用该复选框，可以按照方差的方式测量数据的分布情况
	范围	启用该复选框，可以计算数值变量最大值和最小值之间的差
	最小值	启用该复选框，可以计算数值变量中的最小值
	最大值	启用该复选框，可以计算数值变量中的最大值
	均值的标准误	启用该复选框，可以计算取值同一分布的样本与样本之间的均值之差
分布	峰度	启用该复选框，可以测量观察值聚集在中点周围的程度
	偏度	启用该复选框，可以测量数据分布的对称性
显示顺序	变量列表	选中该选项，表示将按变量的出现顺序进行显示
	字母顺序	选中该选项，表示将按字母的排列顺序进行显示
	按均值的升序排序	选中该选项，表示将按均值的升序方式进行显示
	按均值的降序排序	选中该选项，表示将按均值的降序方式进行显示

3. 显示分析结果

设置完所有参数之后，在【描述性】对话框中，单击【确定】按钮。此时，系统会自动弹出【输出】窗口，并显示分析结果，如图 3-10 所示。

提　示

在【描述性】对话框中，也存在一个【Bootstrap】选项，由于该选项与"频数分析"中的选项一样，所以在此不做详细介绍。

图 3-10　显示分析结果

3.3 交叉表分析

交叉表分析是描述性统计分析中的一种分析方法，是对两个或两个以上分类变量的描述与推断的统计分析。在本小节中，将详细介绍交叉表分析数据的基础知识，以及在 SPSS 中利用交叉表分析功能分析数据的操作方法。

3.3.1 交叉表分析概述

交叉表分析是同时将两个或两个以上具有一定联系的变量及变量值，按照一定的顺序交叉排列在同一张统计表中，使各变量值可以成为不同变量的结点，以便可以掌握多变量的联合分布特征，进而便于分析变量之间的相互性。

1．交叉表分析步骤

在使用交叉表分析数据时，首先需要根据样本数据制作一个二维或多维交叉列联表。然后，在交叉列联表的基础上，分析变量之间的相关性。其中，交叉列联表是两个或两个以上变量分组后形成的频率分布表。

2．交叉表分析的方法

在进行交叉表分析时，经常使用的分析方法为卡方检验法。卡方检验法属于非参数检验方法，是一种用途广泛的计数资料的假设检验方法，主要是比较两个或两个以上样本率以及两个或两个以上分类变量的关联性分析。

卡方检验方法与一般假设检验方法一样，首先需要建立行变量和列变量相互独立的零假设；然后，选择和计算检验统计量；最后，得出分析结果并做出决策。

在选择和计算检验统计量时，其分析中的检验统计量为 Pearson 卡方统计量，表现公式为：

$$X^2 = \sum_{i=1}^{r}\sum_{j=1}^{c}\frac{(f_{ij}^o - f_{ij}^e)^2}{f_{ij}^e}$$

式中：r 表示行数；c 表示列数；f^o 表示实际观测频数；f^e 为期望观测频数。通过公式可以发现实际观测频数和期望频数的总差值决定了卡方统计量取值的大小，卡方取值越大，表明行列变量之间的相关性越高；反之卡方取值越小，则表明行列变量之间独立性就越高。

3．交叉表分析中的注意事项

在使用交叉表分析方法时，还需要注意下列注意事项：

❑ **数据**　需要定义每个表变量的类别，应该使用数值或字符串变量的值。
❑ **假设**　对于基于卡方的统计量，数据应为来自多项分布的随机样本。
❑ **有序变量**　有序变量可以为代表类别的数值代码，也可以为字符串值。但是，字符串值的字母顺序将假定反映了类别的真实顺序。鉴于字符串值的特殊性，使用数值代码代表有序数据更为可靠。

3.3.2 添加交叉表变量

交叉表变量与其他分析表中的变量不一样,它需要设置行、列与层3个变量。在SPSS软件中,执行【分析】|【描述统计】|【交叉表】命令,弹出【交叉表】对话框,如图3-11所示。

在【交叉表】对话框中,可以将左侧列表框中的变量分别添加到【行】、【列】和【层1的1】中,其中:

- **行** 表示用于显示交叉表中的行变量,适用于二维列联表分析。在左侧列表框中选择变量,单击【添加】按钮即可添加变量至该列表框中。
- **列** 表示用于显示交叉表中的列边框,适用于二维列联表分析。在左侧列表框中选择变量,单击【添加】按钮即可添加变量至该列表框中。
- **层** 该列表框主要用于放置分层的变量,适用于三维以上列联表分析。在同一层中的变量使用相同的

图 3-11 【交叉表】对话框

设置;但对多个层变量来讲,系统将对每个层变量的每个类别产生单独的交叉制表。

在【交叉表】对话框中,为【层1的1】列表框中添加变量之后,可以通过单击【下一张】按钮,继续添加下一个变量,依此类推。同样,单击【上一张】按钮可以返回到所设置的上一层变量中,单击【移除】按钮可以将其移除。

另外,【交叉表】对话框中,还包括下列两个选项:

- **显示复式条形图** 启用该复选框,在结果中将输出每个变量不同取值情况下的复式条形图,以汇总个案组的数据。其【行】列表框中的变量将作为聚类条形图,而【列】列表框中的变量则用于定义每个聚类内的条形图的变量。
- **取消表格** 启用该复选框,表示在结果中将不输出交叉列联表的表格。

3.3.3 交叉表中的精确检验

交叉表分析中的精确检验,主要用于设定计算的确切概率,适用于两行及以上和两列及以上的列联表。

在【交叉表】对话框中,单击【精确】按钮,将弹出【精确检验】对话框,如图3-12所示。在该对话框中,根据分析需求设置相应的选项,并单击【继续】按钮,返回到【交叉表】对话框中。

在【精确检验】对话框中,还包括下列3种类别:

- **仅渐进法** 该选项为默认选项,适用于大样本中具有渐进分布的数据,该方法只能计算出近似的显著性水平。
- **Monte Carlo** 该选项用于蒙特卡洛计算确切的显著性水平。该方法默认样本数

为 10000，取值范围介于 1～1000000000 之间；置信水平为 99%，取值范围介于 0.001～99.9 之间。

- **精确** 该选项表示确切概率法，用户可以根据实际需求需要定义检验的时间限制，系统默认为 5 分组，其取值范围介于 1～9999999 之间。

3.3.4 交叉表中的统计量

交叉表中的统计量主要用于设置获取二阶表或子表的关联检验和度量。在【交叉表】对话框中，单击【统计量】按钮，弹出【交叉表:统计量】对话框，如图 3-13 所示。

在【交叉表:统计量】对话框中，用户需要根据分析目的，有选择性地设置下列选项：

- **卡方** 启用该复选框，若表示对于两行两列的表，则选择卡方来计算 Pearson 卡方、似然比卡方、Fisher 的精确检验和 Yates 修正卡方的计算。对于 2×2 的表，当表不是从具有期望频率小于 5 的单元的较大表中的缺失行或列中得来，则计算 Fisher 的精确检验；对具有任意行列的表，则计算 Pearson 卡方和似然比卡方。而当两个变量都是定量变量时，卡方将产生线性关联检验。

图 3-12　【精确检验】对话框

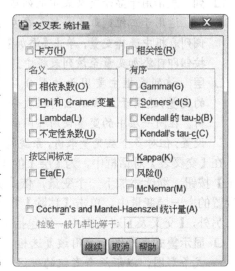

图 3-13　【交叉表:统计量】对话框

- **相关性** 启用该复选框，表示对于行和列都包含排序值的表，将生产 Spearman 相关系数 rho（仅数值数据）。当两个表变量都是定量变量时，产生 Pearson 相关系数 r，即变量之间的线性关联的定量。
- **相依系数** 选择该复选框，可以进行基于卡方的关联性测量。其值的取值范围介于 0～1 之间，其中 0 表示行变量和列变量之间不相关，而越接近 1 的数值，则表示变量之间的相关度越高。
- **Phi 和 Cramer 变量** 是基于卡方统计量的关联性测量，其绝对值越大表示变量的相关性越高。
- **Lambda** 启用该复选框，可以反映自变量相对于因变量的预测效果，其值为 1 时，表示自变量可以完全预测因变量，而值为 0 时，则表示自变量无法预测因变量。
- **不定性系数** 为一种相关性测量，表示当一个变量的值用来预测其它变量的值时，误差成比例下降的情况。启用该复选框，在结果输出时将输出对称时、行变量为因变量时和列变量为因变量时的结果。
- **Gamma** 启用该复选框，可以显示两个有序变量之间的相关性的对称度量，其范围介于–1～1之间。其绝对值越接近1的值，表示两个变量之间存在的关系越紧密；而绝对值越接近0的值，则表示两个变量的关系渐弱或没有关系。该选项对于二阶表显示零阶gamma，而对于三阶以上的表则显示条件gamma。
- **Somers'd** 启用该复选框，可以测量两个有序变量之间的相关性，其取值范围介于–1～1之间。其中，绝对值越接近1的值，表示两个变量之间存在的关系越紧密；而绝对值越接近0的值，则表示两个变量的关系渐弱或没有关系。Somers的d是gamma的不对称扩展。
- **Kendall 的 tau-b** 启用该复选框，表示将结考虑在内的有序变量和排序变量的非参数相关性测量。系数的符号指示了关系的方向，而绝对值则指示强度，其绝对值越大，表明强度越高，取值范围介于–1～1之间，但–1或1值只能从正方表中取得。
- **Kendall's tau-c** 启用该复选框，可以对忽略结的有序变量的非参数关联性测量。系数的符号指示了关系的方向，而绝对值则指示强度，其绝对值越大，表明强度越高。取值范围介于–1～1之间，但–1或1值只能从正方表中取得。
- **Eta** 该选项用于范围在0~1之间的相关性测量，其中0值表示行变量和列变量之间无相关性，接近1的值则表示行变量和列变了之间高度相关。Eta适用于在区间尺度上测量的因变量以及具有有限类别的自变量。
- **Kappa** 该选项用于多方对同一估计对象的一致性。当其值为1时表示完全一致，当其值为0时表示完全不一致。如果用于估计的两个变量的数据存储类型不同，则Kappa将不进行计算。另外，对于字符串变量，变量之间的定义长度必须一致。
- **风险** 该选项用于测量因子的存在与事件的发生之间的关联性强度。当该统计量的置信区间包含值1，则不能假设因子与事件相关。
- **McNemar** 该选项用于两个相关二分变量的非参数检验，即使用卡方分布检验响应其改变。对于较大的正方表，会报告对称性的McNemar-Bowker检验。
- **Cochran's and Mantel-Haenszel 统计量** 该选项用于检验二分因子变量和二分响应变量之间的条件独立性，条件是给定一个或多个分层（控制）变量定义的协变量模式。

3.3.5 交叉表中的单元显示

交叉表中的单元显示主要是获取观察值和期望值、百分比值和残差。在【交叉表】对话框中，单击【单元格】按钮，弹出【交叉表:单元显示】对话框，如图3-14所示。

在【交叉表:单元显示】对话框中的各选项的作用如表3-4所示。

图3-14 【交叉表:单元显示】对话框

表 3-4 【交叉表:单元显示】对话框选项的作用

选项组	选项	作用
Z-检验	比较列的比例	该选项将计算列属性的成对比较，并指出给定行中明显不同的列。该选项使用下标字母以 APA 样式格式在交叉表中表示显著性差异，并以 0.05 显著性水平对齐进行计算
计数	观察值	该选项表示计算数据中的观察值个数
	期望值	该选项表示计算数据中的期望值个数
	隐藏较小计数	该选项表示可以隐藏低于指定整数的计数，其指定整数必须大于或等于 2，当指定值为 0 时表示不隐藏计数
百分比	行	该选项表示统计行变量的百分比
	列	该选项表示统计列变量的百分比
	总计	该选项表示输出行、列变量的百分比与合计百分比
残差	未标准化	该选项表示观察值与期望值之间的差。当两个变量之间不存在联系时，则期望值是期望在单元格中出现的个案数；当行变量和列变量独立时，则正的残差表示单元中的实际个案数多于期望的个案数
	标准化	该选项表示残差除以其标准差的估计。其标准化残差也成为 Pearson 残差，它的均值为 0，标准差为 1
	调节的标准化	该选项表示单元格的残差除以其标准误的估计值，其生成的标准化残差表示为均值上下的标准差单位
非整数权重	四舍五入单元格计数	该选项表示，在计算任何统计之前，个案权重不变，单元中的累计权重进行四舍五入
	四舍五入个案权重	该选项表示，在计算任何统计之前，对个案权重进行四舍五入
	截短单元格计数	该选项表示，在计算任何统计之前，个案权重不变，单截短单元中的累计权重
	截短个案权重	该选项表示，在计算任何统计之前，对个案权重进行截短
	无调节	该选项表示个案权重按原样使用且使用小数单元计算

3.3.6 显示交叉表分析结果

在【交叉表】中设置完所有的选项参数之后，便可以输出交叉表分析结果了。此时，在输出结果之前，还需要单击【格式】按钮，在弹出的【交叉表:表格格式】对话框中，设置类别的显示顺序，如图 3-15 所示。

最后，在【交叉表】对话框中，单击【确定】按钮，系统将自动弹出输出结果的"查卡器"窗口，如图 3-16 所示。

> 提示
> 在【描述性】对话框中，也存在一个【Bootstrap】选项，由于该选项与"交叉表分析"中的选项一样，所以在此不做详细介绍。

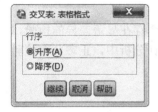

图 3-15 设置显示顺序　　图 3-16 输出结果

3.4 探索性统计分析

探索性统计分析是在对统计数据进行基本描述性统计之后，通过图形与数据筛选等方法对数据进行更深入的描述分析，从而帮助用户根据分析结果选择进一步更详细的分析方法。

3.4.1 探索性统计分析概述

"探索"过程既可以为所有个案也可以分别为个案组生成摘要统计量和图形显示。当用户需要进行筛选数据、离群值识别、描述、假设检验以及描述子总体（个案组）之间差异的特征时，可以使用探索性分析方法。例如，通过数据筛选可以得知数据中具有异常值、极值、数据中的缺口或其他特性。

在使用探索性统计分析之前，还需要先了解一下该分析方法中的一些常用图形与指标。例如，茎叶图、箱图、正态分布的检验等内容。

1. 茎叶图

茎叶图又称为"枝叶图"，是用来描述连续变量次数分布的一种统计方法。该方法是由统计学家托奇设计，其思路是将数组中的数位按位数进行比较，将数的大小基本不变或变化不大的位作为茎（主干），将变化大的位的数作为叶（分支），而列（频率）位于茎的后方，便于查看具体数据。茎叶图与直方图相类似，不仅可以帮助用户统计数据变量的次数，而且还在保留原数据的基础上计算各数据段的频率或百分比。

2. 箱图

箱图又称为盒须图、盒式图或箱线图，是一种用作显示一组数据分散情况资料的统计图，适用于提供有关数据的位置和分散的参考。通过箱图，不仅可以表现一组数据的四分位数、中位数、分不断全距与形态，而且还可以检测数据的异常性。

箱图中最大值和最小值显示在箱图的顶部和底端，而四分位数显示在中间箱子的底部的线段处、中位数显示在箱子的中间线段处、第三个分位数则显示在中间箱子的顶端线段处。

当中位数不在显示在箱子的中间线段处，而偏于箱子底部时，则表示呈正偏态分布；而当中位数偏于箱子顶部时，则表示呈负偏态分布。

3. 正态分布检验

正态分布检验是判断一样本所代表总体与理论正态分布是否存在显著差异的检验，是最为广泛的检验方法，是参数统计分布的前提。在探索性统计分析中，正态分布检验主要用于检验一组数据是否符合正态分布。

4. 方差齐性检验

方差齐性检验是在对两组以上的数据进行比较时，既检验了数据的正态分布性，又检验了数据的方差相等性。方差齐性检验与正态分布检验一样，也是进行探索统计分析过程的前提条件。

3.4.2 设置统计变量

交叉表中的变量与其他分析表中的变量不一样，它包括因变量列表、因子列表和标注个案 3 个选项。在 SPSS 软件中，执行【分析】|【描述统计】|【探索】命令，弹出【探索】对话框，并将"英语口语"变量添加到【因变量列表】列表框中，如图 3-17 所示。

在【探索】对话框中的 3 个选项的含义分别为：

- **因变量列表** 用于显示要对其进行探索分析的变量，为必选变量。该变量应具有合理数量的不相同的值（类别），这些值可以为短字符串或数值。

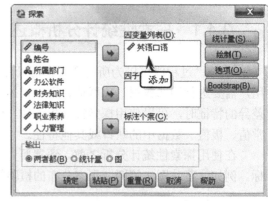

图 3-17　添加变量

- **因子列表** 用于显示需要对【因变量列表】列表中的变量，在不同类别上进行探索性统计分析的必要变量。
- **标注个案** 该选项主要用来显示用来区分观测值的变量。

> **提　示**
> 在【探索】对话框中，还可以通过选中【两者都】选项要求系统同时输出统计量表与图。另外，还可以选中【统计量】选项要求系统只输出统计量表而不输出图。

3.4.3 设置探索统计量

设置探索统计量，主要用于设置探索分析中所需要进行的统计量分析。在【探索】

对话框中，单击【统计量】按钮，弹出【探索:统计量】对话框，如图 3-18 所示。设置完毕之后，单击【继续】按钮，返回到【探索】对话框中。

在【探索:统计量】对话框中，主要包括下列 4 种统计量类型：

- **描述性** 该选项用于在默认情况下显示集中趋势度量和离差测量。其中，集中趋势度量表示分布的位置，包括中位数、均值、5%切尾均值；而离差测量主要显示值的不相似性，包括标准误、方差、标准差、最小值、最大值、范围、内距等。
- **M-估计量** 该选项表示样本均值和中位数的稳健替代值，用于估计位置。其计算出的估计被应用到个案的权重不同，并显示 Huber 的 M 估计、Andrews 波估计、Hampel 的重新下降 M 估计和 Tukey 的双权估计。
- **界外值** 该选项主要显示 5 个最大和 5 个最小带个案标签的值。
- **百分位数** 该选项主要用于显示第 5 个、第 10 个、第 25 个、第 50 个、第 75 个、第 90 个和第 95 个百分比值。

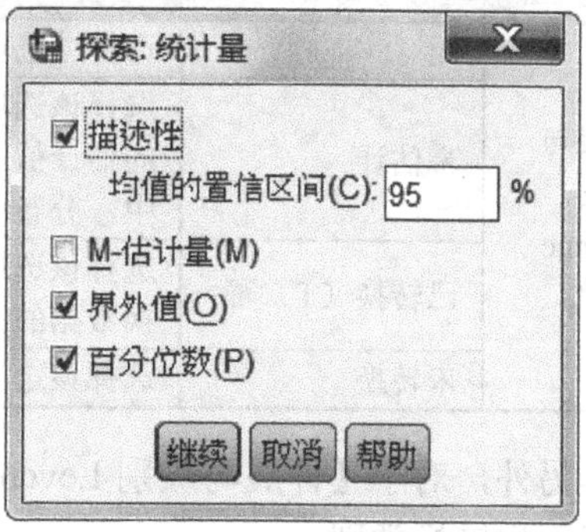

图 3-18 【探索:统计量】对话框

3.4.4 设置探索图

设置探索图主要用于设置在输出结果中所显示的分析图表类型。在【探索】对话框中，单击【绘制】按钮，弹出【探索:图】对话框，如图 3-19 所示。设置完毕之后，单击【继续】按钮，返回到【探索】对话框中。

在【探索:图】对话框中，主要包括箱图、描述性图与带检验的正态图 3 种图表类型，其具体功能与含义如表 3-5 所示。

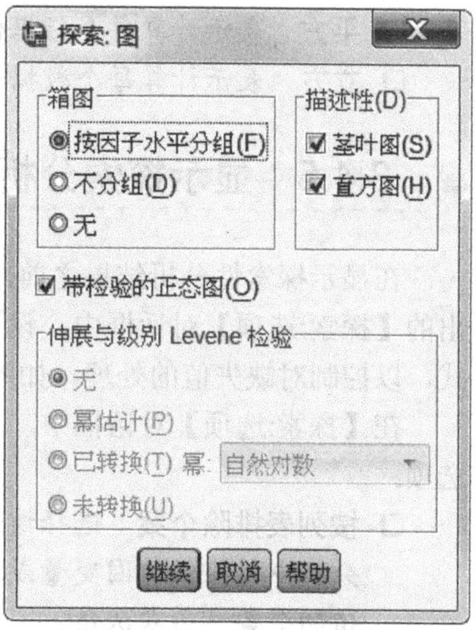

图 3-19 【探索:图】对话框

表 3-5 【探索:图】对话框选项的具体功能与含义

选项组	选 项	作 用
箱图	按因子水平分组	选择该选项，可以为每个因变量生成单独的显示。在每个显示中，将为因子变量定义的每个组显示箱图
	不分组	选择该选项，可以为因子变量定义的每个组生成单独的显示。在每个显示中，为每个因变量并排显示箱图
	无	选择该选项，表示在输出结果中将不显示箱图
描述性	茎叶图	选择该选项，表示在输出结果中显示茎叶图
	直方图	选择该选项，表示在输出结果中显示直方图
带检验的正态图		选择该选项，可以在输出结果中显示正态概论和反趋势正态概论图

续表

选项组	选项	作用
伸展与级别 Levene 检验	无	选择该选项，表示不进行 Levene 检验，也不生成无分布-水平图
	幂估计	选择该选项，表示可以针对所有单元的中位数的自然对数以及幂转换的估计值生成内距的自然对数图，以在各单元中得到相等的方差。其中，分布-水平图协助确定稳定组之间方差所需转换的幂
	已转换（T）幂	选择该选项，可以通过选择幂替代值，并生成转换的数据图，绘制转换数据的内距和中位数
	未转换	选择该选项，可以生成原始数据的图，相当于幂等于 1 的转换

另外，对于【伸展与级别 Levene 检验】选项组中的【已转换幂】选项中的幂转换，包括下列转换类别：

- **自然对数**　表示自然对数转换，为默认值。
- **1/平方根**　表示对于每个数据值，来计算平方根的倒数。
- **倒数**　表示计算每个数据值的倒数。
- **平方根**　表示计算每个数据值的平方根。
- **平方**　表示计算每个数据值的平方。
- **立方**　表示计算每个数据值的立方。

3.4.5 显示探索分析结果

在显示探索性分析结果之前，还需要单击【探索】对话框中的【选项】按钮，在弹出的【探索:选项】对话框中，设置缺失值的显示方式，以控制对缺失值的处理，如图 3-20 所示。

在【探索:选项】对话框中，主要包括下列 3 个选项：

- **按列表排除个案**　选择该选项，表示从所有分析中排除任何因变量或因子变量具有缺失值的个案，为默认值。
- **按对排除个案**　选择该选项，除了排除带有缺失值的个案之外，还排除与其有成对关系的数值，即表示在该组的分析中包含组（单元）中变量不具有缺失的个案。
- **报告值**　选择该选项，表示因子变量的缺失值被作为单独的类别进行输出。其中，频率表包含缺失值的类别。而因子变量的缺失值也被包含在内，但会被标记为缺失。

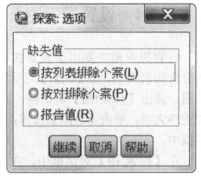

图 3-20　【探索:选项】对话框

在【探索:选项】对话框中，单击【继续】按钮返回到【探索】对话框中。此时，已完成所有基础选项的设置，单击【确定】按钮，即可生成输出结果。结果中将包含描述、百分位数、极限、正态检验等表格，如图 3-21 所示。

另外，在输出结果中，还将包含【带检验的正态图】选项中的"标准 Q-Q 图"与"趋势标准 Q-Q 图"，如图 3-22 所示。

极值

			案例号	值
英语口语	最高	1	4	95
		2	3	90
		3	5	90
		4	7	90
		5	11	90[a]
	最低	1	12	76
		2	10	82
		3	13	87
		4	6	87
		5	9	89[b]

a. 上限值表中仅显示一部分具有值 90 的案例。

b. 下限值表中仅显示一部分具有值 89 的案例。

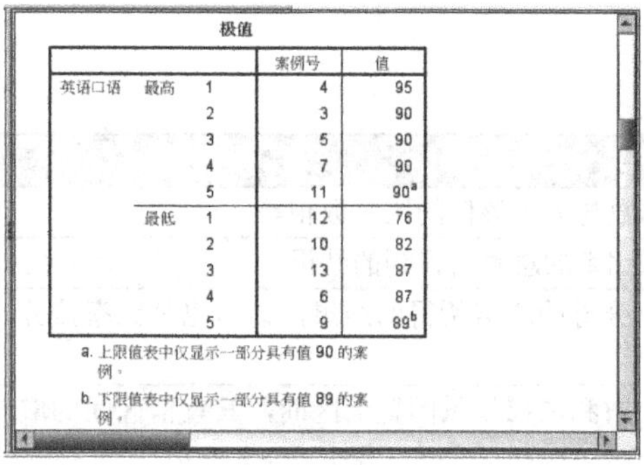

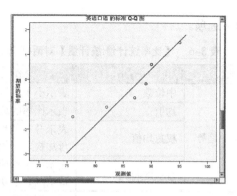

图 3-21 极限输出表格

图 3-22 标准 Q-Q 图

提 示

在【描述性】对话框中，也存在一个【Bootstrap】选项，由于该选项与“探索性分析”中的选项一样，所以在此不做详细介绍。

3.5 比率分析

比率分析主要用于对两个定距变量间变量值比率变化的描述分析，并生成比率变量以及比率变量的一些基本描述统计量，例如中位数、均值、标准差、最大值等。另外，比率分析还可以显示比率变量的集中趋势和离散程度，以帮助用户更详细且清晰地分析相关数据。

图 3-23 添加变量

3.5.1 设置比率变量

在 SPSS 中，执行【分析】|【描述统计】|【比率】命令，弹出【比值统计量】对话框。在该对话框中，需要为【分子】、【分母】与【组变量】选项添加变量，如图 3-23 所示。其中，【分子】与【分布】选项中需要添加希望分析的两个变量，而【组变量】选项中主要用于添加想进行比较不同组的分组变量，并且还可以为组变量设置排序方式。

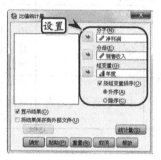

3.5.2 设置比率统计量

图 3-24 设置比率统计量

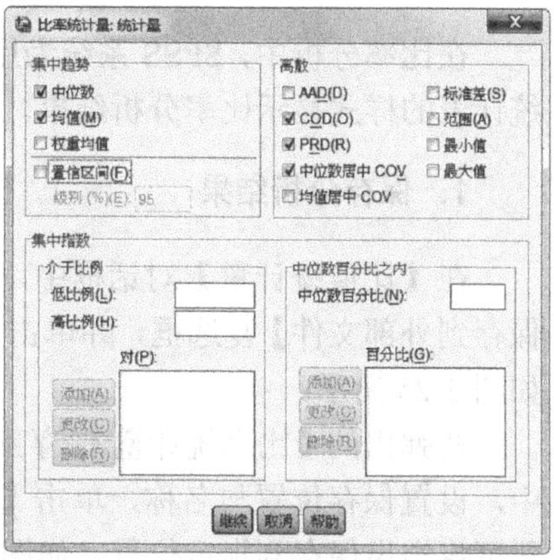

设置比率统计量主要是设置统计分析中的集中趋势、离散、集中指数等统计量。在【比值统计表】对话框中，单击【统计量】按钮，弹出【比率统计量:统计量】对话框，如图 3-24 所示。

在【比率统计表:统计量】对话框中，主要包括

如下选项。

表 3-6 【比率统计量:统计量】对话框选项

选项组	选项	作用
集中趋势	中位数	表示小于该值的比率数与大于该值的比率数相等
	均值	表示比率的总和除以比率的总数所得到的结果
	权重均值	表示分子的均值除以分母的均值所得的结果,该值也是比率按分母加权之后的均值
	置信区间	表示显示均值、中位数和加权权重的置信区间,其置信区间的取值范围介于 0~100 之间
离散	AAD	表示平均绝对偏差是中位数比率的绝对离差求和并用结果除以比率总数所得的结果
	COD	表示离差系数是将平均绝对偏差表示为中位数的百分比结果
	PRT	也称为回归指数,表示价格相关微分,是均值除以加权均值所得到的结果
	中位数居中 COV	表示中位数居中的变异系数是将于中位数偏差的均方根表示为中位数百分比的结果
	均值居中 COV	表示均值居中的变异系数是将标准差表示为均值百分比的结果
	标准差	表示比率与均值间偏差的平方之和,再除以比率总数减 1,取正的平方根所得到的结果
	范围	表示最大的比率减去最小比率所得到的结果
	最小值	表示最小的比率
	最大值	表示最大的比率
集中指数	介于比例	用于指定集中指数的区间,其区间是指区间的最小值和最大值而显示定义的。在文本框中输入最小值和最大值,单击【添加】按钮即可获得区间
	中位数百分比之内	用于指定集中指数的中位数百分比值,取值范围介于 0~100 之间。区间的下界等于 (1–0.01×值)×中位数,上界等于 (1+0.01×值)×中位数

3.5.3 保存/显示分析结果

在比率分析中,SPSS 系统为用户提供了保存输出结果的功能。另外,用户还可以以统计表的样式显示比率分析结果。

1. 保存分析结果

在【比值统计量】对话框中,启用【将结果保存到外部文件】复选框,并单击【文件】按钮,如图 3-25 所示。

在弹出的【比率统计量:保存到文件】对话框中,设置保存位置与名称,单击【保存】按钮,即可将结果保存到指定位置,如图 3-26 所示。

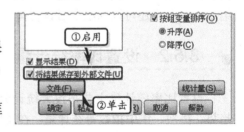

图 3-25 启用选项

系统会自动返回到【比值统计量】对话框中，此时，在【文件】按钮后面将显示所设置的文件位置，如图 3-27 所示。

2．显示分析结果

在【比值统计量】对话框中，单击【确定】按钮，系统会自动弹出输出窗口，并显示分析统计表，如图 3-28 所示。

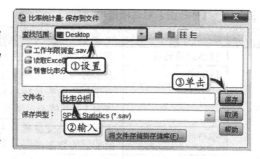

图 3-26　保存结果

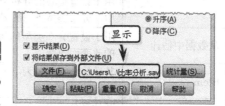

图 3-27　显示保存位置

3.6　P-P 图和 Q-Q 图

SPSS 还提供了用于概率分析的 P-P 和 Q-Q 图，用于确定某个变量的分布是否与给定的分布相匹配。通过概率图可以详细、形象地显示数据，例如当选定变量与检验分布匹配，其点则聚集在某条直线周围，便于对数据进行观察。

3.6.1　P-P 图

P-P 图是对照一些检验分布的累计比例来绘制某个变量的累计比例图。在 P-P 图中可用的检验分布包括卡方、指数、半正态、排列等。另外，使用 P-P 图还可以获取转换值的概率图，包括自然对数、标准化值、差方和季节性差分等转换选项。除此之外，用户还可以指定计时期望分布，以及求解"连结"的方法。

在 SPSS 中，执行【分析】|【描述统计】|【P-P】命令，弹出【P-P 图】对话框，如图 3-29 所示。

在【P-P 图】对话框中，最左侧的列表框中显示当前数据文件中的变量，用户只需选择需要添加的变量名称，单击【添加】按钮即可将其添加到【变量】列表框中。该对话框中的其它选项如表 3-7 所示。

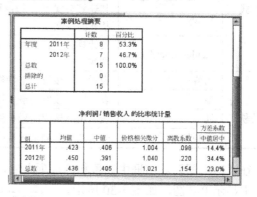

图 3-28　显示统计结果

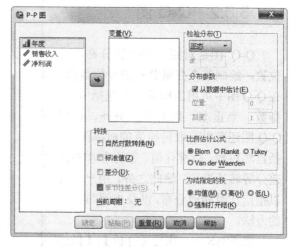

图 3-29　【P-P 图】对话框

表 3-7 【P-P 图】对话框选项

选项组	选 项	作 用
转换	自然对数转换	表示将当前变量转换为以自然数 e 为底的对数变量
	标准值	表示将当前变量转换为标准值，转换后变量的均值为 0，方差为 1
	差分	表示将当前变量转换为变量中连续数据之间的差值，该选项的默认值为 1，其值表示转换的差分度，取值范围介于 1～99 之间
	季节性差分	表示将当前变量转换为计算时间序列的季节差分，该选项需要对当前变量的数据序列定义了周期后才可用
	当前周期	用于显示当前变量中的周期性
检验分布		用于设置检验的分布类型，包括卡方、正态、均匀等 13 种类型。其中，分布类型下方的 dt 表示分布的自由度
分布参数	从数据中估计	用于设置分布类型的参数，其参数输入的窗口是根据分布参数类型的改变而改变
比例估计公式	Blom	其计算公式表示为 $(r-3/8)/(n+1/4)$。其中，n 为观测量的数据；r 为 1 从 n 的秩次
	Rankit	其计算公式表示为 $(r-1/2)/n$。其中，n 为观测量的数据；r 为 1 从 n 的秩次
	Tukey	其计算公式表示为 $(r-1/3)/(n+1/3)$。其中，n 为观测量的数据；r 为 1 从 n 的秩次
	Vander Waerden	其计算公式表示为 $r/(n+1)$。其中，n 为观测量的数据；r 为 1 从 n 的秩次
为结指定的秩	均值	表示用连接值的平均秩指定顺序
	高	表示用连接值的最大秩指定顺序
	低	表示用连接值的最小秩指定顺序
	强制打开结	表示忽略观测量权重的影响

在【P-P 图】对话框中设置相应选项之后，单击【确定】按钮，系统将自动在输出窗口中显示 P-P 图，如图 3-30 所示。

3.6.2 Q-Q 图

Q-Q 图是对照一些检验分布的分位数，绘制某个变量分布的分位数图。在 Q-Q 图中可用的检验分布包括卡方、指数、半正态、排列等。另外，使用 Q-Q 图还可以获取转换值的概率图，包括自然对数、标准化值、差方和季节性差分等转换选项。除此之外，用户还可以指定计时期望分布，以及求解"连结"的方法。

在 SPSS 中，执行【分析】|【描述统计】|【Q-Q】命令，弹出【Q-Q 图】对话框，设置相应的选项，如图 3-31

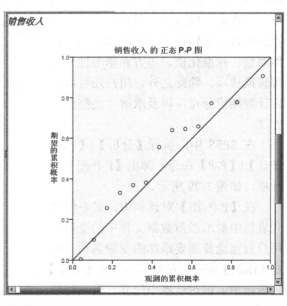

图 3-30 显示 P-P 图

所示。

用户会发现【Q-Q 图】对话框中的选项与【P-P 图】对话框中的选项完全一致，单击【确定】按钮，系统会自动在输出窗口中显示 Q-Q 图，如图 3-32 所示。

图 3-31　【Q-Q 图】对话框

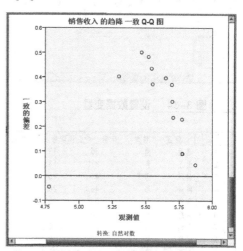

图 3-32　显示输出结果

3.7　课堂练习：交叉表分析工作年限

交叉表分析是描述性统计分析中的一种分析方法，在本练习中将运用 SPSS 中的交叉表分析工具分析已知数据中不同年龄和不同工作年限交叉分组下的频率分布情况，如图 3-33 所示。

年龄 * 工作年限 交叉制表

计数

		工作年限							合计
		4	5	6	8	13	15	20	
年龄	26	0	1	0	0	0	0	0	1
	27	0	0	1	0	0	0	0	1
	28	1	0	0	0	0	0	0	1
	29	0	1	0	0	0	0	0	1
	32	0	0	0	2	0	0	0	2
	36	0	0	0	0	1	0	0	1
	37	0	0	0	0	1	0	0	1
	39	0	0	0	0	1	0	0	1
	45	0	0	0	0	0	1	0	1
	46	0	0	0	0	0	2	0	2
	52	0	0	0	0	0	0	1	1
合计		1	2	1	2	3	3	1	13

图 3-33　工作年限分析结果表

操作步骤

1　根据调查数据获得某公司 13 名员工的姓名、性别、年龄与工作年限。根据获取数据的类别，设置数据变量，如图 3-34 所示。

2　在"数据视图"窗口中，根据变量类别分布输入员工的姓名、性别、年龄与工作年限值，如图 3-35 所示。

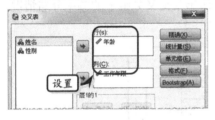

● 图 3-34　设置数据变量

● 图 3-35　输入分析数据

③ 执行【分析】|【描述统计】|【交叉表】命令，将"年龄"变量添加到【行】列表框中，将"工作年限"变量添加到【列】列表框中，如图 3-36 所示。

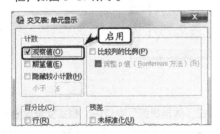

● 图 3-36　添加变量

④ 单击【单元格】按钮，在弹出的【交叉表：单元显示】对话框中，启用【观察值】复选框，如图 3-37 所示。

● 图 3-37　设置单元类型

⑤ 在【交叉表】对话框中，禁用【显示复式条形图】复选框，并单击【确定】按钮，如图 3-38 所示。

● 图 3-38　设置输出显示

⑥ 此时，系统会在弹出的输出窗口中显示交叉分析列表，如图 3-39 所示。

	工作年限					
	4	5	6	8	13	15
26	0	1	0	0	0	0
27	0	0	1	0	0	0
28	1	0	0	0	0	0
29	0	1	0	0	0	0
32	0	0	0	1	0	0
36	0	0	0	0	1	0
37	0	0	0	0	1	0
39	0	0	0	0	1	0
45	0	0	0	0	0	1
46	0	0	0	0	0	1
52	0	0	0	0	0	1
	1	2	1	2	3	1

● 图 3-39　显示交叉分析列表

分析结果：从图 3-39 中的交叉列表中可以看出，该统计表中的行变量为年龄，列变量为工作年限，而两组变量中的变量值分布为标题与列标题。位于统计表中间的为观测值，表示统计后每个工作年限值下的人数。例如，分析结果显示工作年限为 4、6 和 15 的人数为 1 人，而工作年限为 13 和 20 的人数为 3 人，工作年限为 5 和 8 的人数为 2 人。

3.8 课堂练习：频数分析考试成绩

某公司为提高员工的工作技能，特别组织了一系列的课程培训。培训结束后，人力资源部需要对考试结果进行分析与评价，为员工晋升提供数据依据。在本练习中，将运用 SPSS 中的频数分析工具，分析总分的频率分布情况，如图 3-40 所示。

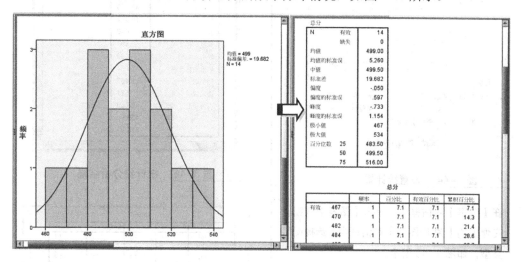

图 3-40　考试成绩频率统计表

操作步骤

1　根据调查数据获得某公司 13 名员工的姓名、性别、年龄与工作年限。根据获取数据的类别，设置数据变量，如图 3-41 所示。

	名称	类型	宽度	小数	标
1	编号	数值(N)	12	0	
2	姓名	字符串	6	0	
3	所属部门	字符串	9	0	
4	办公软件	数值(N)	12	0	
5	财务知识	数值(N)	12	0	
6	法律知识	数值(N)	12	0	
7	英语口语	数值(N)	12	0	
8	职业素养	数值(N)	12	0	
9	人力管理	数值(N)	12	0	
10	总分	数值(N)	8	0	

图 3-41　设置变量

2　在"数据视图"窗口中，根据变量类别分布输入员工考试数据，如图 3-42 所示。

3　执行【分析】|【描述统计】|【频率】命令，将"总分"变量添加到【变量】列表框中，如图 3-43 所示。

	编号	姓名	所属部门	办公软件	财务知
1	1008	刘洋	财务部	83	89
2	2021	刘能	市场部	90	77
3	2011	陈鑫	市场部	82	61
4	2012	金山	市场部	70	73
5	2013	陈旭	市场部	92	80
6	1018	欣欣	行政部	80	84
7	3011	赵四	研发部	88	60
8	3012	然然	财务部	83	82
9	3013	椰红	研发部	90	70

图 3-42　输入分析数据

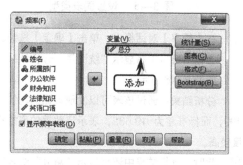

图 3-43　添加变量

4　单击【统计量】按钮，在弹出的【频率:统计量】对话框中，设置统计量选项，如图 3-44 所示。

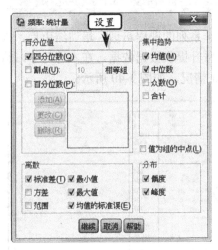

▶ 图 3-44　设置统计量

5 在【频率】对话框中，单击【图表】按钮，在弹出的【频率:图表】对话框中，选择图表类型，如图 3-45 所示。

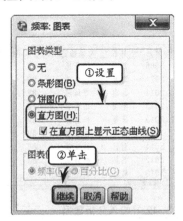

▶ 图 3-45　设置图表类型

6 在【频率】对话框中，单击【确定】按钮，在输出窗口中将显示"统计量"分析结果，如图 3-46 所示。

分析结果：通过该表可以发现数据的均值为 499，而标准差为 19.682，表示该数据的离散程度较高。

7 此时，分析结果中还将显示"总分"的频率分析表，如图 3-47 所示。在该表中可以看出某个分数的人数以及某分数的人数占总人数的百分比情况。

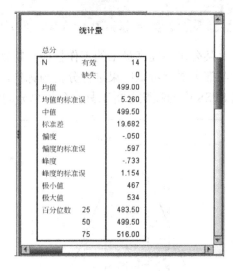

▶ 图 3-46　统计量分析结果

总分		频率	百分比	有效百分比	累积百分比
有效	467	1	7.1	7.1	7.1
	470	1	7.1	7.1	14.3
	482	1	7.1	7.1	21.4
	484	1	7.1	7.1	28.6
	485	1	7.1	7.1	35.7
	495	1	7.1	7.1	42.9
	499	1	7.1	7.1	50.0
	500	1	7.1	7.1	57.1
	509	2	14.3	14.3	71.4
	516	2	14.3	14.3	85.7
	520	1	7.1	7.1	92.9
	534	1	7.1	7.1	100.0
	合计	14	100.0	100.0	

▶ 图 3-47　频率分析表

8 最后，在分析结果中，系统还用直方图的方式直接显示了数据的正态分布情况，如图 3-48 所示。

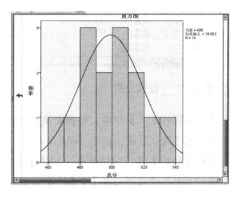

▶ 图 3-48　直方图

3.9 课堂练习：销售比率分析

已知某公司 2011 年与 2012 年销售统计数据，为保证下一年销售计划的制定精确度，还需要分析两年内的销售数据。在本练习中将运用 SPSS 中的比率分析方法，分析两年内公司销售净利润的差异性，如图 3-49 所示。

案例处理摘要

		计数	百分比
年度	2011年	8	53.3%
	2012年	7	46.7%
总数		15	100.0%
排除的		0	
总计		15	

净利润/销售收入 的比率统计量

组	均值	中值	极小值	极大值	标准差	范围	价格相关微分	离散系数	方差系数 中值居中
2011年	.423	.406	.349	.505	.055	.156	1.004	.098	14.4%
2012年	.450	.391	.342	.672	.118	.330	1.040	.220	34.4%
总数	.436	.405	.342	.672	.088	.330	1.021	.154	23.0%

图 3-49　比率分析销售净利润

操作步骤

1. 根据销售数据，在"变量视图"窗口中设置数据变量，如图 3-50 所示。

	名称	类型	宽度	小数	标
1	年度	数值(N)	1	0	
2	销售收入	数值(N)	8	2	
3	净利润	数值(N)	8	2	

图 3-50　设置变量

2. 在"数据视图"窗口中，依次输入销售数据，如图 3-51 所示。

	年度	销售收入	净利润	变量	变
1	2011年	300.00	120.00		
2	2011年	200.00	100.00		
3	2011年	250.00	110.00		
4	2011年	320.00	130.00		
5	2012年	119.00	80.00		
6	2012年	321.00	160.00		
7	2011年	258.00	90.00		
8	2011年	297.00	150.00		
9	2012年	354.00	180.00		

图 3-51　输入分析数据

3. 执行【分析】|【描述分析】|【比率】命令，在弹出的【比值统计量】对话框中，分别添加相应的变量，如图 3-52 所示。

图 3-52　添加变量

4. 单击【统计量】按钮，在弹出的【比率统计量:统计量】对话框中，设置统计量选项，如图 3-53 所示。

5. 最后，在【比值统计量】对话框中单击【确定】按钮，将显示比率统计量表，如图 3-54 所示。在该表中可以看出，2012 年的均值、标准差与离散系数都比 2011 年要高，表明 2012 年净利润的离散成本较高。

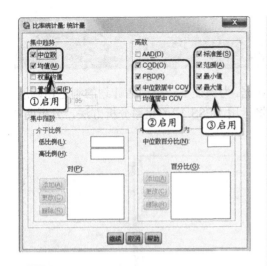

图 3-53 设置统计量　　　图 3-54 显示分析结果

3.10 思考与练习

一、填空题

1. 统计分析的目的是研究数据的总体特征，主要包括频数分析、_____、_____、比率分析、描述分析 5 种分析方法。

2. 在变量分配数列中，频数表明_____的作用程度，其值_____表明该组标志值对于总体水平所起的作用越大，反之亦然。

3. 描述分析是将研究中所得的数据加以整理、归类、简化或绘制成图表，以此分析数据的_____、_____，以及到中心值的_____或_____程度的一种过程。

4. 交叉表分析是描述性统计分析中的一种分析方法，是对_____或_____以上分类变量的描述与推断的统计分析。

5. 探索性统计分析是在对统计数据进行基本描述性统计之后，通过_____与_____等方法对数据进行更深入的描述分析。

6. 比率分析主要用于对两个_____间变量值_____的描述分析，并生成比率变量以及比率变量的一些基本描述统计量。

二、选择题

1. 频数分析是运用统计量和图形来描述多种类型的变量，下列____选项不属于频率分析中的统计量。

A. 百分位值　　B. 分布指标
C. 集中趋势　　D. 卡方

2. 描述统计中包括集中趋势、离散程度与分布形状，下列描述说法错误的为____。

A. 集中趋势是指一组数据向某一中心值靠拢的程度，反映了该组数据中心点位置

B. 离散程度是观测各个数值之间的差异程度，反映了各个数值之间的差异大小

C. 分布形态主要用于分析数据的集中趋势与离散程度，是描述分析的综合运用

D. 集中趋势统计主要是用于寻找数据水平的代表值或中心值

3. P-P 图和 Q-Q 图是一种用于概论分布的图表，用于确定某个变量的分布是否与给定的分布相匹配的，下列选项中描述错误的一项为_____。

A. P-P 图是对照一些检验分布的累计比例，来绘制某个变量的累计比例图

B. 在 P-P 图中可以转换值的概率图，而在 Q-Q 图中则不可以

C. P-P 图中的检验分布方法与 Q-Q 图中的检验分布方法一致

D. Q-Q 图是对照一些检验分布的分位数，来绘制某个变量分布的分位数图

4. 在比率分析中，统计量中的【集中指数】选项组包括【中位数百分比之内】选项，该选项

区间的下界等于____。

A．（1−0.01×值）×中位数
B．（1+0.01×值）×中位数
C．（1×0.01×值）×中位数
D．（1/0.01×值）×中位数

5．在 SPSS 中除了单独使用 P-P 图与 Q-Q 图来分析数据之外，____分析方法中还将运用该图来显示分析结果。

A．频数　　　　　B．比率
C．探索　　　　　D．描述

三、问答题

1．频数分析中都具有哪些统计量和参数？
2．描述分析方法中的集中趋势都包括哪些度量？
3．如何使用 Q-Q 图来分析数据？
4．什么是茎叶图与箱图？
5．如何使用交叉分析方法对不同数据层中的数据进行分析？

四、上机练习

1．描述分析销售数据

本练习运用 SPSS 中的描述分析方法，分析一年内销售数据的中心趋势，以及到中心值的变异或离散程度，如图 3-55 所示。首先，在 SPSS 中制作数据变量，并依据变量类型依次输入销售数据。然后，执行【分析】|【描述统计】|【描述】命令，添加变量并设置统计选项为均值、标准差、最小值、最大值、峰度与偏度。最后，单击【确定】按钮，在输出窗口中显示分析结果。

描述统计量

	N	极小值	极大值	均值	标准差	偏度		峰度	
	统计量	统计量	统计量	统计量	统计量	统计量	标准误	统计量	标准误
销售收入	12	260	400	316.33	39.320	1.074	.637	1.086	1.232
有效的 N（列表状态）	12								

图 3-55　销售数据分析结果

2．探索性分析考试成绩

本练习将运用描述统计分析中的探索性分析方法，分析考试成绩中的总成绩，如图 3-56 所示。首先，制作分析数据表。然后，执行【分析】|【描述统计】|【探索】命令，将"总分"变量添加到【因变量列表】列表框中，将"所诉部门"变量添加到【因子列表】列表框中。同时，单击【统计量】按钮，启用【描述性】、【界外值】与【百分位数】复选框。最后，单击【绘制】按钮，启用【带检验的正态图】复选框，并选择【按因子水平分组】选项。

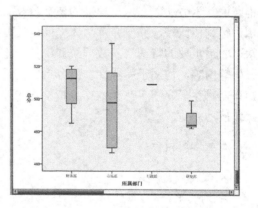

图 3-56　考试数据探索性分析结果

第 4 章
差异性均值分析

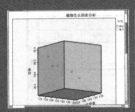 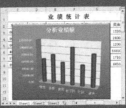 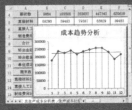 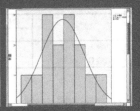

　　差异性均值分析是最常用的统计分析方法之一，也是对位置总体分布特征进行统计推断的基本方法之一。差异性均值分析是在数据统计中，对来自于两个或多个总体的样本进行均值比较，并研究各总体之间的差异。另外，均值反映了所有数字特征中的总体水平的最重要的特征，其数据统计中的正态总参数估计、参数假设检验或者单因素方差分析等内容，均属于差异性均值分析中的内容。在本章中，将根据统计分析学中的基础知识，贯穿于介绍 SPSS 数据分析操作中，详细介绍均值比较中的假设检验分析方法与操作技巧。

本章学习目标：

- ➢ 假设检验概述
- ➢ 均值比较
- ➢ 单样本 T 检验
- ➢ 独立样本 T 检验
- ➢ 配对样本 T 检验

4.1 假设检验概述

假设检验为显著性检验,是用来判断样本与样本、样本与总体的差异造成原因的一种统计推断方法,也是数理统计学中根据一定假设条件由样本推断总体的一种方法。在本小节中,主要介绍假设检验的基本原理、两种类型的错误、单侧与双侧检验等假设检验基础内容。

4.1.1 假设检验基本原理

假设检验首先需要提出一个假设,然后通过检验样本统计量的差异来推断总体参数之间是否存在差异。假设检验是以最小概率为标准,对总体的状况所做出的假设进行判断。而最小概率是指一个发生概率接近 0 的事件,是一种不可能出现的事件。

在统计学内,假设检验被划分为原假设与备选假设。在检验之前需要先确定原假设与备选假设。其中:

- **原假设** 原假设又称为零假设,通常用 H_0 表示。
- **备选假设** 备选假设是与原假设对立的一种假设,通常用 H_1 表示。备选假设是在原假设被否认时可能成立的另外一种结论。在实际分析中,一般情况是需要将期望出现的结论作为备选假设。

确定原假设与备选假设之后,还需要一个统计量来决定接受/拒绝原假设或备选假设。其后,需要利用统计的分布及显著水平来确定检验统计量的拒绝域。在给定的显著水平 α 下,检验统计量的可能取值范围被分为小概率与大概率区域。其中:

- **小概率区域** 小概率区域是原假设的拒绝区域,其概率不超过显著水平 α 的区域。
- **大概率区域** 大概率区域是原假设的接受区域,其概述为 $1-\alpha$ 的区域。

当样本统计量位于拒绝域内,则拒绝原假设而接受备选假设;当样本统计量位于接受区域内,则接受原假设。

4.1.2 两种类型的错误

假设检验是通过比较检验量的样本数量来做出统计决策的,一般情况下根据分析统计量会出现正确的判断、弃真错误、取伪错误等决策类型,其具体情况如表 4-1 所示。

表 4-1 统计决策表

类型	接受原假设(H_0)	拒绝原假设(H_0)
原假设(H_0)真实	正确的判断	弃真错误(α)
原假设(H_0)不真实	取伪错误(β)	正确的判断

其中,弃真错误又称为假设检验的"第一类错误",取伪错误又称为假设检验的"第二类错误"。两种类型的错误都是检验失真的表现,应当尽可能地避免或加以控制两种类型错误的出现。

第一类错误又称为 α 错误，是在原假设为真的情况下，检验统计量位于小概率的拒绝区域内而造成的结果。因此，第一类错误小概率的大小应等于显著水平的大小 α。反过来理论会发现，控制第一类错误的可能性取决于显著水平的大小。α 越小，第一类错误所发生的概率也越小。例如，当 α=0.05 时，表示第一类错误发生的可能性为 5%，也就是在进行 100 次判断中所产生的弃真错误为 5 次。

第二类错误又称为 β 错误，是在原假设为假的情况下，接受原假设的一种情况。第二类错误的大小概率为 β，与第一类错误中的 α 呈反向关系，即 α 越小，β 越大。在统计分析中，用户可以通过增大样本容量，减小抽样分布的离散性的方法，来同时减小 α 与 β。其中，α 与 β 的关系可通过正态分布的统计检验图来显示，如图 4-1 所示。

4.1.3 单侧与双侧检验

通过前面小节介绍，发现绝境区域是检测统计量取值的小概率区域，该小概率区域可以位于分布的一侧或双侧。当小概率位于区域的一侧时，称为单侧检验；而当小概率区域位于双侧时，则称为双侧检验。

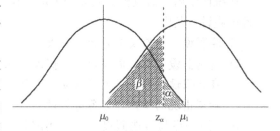

图 4-1　α 与 β 关系示意图

其中，双侧检验只显示两个总体参数之间的差异性。当设置显著水平 α 时，双侧检验则在总体分布的两端各设定一个临界点，临界点以外的阴影部分为拒绝 H_0 的区域，而阴影部分面积比率各位 α/2，如图 4-2 所示。

单侧检验按照拒绝域是位于左侧或右侧，又分为左侧检测或右侧检测，主要用来强调差异的方向性。在单侧检验中，当样本低于总体水平时，拒绝域分布在左侧，称为左侧检查，如图 4-3 所示。而当样本高于总体水平时，则拒绝域分布右侧。

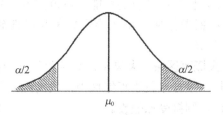

图 4-2　双侧检验

在实际数据分析中，是使用单侧检验还是双侧检验，取决于备选假设的性质。例如，当总体标准差为已知数据时，在进行正态总体的均值检验时，主要有下列 3 种情况：

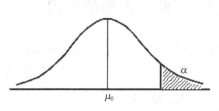

图 4-3　左侧检验

- H_0 为 $\bar{x} = \bar{x}_0$，而 H_1 为 $\bar{x} \neq \bar{x}_0$，该情形中备选假设的总均值不等于确定的 $\bar{x}_0$，检验统计量取极端值，有利于拒绝原假设，接受备选假设，适用于双侧检验。

- H_0 为 $\bar{x} = \bar{x}_0$，而 H_1 为 $\bar{x} < \bar{x}_0$，该情形中备选假设的总均值小于确定的 $\bar{x}_0$，拒绝域应安排在左侧，使用单侧检验中的左侧检验。

- H_0 为 $\bar{x} = \bar{x}_0$，而 H_1 为 $\bar{x} > \bar{x}_0$，该情形中的备选假设的总均值大于确定的 $\bar{x}_0$，拒绝原假设的拒绝域应安排在左侧，使用单侧检验中的右侧检验。

4.2 均值比较

均值过程是计算一个或多个自变量类别中因变量的子组均值和相关的单变量统计，通过均值还可以获得单因素方差分析、eta 和线性相关检验。另外均值可以对数据进行分组，并将各组的统计检验变量放在一起进行直接比较。

均值比较过程中的因变量为定量变量，自变量为分类变量，其分类变量的值可以为 iwei 数值，也可以为字符串。另外，一些可选的子组统计量是基于正态理论的，适用于具有对称分布的定量变量。而稳健统计量（如中位数）则适用于可能符合或可能不符合正态假设的定量变量。

4.2.1 添加均值比较变量

在 SPSS 软件中，执行【分析】|【比较均值】|【均值】命令，弹出【均值】对话框。可以从左侧列表框中选择需要添加的变量，将其添加到【因变量列表】列表框中。另外，还可以从左侧的列表框中选择需要添加的变量，将其添加到【自变量列表】列表框中。单击【下一张】按钮，可通过添加自变量的方法来设置分析层次，如图 4-4 所示。

在【自变量列表】列表框中，每一层都将进一步细分样本。如果在第一层与第二层中分别有一个自变量，其结果将显示一个交叉的表，而不是对每个自变量显示一个独立的表。

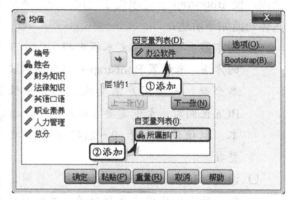

图 4-4 添加比较变量

4.2.2 设置均值比较选项

执行【分析】|【比较均值】|【均值】命令，弹出【均值】对话框，单击【选项】按钮，弹出【均值:选项】对话框，如图 4-5 所示。

在【均值:选项】对话框中，主要包括下列选项：

- **统计量** 用于选择进行分析的统计量类型，包括中位数、最大值、范围、第一个、最后一个等 18 种统计量。
- **单元格统计量** 用于显示已选择的统计量类型。
- **Anova 表和 eta** 表示显示单因素方差分析表，并为第一层中的每个自变量计算 eta 和 eta 平方（相关度量）。
- **线性相关检验** 表示计算线性和非线性成分相关联的平方和、自由度和均方，以及 F 比、R 和 R 方。如果自变量为短字符串，则不计算线性。

4.2.3 设置 Bootstrap 选项

Bootstrap 是 SPSS 新增功能，是一种非参数统计方法，可以用于构建假设检验。使用 Bootstrap 方法可以导出稳健的标准误差值，并能为诸如均值、中位数、比例、相关系数或归回系数等估计值导出置信区间。

执行【分析】|【比较均值】|【均值】命令，弹出【均值】对话框，单击【Bootstrap】按钮，即可弹出【Bootstrap】对话框，如图 4-6 所示。在该对话框中，设置完各选项之后，单击【继续】按钮可以返回到【频率】对话框中。

在【Bootstrap】对话框中，启用【执行 bootstrap】选项，使 Bootstrap 各选项处于可用状态。各选项的具体功能如下所述：

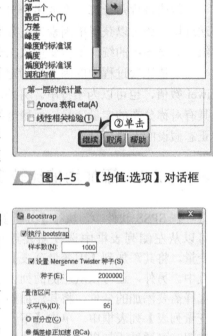

图 4-5 【均值:选项】对话框

- **样本数** 可通过在文本框中指定一个正整数的方法，来设置 Bootstrap 执行时所需要的样本个数。而当用户需要生成的百分位数和 BCa 区间时，至少需要 1000 个 Bootstrap 样本。取值范围介于 0 ~ 2147483647 之间的整数。

- **设置 Mersenne Twister 种子** 启用该复选框，可以允许用户复制分析，另外所设置种子会保留随机数生成器的当前状态并分析完成后恢复该状态。取值范围介于 1 ~ 2000000000 之间。

图 4-6 【Bootstrap】对话框

- **置信区间** 指定一个大于 50 且小于 100 的置信水平。其中，"百分位"选项表示简单地使用对应于所需置信区间百分位数的有序 Bootstrap 值。而"偏差修正加速（BCa）"选项表示该区间为调整区间，分析比较准确，但运算时间比较长。

- **抽样** 在该选项组中主要包括"简单"与"分层"两种选项，其中"简单"选项表示为通过放回方式从原始数据集进行个案重新取样。而"分层"选项表示为通过放回方式从原始数据集进行个案重新取样，但在层次变量的交叉分类定义的层内。如果层中的单元相对均一，且不同层间的单元相差较大，则分层 Bootstrap 抽样非常有用。

另外，用户在使用 Bootstrap 方法进行频数分析时，还需要主要下列几点：

- ❑ Bootstrap 不能用于多重插补数据集。如果在数据集中存在 Imputation_变量，Bootstrap 对话框将被禁用。
- ❑ Bootstrap 使用列表删除来确定个案基础，即在任何分析变量上具有取缺失值的个案将从分析中删除，因此当 Bootstrap 生效时，不管分析过程中是否制定了其他处理缺失值的方法，该列表删除照样处于生效状态。
- ❑ 频率分析结果中的统计表支持均值、标准差、方差、中位数、偏度、峰度和百分位数的 Bootstrap 估计。
- ❑ 统计分析结果中的频率表支出百分比的 Bootstrap 估计。

4.2.4 显示均值比较结果

在【均值】对话框中，单击【确定】按钮，系统会自动在输出窗口中首先显示分析数据表中的【案例处理摘要】表。在该表中主要显示了均值比较中的参与统计分析，以及排除案例个数和所占百分比的数值情况，如图 4-7 所示。

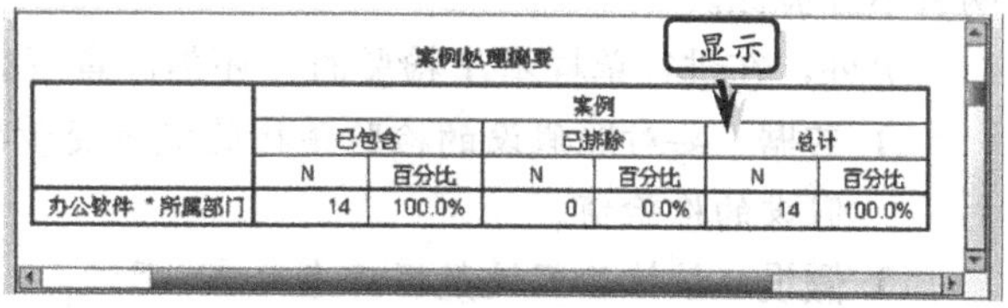

案例处理摘要

	案例					
	已包含		已排除		总计	
	N	百分比	N	百分比	N	百分比
办公软件 * 所属部门	14	100.0%	0	0.0%	14	100.0%

图 4-7 【案例处理摘要】表

另外，在分析结果统计表中，还包括均值比较结果报表，在系统中显示为“报告”表。该表是分析结果中的主要表格，主要显示了不同分组中的描述性统计量，便于用户进行直观性的比较，如图 4-8 所示。

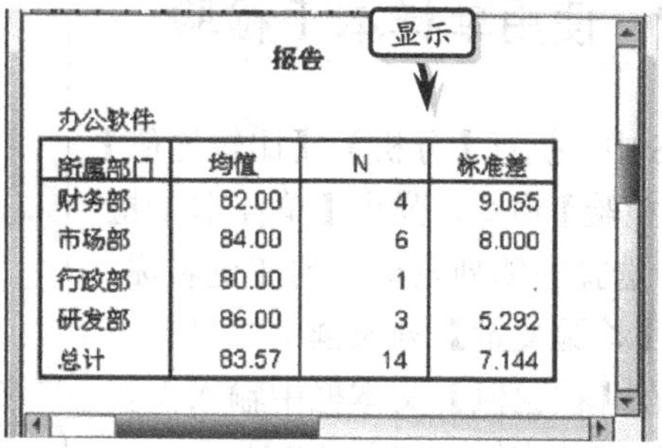

报告

办公软件

所属部门	均值	N	标准差
财务部	82.00	4	9.055
市场部	84.00	6	8.000
行政部	80.00	1	.
研发部	86.00	3	5.292
总计	83.57	14	7.144

图 4-8 均值比较分析表

4.3 单样本 T 检验

单样本 T 检验的过程是检验单个变量的均值是否与指定的常数不同。SPSS 除了为用户提供了均值比较分析方法之外，还提供了包括单样本 T 检验在内的 T 检验分析方法。使用单样本 T 检验可以比较样本的平均数与确定总体均值的差异。

4.3.1 单样本 T 检验概述

单样本 T 检验的目的是利用总体样本数据来推断该总体样本数据的均值是否与指定的检验值之间存在显著差异。在进行单样本 T 检验过程中，分为已知总体标准差与未知总体标准差两个方面。

在 T 检验过程中，当已知总体标准差 σ 时，应先确定原假设与备选假设，从而决定使用哪种检测方法。既然总体标准差是已知的，那么可以确定抽样平均数服从正态分布，对其进行标准化变换后，可以得到下列用于 Z 作为检验统计量的公式。确定其公式之后，需要确定显著性水平，以确定拒绝域。

$$Z = \frac{\overline{x} - \overline{x}_0}{\sigma / \sqrt{n}} \sim N(0,1)$$

在 T 检验过程中，当未知总体标准差或方差时，可以使用样本的标准差或方差进行替代。此时的 T 检验的统计量不在符合标准的正态分布，其检验统计量的公式换为：

$$t = \frac{\overline{x} - \overline{x}_0}{s / \sqrt{n}} \sim t(n-1)$$

在该公式中是用 t 作为检验总体均值的统计量，又称为 t-检验统计量。由于总体的标准差是用样本标准差进行替代的，所以 t-检验统计量又可变换为：

$$t = \frac{\overline{x} - \overline{x}_0}{s / \sqrt{n}}$$

通过公式的数据验算，可以发现 T 检验与正态检验十分相似，在进行大样本检验时两者不分彼此。

另外，在进行单样本 T 检验时，还需注意下列两点要求：

- **数据** 要对照假设的检验值检验定量变量的值，可选择一个定量变量并输入一个假设的检验值。
- **假设** 该检验假设数据正态分布，且该检验对偏离正态性是相当稳健的。

4.3.2 使用单样本 T 检验

在 SPSS 中，执行【分析】|【比较均值】|【单样本 T 检验】命令，弹出【单样本 T 检验】对话框。选择左侧列表框中的变量名称，将其添加到【检验变量】列表框中。另外，用户还需要在【检验值】文本框中输入需要进行检验的确定的均值，如图 4-9 所示。

在【单样本 T 检验】对话框中，单击【选项】按钮，弹出【单样本 T 检验:选项】对话框，如图 4-10 所示。

在【单样本 T 检验:选项】对话框中，主要包括下列选项：

- **置信区间百分比** 表示在默认情况下，显示均值和假设的检验值之差的 95% 置信区间，其取值范围介于 1~99 之间。
- **按分析顺序排除个案** 表示每个 T 检验均使用对于检验的变量具有有效数据的全部个案，其样本大小随检验的不同而不同。

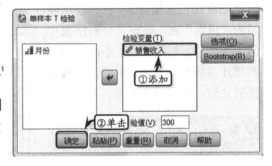

图 4-9 【单样本 T 检验】对话框

图 4-10 【单样本 T 检验:选项】对话框

- ❑ **按列表排除个案** 表示每个 T 检验只使用对于在任何请求的 T 检验中使用的所有变量都具有有效数据的个案，其样本大小在各个检验之间恒定。

单击【继续】按钮，返回到【单样本 T 检验】对话框中，单击【确定】按钮，在输出窗口中将显示分析结果，如图 4-11 所示。

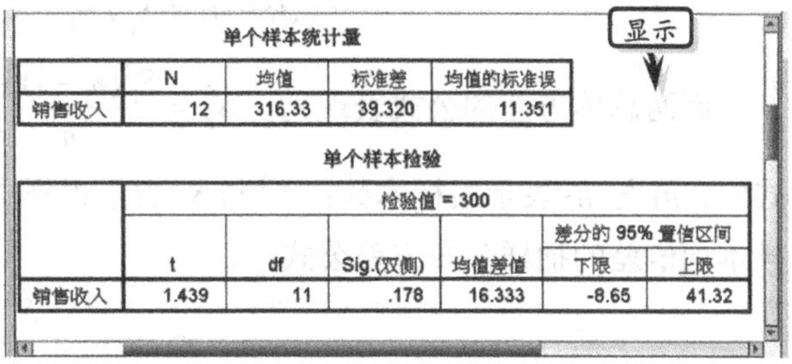

单个样本统计量

	N	均值	标准差	均值的标准误
销售收入	12	316.33	39.320	11.351

单个样本检验

	检验值 = 300					
					差分的 95% 置信区间	
	t	df	Sig.(双侧)	均值差值	下限	上限
销售收入	1.439	11	.178	16.333	-8.65	41.32

图 4-11 分析结果

4.4 独立样本 T 检验

独立样本 T 检验又称为两独立样本 T 检验，是根据来自两个总体的独立样本来推断两个总体的均值是否存在显著差异，适用于检验两个样本是否来自具有相同均值的总体。在本小节中，将详细介绍独立样本 T 检验的工作原理，以及在 SPSS 中运用独立样本 T 检验分析数据的操作方法。

4.4.1 独立样本 T 检验概述

独立样本 T 检验的过程是比较两组个案的均值。在该检验方法中，主体应随机分配到两个组中，以便响应的任何差别是由于处理（或缺少处理）而非其他因素造成的。例如，比较男性和女性的平均收入则不属于此情况，因为人不是随机指定为男性或女性的。在这些情况下，应确保其他因素中的差别没有掩饰或夸大均值中的显著性差异。

在进行独立样本 T 检验时，还应注意数据与假设两方面事项：

- ❑ **数据** 感兴趣的定量变量的值位于数据文件的单独一列中。该过程使用具有两个值的分组变量将个案分成两个组。分组变量可以是数值（诸如 1 和 2，或者 6.25 和 12.5 之类的值），也可以是短字符串（例如 yes 和 no）。作为备选方法，可以使用定量变量（例如年龄）来将个案分成两个组，方法是指定一个割点（割点 21 将年龄分成 21 岁以下组和 21 岁及以上组）。
- ❑ **假设** 对于相等方差 T 检验，观察值应是来自具有相等的总体方差的正态分布的独立随机样本。对于不等方差 T 检验，观察值应是来自正态分布的独立随机样本。双样本 T 检验对于偏离正态性是相当稳健的。当以图形方式检查分布时，需要确保它们对称且没有离群值。

独立样本 T 检验也属于假设检验中的一种，其操作方法与单样本 T 检验一样，首先需要设定原假设，也就是设定两总体均值无显著差异。在进行独立样本 T 检验过程中，分为未知两样本总体方差相等与未知两样本总体方差不相等两个方面。

其中，未知两样本总体方差相等时，需要采用合并的方差作为两样本方差的估计，其 t-检验统计量的计算公式表现为：

$$t = \frac{\overline{x}_1 - \overline{x}_2}{\sqrt{S_p^2/n_1 + S_p^2/n_2}} \sim t(n_1 + n_2 - 2)$$

而两总体方差的公式表现为：$S_p^2 = \dfrac{S_1^2(n_1-1) + S_2^2(n_1-1)}{n_1 + n_2 - 2}$

式中：n_1 与 n_2 表示组样本数；S_1^2 与 S_2^2 表示组样本的方差。通过上述公式，可以得出两样本均值差的抽样分布方差公式：

$$\sigma^2 = \frac{S_p^2}{n_1} + \frac{S_p^2}{n^2}$$

另外，未知两样本总体方差不相等时，应分布采用各自的方差，其 t-检验统计量的计算公式表现为：

$$t = \frac{\overline{x}_1 - \overline{x}_2}{\sqrt{S_p^2/n_1 + S_p^2/n_2}} \sim t(n)$$

修正的自由度公式表现为：$n = \dfrac{(\dfrac{S_1^2}{n_1} + \dfrac{S_2^2}{n_2})^2}{\dfrac{(\dfrac{S_1^2}{n_1})^2}{n_1} + \dfrac{(\dfrac{S_2^2}{n_2})^2}{n_2}}$

4.4.2 使用独立样本 T 检验

在 SPSS 中，可通过执行【分析】|【比较均值】|【独立样本 T 检验】命令，来对已知分析数据进行独立样本 T 检验分析。

1．添加检验变量

在弹出的【独立样本 T 检验】对话框中，将左侧的列表框中的"身高"变量，添加到右侧的【检验变量】列表框中，如图 4-12 所示。

2．添加分组变量

在【独立样本 T 检验】对话框中，将"性别"变量添加到【分组变量】列表框中，并单击【定义组】按钮，如图 4-13 所示。

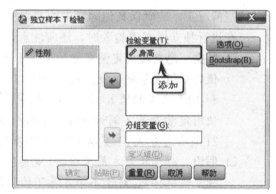

图 4-12　添加检验变量

在弹出的【定义组】对话框中，根据原始数据表中的数据分类，来定义不同组内的值，并单击【继续】按钮，如图 4-14 所示。在该对话框中，由于原始数据中的 1 表示性别中的男生，2 表示性别中的女生，故在此分别输入数字 1 和 2 来进行分组。

在该对话框中，主要包括下列两个选项：

- **使用指定组**　表示用户根据原始数据类型指定组值，该选项中具有任何其他值的个案将从分析中排除，其数字可以为整数也可以为小数。
- **割点**　表示输入一个将分组变量的值分成两组的数字。值小于割点的所有个案组成一个组，值大于或等于割点的个案组成另一个组。

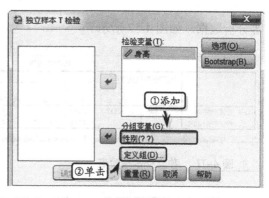

图 4-13　添加分组变量

3. 设置检验选项

在【独立样本 T 检验】对话框中，单击【选项】按钮，在弹出的【独立样本 T 检验：选项】对话框中，将【置信区间百分比】设置为"90"，并单击【继续】按钮，如图 4-15 所示。

在该对话框中，主要包括下列 3 个选项：

- **置信区间百分比**　表示在默认情况下，显示均值中的差的 95% 置信区间，其取值范围介于 1～99 之间。
- **按分析顺序排除个案**　表示每个 T 检验均使用对于检验的变量具有有效数据的全部个案，其样本大小随检验的不同而不同。
- **按列表排除个案**　表示每个 T 检验只使用对于在请求的 T 检验中使用的所有变量具有有效数据的个案，其样本大小在各个检验之间恒定。

图 4-14　定义组

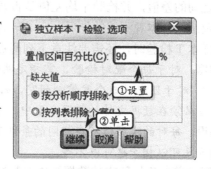

图 4-15　设置置信区间百分比值

4. 显示分析结果

在【独立样本 T 检验】对话框中，单击【确定】按钮，系统将自动在输出窗口中显示分析结果。在分析结果中，主要包括组"统计量"与"独立样本检验"两个分析表。其中，"统计量"表主要用于显示分组变量的统计性描述，主要包括个案数、均值、标准差与均值的标准误等分析数据，如图 4-16 所示。

	性别	N	均值	标准差	均值的标准误
身高	男生	14	176.3071	8.61113	2.30142
	女生	14	167.9071	8.64892	2.31152

图 4-16　统计量表

另外，在独立样本检验统计表中，主要显示了假设方差相等与假设方差不相等情况下的 T 检验值、自由度 df 值、均值误差值等分析数据，如图 4-17 所示。

		独立样本检验							
	方差方程的 Levene 检验		均值方程的 t 检验						
								差分的 90% 置信区间	
	F	Sig.	t	df	Sig.(双侧)	均值差值	标准误差值	下限	上限
身高 假设方差相等	.005	.947	2.575	26	.016	8.40000	3.26185	2.83653	13.96347
假设方差不相等			2.575	26.000	.016	8.40000	3.26185	2.83653	13.96347

显示

● 图 4-17 独立样本检验表

4.5 配对样本 T 检验

配对样本 T 检验主要用于检验两个相关样本总体的均值是否相同，而配对样本又称为相关样本，表示两个样本之间的数据存在一一对应的关系。在进行配对样本 T 检验时，需保证两个样本中的数据存在关联性。在本小节中，将详细介绍配对样本 T 检验的工作原理，以及在 SPSS 中运用配对样本 T 检验分析数据的操作方法。

4.5.1 配对样本 T 检验概述

配对样本 T 检验过程比较单独一组的两个变量的均值。该过程计算每个个案的两个变量的值之间的差值，并检验平均差值是否非 0。配对样本通常具有两组样本的样本数相同，以及两组样本观测值的先后顺序一一对应且不能随意更改的特征。除此之外，在进行配对样本 T 检验时，还需要注意下列两点：

❑ **数据** 对于每个配对检验，需指定两个定量变量（定距测量级别或定比测量级别）。对于匹配对或个案控制研究，每个检验主体的响应及其匹配的控制主体的响应必须在数据文件的相同个案中。

❑ **假设** 每对的观察值应在相同的条件下得到。均值差应是正态分布的。每个变量的方差可以相等也可以不等。

由于配对样本 T 检验中的数据为成对数据，可以认为具有相同的方差，所以配对样本 T 检验不需要进行方差齐性检验。当两总体方差为已知时，需要运用 Z 检验来进行分析；而当两总体方差为未知时，需要运用 T 检验来进行分析。

4.5.2 使用配对样本 T 检验

在 SPSS 中，可通过执行【分析】|【比较均值】|【配对样本 T 检验】命令，来对已知分析数据进行配对样本 T 检验分析。

1. 添加变量

在弹出的【配对样本 T 检验】对话框中，分别将变量添加到【成对变量】列表框中，如图 4-18 所示。在【成对变量】列表框中，可以添加多个成对的变量。

2. 设置选项

在【配对样本 T 检验】对话框中，单击【选项】按钮，在弹出的【配对样本 T 检验：选项】对话框中，设置置信区间百分比值与缺失值选项，并单击【继续】按钮，如图 4-19 所示。

在该对话框中，主要包括下列 3 种选项：

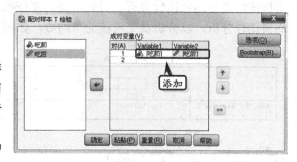

图 4-18　添加变量

- **置信区间百分比**　表示在默认情况下，显示均值和假设的检验值之差的 95% 置信区间，其取值范围介于 1～99 之间。
- **按分析顺序排除个案**　表示每个 T 检验均使用对于检验的变量具有有效数据的全部个案，其样本大小随检验的不同而不同。
- **按列表排除个案**　表示每个 T 检验只使用对于在任何请求的 T 检验中使用的所有变量都具有有效数据的个案，其样本大小在各个检验之间恒定。

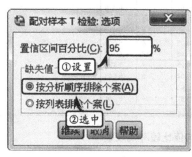

图 4-19　设置选项

3. 显示分析结果

在【配对样本 T 检验】对话框中，单击【确定】按钮，系统将自动在输出窗口中显示分析结果。在分析结果中，主要包括成对样本统计量、成对样本相关系数与成对样本检验 3 种分析表格，如图 4-20 所示。

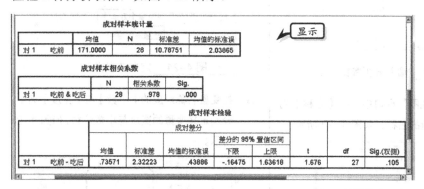

图 4-20　分析结果

4.6　课堂练习：均值比较考试成绩

已知某公司在培训考核中的成绩，下面运用均值比较分析功能，按照员工的性别与考核成绩进行均值比较分析。另外，还需要按照员工的性别、所属部门与考核成绩进行均值比较分析，以分析员工考核的平均数，如图 4-21 所示。

案例处理摘要

	案例					
	已包含		已排除		总计	
	N	百分比	N	百分比	N	百分比
英语口语 * 性别 * 所属部门	24	100.0%	0	0.0%	24	100.0%

报告

英语口语

性别	所属部门	均值	N	标准差
女生	财务部	86.25	4	10.500
	后勤部	85.33	3	8.083
	人事部	81.50	4	7.937
	总计	84.27	11	8.368
男生	财务部	86.25	4	2.872
	后勤部	89.40	5	3.912
	人事部	84.25	4	6.551
	总计	86.85	13	4.793
总计	财务部	86.25	8	7.126
	后勤部	87.87	8	5.643
	人事部	82.88	8	6.896
	总计	85.67	24	6.644

图 4-21　均值比较考试成绩

操作步骤

1 启动 SPSS，在“数据视图”窗口中，输入分析数据，如图 4-22 所示。此时，系统会以默认变量名进行显示。

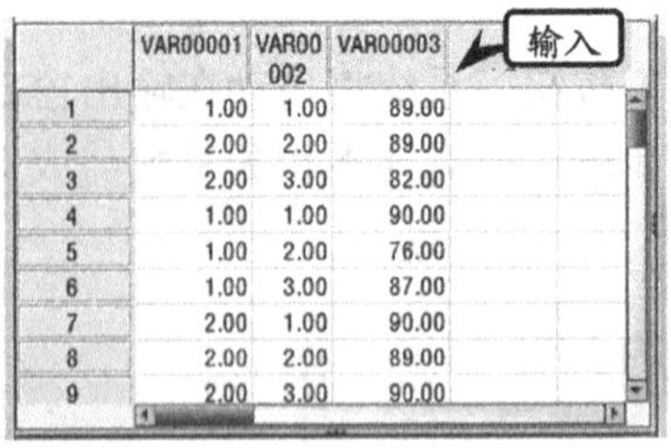

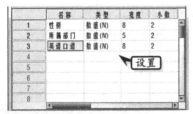

图 4-22　输入分析数据

2 切换到“变量视图”窗口中，在【名称】列中分别输入变量的名称，如图 4-23 所示。

图 4-23　定义变量名称

3 单击“所属部门”变量名称对应的【类型】按钮，在弹出的【变量类型】对话框中，选中【字符串】选项，如图 4-24 所示。

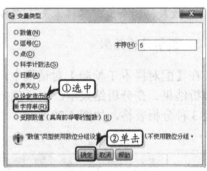

图 4-24　定义变量类型

4 在变量名称对应的【小数】与【宽度】列中，分别定义变量的宽度与小数位数，如图 4-25 所示。

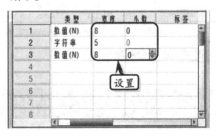

图 4-25　定义宽度与小数

5 单击“性别”变量名称所对应的【值】按钮，在弹出的【值标签】对话框中，设置性别变量值，如图4-26所示。

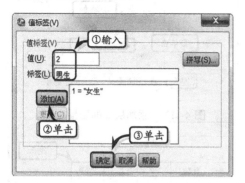

图4-26 定义性别变量值

6 单击“所属部门”变量名称所对应的【值】按钮，在弹出的【值标签】对话框中，设置所属部门变量值，如图4-27所示。

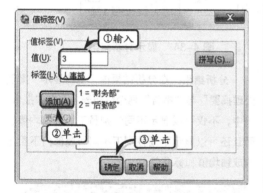

图4-27 定义所属部门变量值

7 单击【对齐】列单元格中的下拉按钮，在其列表中选择【居中】选项，如图4-28所示。同样方法，设置其它变量的对齐方式。

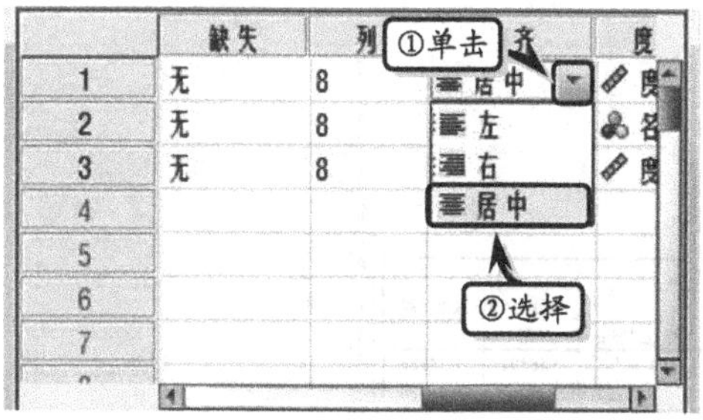

图4-28 设置对齐方式

8 切换到“数据视图”窗口中，执行【分析】|【比较均值】|【均值】命令，如图4-29所示。

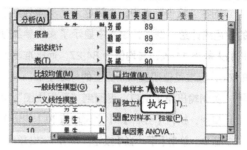

图4-29 执行分析命令

9 在弹出的【均值】对话框中，将“英语口语”变量添加到【因变量列表】列表框中，将“性别”变量添加到【自变量列表】列表框中，如图4-30所示。

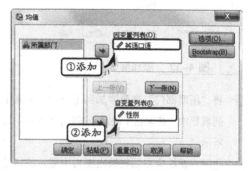

图4-30 添加变量

10 单击【确定】按钮，在输出窗口中将显示分析结果，如图4-31所示。

	已包含 N	已包含 百分比	已排除 N	已排除 百分比
英语口语 * 性别	24	100.0%	0	0.0%

性别	均值	N	标准差
女生	84.27	11	8.368
男生	86.85	13	4.793
总计	85.67	24	6.644

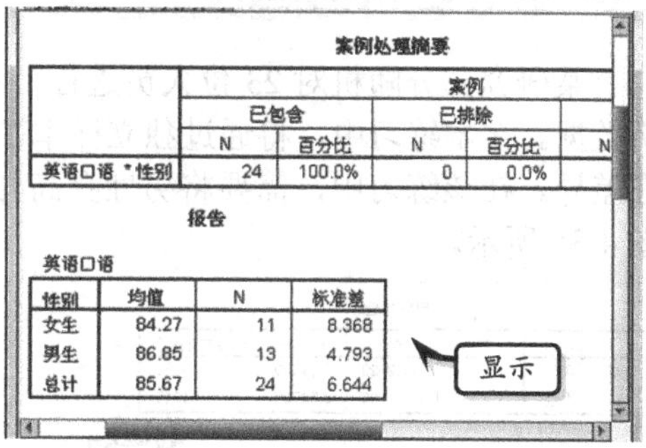

图4-31 显示分析结果

分析结果：分析结果中一共包含了“案例处理摘要”与“报告”两个分析表。其中，“案例处理摘要”表中主要显示了在均值比较分析中，参

与统计分析的案例和排除案例的个数和所占的百分比。

而在“报告”表中，主要显示了不同分组下的描述统计量。例如，该表中显示了女生参加分析的人数为 11 人，其均值为 84.27，而标准差为 8.368，标准差值明显高于男生的标准差值。

11 关闭输出结果窗口，返回到“数据视图”窗口中，执行【分析】|【比较均值】|【均值】命令。单击【下一张】按钮，如图 4-32 所示。

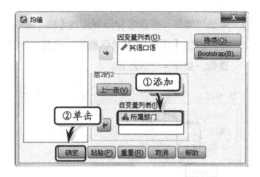

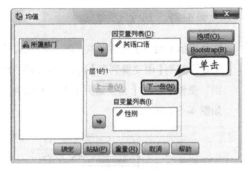

图 4-32 添加层 2

12 将“所属部门”变量添加到【自变量列表】列表框中，并单击【确定】按钮，如图 4-33 所示。

13 此时，系统会自动在输出窗口中显示分析结果，如图 4-34 所示。

图 4-33 添加层 2 的变量

报告

英语口语

性别	所属部门	均值	N	标准差
女生	财务部	86.25	4	10.500
	后勤部	85.33	3	8.083
	人事部	81.50	4	7.937
	总计	84.27	11	8.368
男生	财务部	86.25	4	2.872
	后勤部	89.40	5	3.912
	人事部	84.25	4	6.551
	总计	86.85	13	4.793
总计	财务部	86.25	8	7.126
	后勤部	87.87	8	5.643
	人事部	82.88	8	6.896
	总计	85.67	24	6.644

显示

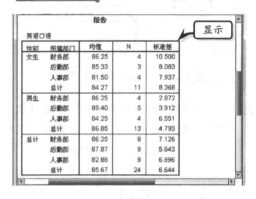

图 4-34 显示分析结果

分析结果：在分析结果中，也将显示“案例处理摘要”与“报告”两个分析表。而在“报告”表中，不仅可以显示不同性别员工的成绩均值，而且还可以显示不同性别下不同所属部门下员工的成绩均值和标准差。

4.7 课堂练习：独立样本 T 检验身高数据

某研究部分随机对 23 位人员进行了身高测量，以为研究男性、女性身高提供基础分析数据。在本练习中，将通过独立样本 T 检验分析法，分析人员身高与性别之间是否存在差异。在该练习中，需要将男性身高与女性身高进行比较，检验其差异是否显著，如图 4-35 所示。

组统计量

	性别	N	均值	标准差	均值的标准误
身高	男生	14	177.2929	9.34900	2.49863
	女生	14	166.4786	9.52795	2.54645

独立样本检验

		方差方程的 Levene 检验		均值方程的 t 检验						
									差分的 95% 置信区间	
		F	Sig.	t	df	Sig.(双侧)	均值差值	标准误差值	下限	上限
身高	假设方差相等	.006	.940	3.031	26	.005	10.81429	3.56757	3.48104	18.14753
	假设方差不相等			3.031	25.991	.005	10.81429	3.56757	3.48092	18.14766

图 4-35 身高数据分析结果

操作步骤

1. 启用 SPSS 软件，切换到"变量视图"窗口中，分别输入变量名称，如图 4-36 所示。

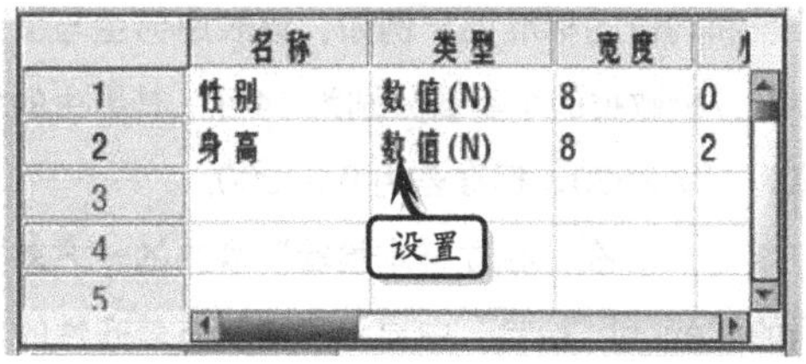

图 4-36 输入变量名称

2. 单击"性别"变量对应的【值】按钮，在弹出的【值标签】对话框中，设置变量的值，如图 4-37 所示。

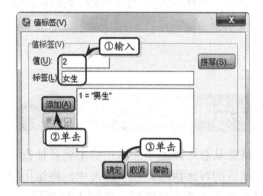

图 4-37 自定义变量值

3. 单击【对齐】列单元格中的下拉按钮，选择【居中】选项，如图 4-38 所示。

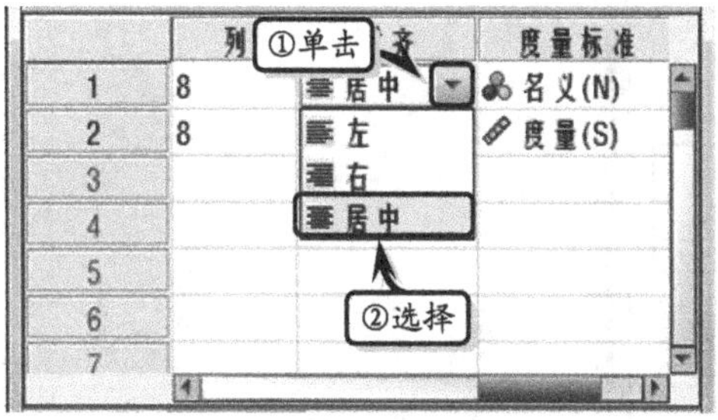

图 4-38 设置对齐方式

4. 切换到"数据视图"窗口中，根据变量类型分别输入分析数据，如图 4-39 所示。

5. 执行【分析】|【比较均值】|【独立样本 T 检验】命令，将"身高"变量添加到【检验变量】列表框中，如图 4-40 所示。

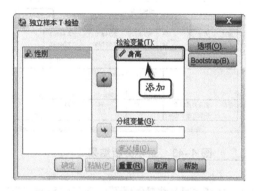

图 4-39 输入分析数据

图 4-40 添加检验变量

6. 将"性别"变量添加到【分组变量】列表框中，并单击【定义组】按钮，如图 4-41 所示。

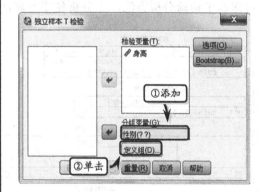

图 4-41 添加分组变量

7. 在弹出的【定义组】对话框中，分别输入组 1 与组 2 值，并单击【继续】按钮，如图 4-42 所示。

8. 在【独立样本 T 检验】对话框中，单击【确定】按钮，系统会自动弹出分析结果，如图 4-43 所示。

第 4 章 差异性均值分析

图 4-42 定义组

分析结果：在分析结果中主要包括"组统计量"表与"独立样本检验"表。其中，"组统计量"表主要显示了参与检验数据的个案数、均值、标准差和均值的标准误。例如，该表中男生与女生参与分析数据的个案数分别为 14 个，其男生的均值为 177.2929，标准差为 9.34900。

另外，在"独立样本检验"表中的"方差方程的 Levene 检验"中显示了检验方差齐性的 F 值和显著概率 P 值。由于 P 值大于 0.05，所以两总体的方差无显著性差异。两样本独立样本 T 检验值为 3.031，自由度为 26，双侧检验显著性概率为 0.005<0.05，因此可以判定两个样本所代表的总体平均数不相同，男生与女生身高存在显著性差异。

图 4-43 显示分析结果

4.8 课堂练习：配对样本 T 检验体重数据

某公司为了调查减肥产品对体重的映像，特意从服用减肥产品用户群中随意抽查了一组数据，用来分析客户在使用减肥产品前后体重的对比情况。在本练习中，将运用配对样本 T 检验分析方法，来分析使用减肥产品前后体重的变化情况，如图 4-44 所示。

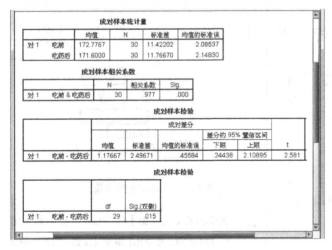

图 4-44 前后体重数据分析结果

操作步骤

1 启动 SPSS 软件，切换到"变量视图"窗口中，自定义分析变量，如图 4-45 所示。

2 切换到"数据视图"窗口中，根据变量类型输入基础数据，如图 4-46 所示。

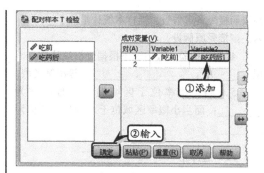

◎ 图 4-45　自定义变量

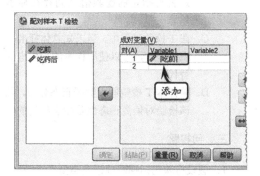

◎ 图 4-46　输入基础数据

③ 执行【分析】|【比较均值】|【配对样本 T 检验】命令，将左侧列表框中的"吃前"变量添加到【成对变量】列表框中的 Variable1 中，如图 4-47 所示。

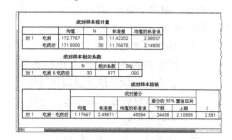

◎ 图 4-47　添加 Variable1 变量

④ 将"吃药后"变量添加到【成对变量】列表框中的 Variable2 中，如图 4-48 所示。

⑤ 在【配对样本 T 检验】对话框中，单击【确定】按钮，即可在输出窗口中生成分析结果，如图 4-49 所示。

◎ 图 4-48　添加 Variable2 变量

◎ 图 4-49　显示分析结果

分析结果：在分析结果中主要包括如下 3 个表格：

- **成对样本统计表**　主要显示了统计分析相关描述性数据，包括均值、个案个数、标准差与均值的标准误。
- **成对样本相关系数**　显示了两个样本数据之间相关性的检验结果，表中显示样本共有 30 个，相关系数为 0.977，显著性概率为 0<0.001，表示在 95% 置信水平上差异显著，符合配对样本 T 检验的分析条件。
- **成对样本检验**　主要显示了两个样本的成对差异情况，以及 T 检验值、自由度值与显著性概率。其中，显著性概率值为 0.015>0.001，表示吃药前与吃药后数据之间不存在显著差异。

4.9　思考与练习

一、填空题

1. 假设检验为_____，是用来判断样本与样本、样本与总体的差异造成原因的一种_____方法，也是数理统计中根据一定假设条件由_____推断_____的一种方法。

2. 在统计学内，假设检验被划分为_____与_____。在检验之前需要先确定_____与_____。

3. 当样本统计量位于_____内，则拒绝原假设而接受备选假设；当样本统计量位于_____内，则接受原假设。

4．假设检验一般情况下根据分析统计量会出现_____、_____、_____等决策类型。

5．当小概率位于区域的一侧时，称为_____；而当小概率区域位于双侧时，则称为_____。

二、选择题

1．在实际数据分析中，是使用单侧检验还是双侧检验，取决于备选假设的性质，下列选项中错误的描述为_____。

    A．H_0 为 $\bar{x}=\bar{x}_0$，而 H_1 为 $\bar{x} \neq \bar{x}_0$，该情形中的备选假设的总均值不等于确定的 $\bar{x}_0$，检验统计量取极端值，有利于拒绝原假设，接受备选假设，适用于双侧检验

    B．H_0 为 $\bar{x}=\bar{x}_0$，而 H_1 为 $\bar{x}<\bar{x}_0$，该情形中的备选假设的总均值小于确定的 $\bar{x}_0$，拒绝域应安排在左侧，使用单侧检验中的左侧检验

    C．H_0 为 $\bar{x}=\bar{x}_0$，而 H_1 为 $\bar{x}>\bar{x}_0$，该情形中的备选假设的总均值大于确定的 $\bar{x}_0$，拒绝原假设的拒绝域应安排在左侧，使用单侧检验中的右侧检验

    D．H_0 为 $\bar{x}=\bar{x}_0$，而 H_1 为 $\bar{x}=\bar{x}_0$，该情形中的备选假设的总均值大于确定的 $\bar{x}_0$，拒绝原假设的拒绝域应安排在左侧，使用单侧检验中的右侧检验

2．假设分析中的错误类型又分为 α 错误与 β 错误，下列选项中描述错误的选项为_____。

    A．弃真错误又称为假设检验的"第一类错误"，即 α 错误

    B．取伪错误又称为假设检验的"第二类错误"，即 β 错误

    C．α 错误是在原假设为真的情况下，检验统计量位于小概率的拒绝区域内而造成的结果

    D．β 错误是在原假设为真的情况下，检验统计量位于小概率的拒绝区域内而造成的结果

3．下列选项中，不属于配对样本 T 检验结果分析表的为_____。

    A．组统计量
    B．成对样本检验
    C．成对样本相关系数
    D．成对样本统计量

4．下列公式中，属于独立检验样本计算公式的为_____。

    A．$t=\dfrac{\bar{x}-\bar{x}_0}{s/\sqrt{n}} \sim t(n-1)$

    B．$Z=\dfrac{\bar{x}-\bar{x}_0}{\sigma/\sqrt{n}} \sim N(0,1)$

    C．$t=\dfrac{\bar{x}_1-\bar{x}_2}{\sqrt{S_p^2/n_1+S_p^2/n_2}} \sim t(n)$

    D．$t=\dfrac{\bar{x}-\bar{x}_0}{s/\sqrt{n}}$

5．单样本 T 检验的过程是检验单个变量的均值是否与指定的常数不同，下列选项中对单样本 T 检验描述错误的为_____。

    A．使用单样本 T 检验可以比较样本的平均数与确定总体均值的差异

    B．单样本 T 检验的目的是利用总体样本数据，来推断该总体样本数据的均值是否与指定的检验值之间存在显著差异

    C．在 T 检验过程中，当未知总体标准差或方差时，可以使用样本的均差进行替代

    D．单样本 T 检验假设数据正态分布，且该检验对偏离正态性是相当稳健的

三、问答题

1．假设检验包括哪两种错误类型？
2．什么是单侧检验？什么是双侧检验？
3．独立样本 T 检验过程中可分为哪两种检验方法？
4．什么是大小概率区域？
5．在使用 Bootstrap 选项时，应注意哪些问题？

四、上机练习

1．均值比较数据

某医疗机构为研究高血压与性别及年龄的关系，特抽查了一组数据进行分析。在该数据中，主要记录了被测试者的年龄、性别、高压与低压值。在本练习中，将运用均值比较分析方法，比较不同性别下高压数值的均值情况，如图 4-50 所示。在本练习中，首先将调查数据输入到 SPSS 软

件中，并设置相应的变量。然后，执行【分析】|【比较均值】|【均值】命令，将“高压”变量添加到【因变量列表】列表框中，将“性别”变量添加到【自变量列表】列表框中，并单击【确定】按钮。

案例处理摘要

	案例					
	已包含		已排除		总计	
	N	百分比	N	百分比	N	百分比
高压 * 性别	29	100.0%	0	0.0%	29	100.0%

报告

高压

性别	均值	N	标准差
女	126.31	13	18.607
男	129.38	16	26.071
总计	128.00	29	22.692

图 4-50 均值比较结果表

2. 单样本 T 检验数据

某医疗机构为研究高血压与性别及年龄的关系，特抽查了一组数据进行分析。在该数据中，主要记录了被测试者的年龄、性别、高压与低压值。在本练习中，将运用单样本 T 检验比较分析方法，分析低压与高压数据在检验值为 100 情况下的差异性，如图 4-51 所示。在本练习中，首先在 SPSS 中输入分析数据。然后，执行【分析】|【比较均值】|【单样本 T 检验】命令。将“低压”和“高压”变量添加到【检验变量】列表框中，并将【检验值】设置为“100”。最后，单击【确定】按钮即可。

单个样本统计量

	N	均值	标准差	均值的标准误
低压	29	89.14	18.489	3.433
高压	29	128.00	22.692	4.214

单个样本检验

	检验值 = 100					
					差分的 95% 置信区间	
	t	df	Sig.(双侧)	均值差值	下限	上限
低压	-3.164	28	.004	-10.862	-17.89	-3.83
高压	6.645	28	.000	28.000	19.37	36.63

图 4-51 检验结果分析表

第 5 章

非参数检验

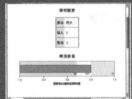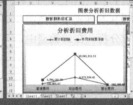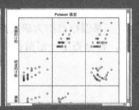

非参数检验是统计推断的基本内容，也是统计分析方法中的重要组成部分。通过前面章节的学习，已经了解参数检验是在总体分布形式已知的情况下，对数据进行推断分析的一种方法。但是，在实际分析过程中，由于种种原因会造成研究者无法获知数据形态的分布情况。此时，为了获得准确的分析数据，便需要利用非参数检验进行数据统计分析。非参数的检验内容非常丰富，包括二项式检验、卡方检验、游程检验等多种检验方法。在本章中，将详细介绍在 SPSS 软件中运用非参数检验方法进行数据分析的基础知识与操作方法。

本章学习目标：

- 单样本非参数检验
- 二项式检验
- 卡方检验
- K-S 检验
- 游程检验
- 独立样本非参数检验
- 相关样本非参数检验

5.1 非参数检验概述

非参数检验又称为任意分布检验,是一种不依赖于特定的总体分布、不涉及有关总体分布的参数,而是对样本所代表的总体分布进行检验的一种分析方法。由于该分析方法适合各种类型的数据,因此被广泛地应用到各个领域。

参数检验对检验总体的要求比较严格,其检验结果的灵敏性比较高;而非参数检验对数据的假设要求比较低,但非参数检验是需要根据数据的符号、大小顺序进行转换分析,所以其检验结果的灵敏性比较低。在实际工作中,参数与非参数检验之间并不存在明确的划分界限,对于一些特殊的统计问题,既可以理解成参数检验,也可以理解成非参数检验。参数与非参数检验功能对比如表5-1所示。

表 5-1 参数与非参数检验功能对比表

对比项目	参数检验	非参数检验
检验对象	总体参数	总体分布和参数
总体分布	正态分布	非整体分布数据
数据类型	连续数据	连续或离散数据
检验结果的灵敏度	高	低

非参数检验适用于等级数据、呈偏态的数据、未知分布形态的数据、方差不齐性数据、来自不同总体的数据、小样本数据等数据类型的分析。另外,非参数检验还具有使用范围广、对数据要求不严格、分析方法渐变、易于理解和掌握等优点。当然,任何一个分析方法都会存在自身的缺点,对于非参数检验来讲,除了具有检验效能低的缺点之外,还具有无法处理变量间的交互作用的缺点。

另外,非参数检验对数据的基础分布做出最小假设。这些对话框中的可用检验可基于数据组织方式分组为三个较大的类别。

❏ 单样本检验分析单个字段。
❏ 相关样本检验对同一组个案的两个或更多字段进行比较。
❏ 独立样本检验可以分析单个字段,该字段按另一字段的类别进行分组。

虽然非参数检验具有多种分析优点,但是在实际分析工作中,对于一些符合或经过变换后符合参数检验条件的数据,还应先使用参数检验对其进行分析。当所搜索到的数据不具备参数检验分析方法的适用条件时,使用非参数检验将是一种最有效的分析方法。

5.2 单样本非参数检验概述

单样本非参数检验使用一个或多个非参数检验识别单个字段中的差别,该分析方法不假定数据呈正态分布。由于SPSS软件在18版本之后新增加了非参数检验的新菜单命令,并非像旧版本中那样直接列出相应的检验方法;所以在使用单样本非参数检验方法之前,还需要先了解一下放样本非参数检验的基础设置。

5.2.1 设置检验目标

在使用单样本非参数检验之前,用户还需要先设置检验的目标,以完成不同数据类型与不同分析结果的分析目的。

在 SPSS 软件中,执行【分析】|【非参数检验】|【单样本】命令,弹出【单样本非参数检验】对话框。在【目标】选项卡中,设置单样本非参数检验的目标类型,如图 5-1 所示。

在【目标】选项卡中,主要为用户提供了下列 3 种目标类型:

- **自动比较观察数据和假设数据** 该目标表示对仅具有两个类别的分类字段应用二项式检验,对所有其他分类字段应用卡方检验,对连续字段应用 Kolmogorov-Smirnov 检验。
- **检验随机序列** 该目标表示使用游程检验来检验观察到的随机数据值序列。
- **自定义分析** 选中该选项可以手动修改"设置"选项卡上的检验设置。另外,当在"设置"选项卡上更改了与当前选定目标不一致的选项时,系统将会自动选择该设置。

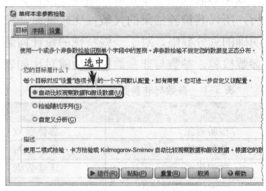

图 5-1 设置目标类型

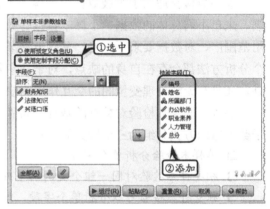

图 5-2 设置检验字段

5.2.2 设置检验字段

在【单样本非参数检验】对话框中,激活【字段】选项卡,设置用于检验分析的字段,如图 5-2 所示。

在【字段】选项卡中,主要包括下列选项:

- **使用预定义角色** 该选项表示使用现有的字段信息,在检验过程中需要最少一个检验字段。另外,所有预定义角色为"输入"、"目标"或"两者"的字段将用作检验字段。
- **使用定制字段分配** 该选项表示可以覆盖字段角色。选中该选项后,需要指定"检验字段"。
- **字段** 用于显示不参与检验的字段。当选中【使用定义字段分配】选项后,数据文件中的所有变量将都显示在该列表框中。单击【排序】下拉按钮,可以按照字母数字与测量两种方式对变量进行排序，单击【排序】按钮后面的上下按钮，可以调整所选变量的上下位置。另外，单击【全部】按钮可以选中所有的变量，单击【选择所有名义字段】按钮将选中所有的名义字段。

- **检验字段** 用于显示需要制定的检验字段。默认情况下选中【使用预定义角色】选项时，将显示数据文件中所有的变量。

5.2.3 设置检验类型

在【单样本非参数检验】对话框中，激活【设置】选项卡，在该选项卡中可以设置检验方法、显著性水平以及缺失值等。

1. 设置检验方法

在该选项卡中的【选择项目】列表框中，选择【选择检验】选项，选择所需使用的检验方法，如图 5-3 所示。

在【选择检验】选项组中，主要包括【根据数据自动选择检验】与【自定义检验】选项。其中：

- **根据数据自动选择检验** 表示对仅具有两个有效（非缺失）类别的分类字段应用二项式检验，对所有其他分类字段应用卡方检验，对连续字段应用 Kolmogorov-Smirnov 检验。

- **自定义检验** 选中该选项后，可以在系统所提供的 5 种分析方法中选择一种方法对数据进行指定性分析。

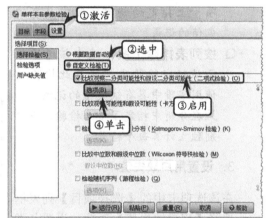

图 5-3 设置检验方法

另外，当用户选中【自定义检验】选项时，可使用下列 5 种选项对数据进行分析：

- **比较观察二分类可能性和假设二分类可能性（二项式检验）** 表示对分析数据应用二项式检验，将生成一个单样本检验，可以检验标记字段（只有两个类别的分类字段）的观察分布是否与指定的二项式分布期望相同。

- **比较观察可能性和假设可能性** 表示对分析数据应用卡方检验，将生成一个单样本检验，它可以根据字段类别的观察和期望频率间的差异来计算卡方统计量。

- **检验观察分布和假设分布** 表示对数据应用 Kolmogorov-Smirnov 检验方法，生成一个单样本检验，即字段的样本累积分布函数是否为齐次的均匀分布、正态分布、泊松分布或指数分布。

- **比较中位数和假设中位数（Wilcoxon 符号秩检验）** 表示对数据应用 Wilcoxon 符号秩检验方法，将生成一个字段中位数值的单样本检验，需要指定一个数字作为假设中位数。

❏ **检验随机序列（游程检验）** 表示对数据应用游程检验方法，将生成一个单样本检验，即对分字段的值序列是否为随机序列。

2. 设置检验选项

在该选项卡中的【选择项目】列表框中，选择【检验选项】选项，设置检验时的显著性水平、置信区间和已排除的个案，如图5-4所示。

在【检验选项】选项组中，主要包括下列选项：

❏ **显著性水平** 用于指定所有检验的显著性水平(alpha)，取值范围介于0~1之间，默认值为0.05。

❏ **置信区间** 用于指定所有生成的置信区间的置信度，取值范围介于0~100之间，默认值为95。

❏ **按检验排除个案** 选中该选项表示从所有分析中排除在"字段"选项卡上指定的任何字段中具有缺失值的记录。

❏ **按列表排除个案** 选中该选项表示从特定检验中排除在此检验所使用字段中具有缺失值的记录。如果在分析中指定了多个检验，将分别独立计算每个检验。

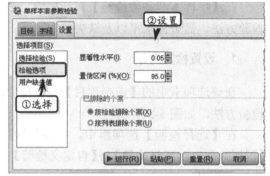

图 5-4 设置检验选项

3. 设置用户缺失值

在该选项卡中的【选择项目】列表框中，选择【用户缺失值】选项，设置分类字段的用户缺失值，如图 5-5 所示。如果需要在分析中包含记录，分类字段必须具

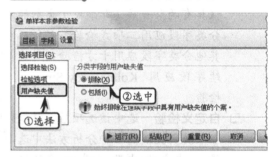

图 5-5 设置缺失值

有有效值。另外，通过【排除】或【包括】控制可以决定是否将用户缺失值在分类字段中视为有效值。系统缺失值和连续字段缺失值总是被视为无效。

5.3 二项式检验

二项式检验是指涉及离散型变量，并在每次检验中只出现两种结果的一种非参数检验分析方法。在本小节中，将详细介绍在 SPSS 中进行二项式检验的基础知识与操作方法。

5.3.1 二项式检验概述

二项分布中只有两种可能的结果，而且这两种可能的结果是互相对立与独立的，与其他各次试验结果无关，因此二项式分布也可以理解成两个对立事件的概率分布。另外，二项分布也是指说理统计中的0~1分布,主要用于对两个分类变量的观测数与概率参数的二项分布的期望频数进行比较的一种假设性分析。

二项式检验是一种用来检验样本是否来自参数为 (n, p) 的二项分布总体的一种分析方法,要求其检验数据必须为数值型的二元变量,其参数为 (n, p) 的二项分布公式表现为:

$$P(X = K) = C_n^k P^k Q^{n-k} (K = 0, 1, 2, \cdots, n)$$

式中:P 为事件 A 发生的概率;Q 为事件 A 中未出现的概率 (1-P);n 为总的二项次数;K 为事件 A 出现的次数。公式中 P 与 Q 的取值决定了二项式的分布状态,其中:

- **对称分布** $P=Q$ 时,也就是 $P = Q = 0.05$ 时,二项分布表现为对称分布。
- **正态分布** $P \neq Q$ 时,且 $np \geq 5 (p < q)$ 或 $np \geq 5 (p > q)$ 时,二项分布表现为正态分布。

此时,均值的表现公式为 $\mu = np$,而标准差的表现公式为 $\sigma = \sqrt{npq}$,而在 SPSS 中二项检验的统计量公式表现为 $p = (n - np)/\sigma$,其中 n_1 为第 1 个类别的样本个数。

5.3.2 添加分析变量

在 SPSS 中,执行【分析】|【非参数检验】|【单样本】命令,弹出【单样本非参数检验】对话框。激活【字段】选项卡,将数据中的变量添加到【检验字段】列表框中,如图 5-6 所示。

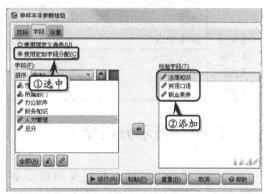

图 5-6 添加分析变量

5.3.3 设置检验选项

在【单样本非参数检验】对话框中,激活【设置】选项卡。选中【自定义检验】选项,启用【比较观察二分类可能性和假设二分类可能性(二项式检验)】复选框,同时单击【选项】按钮,如图 5-7 所示。

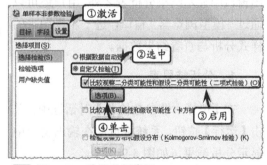

图 5-7 选择分析类别

在弹出的【二项式选项】对话框中,按照分析需求分别设置假设比例值、置信区间、定义分类字段的成功值等选项,如图 5-8 所示。

在【二项式选项】对话框中,主要包括表 5-2 中的选项。

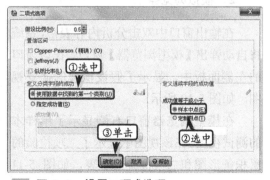

图 5-8 设置二项式选项

表 5-2 二项式选项

选项组	选 项	功 能
	假设比例	用于指定了定义为"成功"的记录的期望比例,即指定一个大于 0 且小于 1 的值。默认值为 0.5
置信区间	Clopper-Pearson(精确)	表示基于累积二项式分布的精确区间
	Jeffreys	表示基于 p 的后验分布且应用 Jeffreys 先验的 Bayesian 区间
	似然比率	表示基于 p 的似然函数的区间
定义分类字段的成功	使用数据中找到的第一个类别	表示将使用在样本中找到的第一个定义"成功"的值执行二项式检验。此选项仅适用于只有两个值的名义或有序字段;如果使用了此选项,则在"字段"选项卡中指定的所有其他分类字段都不会检验。该选项为默认选项
	指定成功值	表示将使用指定以定义"成功"的值列表来执行二项式检验。可以指定字符串或数值列表。列表中的值不需要在样本中出现
定义连续字段的成功值	样本中点	表示在最小值和最大值的平均值上设置割点
	定制割点	表示可以为割点指定一个值

5.3.4 显示分析结果

二项式检验方法的分析结果与前面章节中所介绍的分析结果不尽相同,除了在输出窗口中显示结果分析表之外,用户还可以通过"模型浏览器"窗口,进一步以图表的样式分析与查看结果数据。

1. 分析结果表

在【单样本非参数检验】对话框中,单击【运行】按钮,系统将自动在输出窗口中显示分析结果,如图 5-9 所示。

2. 模拟浏览器

在输出窗口中双击分析内容表格,系统将自动弹出【模型浏览器】窗口。在该窗口的左侧面板中,显示了假设检验的摘要视图,如图 5-10 所示。

在模型浏览器窗口右侧显示了单样本的测试视图。在该视图中显示了二项检验的累积条形图和二项检验信息表,如图 5-11 所示。

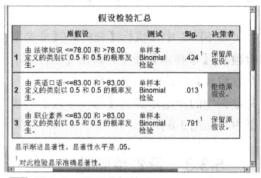

图 5-9 显示分析结果

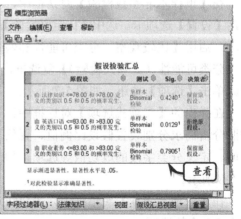

图 5-10 模型浏览器窗口左侧内容

在累积条形图中显示了"成功"和"失败"检测字段的观察和假设频数，在条形图的右侧显示了条形图的颜色标签。另外，将鼠标移至条形图上方，将显示百分比数值。

在视图窗口下方单击【视图】下拉按钮，选择【连续字段信息】选项，将在视图中显示当前所选课程成绩分布的频数直方图，如图5-12所示。

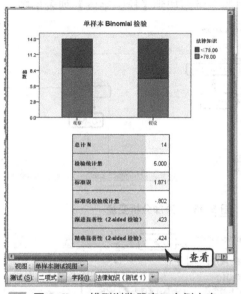
图 5-11　模型浏览器窗口右侧内容

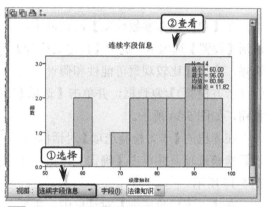
图 5-12　频数直方图

5.4 卡方检验

卡方检验也称为卡方拟合优度检验，是一种吻合性检验，主要用于比较两个及两个以上样本率以及两个分类变量的关联性分析。在本小节中，将详细介绍 SPSS 软件中卡方检验的基础知识与操作方法。

5.4.1 卡方检验概述

卡方检验是一种检验计数数据分布形态的常用非参数检验方法，而卡方分布是一种正偏态分布，分布曲线的倾斜程度随着自由度的改变而改变。自由度越小，分布曲线的形态越倾斜；反之亦然。卡方的统计量公式表现为：

$$x^2 = \sum_{i=1}^{k} \frac{(f_o - f_e)^2}{f_e}$$

式中：k 表示样本分类的个数；f_o 表示观测频数；f_e 表示期望频数。其中，观测频数与期望频数越接近，其统计量值就越小；反之亦然。在 SPSS 中，系统将自动计算统计量 x^2 的观测值，并根据观测值 x^2 计算其对应的概率 p 值。当统计量 x^2 概率的 p 值小于显著水平 a 时，则应拒绝原假设。

5.4.2 添加分析变量

在 SPSS 中，执行【分析】|【非参数检验】|【单样本】命令，弹出【单样本非参数检验】对话框。激活【字段】选项卡，将数据中的变量添加到【检验字段】列表框中，如图 5-13 所示。

5.4.3 设置检验选项

在【单样本非参数检验】对话框中，激活【设置】选项卡。选中【自定义检验】选项，启用【比较观察可能性和假设可能性（卡方检验）】复选框，并单击【选项】按钮，如图 5-14 所示。

在弹出的【卡方检验选项】对话框中，设置检验选项，并单击【确定】按钮，如图 5-15 所示。

在【卡方检验选项】对话框中，主要包括下列两种检验选项：

- **所有类别概率相等** 该选项为默认选项，表示在样本中的所有列表间生成均等的频率。
- **自定义期望概率** 选中该选项，可以为指定的类别列表指定不相等的频率，也可以指定字符串或数值列表。在类别列中，指定类别值。在相对频率列中，为每个类别指定一个大于 0 的值。自定义的频率被视为比率，例如，指定频率 1、2 和 3 等同于指定频率 10、20 和 30，两者均指定了期望 1/6 的记录属于第一个类别，1/3 的记录属于第二个类别，1/2 的记录属于第三个类别。在指定自定义期望可能性时，自定义类别值必须包括数据中的所有字段值；否则将不对该字段执行检验。

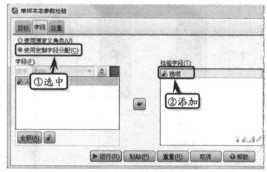

图 5-13 添加分析变量

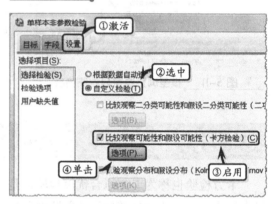

图 5-14 选择分析类型

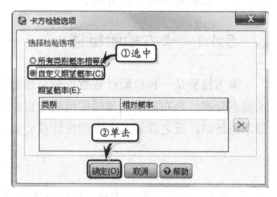

图 5-15 设置检验选项

5.4.4 显示分析结果

在【单样本非参数检验】对话框中，单击【运行】按钮，系统将在输出窗口中显示分析结果。双击分析结果表，弹出【模型浏览器】窗口。在该窗口的左侧部分将显示"假设检验汇总"分析表，如图 5-16 所示。

在该窗口的右侧显示了单样本卡方检验视图，其视图的上半部分显示了条形图图表，下半部分显示了单样本卡方检验信息表，如图 5-17 所示。

单击单样本卡方检验视图下方的【视图】下拉按钮，选择【分类字段信息】选项，将在视图部分显示"分类字段信息"图表，如图 5-18 所示。

图 5-16　假设检验汇总表

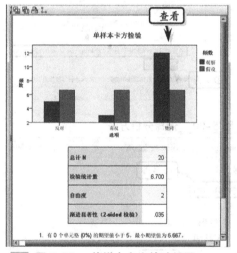

图 5-17　单样本卡方检验视图

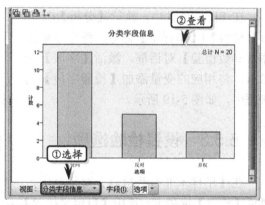

图 5-18　显示分类字段信息图表

5.5　K-S 检验

K-S 检验是根据样本数据推断总体数据是否符合指定分布的一种分析方法，是一种比卡方检验更精确的非参数分析方法，适用于探索连续型随机变量的分布。在本小节中，将详细介绍 K-S 检验的工作原理，以及在 SPSS 软件中进行 K-S 检验的基础知识与操作方法。

5.5.1　K-S 检验概述

K-S 检验是苏联数学家柯尔莫哥洛夫和斯米尔诺夫提出的一种拟合优度的非参数检验方法，主要用于检验样本观测值的分布和指定理论分布是否吻合。K-S 检验是通过两个分布之间的差异分析，来判断样本的观察结果是否来自指定的分布总体。

在 K-S 检验过程中，需要对比样本数的累积频数与理论分布的累积频数，即按绝对值计算两个分布函数之间的差值。当差值小于临界值时，表示可以接受虚无假设，其样本是来自的总体分布服从所指定的理论分布。当差值大于临界值时，表示需要拒绝虚无假设，其样本来自总体分布不服从所指定的理论分布。

K-S 检验过程中要求使用数值型变量，并可以直接使用原始数据进行检验，具有对数据使用更加完整，检验结果更精确的优点。

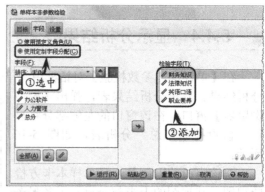

图 5-19　添加检验变量

5.5.2　添加分析变量

在 SPSS 软件中，执行【分析】|【非参数检验】|【单样本】命令，弹出【单样本非参数检验】对话框。激活【字段】选项卡，将相应的变量添加【检验字段】列表框中，如图 5-19 所示。

5.5.3　设置检验选项

在【单样本非参数检验】对话框中，激活【设置】选项卡，选中【自定义检验】选项，启用【检验观察分布和假设分布（Kolmogorov-Smirnov 检验）】复选框，并单击【选项】按钮，如图 5-20 所示。

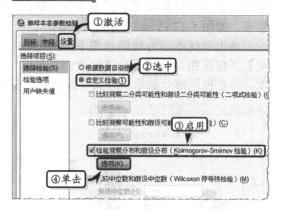

图 5-20　选择分析方法

在弹出的【Kolmogorov-Smirnov 检验选项】对话框中，设置假设分布的各项选项，如图 5-21 所示。

在【Kolmogorov-Smirnov 检验选项】对话框中，主要有下列 4 种选项：

- **正态分布**　表示检验数据的分布是否为正态分布，主要观测数据样本的均值和标准差。用户可以使用样本数据计算均值和标准差，也可

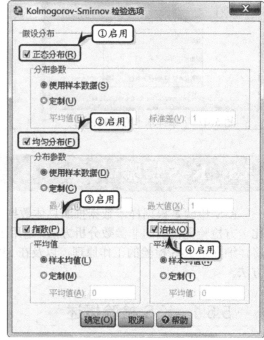

图 5-21　设置检验选项

以自定义均值与标准差。

- **均匀分布** 表示检验数据的分布是否为均匀分布，主要观测数据样本的最大值和最小值。用户可以使用样本数据计算最大值和最小值，也可以自定义最大值和最小值。
- **指数** 表示检验数据的分布是否为指数分布，主要观测数据样本的均值。用户可以使用样本数据计算均值，也可以自定义均值。
- **泊松** 表示检验数据的分布是否为泊松分布，主要观测数据样本的均值。用户可以使用样本数据计算均值，也可以自定义均值。

5.5.4 显示分析结果

在【单样本非参数检验】对话框中，单击【运行】按钮，系统将在输出窗口中显示分析结果。双击分析结果表，弹出【模型浏览器】窗口。在该窗口的左侧部分将显示"假设检验汇总"分析表，如图 5-22 所示。

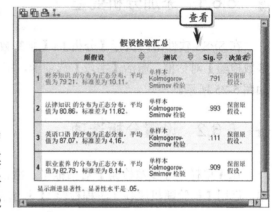

图 5-22 假设检验汇总表

在窗口的右侧显示了单样本 K-S 检验视图，其视图的上半部分显示了条形图图表，下半部分显示了单样本 K-S 检验信息表，如图 5-23 所示。

单击单样本卡方检验视图下方的【视图】下拉按钮，选择【分类字段信息】选项，将在视图部分显示"分类字段信息"图表，如图 5-24 所示。用户可以通过选择左侧汇总表中课程分析结果，来逐个查看不同考核类别下的条形图。

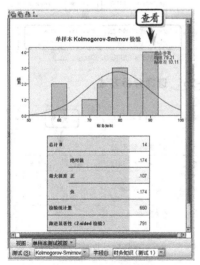

图 5-23 单样本 K-S 检验视图

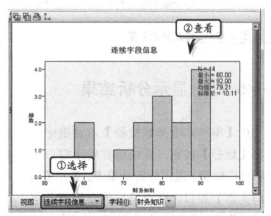

图 5-24 显示分类字段信息

5.6 Wilcoxon 符号秩检验

Wilcoxon 符号秩检验是基于样本数据秩和进行检验的一种分析方法，是对符号检验的改进与提升，该检验方法既考虑到了差值的符号，又考虑了差值大小的符号秩次，增加了其检验的精确度。在本小节中，将详细介绍 Wilcoxon 符号秩检验的分析知识与方法。

5.6.1 添加分析变量

在 SPSS 软件中，执行【分析】|【非参数检验】|【单样本】命令，弹出【单样本非参数检验】对话框。激活【字段】选项卡，将相应的变量添加到【检验字段】列表框中，如图 5-25 所示。

5.6.2 设置分析选项

在【单样本非参数检验】对话框中，激活【设置】选项卡，选中【自定义检验】选项，启用【检验随机序列（游程检验）】复选框，并将【假设中位数】设置为"5"，如图 5-26 所示。

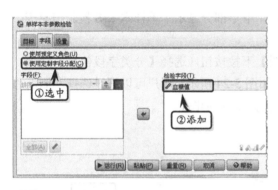

图 5-25 添加分析变量

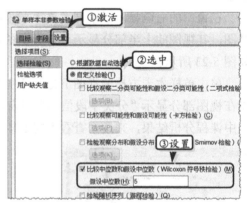

图 5-26 选择分析方法

5.6.3 显示分析结果

在【单样本非参数检验】对话框中，单击【运行】按钮，系统将在输出窗口中显示分析结果。双击分析结果表，弹出【模型浏览器】窗口。在该窗口的左侧部分将显示"假设检验汇总"分析表，如图 5-27 所示。

图 5-27 假设检验汇总表

在该窗口的右侧显示了 Wilcoxon 符号秩检验视图，其视图的上半部分显示了条形图图表，下半部分显示了 Wilcoxon 符号秩检验信息表，如图 5-28 所示。

单击视图下方的【视图】下拉按钮，选择【连续字段信息】选项，将在视图部分显示"连续字段信息"图表，如图 5-29 所示。

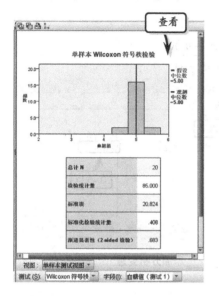
图 5-28　显示检验视图

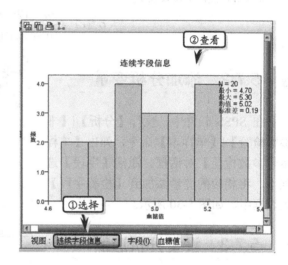
图 5-29　显示连续字段信息条形图

5.7　游程检验

在实际的统计分析过程中，由于一些样本随机性的重要程度远远大于总体参数的重要程度，所以除了需要关注数据的分布形态之外，还需要关注样本数据的随机性。但是，前面所介绍的参数检验只能统计分析数据的总体特征，无法判断数据的随机性。此时，可以使用非参数检验中的游程检验方法，来解决无法判断数据随机性的问题。

5.7.1　游程检验概述

游程检验又称连贯检验，是根据样本标志表现排列所形成的游程的多少进行判断的一种检验方法，也可以理解为二分类变量中具有多个相同取值的连续记录。

游程是一个重复出现的字符串片段，同类游程出现的次数称为游程数；而不同类游程的总和称为总游程数。例如，在进行市场调查时，将男性标注为 1，将女生标注为 0，按照调查的先后顺序进行排列，其排列数字为 111001100011000。该数据序列中可以将全为 1 或全为 0 的数据段看成一个游程，即最前面的 3 个 1 为一个游程，游程的长度为 3；随后的两个 0 为一个游程，游程的长度为 2，依此类推。该数据程序中包含 6 个游程，游程的个数以 r 进行标记，样本容量以 n 进行标记，其数据序列中为 1 的标注为 n_1，为 0 的可以标注为 n_2，则 $n_1+n_2=n$。当游程总数极少时，表示观察值内部存在一定的结构和趋势；而当游程总数极多时，则表示观察值可能受系统的短期波动所影响。因此，游程的极少或极多都充分说明了变量值的出现并不是随机的。

对于具有大样本集合的游程来讲，游程个数 r 近似服从正态分布，此时可以用正态分布的统计量来确定检验的临界值，其 r 的均值公式表现为：

$$E(r) = \frac{2n_1 n_2}{n_1 + n_2} + 1$$

而 r 的方差公式表现为：

$$\sigma^2(r) = \frac{2n_1 n_2 (2n_1 n_2 - n_1 - n_2)}{(n_1 + n_2)^2 (n_1 + n_2 - 1)}$$

5.7.2 添加分析变量

在 SPSS 软件中，执行【分析】|【非参数检验】|【单样本】命令，弹出【单样本非参数检验】对话框。激活【字段】选项卡，将相应的变量添加到【检验字段】列表框中，如图 5-30 所示。

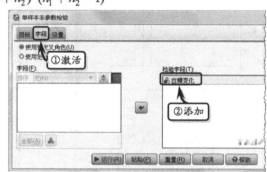

图 5-30 添加分析变量

5.7.3 设置分析选项

在【单样本非参数检验】对话框中，激活【设置】选项卡，选中【自定义检验】选项，启用【检验随机序列（游程检验）】复选框，并单击【选项】按钮，如图 5-31 所示。

在弹出的【游程检验选项】对话框中，设置相应的选项，并单击【确定】按钮，如图 5-32 所示。

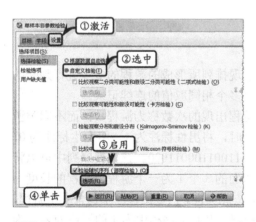

图 5-31 选择分析方法

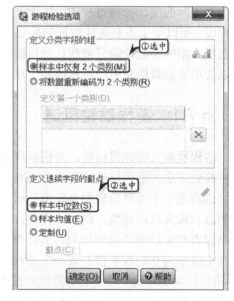

图 5-32 【游程检验选项】对话框

在【游程检验选项】对话框中，主要包括【定义分类字段的组】和【定义连续字段的割点】选项组中的选项，其具体选项的含义为：

- **样本中仅有 2 个类别**　表示使用在定义组的样本中找到的值来执行游程检验。此选项仅适用于只有两个值的名义或有序字段；如果启用了此选项，则需要在"字段"选项卡中指定的所有其他分类字段都不会检验。
- **将数据重新编码为 2 个类别**　表示使用指定以定义某个组的值列表来执行游程检验。样本中的所有其他值定义其他组。列表中的值不需要在样本中出现，但每个组中必须至少有一条记录。
- **样本中位数**　表示在样本中位数处设置割点。
- **样本均值**　表示在样本均值处设置割点。
- **定制**　表示需要用户自定义一个割点值。

5.7.4 显示分析结果

在【单样本非参数检验】对话框中，单击【运行】按钮，系统将在输出窗口中显示分析结果。双击分析结果表，弹出【模型浏览器】窗口。在该窗口的左侧部分将显示"假设检验汇总"分析表，如图 5-33 所示。

图 5-33　假设检验汇总表

在窗口的右侧显示了游程检验视图，其视图的上半部分显示了条形图图表，下半部分显示了游程检验信息表，如图 5-34 所示。

单击检验视图下方的【视图】下拉按钮，选择【分类字段信息】选项，将在视图部分显示"分类字段信息"图表，如图 5-35 所示。

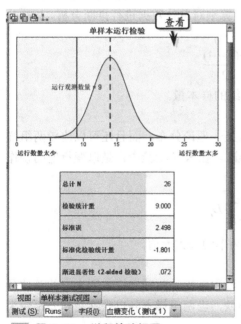

图 5-34　游程检验视图

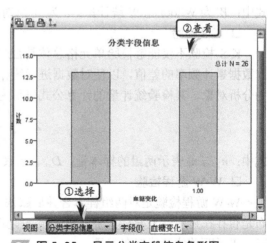

图 5-35　显示分类字段信息条形图

5.8 独立样本非参数检验

独立样本非参数检验是使用一个或多个非参数检验来识别两个或更多组间的差别，适用于不了解其分布形态且样本量较小的数据，并进行比较总体平均数差异分析。在本小节中，将详细介绍使用 SPSS 进行独立样本非参数检验的操作方法与基础知识。

5.8.1 独立样本非参数检验概述

独立样本非参数检验包括两独立样本非参数检验与多独立样本非参数检验，其中两独立样本非参数是在对总体分布形态不了解的情况下，通过对两组独立样本的分析来推断样本所来自的两个总体的分布是否存在显著性差异。而多独立样本非参数检验是通过分析多组独立样本数据，来推断样本所来自的多个总体的中位数，以及数据分布是否存在显著差异。

1．两独立样本非参数检验

SPSS 为用户提供了用于非参数检验的 Mann-Whitney U 检验、K-S 检验、W-W 游程检验、Moses 极端反应检验等量独立样本非参数检验方法，每种检验方法的具体含义如下所述。

❑ **Mann-Whitney U 检验**

Mann-Whitney U 检验方法又称为曼-惠特尼 U 检验，是曼-惠特尼提出的秩和检验法，主要用于对两总体分布的比例判断。其中，秩是变量值升序或降序排序的名次，每个变量值相对于整个变量值序列来讲都会获得唯一的名次，该名次就是变量值的秩。Mann-Whitney U 检验便是对两组样本平均秩的计算来对总体数据进行推断分析，其检验统计量的计算公式表示为：

$$U = W - \frac{n(n+1)}{2}$$

式中：W 为 Wilocxon W 统计量；n 为 W 所对应组的样本量。

❑ **K-S 检验**

K-S 检验不仅能够检验单元格总体是否服从某一理论分布，而且还可以比较两组样本数据累计频率的差值，以便对数据进行统计推断。在 K-S 检验中，是以变量值的秩作为分析对象，其检验统计量的计算公式表示为：

$$Z = \sqrt{\frac{n_1 n_2}{n_1 + n_2}} D_m$$

式中：n_1 与 n_2 表示两组的样本量；D_m 表示累计频率的最大差值。

❑ **W-W 游程检验**

W-W 游程检验是对两组样本合并后赋秩，主要用来检验两独立样本所来自的总体分布是否存在显著性差异，其游程数依赖于变量的秩，当两组样本各自秩次之和差距较大时，表示两总体可能存在差异。

❑ Moses 极端反应检验

Moses 极端反应检验是检验观测值散布范围是否存在显著性差异,并检测两独立样本来自的两总体的分布无显著差异,适用于实验条件将导致两种不同方向的极端反应。

Moses 极端反应是将一组样本作为控制组,而将另一组样本作为实验组。同时,将两组数据按照升幂排序,以控制样本作为相对比对量,检验实验样本相对于控制样本是否出现了极端反应。当实验样本出现了极端反应时,则认为两总体分布存在显著差异,反之则认为无显著差异。

2. 多独立样本非参数检验

SPSS 为用户提供了用于非参数检验的中位数检验、K-W 检验、J-T 检验等多独立样本非参数检验方法,其每种检验方法的具体含义如下所述。

❑ 中位数检验

中位数检验是比较多组独立样本的中位数是否存在显著差异,其检验过程中需符合多个独立样本来自的多个总体的中位数无显著差异的原假设。当多个总体的中位数无显著差异时,表示其中位数应该位于本组数据的中间位置上。另外,当多个总体有相同的中位数时,也表示其中位数应该位于本组数据的中间位置上。检验统计量公式表现为:

$$x^2 = \sum_{i=1}^{2}\sum_{j=1}^{k}\frac{(O_{ij}-E_{ij})^2}{E_{ij}}$$

式中:i 与 j 分别表示第 i 行与第 j 列;O_{ij} 表示第 i 行与第 j 列的实际样本数;E_{ij} 表示第 i 行与第 j 列的期望样本数。

❑ K-W 检验

K-W 检验又称为 H 检验法,是利用平均秩进行检验的方法,其实质是两独立样本的曼-惠特尼 U 检验在多个样本下的推广。K-W 检验方法的前提是假设抽样总体必须是连续的、相同的,如果各组秩的均值存在显著差异,则表示其中某些组的数值普遍偏大,而剩余数组的数值则普遍偏小,从而判断多个总体的分布具有显著性差异。反之,当各组秩的均值不存在显著差异时,则表示多个总体的分布无限制性差异。

❑ J-T 检验

J-T 检验是由 Jonckheere 和 Terpstra 提出的,又称有序选项检验,也是用于检验多个独立样本来自多个总体的分布是否存在显著差异的非参数检验方法。

在 J-T 检验过程中,当总体数据按照某种升序或降序进行排列时,则该检验效果更为有效。其检验方法与两独立样本的曼-惠特尼 U 检验类似,主要通过计算一组样本的观察值是否小于其他组样本观察值个数的方法,来对数据进行统计检验。检验统计量公式表现为:

$$J-T = \sum_{i<k} U_{ij}$$

式中:U_{ij} 表示第 i 组样本观测值小于第 j 组样本观察值的个数。

5.8.2 设置检验目标

在使用独立样本非参数检验之前,用户还需要先设置检验的目标,来完成不同数据类型与不同分析结果的分析目的。

执行【分析】|【非参数检验】|【独立样本】命令，弹出【非参数检验：两个或更多独立样本】对话框。在【目标】选项卡中，设置单样本非参数检验的目标类型，如图5-36所示。

在【目标】选项卡中，主要为用户提供了下列3种目标类型：

□ **自动比较不同组间的分布** 该目标将对具有两个组的数据应用Mann-Whitney U 检验，或对具有 k 个组的数据应用 K-W 单因素ANOVA 检验。

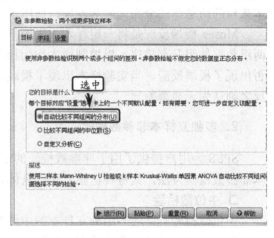

图 5-36　设置目标类型

□ **比较不同组间的中位数** 该目标使用中位数检验来比较在不同组间观察到的中位数。

□ **自定义分析** 选中该选项可以手动修改【设置】选项卡上的检验设置。选定目标不一致的选项时，系统将会自动选择该设置。

另外，当在【设置】选项卡上更改了与当前

5.8.3 设置检验字段

在【非参数检验：两个或更多独立样本】对话框中，激活【字段】选项卡，设置用于检验分析的字段，如图5-37所示。

在【字段】选项卡中，主要包括下列选项：

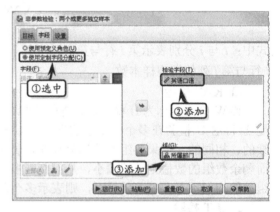

图 5-37　设置检验字段

□ **使用预定义角色** 该选项表示使用现有的字段信息，在检验过程中需要最少一个检验字段。另外，所有预定义角色为"目标"或"两者"的连续字段将用作检验字段。如果有一个具有预定义角色"输入"的分类字段，它将用作分组字段。否则，系统将默认不使用分组字段。

□ **使用定制字段分配** 该选项表示可以覆盖字段角色。选中该选项后，需要指定"检验字段"与"组"字段。

□ **组** 用于显示分类字段。

□ **检验字段** 用于显示需要制定的检验字段。默认情况下选中【使用预定义角色】选项时，将显示数据文件中所有的变量。

5.8.4 设置检验类型

在【非参数检验：两个或更多独立样本】对话框中，激活【设置】选项卡，在该选项卡中可以设置检验方法、检验选项，以及缺失值等。

1．设置检验方法

在该选项卡中的【选择项目】列表框中，选择【选择检验】选项，选择所需使用的检验方法，如图 5-38 所示。

在【选择检验】选项组中，主要包括【根据数据自动选择检验】与【自定义检验】选项。其中：

- **根据数据自动选择检验** 表示该设置将对具有两个组的数据应用 Mann-Whitney U 检验，或对具有 k 个组的数据应用 Kruskal-Wallis 单因素 ANOVA 检验。

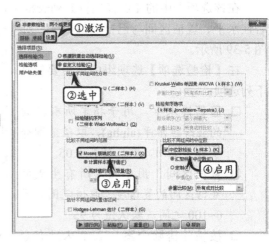

图 5-38　设置检验方法

- **自定义检验** 选中该选项后，可以在系统所提供的分析方法中选择一种方法来对数据进行指定性分析。

另外，当用户选中【自定义检验】选项时，可使用表 5-3 中的选项对数据进行分析。

表 5-3　【自定义检验】分析选项

选项	含义
Mann-Whitney U（二样本）	表示使用每个个案的秩来检验组是否抽取自同一总体。分组字段中按升序排列的第一个值定义第一个组，第二个值定义第二个组。如果分组字段有两个以上的值，则不生成此检验
Kolmogorov-Smirnov（二样本）	表示对两个分布间中位数、离散、偏度等的任何差异很敏感。如果分组字段有两个以上的值，则不生成此检验
检验随机序列（二样本 Wald-Wolfowitz）	表示生成一个以组成员关系为准则的游程检验。如果分组字段有两个以上的值，则不生成此检验
Kruskal-Wallis 单因素 ANOVA（k 样本）	为 Mann-Whitney U 检验的扩展，它也是单因素方差分析的非参数模拟。可以根据需要请求对 k 样本的多重比较
检验有序选项（k 样本 Jonckheere-Terpstra）	可作为比 Kruskal-Wallis 功能更强大的选项，但前提是 k 样本需具有自然顺序。当指定"从小到大"假设的顺序时表示第一组的位置参数不等于第二组，第二组又不等于第三组，依此类推；而当指定"从最大到最小"假设顺序时表示最后一组的位置参数不等于倒数第二组，倒数第二组又不等于倒数第三组，依此类推
Moses 极端反应（二样本）	用于检验控制组与比较组。分组字段中按升序排列的第一个值定义控制组，第二个值定义比较组。如果分组字段有两个以上的值，则不生成此检验
中位数检验（k 样本）	表示可以使用汇聚样本中位数（从数据集所有记录中计算）或自定义值作为假设中位数
Hodges-Lehman 估计（二样本）	可以为两个组的中位数差异生成一个独立样本估计和置信区间。如果分组字段有两个以上的值，则不生成此检验

2. 设置检验选项

在该选项卡中的【选择项目】列表框中，选择【检验选项】选项，设置检验时的显著性水平、置信区间与已排除的个案，如图 5-39 所示。

在【检验选项】选项组中，主要包括下列选项：

- ❑ **显著性水平** 用于指定所有检验的显著性水平(alpha)，取值范围介于 0~1 之间，默认值为 0.05。
- ❑ **置信区间** 用于指定所有生成的置信区间的置信度，取值范围介于 0~100 之间，默认值为 95。
- ❑ **按检验排除个案** 表示从所有分析中排除在任何子命令上指定的任何字段中具有缺失值的记录。
- ❑ **按列表排除个案** 表示从特定检验中排除在此检验所使用字段中具有缺失值的记录。如果在分析中指定了多个检验，将分别独立计算每个检验。

图 5-39 设置检验选项

3. 设置用户缺失值

在该选项卡中的【选择项目】列表框中，选择【用户缺失值】选项，设置分类字段的用户缺失值，如图 5-40 所示。如果需要在分析中包含记录，分类字段必须具有有效值。另外，通过【排除】或【包括】控制可以决定是否将用户缺失值在分类字段中视为有效值。系统缺失值和连续字段缺失值总是被视为无效。

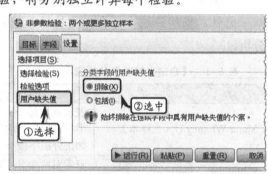

图 5-40 设置缺失值

5.9 相关样本非参数检验

相关样本非参数是在不假定样本数据呈正态分布的情况下，使用一个或多个非参数检验识别两个或更多相关字段间的差别。在本小节中，将详细介绍使用 SPSS 软件进行相关性样本非参数检验的基础知识与操作方法。

5.9.1 相关样本非参数检验概述

相关样本非参数检验适用于对研究数据进行不同的实验处理或实验处理前后效果的比较，该检验方法要求各组分析数据的样本数目相同。一般情况下，相关样本非参数检验分为两相关与多相关样本非参数检验。

1．两相关样本非参数检验

SPSS 为用户提供了用于非参数检验的 McNemar 检验、符号检验、Wilcoxon 符号秩检验等两相关样本非参数检验，其每种检验方法的具体含义，如下所述。

❑ **McNemar 检验**

McNemar 检验属于变化显著性检验，主要对比两组分类数据之间的显著差异性，适用于二分类数据。在实际应用中，当数据中的变量为非二值变量时，需先将数据转换为二值变量，然后再进行 McNemar 检验分析。另外，由于 McNemar 检验统计量分布为渐进卡方分布，所以在分析过程中往往要求样本的容量大于 100。由此可见，McNemar 检验方法具有一定的局限性。

❑ **符号检验**

符号检验与参数检验中的 T 检验方法相对应，主要通过两组配对数据差值的符号来推断总体分布是否存在显著性差异的非参数分析方法。在计算过程中，差值为正标记为正号，其差值为负则标记为负号。其计算方法是分别用一组样本的观测值减去另外一个样本的观测值，并比较正号与负号的个数，如果正负号个数的差值比较小，则认为两组配对样本的数据无显著性差异，反之亦然。

符号检验只注重配对样本中的符号差值的变化，并未注重符号差值变化的幅度，因此该检验方法对数据的利用并不充分，达不到其精确的统计分析。另外，该检验方法只适用于数据类型为等级数据或不清楚数据总体分布形态类数据进行分析。

❑ **Wilcoxon 符号秩检验**

Wilcoxon 符号秩检验是对符号检验升级检验，不仅考虑了配对数据之间符号数量的差值情况，而且还充分利用差值的大小进行推断分析。它的计算方法与符号检验方法大体相同，也是分别用一组样本的观测值减去另外一个样本的观测值，并比较正号与负号的个数。但不同之处在于，Wilcoxon 符号秩检验在比较符号数量之后，还保存了差值数据，计算按升序排列的差值变量的秩，同时计算了正号秩总和 W_+ 和负号秩和 W_-。

2．多相关样本非参数检验

SPSS 为用户提供了用于非参数检验的 Friedman 检验、Cochran Q 检验、Kendall 协同系数检验等多相关样本非参数检验，其每种检验方法的具体含义如下所述。

❑ **Friedman 检验**

Friedman 检验是利用秩对多个总体分布进行差异检验的一种方法，适宜对定距型数据的分析。在 Friedman 检验的检验过程中，先以样本或行为单位对数据进行升序排列，并通过计算出各组样本下的秩总和与平均秩。在使用 SPSS 分析数据时，系统会自动计算 Friedman 统计量和对应的概率 P 值。当概率 P 值小于给定的显著性水平时，表示各组样本的秩存在显著差异，并可推断样本是来自多个具有显著差异的总体分布，其统计量计算公式表现为：

$$x^2 = \frac{12}{bk(k+1)} \sum_{i=1}^{k}(R_i - \frac{b(k+1)^2}{2})$$

式中：k 表示样本数量；b 表示样本观测值数量；R_i 表示 i 组样本的秩总和。

❑ **Cochran Q 检验**

Cochran Q 检验是一种通过对多个配对样本的分析，来推断样本所来自的多个总体的分布是否存在显著差异的非参数分析方法，该检验方法适合于二值型数据的分析，其计算公式表现为：

$$Q = \frac{k(k-1)\sum_{j=1}^{k}(G_j - \overline{G})^2}{k\sum_{i=1}^{n}L_i - k\sum_{i=1}^{n}L_i^2}$$

式中：k 表示样本数量；n 表示为样本容量；G_j 表示 j 列中取值为 1 的个数；$\overline{G}$ 表示 G_j 的平均值；L_i 表示第 i 行取值为 1 的个数。

❑ **Kendall 协同系数检验**

Kendall 协同系数检验是一种多配对样本的非参数检验，可实现对评判者的评判标准是否是一致性的分析。例如，在进行跳水比赛时，当不同的评判者对同一选手的评分差异很大，则其结果便会存在很大的差异，如此一来比赛的评判工作也就失去了实际的意义。此时，可以利用 Kendall 协同系数检验将每个评判者的评判分数看成来自不同配对总体的样本，并通过检验计算来推断多个相关样本是否来自同一个分布的总体。

5.9.2 设置检验目标

在使用相关样本非参数检验之前，用户还需要先设置检验的目标，以完成不同数据类型与不同分析结果的分析目的。

执行【分析】|【非参数检验】|【相关样本】命令，弹出【非参数检验：两个或更多相关样本】对话框。在【目标】选项卡中，设置单样本非参数检验的目标类型，如图 5-41 所示。

在【目标】选项卡中，主要为用户提供了下列两种目标类型：

❑ **自动比较观察数据和假设数据** 表示当指定两个字段时，该目标对分类数据应用 McNemar 检验，对连续数据应用 Wilcoxon 匹配对符号秩检验；当指定超过两个字段时，则对分类数据应用 Cochran 的 Q 检验，对连续数据应用 Friedman 的按秩二因素 ANOVA 检验。

图 5-41 设置检验目标

❑ **自定义分析** 选中该选项可以手动修改"设置"选项卡上的检验设置。另外，当在"设置"选项卡上更改了与当前选定目标不一致的选项时，系统将会自动选择该设置。

5.9.3 设置检验字段

在【非参数检验：两个或更多相关样本】对话框中，激活【字段】选项卡，设置用于检验分析的字段，如图 5-42 所示。

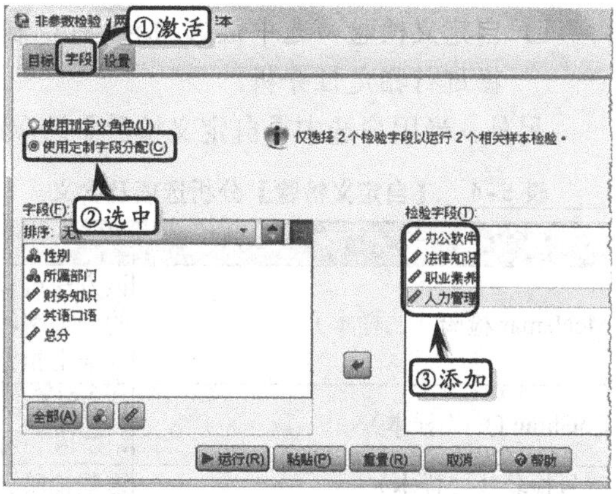

在【字段】选项卡中，主要包括下列选项：

- **使用预定义角色** 此选项使用现有的字段信息。所有预定义角色为"目标"或"两者"的字段将用作检验字段。需要至少两个检验字段。

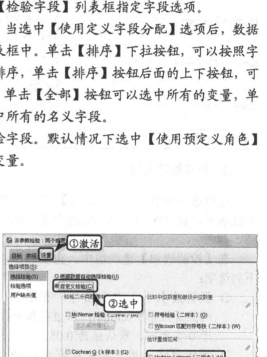

图 5-42 设置检验字段

- **使用定制字段分配** 此选项允许覆盖字段角色。选定该选项后，为【检验字段】列表框指定字段选项。
- **字段** 用于显示不参与检验的字段。当选中【使用定义字段分配】选项后，数据文件中的所有变量将都显示在该列表框中。单击【排序】下拉按钮，可以按照字母数字与测量两种方式对变量进行排序，单击【排序】按钮后面的上下按钮，可以调整所选变量的上下位置。另外，单击【全部】按钮可以选中所有的变量，单击【选择所有名义字段】按钮将选中所有的名义字段。
- **检验字段** 用于显示需要制定的检验字段。默认情况下选中【使用预定义角色】选项时，将显示数据文件中所有的变量。

5.9.4 设置检验类型

在【非参数检验：两个或更多相关样本】对话框中，激活【设置】选项卡，在该选项卡中可以设置检验方法、检验选项，以及缺失值等。

1．设置检验方法

在该选项卡中的【选择项目】列表框中，选择【选择检验】选项，选择所需使用的检验方法，如图 5-43 所示。

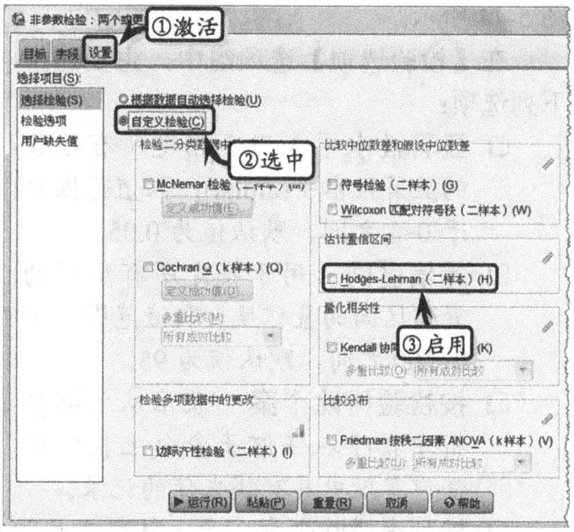

在【选择检验】选项组中，主要包括【根据数据自动选择检验】与【自定义检验】选项。其中：

- **根据数据自动选择检验** 表示当指定两个字段时，此设置对分类数

图 5-43 设置检验方法

据应用 McNemar 检验，对连续数据应用 Wilcoxon 匹配对符号秩检验；当指定超过两个字段时，则对分类数据应用 Cochran 的 Q 检验，对连续数据应用 Friedman 的按秩二因素 ANOVA 检验。

- **自定义检验** 选中该选项后，可以在系统所提供的分析方法中选择一种方法对数据进行指定性分析。

另外，当用户选中【自定义检验】选项时，可使用表 5-4 中的选项对数据进行分析。

表 5-4 【自定义检验】分析选项及含义

选 项	含 义
McNemar 检验（二样本）	该方法可以应用到分类字段，检验两个标记字段（只有两个值的分类字段）间的值组合可能性是否相同。如果在【字段】选项卡上指定两个以上的字段，将不执行此检验
CoChran Q（k 样本）	该方法可以应用到分类字段，生成一个相关样本检验，即 k 个标记字段（只有两个值的分类字段）间的值组合可能性是否相同
符号检验（二样本）	这些检验分别生成一个相关样本检验，即两个连续字段间的中位数差是否等于 0。如果在【字段】选项卡上指定两个以上的字段，将不执行这些检验
Wilcoxon 匹配对符号秩（二样本）	
Hodges-Lehman（二样本）	该方法将为两个配对连续字段间中位数差生成一个相关样本估计和置信区间。如果在【字段】选项卡上指定两个以上的字段，将不执行此检验
Kendall 协同系数（k 样本）	表示将生成对裁判员或评分员间一致性的测量，每条记录为单个裁判员对多个项目（字段）的评价
边际齐性检验（二样本）	表示生成一个相关样本检验，即两个配对有序字段间的值组合可能性是否相同。边际齐性检验通常在重复度量情况下使用。此检验是 McNemar 检验从二值响应到多项式响应的扩展
Friedman 按秩二因素 ANOVA（k 样本）	将生成一个相关样本检验，即 k 相关样本是否从同一总体中抽取

2. 设置检验选项

在该选项卡中的【选择项目】列表框中，选择【检验选项】选项，设置检验时的显著性水平、置信区间与已排除的个案，如图 5-44 所示。

在【检验选项】选项组中，主要包括下列选项：

- **显著性水平** 用于指定所有检验的显著性水平(alpha)，取值范围介于 0~1 之间，默认值为 0.05。
- **置信区间** 用于指定所有生成的置信区间的置信度，取值范围介于 0~100 之间，默认值为 95。
- **按检验排除个案** 表示从所有分析中排除在任何子命令上指定的任何字段中具有缺失值的记录。
- **按列表排除个案** 表示从特定检验中排除在此检验所使用字段中具有缺失值的记录。如果在分析中指定了多个检验，将分别独立计算每个检验。

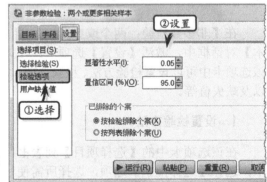

图 5-44 设置检验选项

3. 设置用户缺失值

在该选项卡中的【选择项目】列表框中，选择【用户缺失值】选项，设置分类字段的用户缺失值，如图 5-45 所示。如果需要在分析中包含记录，分类字段必须具有有效值。另外，通过【排除】或【包括】控制可以决定是否将用户缺失值在分类字段中视为有效值。系统缺失值和连续字段缺失值总是被视为无效。

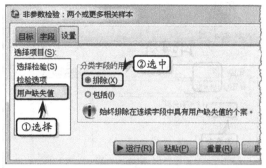

图 5-45　设置缺失值

5.10　课堂练习：分析考试成绩的差异性

已知某公司进行员工培训时的不同部门员工培训结束时的考试成绩。在本练习中，将根据不同部门员工的考试成绩，来判断每个部门员工考试总成绩之间是否存在显著性差异。由于员工的考试成绩样本量较小，而且其考试成绩总分并非按照一定规律进行呈现，以为无法了解其总体分布状态，因此在本练习中将运用独立样本非参数检验方法，来判断考试总成绩的差异性，如图 5-46 所示。

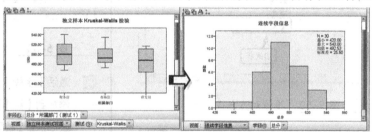

图 5-46　分析考试成绩的差异性

操作步骤

1　启用 SPSS 软件，切换到"变量视图"窗口中，在【名称】列中的第一个单元中输入"所属部门"文本，如图 5-47 所示。

图 5-47　输入变量名称

2　单击【类型】单元格中的按钮，在弹出的【变量类型】对话框中，选中【字符串】选项，如图 5-48 所示。

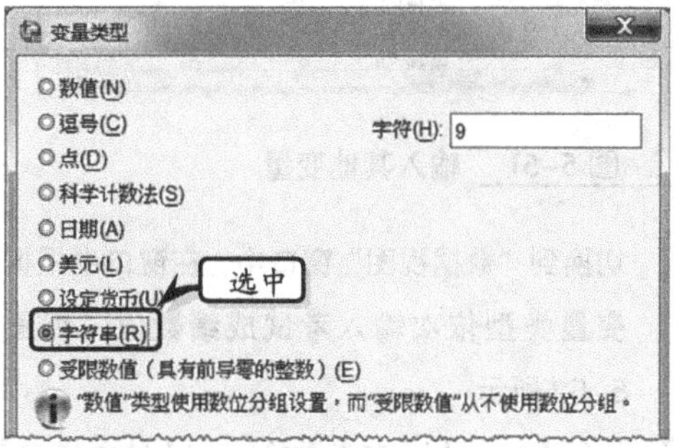

图 5-48　设置变量类型

3　单击【值】单元格中的按钮，在弹出的【值标签】对话框中，设置值标签，如图 5-49

所示。

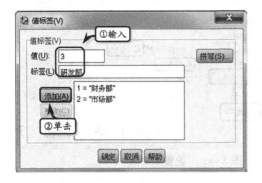

◼ 图 5-49　设置值标签

4　单击【对齐】单元格中的下拉按钮,在其列表中选择【居中】选项,如图 5-50 所示。

◼ 图 5-50　设置对齐方式

5　使用同样的方法,输入变量名称,并设置变量的小数位数与对齐方式,如图 5-51 所示。

	名称	类型	宽度	小数
1	所属部门	字符串	9	0
2	办公软件	数值(N)	12	0
3	财务知识	数值(N)	12	0
4	法律知识	数值(N)	12	0
5	英语口语	数值(N)	12	0
6	职业素养	数值(N)	12	0
7	人力管理	数值(N)	12	0
8	总分	数值(N)	8	0

◼ 图 5-51　输入其他变量

6　切换到"数据视图"窗口中,在窗口中根据变量类型依次输入考试成绩数值,如图 5-52 所示。

7　执行【分析】|【非参数检验】|【独立样本】命令,在【目标】选项卡中,选中【自动比较不同组间的分布】选项,如图 5-53 所示。

	所属部门	办公软件	财务知识	法律知识
1	1	83	89	96
2	2	90	77	76
3	3	82	61	91
4	1	70	73	60
5	2	92	80	89
6	3	80	84	95
7	1	88	60	84
8	2	83	82	73

◼ 图 5-52　输入分析数据

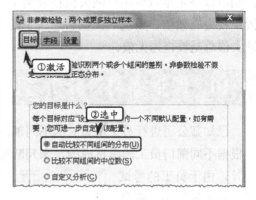

◼ 图 5-53　设置分析目标

8　激活【字段】选项卡,将"所属部门"字段添加到【组】列表框中,同时将"总分"字段添加到【检验字段】列表框中,如图 5-54 所示。

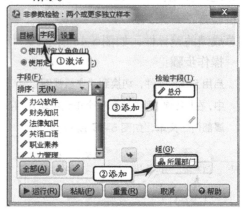

◼ 图 5-54　添加字段

9　激活【设置】选项卡,选中【根据数据自动选择检验】选项,如图 5-55 所示。

10　单击【运行】按钮,系统将自动在输出窗口中显示假设检验摘要分析结果,如图 5-56

所示。

11 双击【假设检验汇总】表,在弹出的模型浏览器中的右侧显示独立样本的检验视图,如图 5-57 所示。

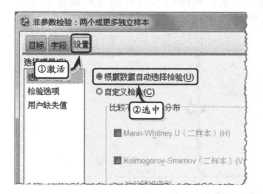

图 5-55　设置检验方法

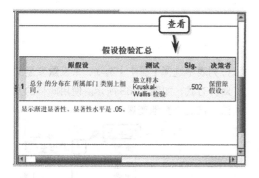

图 5-56　假设检验汇总表

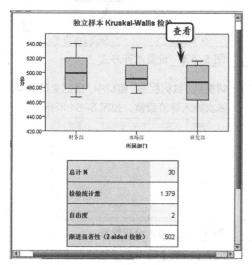

图 5-57　独立样本检验视图

分析结果：在该检验视图中主要显示了独立样本中的 K-W 箱图和检验信息表,从箱图中可以直观地看出财务部的秩均值最高,其次是市场部,秩均值最低的是研发部。在检验信息表中,可以查看用于检验的样本总体数量、检验统计量、自由度等数据信息。

12 单击检验视图下方的【视图】下拉按钮,在其下拉列表中选择【分类字段信息】选项,将在视图中显示统计数量的字段信息,如图 5-58 所示。

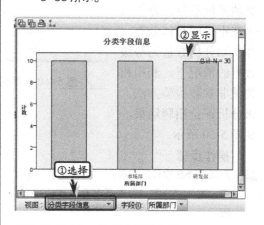

图 5-58　分类字段信息图

13 单击检验视图下方的【视图】下拉按钮,在其下拉列表中选择【连续字段信息】选项,将在视图中显示统计数量的连续字段信息,如图 5-59 所示。

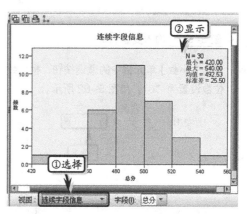

图 5-59　连续字段信息

5.11 课堂练习：评价招聘方案

某公司人力资源部正在制作下一季度的招聘方案，其部门人力资源专业设计了3个招聘方案。为获得圆满的招聘结果，人力资源部聘请了相关领导与人力资源顾问，对所设计的3个招聘方案进行了评分，其满意程度越高评分的数值就越高。针对评委对招聘方案的评价数值，分析人员在不了解总体分布，并获知分析数值为等级数据的情况下，利用相关性非参数检验方法，来分析评价招聘结果，如图5-60所示。

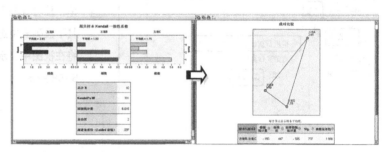

图5-60　评价招聘分析结果

操作步骤

1. 启动SPSS软件，切换到"变量视图"窗口中，输入"方案A"变量名称，如图5-61所示。

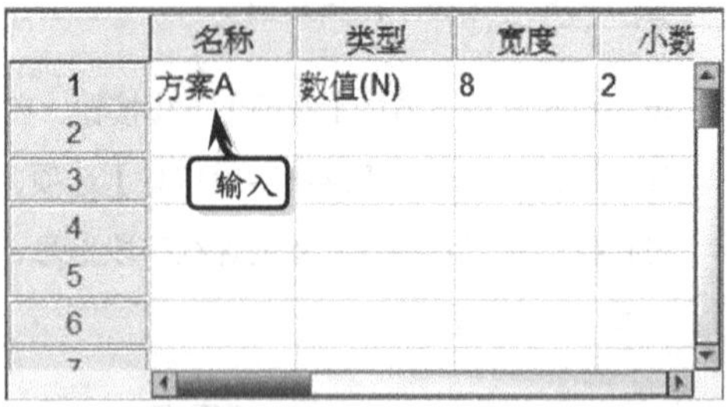

图5-61　输入变量名称

2. 单击【小数】单元格中的微调按钮，将小数位数设置为"0"，如图5-62所示。

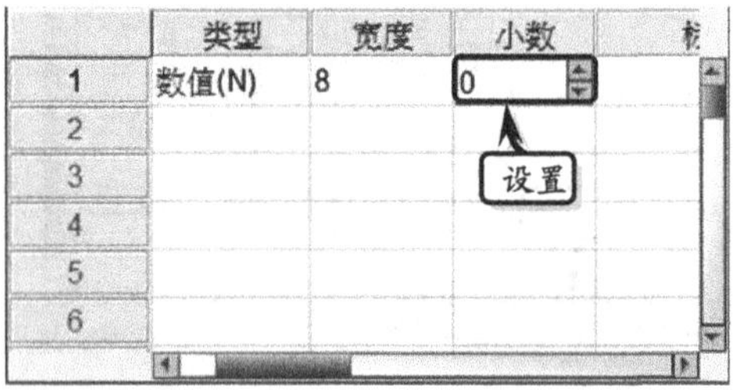

图5-62　设置小数位数

3. 单击【对齐】单元格中的下拉按钮，在其下拉列表中选择【居中】选项，来设置变量的对齐方式，如图5-63所示。使用同样的方法，自定义其他变量。

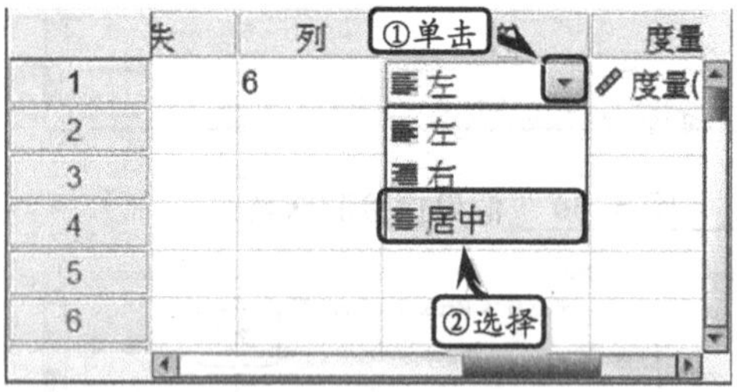

图5-63　设置对齐方式

4. 切换到"数据视图"窗口中，根据变量名称，依次输入评价数值，如图5-64所示。

图5-64　输入分析数据

5. 执行【分析】|【非参数检验】|【相关样本】命令，在【目标】选项卡中，选中【自动比较观察数据和假设数据】选项，如图5-65所示。

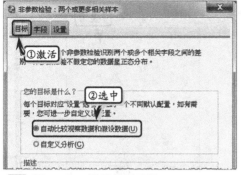

图 5-65　设置分析目标

6　激活【字段】选项卡，选中【使用定制字段分配】选项，并添加数据字段，如图 5-66 所示。

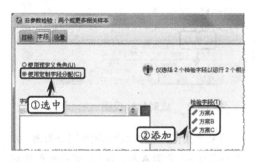

图 5-66　设置分析字段

7　激活【设置】选项卡，选中【自定义检验】选项，并启用【Kendall 协同系数（k 样本）】复选框，如图 5-67 所示。

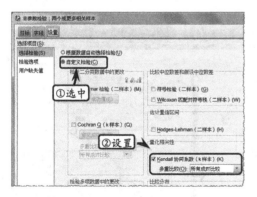

图 5-67　设置分析方法

8　单击【运行】按钮，系统将自动在输出窗口中显示分析结果，如图 5-68 所示。

分析结果：通过结果分析列表可以看出此次检验结果中 P=0.037<0.5，所以判断该数据存在显著差异。

图 5-68　显示分析结果

9　双击分析结果表，在弹出的模型浏览器的右侧，将显示分析结果中的数据的相关样本 Kendall 一致性系数视图，如图 5-69 所示。

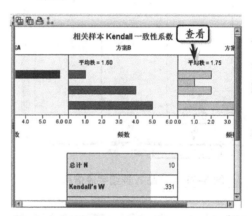

图 5-69　一致性系数视图

10　单击检验视图下方的【视图】下拉按钮，在其下拉列表中选择【连续字段信息】选项，将在视图中显示统计数量的连续字段信息，如图 5-70 所示。

11　单击视图下方的【字段】下拉按钮，在其类别中选择【方案 A】选项，可以查看方案 A 字段的连续字段信息，如图 5-71 所示。

12　单击检验视图下方的【视图】下拉按钮，在其下拉列表中选择【成对比较】选项，将在视图中显示成对比较视图，如图 5-72 所示。

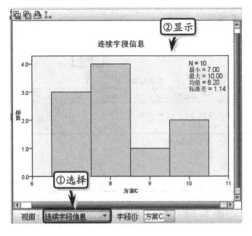

图 5-70 连续字段信息

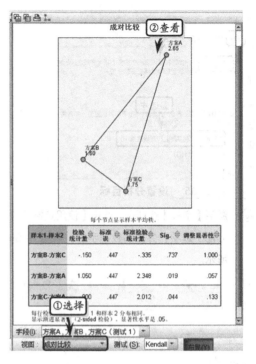

图 5-72 成对比较视图

分析结果：从成对比较视图中可以看出，方案 A 与方案 B、方案 A 与方案 C，以及方案 B 与方案 C 之间不存在显著差异。

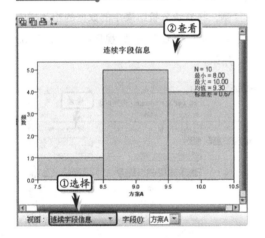

图 5-71 产品 A 连续字段信息

5.12 课堂练习：分析血糖值的合格度

随着生活水平的提高，促使越来越多的人在不知情的状态下出现隐藏性高血糖。为了研究高血糖发病的年龄与机制，某研究所对部分糖尿病的高危人群进行空腹血糖检测，并依据检测结果，运用 SPSS 中的 Wilcoxon 符号秩检验，来分析血糖的合格度，如图 5-73 所示。

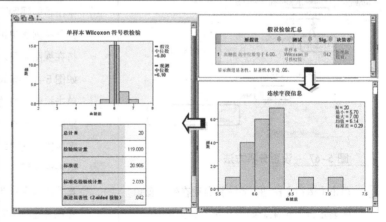

图 5-73 血糖值分析结果

操作步骤

1. 启用 SPSS 软件，切换到"变量视图"窗口中，输入变量名称，并将【小数】位数设置为"1"，如图 5-74 所示。

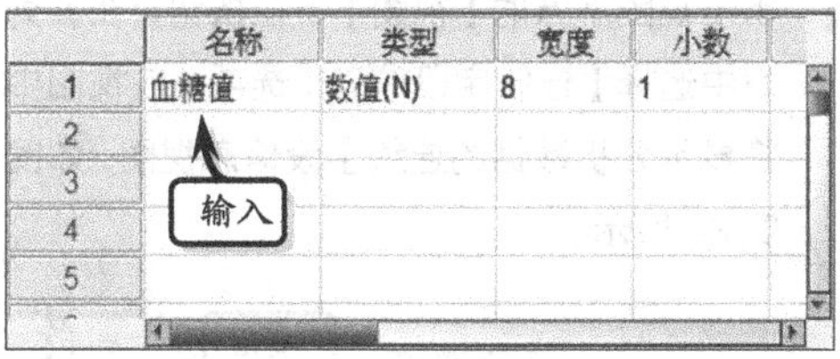

图 5-74 输入变量名称

2. 单击【对齐】单元格中的下拉按钮，在其下拉列表中选择【居中】选项，如图 5-75 所示。

图 5-75 设置对齐方式

3. 切换到"数据视图"窗口中，输入分析数据，如图 5-76 所示。

图 5-76 输入分析数据

4. 执行【分析】|【非参数检验】|【单样本】命令，在【目标】选项卡中，选中【自动比较观察数据和假设数据】选项，如图 5-77 所示。

5. 激活【字段】选项卡，选中【使用预定义角色】选项，并添加分析字段，如图 5-78 所示。

6. 激活【设置】选项卡，选中【自定义检验】选项，同时启用【比较中位数和假设中位数（Wilcoxon 符号秩检验）】复选框，并将【假设中位数】选项设置为"6"，如图 5-79 所示。

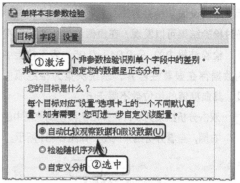

图 5-77 设置分析目标

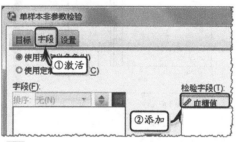

图 5-78 添加分析字段

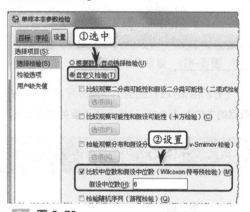

图 5-79 设置分析方法

7. 单击【运行】按钮，系统将自动在输出窗口中显示分析结果，如图 5-80 所示。

图 5-80 显示分析结果

分析结果：在"假设检验汇总"表中主要显示了原假设值、检验方法、显著性与决策结果。通过检验结果可以发现，在原假设值为 6 的情况下，检验结果中的 $P=0.042<0.05$，表示检验中的数据存在显著性差异，系统决策为拒绝原假设，其血糖值的中位数不等于 6。

8　双击分析结果列表，在弹出的模型浏览器中的右侧，查看分析结果视图，如图 5-81 所示。

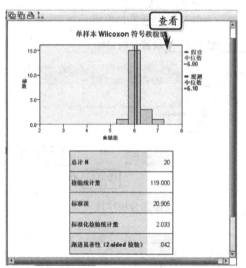

▲ 图 5-81　显示分析视图

分析结果：在视图的上半部分可以看出分析数据的中位数为 6.1，该值大于设置的中位数 6，从而可以确定抽检者中大部分血糖是偏高的。另外，在视图的下半部分可以查看检验的总人数，以及检验统计量、标准误、标准化检验统计量等检验信息。

9　单击视图下方的【视图】下拉按钮，在其列表中选择【连续字段信息】选项，在视图中将显示分析数据的连续字段信息视图，如图 5-82 所示。

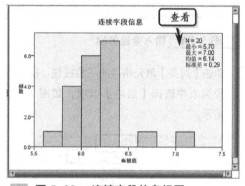

▲ 图 5-82　连续字段信息视图

分析结果：在该视图中，主要显示了各类别血糖值频数的直方图。从直方图中可以查看血糖的最小值、最大值、均值与标准差。

5.13　思考与练习

一、填空题

1．非参数检验又称为_____检验，是一种不依赖于特定的_____、不涉及有关_____的参数，而是对_____所代表的_____进行检验的一种分析方法。

2．非参数检验是需要根据数据的_____、_____进行转换分析，所以其检验结果的灵敏性比较低。

3．二项式检验是指涉及_____变量，并在每次检验中只出现_____种结果的一种非参数检验分析方法。

4．卡方检验是一种_____分布，分布曲线的倾斜程度是随着_____的改变而改变。_____越小，分布曲线的形态越倾斜，反之亦然。

5．K-S 检验过程中要求使用_____变量，并可以直接使用_____进行检验，具有对数据使用更加完整，检验结果更加精确的优点。

二、选择题

1．下列选项中，属于单样本二项式检验的分布公式的为_____。

A. $x^2 = \sum_{i=1}^{k} \dfrac{(f_o - f_e)^2}{f_e}$

B. $P(X = K) = C_n^k P^k Q^{n-k} (K = 0,1,2,\cdots,n)$

C. $E(r) = \dfrac{2n_1 n_2}{n_1 + n_2} + 1$

D. $Z = \sqrt{\dfrac{n_1 n_2}{n_1 + n_2}} D_m$

2．独立样本非参数检验包括两独立样本非参数检验与多独立样本非参数检验，下列选项中不属于两独立样本非参数的检验方法为_____。

A．Mann-Whitney U 检验

B．K-S 检验

C．Moses 极端反应检验

D．中位数检验

3．相关样本非参数检验分为两相关与多相关样本非参数检验，下列选项中不属于两相关样本非参数的检验方法为_____。

A．MeNemar 检验

B．符号检验

C．Wilcoxon 符号秩检验

D．Cochran Q 检验

4．对于二项式单样本非参数检验，下列选项中描述错误的一项为_____。

A．二项式检验是一种用来检验样本是否来自参数为（n，p）的二项分布总体的一种分析方法

B．二项式检验要求其检验数据必须为数值型的二元变量

C．二项分布中只有两种可能的结果

D．二项式分布是一种正偏态分布

5．参数检验对检验总体的要求比较严格，而非参数检验对数据的假设要求比较低，下列对参数与非参数检验描述正确的一项为_____。

A．参数检验结果的灵敏度比较低，而非参数检验结果的灵敏度比较高

B．参数检验的对象为总体参数，而非参数检验的对象为总体分布和参数

C．参数检验的总体分布为正太分布，而非参数检验的总体分布为非整体分布数据

D．参数检验的数据类型为连续数据，而非参数检验的数据类型为连续或离散数据

三、问答题

1．什么是卡方检验？

2．如何运用 K-S 检验方法分析数据？

3．什么是 K-W 检验？如何运用 K-W 检验方法分析数据？

4．相关非参数样本检验方法中包括哪几种方法？

5．如何使用 W-W 游程检验方法分析数据？

四、上机练习

1．分析考试成绩的及格率

本练习将运用二项式检验分析方法，来分析学生考试中的及格率，如图 5-83 所示。在本练习中，首先自定义变量，并输入分析基础数据。然后，执行【分析】|【非参数检验】|【单样本】命令。在【字段】选项卡中，添加需要分析的字段。最后，在【设置】选项卡中，启用【比较观察可能性和假设可能性（卡方检验）】复选框，并单击【运行】按钮。

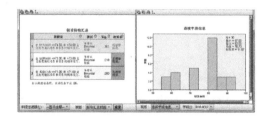

图 5-83 分析考试成绩的及格率

2．分析考试成绩的分布形态

本练习使用单样本非参数检验中的 K-S 检验方法，来分析学生考试数据的分布形态，如图 5-84 所示。在本实例中，首先自定义变量并输入基础分析数据。然后，执行【分析】|【非参数检验】|【单样本】命令，在【字段】选项卡中设置

分析字段。最后，在【设置】选项卡中，启用【检验观察分布和假设分布（Kolmogorov-Smirnov）】复选框，并单击【选项】按钮。在弹出的【Kolmogorov-Smirnov 检验选项】对话框中，启用【正态分布】复选框，单击【确定】按钮之后，单击【运行】按钮即可。

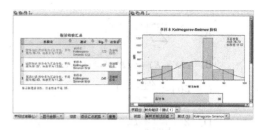

图 5-84　制作光盘封面

第 6 章

方差分析

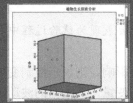 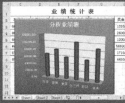 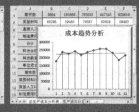 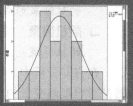

方差分析是由英国统计学家 R.A.Fister 提出的,是一种在实践中被广泛引用的统计方法,也是线性回归的一种延续。使用方差分析,可以对两组以上的数据进行差异性分析,有助于分析者从不同的角度发现数据的内在规律性,被广泛应用到农业、商业、医学、社会学、经济学等诸多领域的数量分析研究中。在本章中,将依据方差分析的基础理论,详细介绍实验 SPSS 软件对数据进行方差分析的基础操作。

本章学习目标:

➤ 单因素方差分析
➤ 多因素方差分析
➤ 多元方差分析
➤ 协方差分析
➤ 重复测量的双因素方差分析

6.1 方差分析概述

方差分析又称为"变异数分析",可以分析两个及两个以上样本均数差别的显著性检验,是一种利用试验获取数据并进行分析的统计方法。另外,方差分析能够运用 F 检验来解决 T 检验与 Z 检验无法解决的问题,所以又被称为"F 检验"。

6.1.1 方差分析的因素

方差分析是检测变异原因的数量分析,是从观测量的方差入手的一种分析方法,实际上是关于检测变异原因的数量分析。方差分析的实际思路是通过对各个控制变量的不同水平,以及各水平交互搭配对观测变量存在显著性影响的分析过程。

在实际分析过程中,由于受到各种因素的影响,方差分析得到的数据会呈现波动状。而影响分析数据呈现波动状现象的各种因素主要分为可控因素与随机因素,其中:

- **可控因素** 可控因素可以理解为控制因素(控制变量),是在研究分析中所施加的对结果形成影响的一种可控因素。
- **随机因素** 随机因素(随机变量)为不可控的随机因素,主要表现为试验过程中的抽样误差。

在方差分析中,当控制变量的不同水平对观测变量产生了显著影响,则表示控制变量是影响观测变量的主要因素;反之,则表示控制变量未影响观测变量,其数据的波动主要是由随机变量造成的。综上所述,可以理解为方差分析是通过推断控制变量影响观测变量的总体分布是否存在显著性差异来实现的分析方法。

6.1.2 方差分析的假设条件

在进行方差分析时,为了保证分析结果的准确性,还需要考虑一下分析数据是否满足方差分析的假设条件。一般情况下,方差分析包括总体正态分布性、齐效性与相互独立性 3 种假设条件。

1. 总体正态分布性

方差分析要求分析的观测变量各总体呈现正态分布,在检验过程中如发现观测变量各总体为非正态分布时,系统需要自动将观测变量各总体转换为接近正态分布的总体。只有转换后的观测变量各总体接近为正态分布,或原始观测变量各总体为正态分布时,系统才进行方差分析检验,否则只能进行非参数检验。

2. 齐效性

方差分析中的齐效性表示观测变量各总体的方差应具有相同性,也就是说观测量各总体之间是否适合比较分析。当观测变量各总体的方差为齐性时,表示观测变量各总体分布是相同的,若检验后的观测变量各总体的均值存在显著差异,则表明是由观测变量各总体中的自变量不同而造成的。另外,当观测变量各总体的方差为非齐性时,若检验后的观测变量各总体的均值存在显著差异，则无法表明是由观测变量各总体中的自变量而造成的，也可能是由观测变量各总体的不同分布所造成的。

3．相互独立性

方差分析中的相互独立性表示样本中的个体的值是相互独立的，也就是个体的值在两次观测中不应该存在关联性，否则可能会出现无法解析的输出结果。

6.1.3 方差分析的基本流程

方差分析是对数据变异量的分析，一般包括设定假设、方差齐性检验、计算变异量、自由度检验、F 值检验等过程。

1．设定假设

方差分析中的假设可以设定为原假设 H_0 和备选假设 H_1，其检验过程是对原假设的结果进行判断，只有当原假设被推翻后才可以接受备选假设。其表达方式为：

- H_0 当检验过程中表示自变量对因变量未产生影响，其表达公式为：
  $\mu_1 = \mu_2 = \mu_3 = \cdots = \mu_n$
- H_1 在检验过程中表示自变量对因变量产生了影响。

2．方差齐性检验

方差分析中的重要的前提条件是观测变量各总体呈现正态分布，所以在分析的首要步骤便是检验观察变量是否满足方差的齐性要求。一般情况下，可以使用哈特莱方法来检验观察变量的齐性检验。其中，哈特莱方法中首先需要计算数观测变量各总体的方差，然后用观测变量各总体中最大方差值除以最小方差值，并将其结果与 F 值中的临界值进行对比，当 $F_m < F_{m(0.05)}$ 时，则表示观测变量满足齐性检验。

3．计算变异量

方差在分析过程中可以将总变异量分解为由自由量引起的变异和由误差因素引起的变异，也就是方差的可分解性。其中，当 SS 表示离差平方和，SS_t 表示总变异，SS_b 表示由自变量引起的组间变异，SS_w 表示由误差引起的组内变异，其方差的分解关系式表现为：

$$SS_t = SS_w + SS_b$$

其中，变异量的计算公式表现为：

$$SS = \sum_{i=1}^{n} X_i^2 - \frac{(\sum_{i=1}^{n} X_i)^2}{n}$$

式中：$\sum_{i=1}^{n} X_i^2$ 表示一组观测变量的平方和；$(\sum_{i=1}^{n} X_i)^2$ 表示该组观测变量和的平方；n 表示该组观测变量的个数。

而总变异量的计算公式表现为：

$$SS_t = \sum_{i=1}^{n}\sum_{j=1}^{k}X_{ij}^2 - \frac{(\sum_{i=1}^{n}\sum_{j=1}^{k}X_{ij})^2}{nk}$$

式中：$\sum_{i=1}^{n}\sum_{j=1}^{k}X_{ij}^2$ 表示所有观测变量的平方和；$(\sum_{i=1}^{n}\sum_{j=1}^{k}X_{ij})^2$ 表示所有观测变量和的平方；nk 表示观测量的个数。

组内变异量的计算公式表现为：

$$SS_w = \sum_{i=1}^{n}\sum_{j=1}^{k}X_{ij}^2 - \frac{\sum_{j=1}^{k}(\sum_{i=1}^{n}X_{ij})^2}{n}$$

式中：$(\sum_{i=1}^{n}X_{ij})^2$ 表示第 j 个组内观测变量和的平方；$\sum_{j=1}^{k}(\sum_{i=1}^{n}X_{ij})^2$ 表示将 j 个组中的 $(\sum_{i=1}^{n}X_{ij})^2$ 值累加；n 代表第 j 个组内观测变量的个数。

组间变异量的计算公式表现为：

$$SS_b = \frac{\sum_{j=1}^{k}(\sum_{i=1}^{n}X_{ij})^2}{n} - \frac{(\sum_{i=1}^{n}\sum_{j=1}^{k}X_{ij})^2}{nk}$$

4．自由度分解

自由度分解包括总变异、组内变异与组间变异的自由度，其中：
- **总变异自由度**　该自由度值等于观测的总个数减 1，其公式表示为 $df_t = nk - 1$
- **组内变异自由度**　组内变异自由度为处理个数减 1，其公式表示为 $df_d = k - 1$
- **组间变异自由度**　该自由度值等于观测的总个数减 k，其公式表示为 $df_w = k(n-1)$

提示
公式中的 n 表示组内的观测变量数，而 k 表示组的个数。

5．F 值检验

F 值检验是组间方差与组内方差的比值，其计算公式表现为：

$$F = \frac{MS_b}{MS_w}$$

式中：MS_b 表示组间方差；MS_w 表示组内方差。

另外，组间方差的计算公式表现为：

$$MS_b = \frac{SS_b}{df_b}$$

组内方差的计算公式表现为：

$$MS_w = \frac{SS_w}{df_w}$$

6.2 单因素方差分析

单因素方差又成为一维方差分析,主要用于随机设计中的多个样本均值间的比较,还可以进一步用于因变量均值的多重比较。在本小节中,将详细介绍使用 SPSS 软件,对数据进行单因素方差分析的操作技巧与方法。

6.2.1 单因素方差概述

单因素方差分析主要是研究单个因素对观测变量的影响,也可以理解为是研究一个大于或等于两个处理水平的自变量对因变量影响的分析方法。在进行单因素方差分析之前,还需要调整分析数据,使其具有正态分布性、方差齐性,以及各个观测值之间具有相互独立性,否则系统将无法显示正确的分析结果。另外,在使用 SPSS 软件进行单因素方差分析时,还需要注意因变量的取值需为整数型数据,而分析变量需为数值型数据。

在进行单因素方差分析时,首先需要明确数据中的观测变量与控制变量;然后,根据计算公式计算观测变量的方差;最后,需要根据比较观测变量平方和与各部分的比例,来推断控制变量是否明显地影响到了观测变量。

6.2.2 正态分布检验

在进行单因素方差检验之前,还需要为数据设置正态分布检验,以判读数据是否满足单因素方差分析的前提条件。

1. 添加变量

在 SPSS 软件中分别自定义分析变量与数据,执行【分析】|【非参数检验】|【旧对话框】|【1-样本 K-S(1)】命令。在弹出的【单样本 Kolmogorov-Smirnov 检验】对话框中,将"成绩"变量添加到【检验变量列表】列表框中,如图 6-1 所示。

> **提 示**
> 在【单样本 Kolmogorov-Smirnov 检验】对话框中,单击【精确】按钮可以在弹出的对话框中设置检验的精确度。

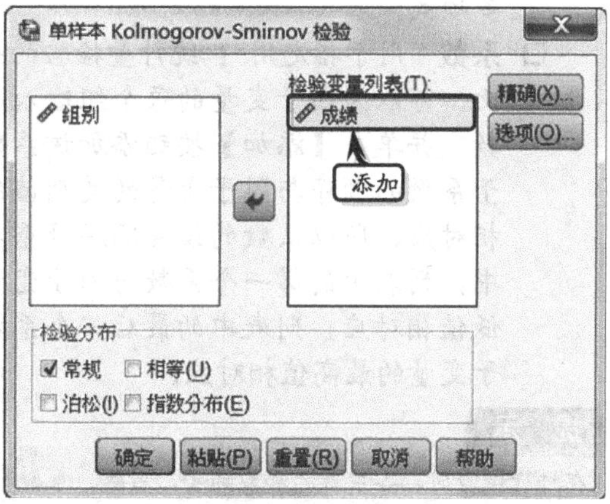

2. 显示分析结果

在【单样本 Kolmogorov-Smirnov 检验】对话框中,单击【确定】按钮,系统会在输出窗口中显示分析结果,如图 6-2 所示。

图 6-1 添加变量

通过图 6-2 中的数据可以发现 $Z=0.593$，$P=0.873>0.05$，属于正态分布，可以进行单因素方差分析。

6.2.3 设置对比方式

执行【分析】|【比较均值】|【单因素 ANOVA】命令，弹出【单因素方差分析】对话框。将"成绩"变量添加到【因变量列表】列表框中，同时将"组别"添加到【因子】列表框中，如图 6-3 所示。

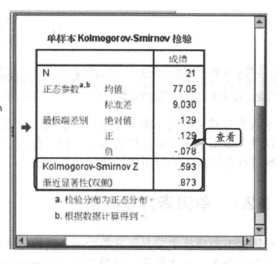

图 6-2 显示分析结果

添加完分析变量之后，单击【对比】按钮，可在弹出的【单因素 ANOVA:对比】对话框中，设置组间平方和划分成趋势成分，或者指定先验对比，如图 6-4 所示。

在【单因素 ANOVA:对比】对话框中，主要包括下列选项：

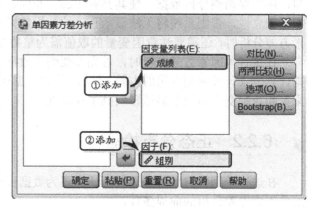

图 6-3 添加分析变量

- **多项式** 表示将组间平方和划分成趋势成分，主要用于检验因变量在因子变量的各顺序水平间的趋势。
- **度** 可以选择线性、二次项、立方、四次项和五次项等度，也就是可以选择为 1 度、2 度、3 度、4 度或 5 度多项式。
- **系数** 用于指定用 T 统计量检验的先验对比。可以为因子变量的每个组输入一个系数，并单击【添加】按钮添加该系数。由于系数的顺序与因子变量的类别值的升序相对应，所以系数的设置顺序很重要。其中，列表中的第一个系数与因子变量的最低值相对应，列表中的最后一个系数与因子变量的最高值相对应。

> **提示**
> 在进行检验时，各系数的和应为 0。当然，系数和不为 0 的集也可以使用，只不过系统会弹出警告信息。

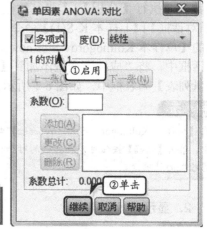

图 6-4 【单因素 ANOVA:对比】对话框

6.2.4 设置方差齐性

在【单因素方差分析】对话框中，单击【两两比较】按钮，弹出【单因素 ANOVA：两两比较】对话框，在该对话框中，主要包括假定和未假定方差齐性选项组，用于指定事后检验的方法，如图 6-5 所示。

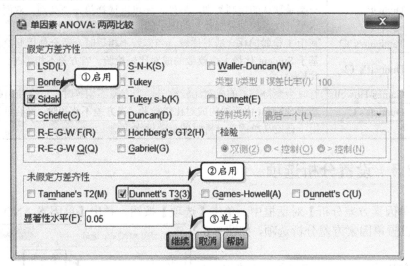

图 6-5 【单因素 ANOVA:两两比较】对话框

在【单因素 ANOVA:两两比较】对话框中的各选项的具体含义，如表 6-1 所示。

表 6-1 【单因素 ANOVA:两两比较】对话框的选项及含义

选项组	选项	含义
假定方差齐性	LSD	表示可以使用 T 检验执行组均值之间的所有成对比较。对多个比较的误差率不做调整
	Bonferroni	表示可以使用 T 检验在组均值之间执行成对比较，但通过将每次检验的错误率设置为实验性质的错误率除以检验总数来控制总体误差率
	Sidak	表示可以基于 T 统计量的成对多重比较检验。Sidak 调整多重比较的显著性水平，并提供比 Bonferroni 更严密的边界
	Scheffe	表示为均值的所有可能的成对组合执行并发的联合成对比较。使用 F 取样分布。可用来检查组均值的所有可能的线性组合，而非仅限于成对组合
	R-E-G-W F	表示基于 F 检验的 Ryan-Einot-Gabriel-Welsch 多步进过程
	R-E-G-W Q	表示基于学生化范围的 Ryan-Einot-Gabriel-Welsch 多步进过程
	S-N-K	表示可以使用步进式过程比较具有相同样本大小的同类子集内的均值对。均值按从高到低排序，首先检验极端差分
	Tukey	表示可以使用 Student 化的范围统计量进行组间所有成对比较。将试验误差率设置为所有成对比较的集合的误差率
	Tukey s-b	表示使用 Student 化的范围分布在组之间进行成对比较。临界值是 Tukey's 真实显著性差异检验的对应值与 Student-Newman-Keuls 的平均数
	Duncan	表示使用与 Student-Newman-Keuls 检验所使用的完全一样的逐步顺序成对比较，但要为检验的集合的错误率设置保护水平，而不是为单个检验的错误率设置保护水平
	Hochberg's GT2	表示使用 Student 化最大模数的多重比较和范围检验。与 Tukey's 真实显著性差异检验相似

续表

选项组	选项	含义
假定方差齐性	Gabriel	表示使用 Student 化最大模数的成对比较检验,并且当单元格大小不相等时,它通常比 Hochberg's GT2 更为强大。当单元大小变化过大时,Gabriel 检验可能会变得随意
	Waller-Duncan	表示基于 T 统计的多比较检验;使用 Bayesian 方法
	Dunnett	可以将一组处理与单个控制均值进行比较的成对多重比较 T 检验。最后一类是默认的控制类别。另外,还可以选择第一个类别,双面检验任何水平(除了控制类别外)的因子的均值是否不等于控制类别的均值
未假定方差齐性	Tamhane's T2	基于 T 检验的保守成对比较。当方差不相等时,适合使用此检验
	Dunnett's T3	基于 Student 化最大值模数的成对比较检验。当方差不相等时,适合使用此检验
	Games-Howell	有时会变得随意的成对比较检验。当方差不相等时,适合使用此检验
	Dunnett's C	基于 Student 化范围的成对比较检验。当方差不相等时,适合使用此检验
显著性水平		用于自定义单因素分析时的显著性水平值

6.2.5 设置分析选项

在【单因素方差分析】对话框中,单击【选项】按钮,弹出【单因素 ANOVA:选项】对话框,设置单因素方差分析选项,如图 6-6 所示。

在【单因素 ANOVA:选项】对话框中,主要包括下列选项:

- **描述性** 用于计算每组中每个因变量的个案数、均值、标准差、均值的标准误、最小值、最大值和 95%置信区间。
- **固定和随机效果** 用于显示固定效应模型的标准差、标准误和 95%置信区间,以及随机效应模型的标准误、95%置信区间和成分间方差估计。
- **方差同质性检验** 用于计算 Levene 统计量以检验组方差是否相等。该检验独立于正态的假设。

图 6-6 【单因素 ANOVA:选项】对话框

- **Brown-Forsythe** 用于计算 Brown-Forsythe 统计量以检验组均值是否相等。当方差相等的假设不成立时,这种统计量优于 F 统计量。
- **Welch** 用于计算 Welch 统计量以检验组均值是否相等。当方差相等的假设不成立时,这种统计量优于 F 统计量。
- **均值图** 用于显示一个绘制子组均值的图表(每组的均值由因子变量的值定义)。
- **按分析顺序排除个案** 表示给定分析中的因变量或因子变量有缺失值的个案不用于该分析。而且,也不使用超出为因子变量指定的范围的个案。
- **按列表排除个案** 表示因子变量有缺失值的个案,或包括在主对话框中的因变量列表上的任何因变量的值缺失的个案都排除在所有分析之外。如果尚未指定多个因变量，那么这个选项不起作用。

6.2.6 设置附加选项

在【单因素方差分析】对话框中，单击【Bootstrap】按钮，在弹出的【Bootstrap】对话框中设置相应的选项即可，如图 6-7 所示。

在【Bootstrap】对话框中，启用【执行 bootstrap】选项，使 Bootstrap 各选项处于可用状态。各选项的具体功能如下所述：

- **样本数** 可通过在文本框中指定一个正整数的方法，来设置 Bootstrap 执行时所需要的样本个数。而当用户需要生成的百分位数和 BCa 区间时，至少需要 1000 个 Bootstrap 样本。取值范围介于 0~2147483647 之间的整数。
- **设置 Mersenne Twister 种子** 启用该复选框，可以允许用户复制分析，另外所设置种子会保留随机数生成器的当前状态并分析完成后恢复该状态。取值范围介于 1~2000000000 之间。
- **置信区间** 指定一个大于 50 且小于 100 的置信水平。其中，"百分位"选项表示简单地使用对应于所

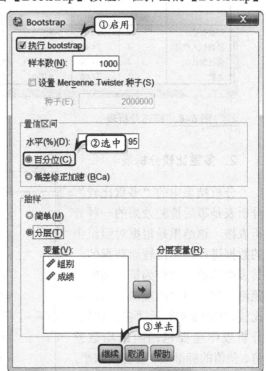

图 6-7 【Bootstrap】对话框

需置信区间百分位数的有序 Bootstrap 值。而"偏差修正加速（BCa）"选项表示该区间为调整区间，分析比较准确，但运算时间比较长。

- **抽样** 在该选项组中主要包括"简单"与"分层"两种选项，其中"简单"选项表示为通过放回方式从原始数据集进行个案重新取样。而"分层"选项表示为通过放回方式从原始数据集进行个案重新取样，但在层次变量的交叉分类定义的层内。如果层中的单元相对均一，且不同层间的单元相差较大，则分层 Bootstrap 抽样非常有用。

6.2.7 显示分析结果

在【单因素方差分析】对话框中，单击【确定】按钮，系统将自动在输出窗口中显示分析结果。其分析结果主要包括描述分析表、方差齐性检验分析表、单因素方差分析表、多重比较分析表，以及均值图等内容。

1. 描述分析表

在"描述"分析表中主要显示了观测量的组别、观测量个数、均值、标准差、标准

误、均值的置信区间，以及极小与极大值，如图 6-8 所示。通过该分析表，可以大体了解观测变量的详细情况。

描述

成绩

	N	均值	标准差	标准误	均值的 95% 置信区间		极小值	极大值
					下限	上限		
不做作业	7	69.57	6.133	2.318	63.90	75.24	63	80
抄袭他人作业	7	74.43	4.429	1.674	70.33	78.53	70	82
自己做作业	7	87.14	4.741	1.792	82.76	91.53	80	93
总数	21	77.05	9.030	1.971	72.94	81.16	63	93

图 6-8　描述分析表

2. 多重比较分析表

分析结果中的"多重比较"分析表是事后检验效果的一种分析表格，该结果是根据对照组中的数据进行两两比较而获得的，其表中的第三列作为第二列的对照组与第二列中的观测变量进行比较，如图 6-9 所示。"多重比较"分析表中主要包括两组均数差值、差值的标准误、显著性水平，以及差值的置信区间。

多重比较

因变量: 成绩

	(I) 组别	(J) 组别	均值差 (I-J)	标准误	显著性	95% 置信区间	
						下限	上限
Tukey HSD	不做作业	抄袭他人作业	-4.857	2.755	.210	-11.89	2.17
		自己做作业	-17.571*	2.755	.000	-24.60	-10.54
	抄袭他人作业	不做作业	4.857	2.755	.210	-2.17	11.89
		自己做作业	-12.714*	2.755	.001	-19.75	-5.68
	自己做作业	不做作业	17.571*	2.755	.000	10.54	24.60
		抄袭他人作业	12.714*	2.755	.001	5.68	19.75
LSD	不做作业	抄袭他人作业	-4.857	2.755	.095	-10.65	.93
		自己做作业	-17.571*	2.755	.000	-23.36	-11.78
	抄袭他人作业	不做作业	4.857	2.755	.095	-.93	10.65
		自己做作业	-12.714*	2.755	.000	-18.50	-6.93
	自己做作业	不做作业	17.571*	2.755	.000	11.78	23.36
		抄袭他人作业	12.714*	2.755	.000	6.93	18.50
Bonferroni	不做作业	抄袭他人作业	-4.857	2.755	.285	-12.13	2.41
		自己做作业	-17.571*	2.755	.000	-24.84	-10.30
	抄袭他人作业	不做作业	4.857	2.755	.285	-2.41	12.13
		自己做作业	-12.714*	2.755	.001	-19.99	-5.44
	自己做作业	不做作业	17.571*	2.755	.000	10.30	24.84
		抄袭他人作业	12.714*	2.755	.001	5.44	19.99

*. 均值差的显著性水平为 0.05.

图 6-9　"多重比较"分析表

3. 方差齐性检验分析表

在"方差齐性检验"分析表中，主要显示了显著性水平 P 值，如图 6-10 所示。通过分析表可以发现其 $P=0.664>0.05$，表示方差具有齐性检验，可以进行单因素方差分析。

方差齐性检验

成绩

Levene 统计量	df1	df2	显著性
.419	2	18	.664

图 6-10　方差齐性检验

4. 单因素方差分析表

在"单因素方差分析"表中，主要显示了变异来源、平方和、自由度（df）、均方、F 比率与显著性分析值，如图 6-11 所示。通过该分析表可以发现方差分析结果 $F=21.690$，显著性水平 $P \leq$

单因素方差分析

成绩

	平方和	df	均方	F	显著性
组间	1152.667	2	576.333	21.690	.000
组内	478.286	18	26.571		
总数	1630.952	20			

图 6-11　单因素方差分析

0.001，表示其观测量达到的极其显著水平，可以选择备选假设。另外，由于其显著性差异比较明显，还需要查看事后分析结果，以作出正确的判断。

5．均值图

在分析结果中，除了显示各种分析报表之外，还使用图表功能显示了自变量和因变量之间的关系，如图6-12所示。通过该图可以发现，随着自变量水平的变化，各个因变量之间也会发生微妙的变化。

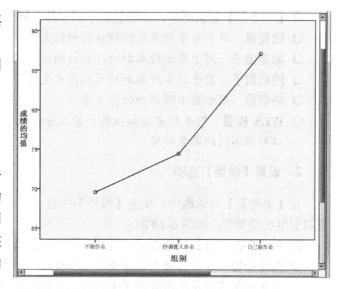

图 6-12　均值图

6.3　双因素方差分析

在实际分析的更多情况下，影响因素变化可能是由两个或多个自变量在共同影响。而双因素方差分析则是一种由双因素试验设计而得到数据的分析方法，主要通过研究因变量的均值是否存在显著性差异，来探讨一个因变量是否受到多个自变量的影响。在进行双因素方差分析时，其数据要求必须符合总体的正态分布，其次数据样本需满足方差齐性，以及各个观测值互相独立。

6.3.1　设置单变量模型

在 SPSS 软件中进行双因素方差分析之前，还需要根据分析要求，先自定义分析变量并根据实际案例录入分析数据。然后，根据分析需求添加分析变量，并设置单变量模型。

1．添加变量

执行【分析】|【一般线性模型】|【单变量】命令，在弹出的【单变量】对话框中，将"提高程度"变量添加到【因变量】列表框中，将"补习时间"和"智商水平"变量添加到【固定因子】列表框中，如图6-13所示。

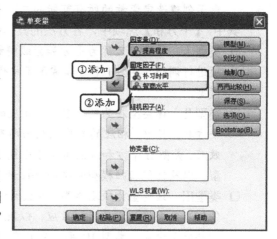

图 6-13　添加变量

在【单变量】对话框中,主要包括下列 5 种分析变量类型:
- **因变量** 用于显示所添加的待分析的因变量。
- **固定因子** 用于显示所添加的待分析的固定因素变量。
- **随机因子** 用于显示所添加的随机因素变量。
- **协变量** 用于显示所添加的协变量。
- **WLS 权重** 用来指定为加权最小乘二分析赋予观察值不同权重的变量,从而可以补偿不同的测量精度。

2. 设置【模型】选项

在【单变量】对话框中,单击【模型】按钮,弹出【单变量:模型】对话框,用来设置双变量模型类型,如图 6-14 所示。

在【单变量:模型】对话框中,主要包括下列选项:
- **指定模型** 在该选项中包括全因子和设定两个选项。其中,选中【全因子】选项,表示分析模型包含所有因子主效应、所有协变量主效应以及所有因子间交互,不包含协变量交互。选中【设定】选项,则可以仅指定其中一部分的交互或指定因子协变量交互,另外选中该选项还必须指定包含在模型中的所有项。
- **因子与协变量** 用于显示或添加因子与协变量。
- **模型** 该列表取决于数据的性质,主要用于显示所添加的因变量或协变量。
- **平方和** 该选项主要用于设置计算平方和的方法,包括类型Ⅰ、类型Ⅱ、类型Ⅲ和类型Ⅳ选项。对于没有缺失单元的平衡或非平衡模型,类型 Ⅲ 平方和方法最常用。
- **在模型中包含截距** 启用该复选框,可以在模型中通常包含截距。当在分析过程中假设数据穿过原点时,则可以排除截距。
- **构建项** 用于设置因子和协变量的交互方式。其中"交互"选项表示创建所有选定变量的最高交互项,该选项为默认值;"主效应"选项表示为每个选定的变量创建主效应项;而"所有二阶"、"所有三阶"、"所有四阶"、"所有五阶"选项则表示创建选定变量的所有可能的二阶、三阶、四阶或五阶交互。

其中,【平方和】选项中,各方法的具体含义如下所述。
- **类型Ⅰ** 该类型又称为平方和分级解构法。在模型中,每一项只针对它前面的那项进行调整。类型Ⅰ平方和常用于平衡 ANOVA 模型、多项式回归模型和纯嵌套模型。
- **类型Ⅱ** 该类型在为所有其他"相应的"效应进行调节的模型中计算某个效应的平方和。其中,相应的效应是指与所有效应(不包含正被检查的效应)相对应的效应。类型Ⅱ平方和方法常用于平衡 ANOVA 模型、任何只有主要因子效应的模型,以及任何回归模型和纯嵌套设计。
- **类型Ⅲ** 该类型为缺省类型。在设计中通过以下形式计算某个效应的平方和:为任何不包含该效应的其他效应,以及任何与包含该效应正交的效应(如果存在)调整的平方和。类型 Ⅲ 平方和具有一个主要优点,那就是只要可估计性的一般形式保持不变,平方和对于单元频率就保持不变。类型 Ⅲ 平方和法常用于任何在类型 I 和类型 II 中列出的模型，以及任何不带空白单元的平衡或非平衡模型。

❏ **类型 IV** 此方法针对存在缺失单元的情况设计。对于设计中的任何效应 F，如果任何其他效应中不包含 F，则类型 IV=类型 III=类型 II。当 F 包含在其他效应中时，则类型 IV 将 F 的参数中正在进行对比相等地分配到所有较高水平的效应。类型 IV 平方和法常用于任何在类型 I 和类型 II 中列出的模型，以及任何带有空白单元的平衡或非平衡模型。

图 6-14　【模型】对话框

6.3.2 设置对比方式

在【单变量】对话框中，单击【对比】按钮，在弹出的【单变量:对比】对话框中，设置用来检验因子的水平之间差距的相应选项，如图 6-15 所示。

在【单变量:对比】对话框中，主要包括下列 3 种选项：

❏ **因子** 用来显示需要进行对比的因子名称。

❏ **对比** 用来设置进行对比的方式，单击其下拉按钮选择需要进行对比的方式，然后单击【更改】

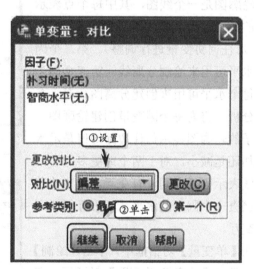

图 6-15　【单变量:对比】对话框

按钮，更改对比方式即可。其中，对比选项主要包括无、偏差、简单、差值、Helmert、重复、多项式选项。

❏ **参考类别** 用于设置"对比"选项中方式的参考方式，包括"最后一个"和"第一个"两个选项。当【对比】选项设置为"偏差"和"简单"方式时，该选项才可用。

在【对比】选项中，各对比方式的主要功能如下所述：

❏ **偏差** 表示将每个水平（参考类别除外）的均值与所有水平的均值（总均值）进行比较。另外，因子的水平可以为任何顺序。

❏ **简单** 表示将每个水平的均值与指定水平的均值进行比较。当存在控制组时，此类对比很有用。可以选择第一个或最后一个类别作为参考类别。
- **差值** 表示将每个水平的均值（第一个水平除外）与前面水平的均值进行比较。（有时候称为逆 Helmert 对比。）
- **Helmert** 表示将因子的每个水平的均值（最后一个水平除外）与后面水平的均值进行比较。
- **重复** 表示将每个水平的均值（最后一个水平除外）与后一个水平的均值进行比较。
- **多项式** 比较线性作用、二次作用、三次作用等。第一自由度包含跨所有类别的线性效应；第二自由度包含二次效应，依此类推。这些对比常常用来估计多项式趋势。

6.3.3 设置轮廓图

轮廓图是一个线图，其中每个点表示因子的一个水平上的估计因变量边际均值（已针对任何协变量进行调整）。第二个因子的水平可用来绘制分离线。第三个因子中的每个水平可用来创建分离图。对于多变量分析，将为每个因变量创建轮廓图。单因子的轮廓图显示估计边际均值是沿水平增加还是减小。对于两个或更多因子，平行线表示因子之间没有交互，这意味着只能调查一个因子的水平。不平行的线则表示交互。

在【单变量】对话框中，单击【绘制】按钮，弹出【单变量:轮廓图】对话框。在该对话框中设置"水平轴"、"单图"和"多图"选项即可，如图 6-16 所示。

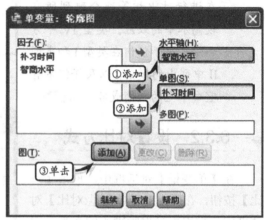

图 6-16　【单变量:轮廓图】对话框

6.3.4 设置均值的比较方式

在【单变量】对话框中，单击【两两比较】按钮，弹出【单变量:观测均值的两两比较】对话框，如图 6-17 所示。

在【单变量：观测均值的两两比较】对话框中的各选项的具体含义，如表 6-2 所示。

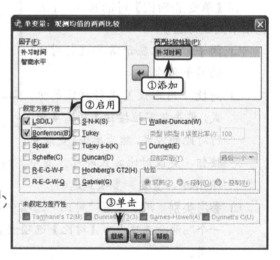

图 6-17　【单变量:观测均值的两两比较】对话框

表 6-2 【单变量:观测均值的两两比较】选项及含义

选项组	选 项	含 义
因子		用于显示分析数据表中的因素变量
两两比较检验		用于显示参加分析的因素变量
假定方差齐性	LSD	表示可以使用 T 检验执行组均值之间的所有成对比较。对多个比较的误差率不做调整
	Bonferroni	表示可以使用 T 检验在组均值之间执行成对比较,但通过将每次检验的错误率设置为实验性质的错误率除以检验总数来控制总体误差率
	Sidak	表示可以基于 T 统计量的成对多重比较检验。Sidak 调整多重比较的显著性水平,并提供比 Bonferroni 更严密的边界
	Scheffe	表示为均值的所有可能的成对组合执行并发的联合成对比较。使用 F 取样分布。可用来检查组均值的所有可能的线性组合,而非仅限于成对组合
	R-E-G-W-F	表示基于 F 检验的 Ryan-Einot-Gabriel-Welsch 多步进过程
	R-E-G-W-Q	表示基于学生化范围的 Ryan-Einot-Gabriel-Welsch 多步进过程
	S-N-K	表示可以使用步进式过程比较具有相同样本大小的同类子集内的均值对。均值按从高到低排序,先检验极端差分
	Tukey	表示可以使用 Student 化的范围统计量进行组间所有成对比较。将试验误差率设置为所有成对比较的集合的误差率
	Tukey s-b	表示使用 Student 化的范围分布在组之间进行成对比较。临界值是 Tukey's 真实显著性差异检验的对应值与 Student-Newman-Keuls 的平均数
	Duncan	表示使用与 Student-Newman-Keuls 检验所使用的完全一样的逐步顺序成对比较,但要为检验的集合的错误率设置保护水平,而不是为单个检验的错误率设置保护水平
	Hochberg's GT2	表示使用 Student 化最大模数的多重比较和范围检验。与 Tukey's 真实显著性差异检验相似
	Gabriel	表示使用 Student 化最大模数的成对比较检验,并且当单元格大小不相等时,它通常比 Hochberg's GT2 更为强大。当单元大小变化过大时,Gabriel 检验可能会变得随意
	Waller-Duncan	表示基于 T 统计的多比较检验;使用 Bayesian 方法
	Dunnett	可以将一组处理与单个控制均值进行比较的成对多重比较 T 检验。最后一类是缺省的控制类别。另外,还可以选择第一个类别,双面检验任何水平(除了控制类别外)的因子的均值是否不等于控制类别的均值
未假定方差齐性	Tamhane's T2	基于 T 检验的保守成对比较。当方差不相等时,适合使用此检验
	Dunnett's T3	基于 Student 化最大值模数的成对比较检验。当方差不相等时,适合使用此检验
	Games-Howell	有时会变得随意的成对比较检验。当方差不相等时,适合使用此检验
	Dunnett's C	基于 Student 化范围的成对比较检验。当方差不相等时,适合使用此检验

6.3.5 设置保存选项

在【单变量】对话框中,单击【保存】按钮,弹出【单变量:保存】对话框,用于设置预测值、残差、诊断以及系数统计等选项,如图 6-18 所示。

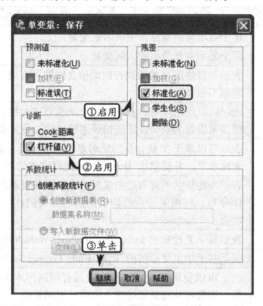

图 6-18 【单变量:保存】对话框

在【单变量:保存】对话框中的各选项的具体含义如表 6-3 所示。

表 6-3 【单变量:保存】选项含义

选项组	选项	含 义
预测值	未标准化	表示模型为因变量预测的值
	加权	表示加权未标准化预测值。仅在之前已选择了 WLS 变量的情况下可用
	标准误	表示对于自变量具有相同值的个案所对应的因变量均值标准差的估计
残差	未标准化	表示观察值与模型预测值之间的差
	加权	表示加权未标准化残差。仅在之前已选择了 WLS 变量的情况下可用
	标准化	表示残差除以其标准差的估计。标准化残差也称为 Pearson 残差,它的均值为 0,标准差为 1
	学生化	表示残差除以其随个案变化的标准差的估计,这取决于每个个案的自变量值与自变量均值之间的距离
	删除	表示当某个案从回归系数的计算中排除时,该个案的残差。它是因变量的值和调整预测值之间的差
诊断	Cook 距离	表示在特定个案从回归系数的计算中排除的情况下,所有个案的残差变化幅度的测量。较大的 Cook 距离表明从回归统计量的计算中排除个案之后,系数会发生根本变化
	杠杆值	表示未居中的杠杆值。每个观察值对模型拟合的相对影响
系数统计	创建系数统计	启用该复选框,表示将模型中的参数估计值的协方差矩阵写入当前会话中的新数据集,或写入外部 SPSS Statistics 数据文件
	创建新数据集	选中该选项,表示将创建一个系数统计的数据集,并在【数据集名称】文本框中自定义数据集名称
	写入新数据文件	选中该选项,表示将写入外部 SPSS Statistics 数据文件,单击【文件】按钮可以在打开的【一般因子分析:保存到文件】对话框中指定写入位置

6.3.6 设置分析选项

在【单变量】对话框中，单击【选项】按钮，弹出【单变量:选项】对话框，用于设置使用固定效应模型计算的统计量，如图 6-19 所示。

在【单变量:选项】对话框中的各选项的具体含义如表 6-4 所示。

> **提示**
> 由于【单变量】对话框中的【Bootstrap】选项相似于【单因素方差分析】对话框中的【Bootstrap】选项，所以在此不做详细介绍。

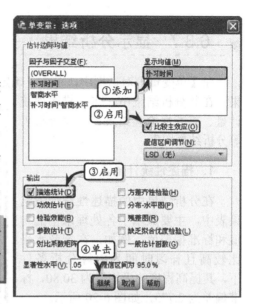

图 6-19 【单变量:选项】对话框

表 6-4 【单变量:选项】选项及含义

选项组	选项	含义
估计边际均值	因子与因子交互	用于显示分析数据中的因素变量名称
	显示均值	用于显示添加的用于分析的因素变量名称
	比较主效应	该选项对于主体间和主体内因子，为模型中的任何主效应提供估计边际均值未修正的成对比较
	置信区间调节	表示选择最小显著性差异（LSD）、Bonferroni 或对置信区间和显著性的 Sidak 调整。此项只有在选择了【比较主效应】选项后才可用
输出	描述统计	可以生成所有单元中的所有因变量的观察到的均值、标准差和计数
	功效估计	可以给出每个作用和每个参数估计值的偏 eta 方值。而 eta 方统计量描述总变异性中可归因于某个因子的部分
	检验效能	当基于观察到的值设置备用假设时，选择检验效能可获取检验的效能
	参数估计	可为每个检验生成参数估计值、标准误、T 检验、置信区间和检验效能
	对比系数矩阵	可获取 L 矩阵
	方差齐性检验	可以为跨主体间因子所有水平组合的每个因变量生成 Levene 的方差齐性检验（仅对于主体间因子）
	分布-水平图	该选项对于检查关于数据的假设很有用。如果不存在任何因子，则需要禁用此选项
	残差图	可为每个因变量生成观察-预测-标准化残差图。这些图对于调查方差相等的假设很有用
	缺乏拟合优度检验	可检查因变量和自变量之间的关系是否能由模型充分地描述
	一般估计函数	表示基于常规可估计函数构造定制的假设检验。任何对比系数矩阵中的行均是常规可估计函数的线性组合
显著性水平		用于调整在两两比较检验中的显著性水平，以及用于构造置信区间的置信度

6.3.7 显示分析结果

在【单变量】对话框中，单击【确定】按钮，系统将自动在输出窗口中显示分析结果。在其分析结果中，包括描述性统计量、差齐性检验结果、方差分析表等分析结果图表。

1. 描述性统计量表

在分析结果中的描述性统计量结果表中，主要显示了各处理水平的均值和标准偏差值。例如，在智商水平比较高且补习时间为中等分析条件下，其提高程度的平均值为 30.80，标准偏差为 2.775，如图 6-20 所示。

2. 差齐性检验结果

在差齐性检验结果中主要显示了数据分析的显著性水平值，通过数据分析结果用户可以发现其显著性水平 $P=0.297>0.05$，因此可以推断分析数据的方差齐性成立，可以进行下一步的方差分析，如图 6-21 所示。

3. 方差分析表

在方差分析结果表中，主要显示了变异来源、平方和、自由度、均方、F 值、显著性水平等分析信息。而校正模型行主要用来检验方差分析模型，模型中的所有因素都为原假设，如图 6-22 所示。在该表中，校正模型的 F 值=87.076，$P=0$，达到了极其显著水平，由此可以推断分析中的因素至少有一个队成绩的提高存在影响。

4. 事后检查表

事后检查表也就是结果

描述性统计量

因变量：提高程度

智商水平	补习时间	均值	标准 偏差	N
智商高	多	40.80	2.775	5
	中等	30.80	2.775	5
	少	20.80	2.775	5
	总计	30.80	8.833	15
智商低	多	17.60	4.037	5
	中等	12.80	2.588	5
	少	9.00	1.581	5
	总计	13.13	4.533	15
总计	多	29.20	12.656	10
	中等	21.80	9.818	10
	少	14.90	6.574	10
	总计	21.97	11.327	30

图 6-20　描述性统计量表

误差方差等同性的 Levene 检验[a]

因变量：提高程度

F	df1	df2	Sig.
1.300	5	24	.297

检验零假设，即在所有组中因变量的误差方差均相等。

a. 设计：截距 + 智商水平 + 补习时间 + 智商水平 * 补习时间

图 6-21　差齐性检验结果

主体间效应的检验

因变量：提高程度

源	III 型平方和	df	均方	F	Sig.	偏 Eta 方
校正模型	3526.567[a]	5	705.313	87.076	.000	.948
截距	14476.033	1	14476.033	1787.165	.000	.987
智商水平	2340.833	1	2340.833	288.992	.000	.923
补习时间	1022.867	2	511.433	63.140	.000	.840
智商水平 * 补习时间	162.867	2	81.433	10.053	.001	.456
误差	194.400	24	8.100			
总计	18197.000	30				
校正的总计	3720.967	29				

a. R 方 = .948（调整 R 方 = .937）

图 6-22　方差分析表

分析中的“多个比较”表，在该表中主要显示了因变量为提高程度中的、不同补习时间下的均值差值、标准误差、显著水平与置信区间为95%下的分析数值，如图6-23所示。

5. 分析效应图

分析效应图主要用于显示在不同补习时间内，不同智商情况下所提高程度的显示对比图，如图6-24所示。从图中可以发现智商低者其补习时间的多少并无太大的显著性，而智商高者表示其补习时间显著影响了成绩的提高程度。

多个比较

因变量: 提高程度
Bonferroni

(I) 补习时间	(J) 补习时间	均值差值 (I-J)	标准 误差	Sig.	95% 置信区间 下限	95% 置信区间 上限
多	中等	7.40*	1.273	.000	4.12	10.68
	少	14.30*	1.273	.000	11.02	17.58
中等	多	-7.40*	1.273	.000	-10.68	-4.12
	少	6.90*	1.273	.000	3.62	10.18
少	多	-14.30*	1.273	.000	-17.58	-11.02
	中等	-6.90*	1.273	.000	-10.18	-3.62

基于观测到的均值。
误差项为均值方 (错误) = 8.100。
*. 均值差值在 .05 级别上较显著。

图6-23 事后检查表

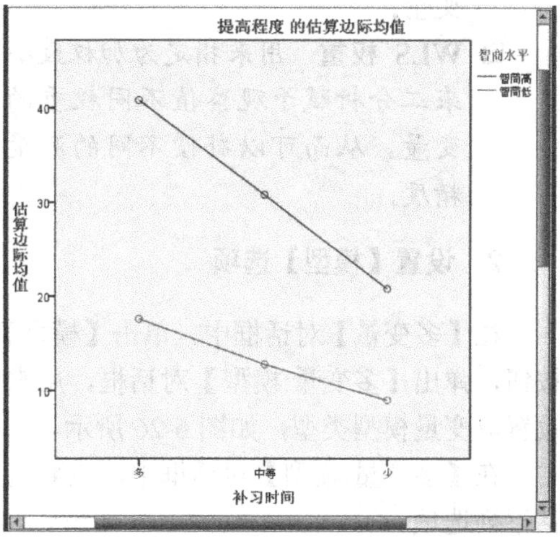

图6-24 分析效应图

6.4 多元方差分析

单因素方差与双因素方差分析的共同点是观测的因素变量只有一个，而多元方差分析的观测因素两个或两个以上因素。多元方差分析是一元方差分析的推广，适用于研究同时包含两个或两个以上因变量的数据。多元方差分析可以同时检验具有多个水平的多个因素各自对因变量的影响，以及各因素之间的交互作用。另外，在进行方差分析时，还需要注意各个因素的样本必须是独立的随机样本，其数据必须服从正态分布，且各总体方差具有相等性。

6.4.1 设置变量模型

在SPSS软件中进行多元方差分析之前，还需要根据分析要求，先自定义分析变量并根据实际案例录入分析数据。然后，根据分析需求添加分析变量，并设置变量模型。

1. 添加变量

执行【分析】|【一般线性模型】|【多变量】命令，在弹出的【多变量】对话框中，将“愉快程度”和“空腹血糖”变量添加到【因变量】列表框中，将“组别”变量添加到【固定因子】列表框中，如图6-25所示。

在【多变量】对话框中，主要包括下列 5 种分析变量类型：

- **因变量** 用于显示所添加的待分析的因变量。
- **固定因子** 用于显示所添加的待分析的固定因素变量。
- **协变量** 用于显示所添加的协变量。
- **WLS 权重** 用来指定为加权最小乘二分析赋予观察值不同权重的变量，从而可以补偿不同的测量精度。

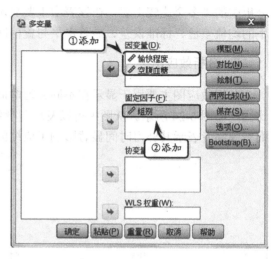

图 6-25 添加变量

2. 设置【模型】选项

在【多变量】对话框中，单击【模型】按钮，弹出【多变量:模型】对话框，用来设置双变量模型类型，如图 6-26 所示。

在【多变量:模型】对话框中，主要包括下列选项：

- **指定模型** 在该选项中包括全因子和设定两个选项。其中，选中【全因子】选项，表示分析模型包含所有因子主效应、所有协变量主效应以及所有因子间交互，不包含协变量交互。选中【设定】选项，则可以仅指定其中一部分的交互或指

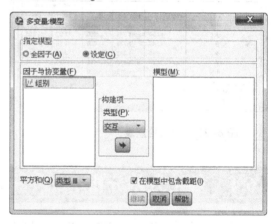

图 6-26 【多变量:模型】对话框

定因子协变量交互，另外选中该选项还必须指定包含在模型中的所有项。
- **因子与协变量** 用于显示或添加因子与协变量。
- **模型** 该列表取决于数据的性质，主要用于显示所添加的因变量或协变量。
- **平方和** 该选项主要用于设置计算平方和的方法，包括类型Ⅰ、类型Ⅱ、类型Ⅲ和类型Ⅳ选项。对于没有缺失单元的平衡或非平衡模型，类型Ⅲ平方和方法最常用。
- **在模型中包含截距** 启用该复选框，可以在模型中通常包含截距。当在分析过程中假设数据穿过原点时，则可以排除截距。
- **构建项** 用于设置因子和协变量的交互方式，其中"交互"选项表示创建所有选定变量的最高交互项，该选项为缺省值；"主效应"选项表示为每个选定的变量创建主效应项；而"所有二阶"、"所有三阶"、"所有四阶"、"所有五阶"选项则表示创建选定变量的所有可能的二阶、三阶、四阶或五阶交互。

6.4.2 设置对比方式

在【多变量】对话框中,单击【对比】按钮,在弹出的【多变量:对比】对话框中,设置用来检验因子的水平之间差距的相应选项,如图 6-27 所示。

在【多变量:对比】对话框中,主要包括下列 3 种选项:

- **因子** 用来显示需要进行对比的因子名称。
- **对比** 用来设置进行对比的方式,单击其下拉按钮选择需要进行对比的方式,然后单击【更改】按钮,更改对比方式即可。其中,对比选项主要包括无、偏差、简单、差值、Helmert、重复、多项式选项。
- **参考类别** 用于设置"对比"选项中方式的参考方式,包括"最后一个"和"第一个"两个选项。当【对比】选项设置为"偏差"或"简单"方式时,该选项才可用。

图 6-27 设置对比方式

6.4.3 设置轮廓图

在【多变量】对话框中,单击【绘制】按钮,弹出【多变量:轮廓图】对话框。在该对话框中设置"水平轴"、"单图"和"多图"选项,单击【添加】按钮即可,如图 6-28 所示。

> **提示**
> 在【多变量:轮廓图】对话框中,添加完轮廓图中的因子之后,可在【图】列表框中选择所添加的因子;单击【更改】或【删除】按钮,可更改或删除轮廓图因子。

图 6-28 设置轮廓图

6.4.4 设置两两比较方式

在【多变量】对话框中,单击【两两比较】按钮,弹出【多变量:观测到的均值的两两比较】对话框,设置相应的选项即可,如图 6-29 所示。

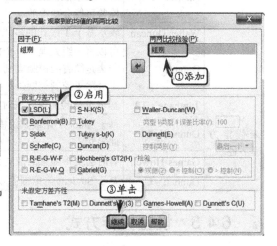

图 6-29 设置两两比较选项

在【多变量:观测到的均值的两两比较】对话框中的各选项的具体含义如表 6-5 所示。

表 6-5 【多变量:观测到的均值的两两比较】选项及含义

选项组	选 项	含 义
因子		用于显示分析数据表中的因素变量
两两比较检验		用于显示参加分析的因素变量
假定方差齐性	LSD	表示可以使用 T 检验执行组均值之间的所有成对比较。对多个比较的误差率不做调整
	Bonferroni	表示可以使用 T 检验在组均值之间执行成对比较,但通过将每次检验的错误率设置为实验性质的错误率除以检验总数来控制总体误差率
	Sidak	表示可以基于 T 统计量的成对多重比较检验。Sidak 调整多重比较的显著性水平,并提供比 Bonferroni 更严密的边界
	Scheffe	表示为均值的所有可能的成对组合执行并发的联合成对比较。使用 F 取样分布。可用来检查组均值的所有可能的线性组合,而非仅限于成对组合
	R-E-G-W-F	表示基于 F 检验的 Ryan-Einot-Gabriel-Welsch 多步进过程
	R-E-G-W-Q	表示基于学生化范围的 Ryan-Einot-Gabriel-Welsch 多步进过程
	S-N-K	表示可以使用步进式过程比较具有相同样本大小的同类子集内的均值对。均值按从高到低排序,首先检验极端差分
	Tukey	表示可以使用 Student 化的范围统计量进行组间所有成对比较。将试验误差率设置为所有成对比较的集合的误差率
	Tukey s-b	表示使用 Student 化的范围分布在组之间进行成对比较。临界值是 Tukey's 真实显著性差异检验的对应值与 Student-Newman-Keuls 的平均数
	Duncan	表示使用与 Student-Newman-Keuls 检验所使用的完全一样的逐步顺序成对比较,但要为检验的集合的错误率设置保护水平,而不是为单个检验的错误率设置保护水平
	Hochberg's GT2	表示使用 Student 化最大模数的多重比较和范围检验。与 Tukey's 真实显著性差异检验相似
	Gabriel	表示使用 Student 化最大模数的成对比较检验,并且当单元格大小不相等时,它通常比 Hochberg's GT2 更为强大。当单元大小变化过大时,Gabriel 检验可能会变得随意
	Waller-Duncan	表示基于 T 统计的多比较检验;使用 Bayesian 方法
	Dunnett	可以将一组处理与单个控制均值进行比较的成对多重比较 T 检验。最后一类是缺省的控制类别。另外,还可以选择第一个类别,双面检验任何水平(除了控制类别外)的因子的均值是否不等于控制类别的均值
未假定方差齐性	Tamhane's T2	基于 T 检验的保守成对比较。当方差不相等时,适合使用此检验
	Dunnett's T3	基于 Student 化最大值模数的成对比较检验。当方差不相等时,适合使用此检验
	Games-Howell	有时会变得随意的成对比较检验。当方差不相等时,适合使用此检验
	Dunnett's C	基于 Student 化范围的成对比较检验。当方差不相等时,适合使用此检验

6.4.5 设置保存方式

在【多变量】对话框中,单击【保存】按钮,弹出【多变量:保存】对话框,用于设置预测值、残差、诊断以及系数统计等选项,如图 6-30 所示。

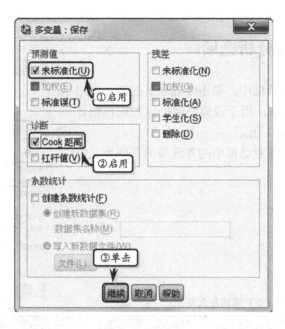

● 图 6-30 设置保存选项

在【多变量:保存】对话框中的各选项的具体含义如表 6-6 所示。

表 6-6 保存选项含义

选项组	选项	含义
预测值	未标准化	表示模型为因变量预测的值
	加权	表示加权未标准化预测值。仅在之前已选择了 WLS 变量的情况下可用
	标准误	表示对于自变量具有相同值的个案所对应的因变量均值标准差的估计
残差	未标准化	表示观察值与模型预测值之间的差
	加权	表示加权未标准化残差。仅在之前已选择了 WLS 变量的情况下可用
	标准化	表示残差除以其标准差的估计。标准化残差也称为 Pearson 残差,它的均值为 0,标准差为 1
	学生化	表示残差除以其随个案变化的标准差的估计,这取决于每个个案的自变量值与自变量均值之间的距离
	删除	表示当某个案从回归系数的计算中排除时,该个案的残差。它是因变量的值和调整预测值之间的差
诊断	Cook 距离	表示在特定个案从回归系数的计算中排除的情况下,所有个案的残差变化幅度的测量。较大的 Cook 距离表明从回归统计量的计算中排除个案之后,系数会发生根本变化
	杠杆值	表示未居中的杠杆值。每个观察值对模型拟合的相对影响
系数统计	创建系数统计	启用该复选框,表示将模型中的参数估计值的协方差矩阵写入当前会话中的新数据集,或写入外部 SPSS Statistics 数据文件
	创建新数据集	选中该选项,表示将创建一个系数统计的数据集,并在【数据集名称】文本框中自定义数据集名称
	写入新数据文件	选中该选项,表示将写入外部 SPSS Statistics 数据文件,单击【文件】按钮可以在打开的【一般因子分析:保存到文件】对话框中指定写入位置

6.4.6 设置分析选项

在【多变量】对话框中，单击【选项】按钮，弹出【多变量:选项】对话框，用于设置使用固定效应模型计算的统计量，如图 6-31 所示。

在【多变量:选项】对话框中的各选项的具体含义如表 6-7 所示。

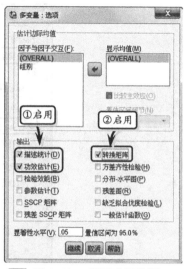

图 6-31 设置分析选项

表 6-7 【单变量:选项】选项及含义

选项组	选 项	含 义
估计边际均值	因子与因子交互	用于显示分析数据中的因素变量名称
	显示均值	用于显示添加的用于分析的因素变量名称
	比较主效应	该选项对于主体间和主体内因子，为模型中的任何主效应提供估计边际均值未修正的成对比较
	置信区间调节	表示选择最小显著性差异（LSD）、Bonferroni 或对置信区间和显著性的 Sidak 调整。此项只有在选择了【比较主效应】选项后才可用
输出	描述统计	可以生成所有单元中的所有因变量的观察到的均值、标准差和计数
	功效估计	可以给出了每个作用和每个参数估计值的偏 eta 方值。而 eta 方统计量描述总变异性中可归因于某个因子的部分
	检验效能	当基于观察到的值设置备用假设时，选择检验效能可获取检验的效能
	参数估计	可为每个检验生成参数估计值、标准误、T 检验、置信区间和检验效能
	对比系数矩阵	可获取 L 矩阵
输出	方差齐性检验	可以为跨主体间因子所有水平组合的每个因变量生成 Levene 的方差齐性检验（仅对于主体间因子）
	分布-水平图	该选项对于检查关于数据的假设很有用。如果不存在任何因子，则需要禁用此选项
	残差图	可为每个因变量生成观察-预测-标准化残差图。这些图对于调查方差相等的假设很有用
	缺乏拟合优度检验	可检查因变量和自变量之间的关系是否能由模型充分地描述
	一般估计函数	表示基于常规可估计函数构造定制的假设检验。任何对比系数矩阵中的行均是常规可估计函数的线性组合
显著性水平		用于调整在两两比较检验中的显著性水平，以及用于构造置信区间的置信度

6.4.7 显示分析结果

在【多变量】对话框中，单击【确定】按钮，系统将自动在输出窗口中显示分析结果。在其分析结果中，包括假设检验结果、描述性统计量、多元方差分析结果等分析结果表。

1. 假设检验结果

在分析结果中的假设检验结果中，主要显示了 Box 的检验结果。在该分析表中可以发现 P=0.221>0.05，表示各组因变量的均值相当并可进行多元方差分析，如图 6-32 所示。

协方差矩阵等同性的 Box 检验[a]

Box 的 M	4.579
F	1.469
df1	3
df2	605520.000
Sig.	.221

图 6-32 假设检验结果

2. 描述性统计量

在分析结果中的描述性统计量结果表中，主要显示了锻炼 2 小时和不锻炼两个条件下空腹血糖与愉快程度的均值和标准偏差值。例如，锻炼 2 小时和不锻炼情况下，空腹血糖的均值分别为 6.827 和 4.800，表示空腹血糖受到锻炼因素的影响，如图 6-33 所示。

描述性统计量

	组别	均值	标准 偏差	N
空腹血糖	不锻炼	6.827	.6405	30
	锻炼2小时	4.800	.4410	30
	总计	5.813	1.1582	60
愉快程度	不锻炼	76.57	3.588	30
	锻炼2小时	84.43	3.014	30
	总计	80.50	5.150	60

图 6-33 描述性统计量表

3. 多元方差分析结果

分析结果中的“多变量检验[a]”表是分析结果中最重要的分析内容，主要包括分析的截距与组别的方法，如图 6-34 所示。

在该分析表中，可以发现系统使用了 Pillai 的跟踪、Wilks 的 Lambda、Hotelling 的跟踪、Roy 的最大根 4 种方法进行检验。并且，该 4 种检验方法的结果值完全相同，其截距项的检验统计量 P<0.001，表示其自变量取值为 0 时因变量的值不为 0；而组别项的检验统计量 P<0.001，表示两组健康状况数据之间存在显著性差异，需要进一步检验是受哪个因素所影响的。

另外，分析表中的 4 种检验方法的具体含义如下所述：

- **Pillai 的跟踪** 该检验值一般为正数，其值越大表示该检验方法的效应项对模型的贡献程度越明显。
- **Wilks 的 Lambda** 该检验的取值方法介于 0~1 之间，其取值越小表示该检验方法的效应项对模型的贡献程度越明显。

- **Hotelling 的跟踪** 该检验方法主要用于检验矩阵特征根的和，其值越大表示该检验方法的效应项对模型的贡献程度越明显。
- **Roy 的最大根** 该检验方法主要用于检验距阵特征根中的最大值，其值越大表示该检验方法的的效应项对模型的贡献程度越明显。

多变量检验[a]

效应		值	F	假设 df	误差 df	Sig.	偏 Eta 方
截距	Pillai 的跟踪	.999	27460.756[b]	2.000	57.000	.000	.999
	Wilks 的 Lambda	.001	27460.756[b]	2.000	57.000	.000	.999
	Hotelling 的跟踪	963.535	27460.756[b]	2.000	57.000	.000	.999
	Roy 的最大根	963.535	27460.756[b]	2.000	57.000	.000	.999
组别	Pillai 的跟踪	.800	113.696[b]	2.000	57.000	.000	.800
	Wilks 的 Lambda	.200	113.696[b]	2.000	57.000	.000	.800
	Hotelling 的跟踪	3.989	113.696[b]	2.000	57.000	.000	.800
	Roy 的最大根	3.989	113.696[b]	2.000	57.000	.000	.800

a. 设计：截距 + 组别
b. 精确统计量

图 6-34 多变量检验[a]

4．主体间效应的检验

在分析结果中的"主体间效应的检验"表中，主要显示了不同因变量下的校正模型、截距、组别、误差、总计等检验数值，如图 6-35 所示。在该分析表中的"组别"行中，可以发现其因变量的值 $P<0.001$，表示达到了极其显著水平。

主体间效应的检验

源	因变量	III 型平方和	df	均方	F	Sig.	偏 Eta 方
校正模型	空腹血糖	61.611[a]	1	61.611	203.745	.000	.778
	愉快程度	928.267[b]	1	928.267	84.556	.000	.593
截距	空腹血糖	2027.691	1	2027.691	6705.530	.000	.991
	愉快程度	388815.000	1	388815.000	35417.134	.000	.998
组别	空腹血糖	61.611	1	61.611	203.745	.000	.778
	愉快程度	928.267	1	928.267	84.556	.000	.593
误差	空腹血糖	17.539	58	.302			
	愉快程度	636.733	58	10.978			
总计	空腹血糖	2106.840	60				
	愉快程度	390380.000	60				
校正的总计	空腹血糖	79.149	59				
	愉快程度	1565.000	59				

a. R 方 = .778（调整 R 方 = .775）
b. R 方 = .593（调整 R 方 = .586）

图 6-35 主体间效应的检验

6.5 重复测量的双因素方差分析

重复测量又称为试内设计,是指对相同的研究对象先后施加不同的试验测量,或则在不同的试验条件下对其进行多次测量。重复测量的双因素方差分析由自变量引起的效应分为主效应和交互作用,其分析条件必须满足正态性与方差齐性,另外该分析方法中其因变量的方差-协方差还需要满足球形假设。

6.5.1 添加测量因子

在进行重复测量的双因素方差分析之前,需要根据分析数据的类型添加重复度量的定义因子。执行【分析】|【一般线性模型】|【重复度量】命令,弹出【重复度量定义因子】对话框。在【被试内因子名称】文本框中输入"血糖C肽",在【级别数】文本框中输入"3",单击【添加】按钮,如图6-36所示。

图6-36 自定义测量因子

在【被试内因子名称】文本框中输入"测量时间",在【级别数】文本框中输入"2",单击【添加】按钮,如图6-37所示。

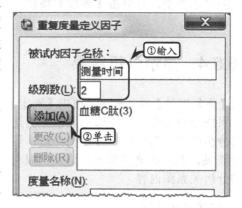

图6-37 自定义第二个测量因子

自定义完测量因子后,在【重复度量定义因子】对话框中,单击【定义】按钮,弹出【重复度量】对话框。将左侧列表框中的因素变量添加到右侧【群体内部变量】列表框中,如图6-38所示。

> **技巧**
>
> 在添加多个连续的因素变量时,用户可以先选择第一个因素变量,按住Shift键的同时选择最后一个因素变量,这样便可以同时添加多个因素变量了。

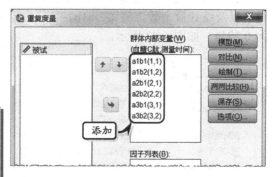

图6-38 添加变量

6.5.2 设置轮廓图

在【重复度量】对话框中,单击【绘制】按钮,弹出【重复度量:轮廓图】对话框。将【因子】列表框中的"血糖C肽"添加到【水平轴】列表框中,同时将"测量时间"

添加到【单图】列表框中,单击【添加】按钮,设置轮廓图的因素变量,如图6-39所示。最后,单击【继续】按钮,返回到【重复度量】对话框中。

6.5.3 设置选项

在【重复度量】对话框中,单击【选项】按钮,弹出【多变量:选项】对话框。将左侧【因子与因子交互】列表框中的"血糖C肽"添加到右侧的【显示均值】列表框中,同时启用【比较主效应】复选框,并将【置信区间调节】选项设置为"Bonferroni",如图6-40所示。

然后,在【输出】选项组中,分别启用【描述统计】和【功效估计】复选框,设置分析结果的显示类型,并单击【继续】按钮,如图6-41所示。

6.5.4 显示分析结果

在【重复度量】对话框中,单击【确定】按钮,系统会自动在输出窗口中显示分析结果,其分析结果主要包括描述性统计量、假设检验结果、重复测量方差分析结果、成对比较和分析关系图内容。

1. 描述性统计量

在分析结果中的描述性统计量结果表中,主要显示了各处理水平的均值和标准偏差值,以及统计量个数。例如,a1b1中一共包含10个统计量,其均值为5.200,标准偏差为0.2944,如图6-42所示。

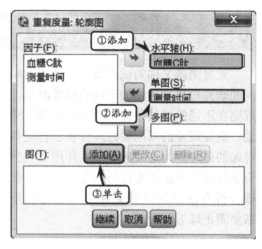

图6-39 设置轮廓图变量

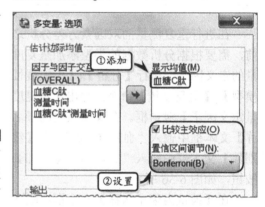

图6-40 设置比较主效应

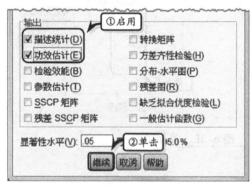

图6-41 设置输出选项

图6-42 描述性统计量

2. 假设检验结果

分析中的假设检验结果其实是球形度检验结果的一种类型，其主要功能是协助分析者在分析过程中抉择一元或多元结果，如图 6-43 所示。在该分析结果中，其血糖 C 肽的显著性水平 P=0.912> 0.05，表示需要接受备选假设；而血糖 C 肽*测量时间的显著性水平 P=0.216>0.05，也表示需要接受备选假设。

Mauchly 的球形度检验[a]

度量: MEASURE_1

主体内效应	Mauchly 的 W	近似卡方	df	Sig.	Epsilon[b]		
					Greenhouse-Geisser	Huynh-Feldt	下限
血糖C肽	.977	.183	2	.912	.978	1.000	.500
测量时间	1.000	.000	0	.	1.000	1.000	1.000
血糖C肽 * 测量时间	.682	3.066	2	.216	.759	.880	.500

检验零假设，即标准正交转换因变量的误差协方差矩阵与一个单位矩阵成比例。

a. 设计：截距
主体内设计: 血糖C肽 + 测量时间 + 血糖C肽 * 测量时间

b. 可用于调整显著性平均检验的自由度。在"主体内效应检验"表格中显示修正后的检验。

图 6-43 假设检验结果

3. 重复测量方差分析结果

分析结果中的“主体内效应的检验”分析表主要显示了重复测量方差分析结果，主要包含了 “血糖 C 肽”、“测量时间”和“血糖 C 肽*测量时间”因素，以及各因素误差项的和方、自由度（df）、均方、F 值、显著性水平（Sig）等内容，如图 6-44 所示。在该分析结果中，针对每个因素系统分别使用了采用的球形度、Greenhouse-Geisser、Huynh-Feldt 和下限分析方法。

另外，该分析结果中各因素中的显著性水平 P<0.001，表示达到了极其显著的水平，而血糖 C 肽和测量时间因素的偏 Eta 方都>0.978，表示因变量的绝大部分变异。

主体内效应的检验

度量: MEASURE_1

源		III 型平方和	df	均方	F	Sig.	偏 Eta 方
血糖C肽	采用的球形度	66.649	2	33.325	406.950	.000	.978
	Greenhouse-Geisser	66.649	1.956	34.080	406.950	.000	.978
	Huynh-Feldt	66.649	2.000	33.325	406.950	.000	.978
	下限	66.649	1.000	66.649	406.950	.000	.978
误差 (血糖C肽)	采用的球形度	1.474	18	.082			
	Greenhouse-Geisser	1.474	17.601	.084			
	Huynh-Feldt	1.474	18.000	.082			
	下限	1.474	9.000	.164			
测量时间	采用的球形度	6.468	1	6.468	212.846	.000	.959
	Greenhouse-Geisser	6.468	1.000	6.468	212.846	.000	.959
	Huynh-Feldt	6.468	1.000	6.468	212.846	.000	.959
	下限	6.468	1.000	6.468	212.846	.000	.959
误差 (测量时间)	采用的球形度	.273	9	.030			
	Greenhouse-Geisser	.273	9.000	.030			
	Huynh-Feldt	.273	9.000	.030			
	下限	.273	9.000	.030			
血糖C肽 * 测量时间	采用的球形度	5.345	2	2.673	30.878	.000	.774
	Greenhouse-Geisser	5.345	1.517	3.524	30.878	.000	.774
	Huynh-Feldt	5.345	1.760	3.037	30.878	.000	.774
	下限	5.345	1.000	5.345	30.878	.000	.774
误差 (血糖C肽*测量时间)	采用的球形度	1.558	18	.087			
	Greenhouse-Geisser	1.558	13.653	.114			
	Huynh-Feldt	1.558	15.840	.098			
	下限	1.558	9.000	.173			

图 6-44 重复测量方差分析

4．成对比较

成对比较又称为事后比较，属于估算边际均值中的血糖 C 肽的边际均值分析，主要显示了血糖 C 肽自变量的 3 个处理水平之间的显著性差异情况，如图 6-45 所示。从分析结果中可以发现，血糖 C 肽中各自变量的显著性水平 $P<0.001$，表示均存在显著性差异。另外，通过"均值差值"列中的数值可以发现，第一种血糖 C 肽的均值与第 3 种血糖 C 肽的均值之间存在显著性差异，表示血糖 C 肽受到其因素的影响比较明显。

成对比较

度量：MEASURE_1

(I) 血糖C肽	(J) 血糖C肽	均值差值 (I-J)	标准误差	Sig.[b]	差分的 95% 置信区间[b]	
					下限	上限
1	2	-1.370[*]	.096	.000	-1.652	-1.088
	3	-2.580[*]	.091	.000	-2.846	-2.314
2	1	1.370[*]	.096	.000	1.088	1.652
	3	-1.210[*]	.084	.000	-1.457	-.963
3	1	2.580[*]	.091	.000	2.314	2.846
	2	1.210[*]	.084	.000	.963	1.457

基于估算边际均值

*. 均值差值在 .05 级别上较显著。

b. 对多个比较的调整：Bonferroni。

图 6-45　成对比较

5．分析关系图

在分析结果中，系统还以图表的形式显示了不同测量时间下，估算边际均值与血糖 C 肽之间的变化趋势，如图 6-46 所示。通过图中数据线的走向，可以发现在第一种血糖 C 肽因素下，其估算边际均值的差别并不是很显著；而在第三种血糖 C 肽因素下，其估算边际均值的差别十分显著。

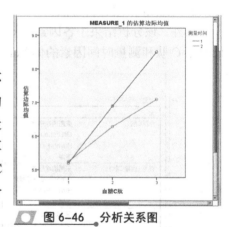

图 6-46　分析关系图

6.6 协方差分析

协方差分析是建立在方差分析和回归分析基础之上的一种统计分析方法，是将在分析过程中很难控制的因素作为协变量，在排除协变量的情况或要求各组协变量相等时，比较控制变量对观察变量的影响程度。在本小节中，将详细介绍协方差分析方法的计算公式，以及使用 SPSS 进行协方差分析的操作方法与技巧。

6.6.1　协方差概述

在实际研究分析中，往往会存在许多让分析者无法控制的无关变量，该变量被称为协变量，是不可控的。而协方差，是从质量因子（可控变量）的角度，使用直线回归方法分析各组均数与协变量之间的数量关系，以获得其各组协变量相当时的修正均数。

在进行协方差分析之前，还需要求分析数据中的协变量为连续性数值类型，其协变量之间需相互独立、各组回归斜率相等、协变量与因变量之间需呈线性关系，以及各组变量的残差存在正态分布等因素。

在协方差分析中，主要包含了定性变量和定量变量，其单因素协方差分析中的总变异平方和的计算公式表现为：$Q_{总}=Q_{控制变量}+Q_{协变量}+Q_{随机变量}$。

另外，在协方差分析中，仍然使用 F 检验方法进行分析，SPSS 软件将自动根据 F 分布计算相应的相伴概率值，其 F 值的统计量计算公式表现为：

$$F_{控制变量} = \frac{S^2_{控制变量}}{S^2_{随机变量}}, \text{ 而 } F_{协变量} = \frac{S^2_{协变量}}{S^2_{随机变量}}$$

当公式中的 $F_{控制变量}$ 的相伴概率小于或等于显著性水平时，表示控制变量对观测变量产生了显著性的影响；公式中的 $F_{协变量}$ 的相伴概率小于或等于显著性水平时，表示协变量对观测变量产生了显著性的影响。

6.6.2 检验交互性

由于协方差分析的前提条件必须使各组回归斜率相等，所以在进行协方差分析之前，还需先检验各组回归斜率是否存在交互作用，只有在各组斜率不存在交互作用的前提下进行的协方差分析，其结果才具有统计学的分析意义。

1．添加检验变量

在 SPSS 中，执行【分析】|【一般线性模型】|【单变量】命令，在弹出的【单变量】对话框中，将"空腹血糖"变量添加到【因变量】列表中，将"组别"变量添加到【固定因子】列表中，将"年龄"变量添加到【协变量】列表中，如图 6-47 所示。

2．设置检验模型

在【单变量】对话框中，单击【模型】按钮，在弹出的【单变量:模型】对话框中，选中【设定】选项，分别将【因子与协变量】列表框中的"组别"、"年龄"和"年龄*组别"变量添加到【模型】列表框中，并单击【继续】按钮，如图 6-48 所示。

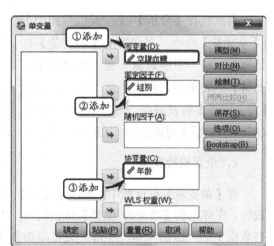

图 6-47 添加检验变量

技 巧

在添加"年龄*组别"变量时,需要在【因子与协变量】列表框中先选择"年龄"变量,然后按住 Shift 键的同时选择"组别"变量,单击【添加】按钮即可添加该变量。

3. 分析检验结果

在【单变量】对话框中,单击【确定】按钮,系统将在输出窗口中显示分析结果,如图 6-49 所示。在分析结果表中,可以发现其"年龄*组别"变量的交互作用的统计量的 $P=0.741>0.05$,表示满足各组斜率相同的前提条件。

6.6.3 协方差分析数据

检验各斜率之间不存在交互性之后,便可以进行协方差分析数据的具体操作了。协方差分析数据的前半部分与检验交互性的操作大体相同,也分为添加检验变量、设置检验模型等内容。

1. 添加检验变量

再次执行【分析】|【一般线性模型】|【单变量】命令,在弹出的【单变量】对话框中,将"空腹血糖"变量添加到【因变量】列表框中,将"组别"变量添加到【固定因子】列表框中,将"年龄"变量添加到【协变量】列表框中,如图 6-50 所示。

2. 设置检验模型

在【单变量】对话框中,单击【模型】按钮,在弹出的【单变量:模型】对话框中,选中【设定】选项,分别将【因子与协变量】列表框中的"组别"和"年龄"变量添加到【模型】列表框中,并单击【继续】按钮,如图 6-51 所示。

3. 设置均值的显示方式

在【单变量】对话框中,单击【选项】按钮,在弹出的【单变量:选项】对话框中,

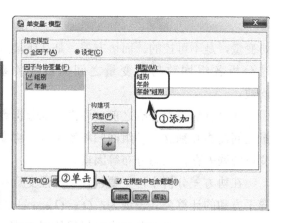

图 6-48 设置检验模型

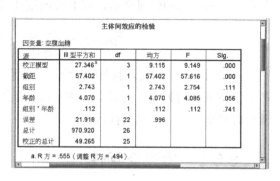

图 6-49 分析检验结果

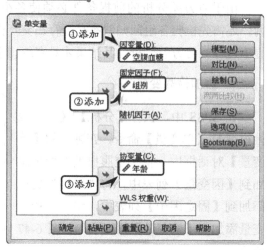

图 6-50 添加变量

将【因子与因子交互】列表框中的“组别”变量添加到【显示均值】列表框中，同时启用【比较主效应】复选框，并单击【继续】按钮，如图 6-52 所示。

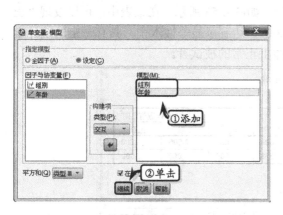

图 6-51　设置检验模型

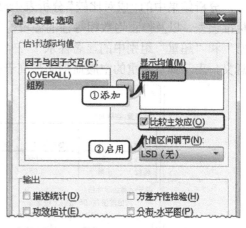

图 6-52　设置均值的显示方式

6.6.4 显示分析结果

在【单变量】对话框中，单击【确定】按钮，系统将自动在输出窗口中显示分析结果，包括协方差分析、数据转换后的均数和标准差、数据转换后的方差分析等结果。

1. 协方差分析结果

分析结果中的“主体间效应的检验”结果便是协方差的分析结果，在该分析结果中会发现“年龄”变量的 P=0.054>0.05，表示该变量对“空腹血糖”变量不存在显著性的影响。而“组别”变量的 P<0.001，达到了显著性水平，表示该变量对“空腹血糖”变量存在显著性的影响。

主体间效应的检验

因变量: 空腹血糖

源	III 型平方和	df	均方	F	Sig.
校正模型	27.234[a]	2	13.617	14.217	.000
截距	57.928	1	57.928	60.478	.000
组别	17.148	1	17.148	17.903	.000
年龄	3.959	1	3.959	4.133	.054
误差	22.030	23	.958		
总计	970.920	26			
校正的总计	49.265	25			

a. R 方 = .553（调整 R 方 = .514）

图 6-53　协方差分析结果

2. 数据转换后的均数和标准差分析结果

分析结果中的“估计”分析表便显示了经年龄数据转换后的均数和标准差分析结果，如图 6-54 所示。该结果中主要显示了“正常”与“超重”组经过年龄转换后的体重均数和标准差值，而表格下方的提示则表示其空腹血糖的对比是在转换后的年龄=45.08 岁的情况下进行检验与分析的。

估计

因变量: 空腹血糖

组别	均值	标准 误差	95% 置信区间 下限	95% 置信区间 上限
正常	5.113[a]	.276	4.541	5.684
超重	6.795[a]	.276	6.223	7.367

a. 模型中出现的协变量在下列值处进行评估: 年龄 = 45.08.

图 6-54　转换后的检验数据

3. 数据转换后的方差分析结果

分析结果中的"成对比较"分析表中显示了经年龄数据转换相等后空腹血糖的均值、标准误差，以及修正均数相等性的假设检验，如图6-55所示。在该表中，可以发现"正常"和"超重"组别中的显著性水平 $P<0.001$，达到了显著性水平，具有一定的统计学意义，表示体重超重的空腹血糖明显高于体重正常的被试者。

成对比较

因变量: 空腹血糖

(I) 组别	(J) 组别	均值差值 (I-J)	标准 误差	Sig.b	差分的 95% 置信区间b	
					下限	上限
正常	超重	-1.682*	.398	.000	-2.505	-.860
超重	正常	1.682*	.398	.000	.860	2.505

基于估算边际均值
*. 均值差值在 .05 级别上较显著。
b. 对多个比较的调整: 最不显著差别（相当于未作调整）。

图 6-55　成对比较结果

6.6　课堂练习：重复测量法分析考试成绩

重复测量法是检验两个或两个以上自变量对一个因变量的影响程度。在本练习中，某教育研究中心为研究影响学生考试成绩的因素，特设计了一个有关学习环境与补习时间的实验。实验模式中包含了学习环境和补习时间两个自变量，其中学习环境自变量又分为好和坏两个水平，分别用 a1 和 a2 来表示。而补习时间自变量分为多和少两个水平，分别用 b1 和 b2 来表示。模型中的因变量为被试者每周的考试成绩，在实验中随机选择了 10 名被试者，运用重复测量的双因素方差对其进行分析，其分析结果如图6-56所示。

主体内效应的检验

度量: MEASURE_1

源		III 型平方和	df	均方	F	Sig.	偏 Eta 方
学习环境	采用的球形度	5953.600	1	5953.600	501.239	.000	.982
	Greenhouse-Geisser	5953.600	1.000	5953.600	501.239	.000	.982
	Huynh-Feldt	5953.600	1.000	5953.600	501.239	.000	.982
	下限	5953.600	1.000	5953.600	501.239	.000	.982
误差(学习环境)	采用的球形度	106.900	9	11.878			
	Greenhouse-Geisser	106.900	9.000	11.878			
	Huynh-Feldt	106.900	9.000	11.878			
	下限	106.900	9.000	11.878			
补习时间	采用的球形度	1768.900	1	1768.900	216.306	.000	.960
	Greenhouse-Geisser	1768.900	1.000	1768.900	216.306	.000	.960
	Huynh-Feldt	1768.900	1.000	1768.900	216.306	.000	.960
	下限	1768.900	1.000	1768.900	216.306	.000	.960
误差(补习时间)	采用的球形度	73.600	9	8.178			
	Greenhouse-Geisser	73.600	9.000	8.178			
	Huynh-Feldt	73.600	9.000	8.178			
	下限	73.600	9.000	8.178			
学习环境 * 补习时间	采用的球形度	240.100	1	240.100	9.630	.013	.517
	Greenhouse-Geisser	240.100	1.000	240.100	9.630	.013	.517
	Huynh-Feldt	240.100	1.000	240.100	9.630	.013	.517
	下限	240.100	1.000	240.100	9.630	.013	.517
误差(学习环境*补习时间)	采用的球形度	224.400	9	24.933			
	Greenhouse-Geisser	224.400	9.000	24.933			
	Huynh-Feldt	224.400	9.000	24.933			
	下限	224.400	9.000	24.933			

图 6-56　考试成绩分析结果

操作步骤

1 通过已知条件，该实验中包含了 4 组实验组和，即 a1b1、a1b2、a2b1 和 a2b2。启用 SPSS 软件，在【变量视图】窗口中自定义变量名称，如图 6-57 所示。

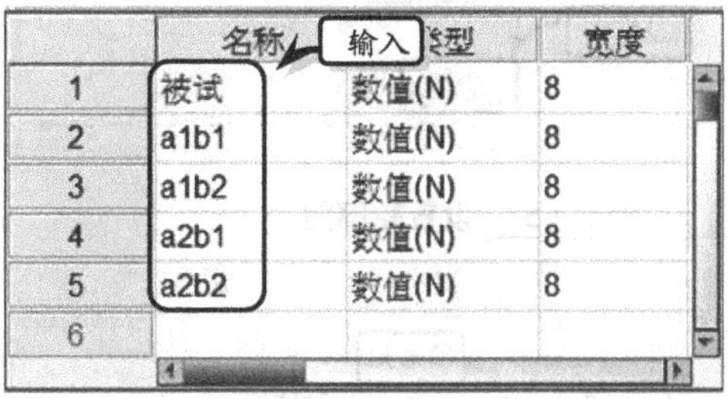

图 6-57 自定义变量名称

2 单击【小数】列中的微调按钮，将小数的位数设置为“0”，同样方法设置其他变量的小数位数，如图 6-58 所示。

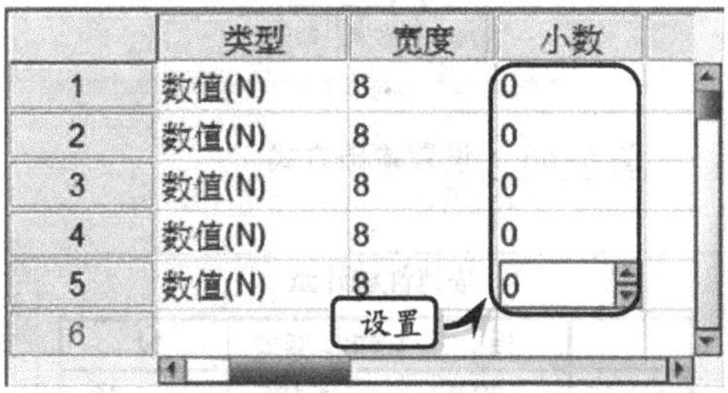

图 6-58 设置变量的小数位数

3 单击【对齐】列中的下拉按钮，在其列表中选择【居中】选项，同样方法设置其他变量的居中方式，如图 6-59 所示。

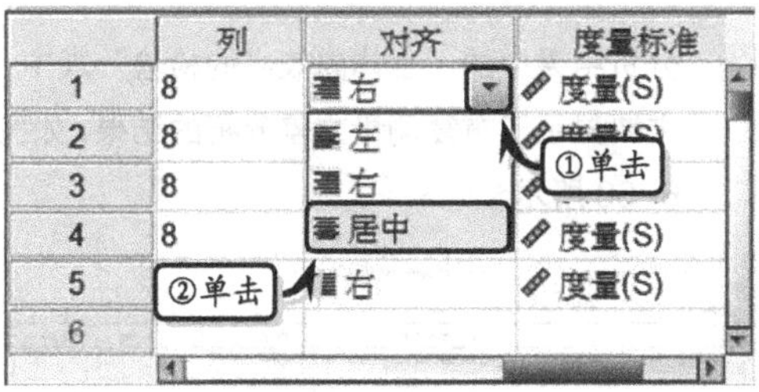

图 6-59 设置居中方式

4 切换到【数据视图】窗口中，根据自变量类型一次输入分析数据，如图 6-60 所示。

5 执行【分析】|【一般线性模型】|【重复度量】命令，在【被试内因子名称】文本框中输入“学习环境”，在【级别数】文本框中输入“2”，并单击【添加】按钮，如图 6-61 所示。

	被试	a1b1	a1b2	a2b1	a2b2
1	1	92	77	60	50
2	2	96	79	67	56
3	3	89	80	69	57
4	4	90	83	71	56
5	5	88	89	72	52
6	6	87	76	73	48
7	7	80	76	70	49
8	8	91	84	71	54

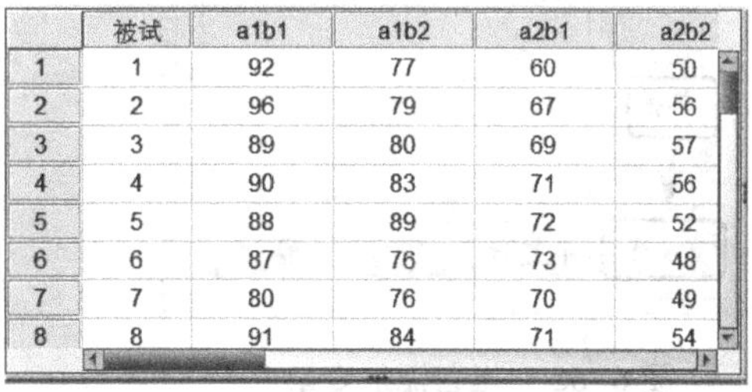

图 6-60 输入分析数据

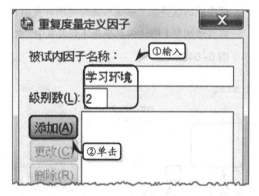

图 6-61 定义第一个被试因子

6 在【被试内因子名称】文本框中输入“补习时间”，在【级别数】文本框中输入“2”，并单击【添加】按钮，如图 6-62 所示。

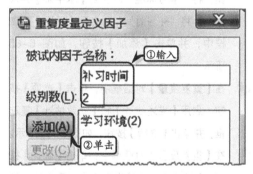

图 6-62 定义第二个被试因子

7 在【重复度量定义因子】对话框中，单击【定义】按钮，如图 6-63 所示。

图 6-63 准备添加变量

8 在弹出的【重复度量】对话框中的左侧列表框中同时选择除"被试"之外的所有变量，将其添加到【群体内部变量】列表框中，如图 6-64 所示。

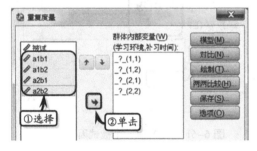

图 6-64 添加内部变量

9 在【重复度量】对话框中，单击【绘制】按钮，将"学习环境"添加到【水平轴】列表框中，将"补习时间"添加到【单图】列表框中，并单击【添加】按钮，如图 6-65 所示。

10 在【重复度量】对话框中，单击【选项】按钮，启用【描述统计】和【功效估计】复选框，并单击【继续】按钮，如图 6-66 所示。

11 在【重复度量】对话框中，单击【确定】按钮，系统将自动在输出窗口中显示描述性统计量分析结果，用来显示被试考试成绩的均值和标准差，如图 6-67 所示。

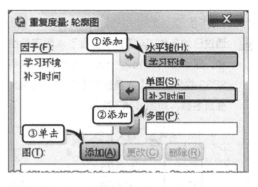

图 6-65 设置轮廓图

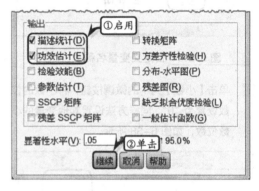

图 6-66 设置输出方式

	描述性统计量		
	均值	标准 偏差	N
a1b1	88.80	4.185	10
a1b2	80.40	4.061	10
a2b1	69.30	3.917	10
a2b2	51.10	4.654	10

图 6-67 描述性统计分析结果

12 分析结果中的"主体内效应的检验"表中，主要显示了重复测量方差分析的结果，如图 6-68 所示。

图 6-68 主体内效应的检验

分析结果：重复测量分析结果中主要包括“学习环境”、“补习时间”、“学习环境*补习时间”因素及各自误差项的和方、自由度、均方、F 值、显著性等分析数值。其中，“学习环境”主效应 F=501.239，而显著性 P<0.01，表示达到了极其显著性水平；而偏 Eta 方值=0.982，表示该因素可以解释为对考试成绩的绝大部分变异。

13 在分析结果中，系统还为用户提供了自变量与因变量的关系图，如图 6-69 所示。

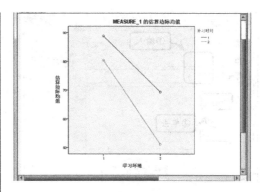

图 6-69 自变量与因变量关系图

6.7 课堂练习：协方差分析空腹血糖

已知某医疗机构正在研究体重与血糖之间的关系，由于怀疑空腹血糖与人体的年龄和体重存在莫大的关联，因此该医疗机构调查了多名被试者的年龄、体重与空腹血糖，准备通过调查结果分析三者因素之间的关联性。在本练习中，根据已知描述考虑到需要分析空腹血糖与体重之间的关系，可以将年龄作为一个干扰变量进行排除，在此将运用 SPSS 中的协方差分析方法，来分析空腹血糖与体重之间的关系，如图 6-70 所示。

主体间效应的检验

因变量：空腹血糖

源	III 型平方和	df	均方	F	Sig.
校正模型	27.234a	2	13.617	14.217	.000
截距	57.928	1	57.928	60.478	.000
组别	17.148	1	17.148	17.903	.000
年龄	3.959	1	3.959	4.133	.054
误差	22.030	23	.958		
总计	970.920	26			
校正的总计	49.265	25			

a. R 方 = .553（调整 R 方 = .514）

图 6-70 空腹血糖分析结果

操作步骤

1 启动 SPSS 软件，切换到【变量视图】窗口中，在【名称】列输入变量名称，如图 6-71 所示。

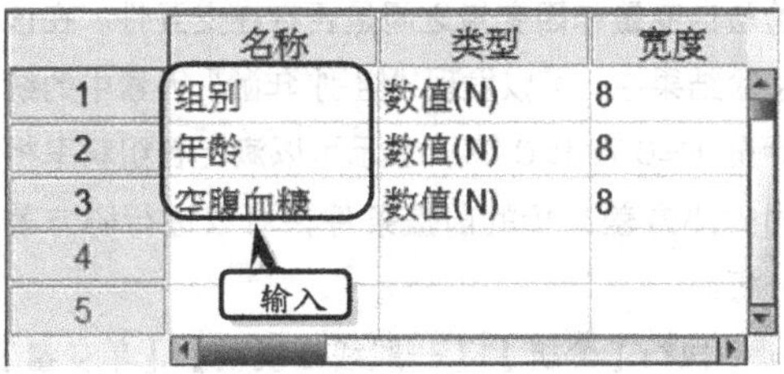

图 6-71 自定义变量

2 在【小数】列中，将前两个变量的小数设置为“0”，将第 3 个变量的小数设置为“1”，如图 6-72 所示。

3 单击“组别”变量对应的【值】按钮，在【值】文本框中输入“1”，在【标签】文本框中输入“正常”，并单击【添加】按钮，如图 6-73 所示。同样方法，添加第 2 个值标签。

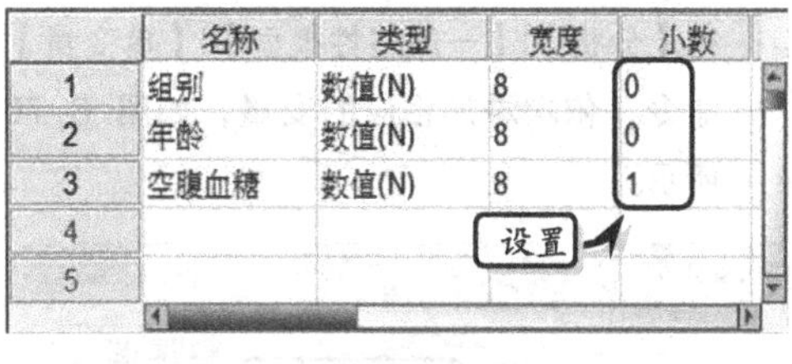

图 6-72 设置小数位数

4 单击【对齐】下拉按钮，在其下拉列表中选择【居中】选项，设置数据的对齐格式，如图 6-74 所示。使用同样方法，设置其他变量的对齐方式。

5 切换到【数据视图】窗口中，根据变量内容依次输入分析数据，如图 6-75 所示。

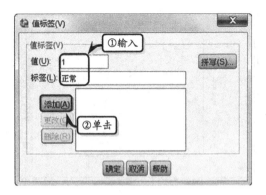

图 6-73 设置值标签

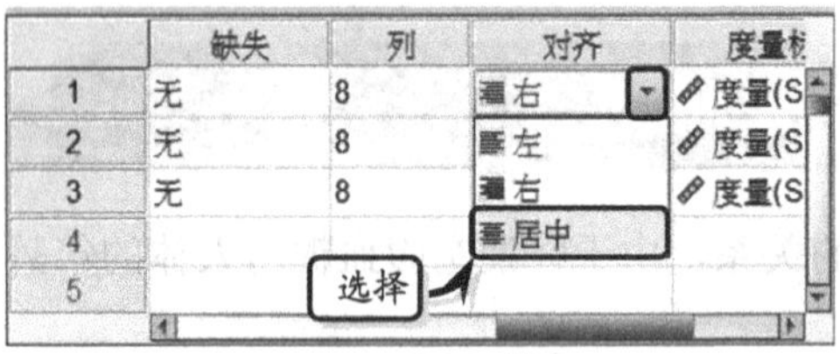

图 6-74 设置对齐方式

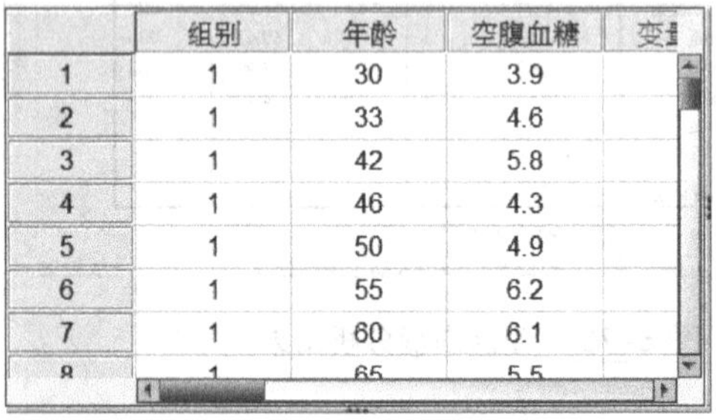

图 6-75 输入分析数据

6 在分析之间还需要先检验数据的交互性。执行【分析】|【一般线性模型】|【单变量】命令，依次添加相应的变量，如图 6-76 所示。

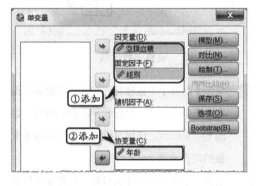

图 6-76 添加变量

7 单击【模型】按钮，选中【设定】选项，分别将“组别”、“年龄”、“组别*年龄”变量添加到【模型】列表框中，并单击【继续】按钮，如图 6-77 所示。

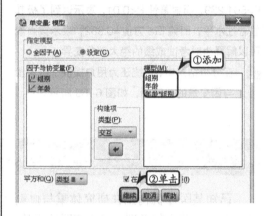

图 6-77 添加模型变量

8 在【单变量】对话框中，单击【确定】按钮，系统将自动在输出窗口中弹出分析结果，如图 6-78 所示。

主体间效应的检验

因变量: 空腹血糖

源	III 型平方和	df	均方	F	Sig.
校正模型	27.346a	3	9.115	9.149	.000
截距	57.402	1	57.402	57.616	.000
组别	2.743	1	2.743	2.754	.111
年龄	4.070	1	4.070	4.085	.056
组别 * 年龄	.112	1	.112	.112	.741

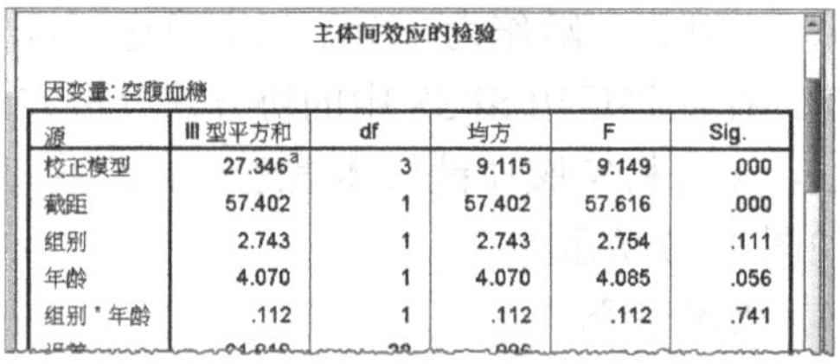

图 6-78 显示分析结果

分析结果：在进行协方差分析之前，需要先检验自变量和因变量之间是否存在交互性。在该检验结果中，可以发现“组别*年龄”因素中的统计量 P=0.741>0.05，表示可以满足各组斜率相同的协方差分析的前提条件，可以进行协方差分析。

9 执行【分析】|【一般线性模型】|【单变量】命令，依次添加相应的变量，如图 6-79 所示。

10 单击【模型】按钮，选中【设定】选项，将“组别”和“年龄”变量添加到【模型】列表框中，如图 6-80 所示。

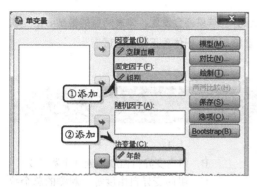

图 6-79 添加变量

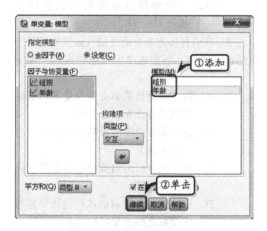

图 6-80 设置模型变量

11 在【单变量】对话框中，单击【选项】按钮，将"组别"变量添加到【显示均值】列表框中，同时启用【比较主效应】复选框，如图 6-81 所示。

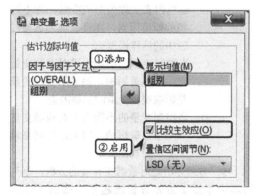

图 6-81 设置选项

12 在【单变量】对话框中，单击【确定】按钮，在输出窗口中显示主体间效应的检验结果，如图 6-82 所示。

图 6-82 主体间效应的检验结果

分析结果：在该分析结果中，主要显示了"组别"和"年龄"因素对空腹血糖的影响程度。其中，"组别"因素中的显著性水平 $P<0.01$，表示对空腹血糖存在显著性影响；"年龄"因素中的显著性水平 $P=0.054>0.05$，表示对空腹血糖不存在太显著的影响。

13 在分析结果中的"估计"表中，可以查看"正常"与"超重"情况下数据的均值和标准误差值，如图 6-83 所示。通过该表，还可以发现进行评估的年龄是在被转换为 45.08 岁时而进行数据分析的。

			95% 置信区间	
组别	均值	标准 误差	下限	上限
正常	5.113a	.276	4.541	5.684
超重	6.795a	.276	6.223	7.367

a. 模型中出现的协变量在下列值处进行评估：年龄 = 45.08。

图 6-83 估计表

14 在分析结果中的"成对比较"表中，显示了年龄被转换为 45.08 岁时空腹血糖的分析数据，如图 6-84 所示。

成对比较

因变量：空腹血糖

(I) 组别	(J) 组别	均值差值 (I-J)	标准 误差	Sig.b
正常	超重	-1.682*	.398	.000
超重	正常	1.682*	.398	.000

基于估算边际均值
*. 均值差值在 .05 级别上较显著。
b. 对多个比较的调整：最不显著差别（相当于未作调整）。

图 6-84 成对比较表

分析结果：在该分析结果中，会发现其两个组别的显著性水平 P<0.01，表示两个组别空腹血糖的修正均数差达到了显著性水平。另外，通过该分析结果还会发现，体重超重的被试者的空腹血糖明显高于体重正常的被试者。

6.8 思考与练习

一、填空题

1．方差分析又称为_____，可以分析两个及两个以上样本均数差别的_____，是一种利用试验获取数据并进行分析的统计方法。

2．单因素方差分析主要是研究_____对观测变量的影响，也可以理解为是研究一个_____两个处理水平的自变量对因变量影响的分析方法。

3．双因素方差分析则是一种由_____试验设计而得到数据的分析方法，主要通过研究因变量的_____是否存在显著性差异，来探讨一个因变量是否受到多个自变量的影响。

4．多元方差分析是_____的推广，适用于研究同时包含两个或两个以上因变量的数据。

5．重复测量又称为_____，是指对相同的研究对象先后施加不同的_____，或者在不同的试验条件下对其进行_____。

6．协方差分析是建立在_____和_____基础之上的一种统计分析方法，是将在分析过程中很难控制的因素作为_____，在排除_____的情况或要求各组_____相等时，比较控制变量对观察变量的影响程度。

二、选择题

1．在进行方差分析时，为了保证分析结果的准确性，还需要考虑分析数据是否满足方差分析的假设条件。下列选项中，不属于方差分析假设条件的一项为_____。

　　A．总体正态分布性
　　B．交互性
　　C．齐效性
　　D．相互独立性

2．下列选项中，对方差自由度分解描述错误的一项为_____。

　　A．总变异自由度等于观测的总个数加上 1
　　B．组内变异自由度为处理个数减 1
　　C．组间变异自由度等于观测的总个数减 k
　　D．组间变异自由度的公式表现为 $df_w = k(n-1)$

3．在进行协方差分析之前，还需要满足一定的前提条件，下列选项中描述错误的一项为_____。

　　A．协方差分析的前提条件是各组变量的残差存在非正态分布
　　B．协方差分析的前提条件是协变量之间相互独立
　　C．协方差分析的前提条件是各组的回归斜率相等
　　D．协方差分析的前提条件是协变量与因变量之间需呈线性关系

4．影响方差分析数据呈现波动状现象的各种因素主要分为可控因素与随机因素，下列选项中，对上述两者因素表示错误的一项为_____。

　　A．可控因素可以理解为控制因素、控制变量，是在研究分析中所施加的对结果形成影响的一种可控因素
　　B．随机因素又称为随机变量，为不可控的随机因素，主要表现为试验过程中的抽样误差
　　C．当控制变量的不同水平对观测变量产生了显著影响，则表示控制变量是影响观测变量的主要因素
　　D．当控制变量的不同水平对观测变量产生了显著影响，则表示控制变量未影响到观测变量

5．方差分析是对数据变异量的分析，下列选项中不属于方差分析流程中步骤的一项为_____。

　　A．自由度分解
　　B．方差齐性检验
　　C．F 值检验
　　D．数据均值检验

三、问答题

1. 在进行协方差分析时，如果检验交互性时 $P<0.05$，还可以进行协方差分析吗？
2. 如何计算方差分析中的变异量？
3. 如何对数据进行双因素方差分析？
4. 简述多元方差分析的操作方法？
5. 什么是协方差分析？

四、上机练习

1．单因素作业分析

本练习中，将运用单因素分析方法，分析不同学生不做作业、抄袭他人作业，以及独立完成作业情况下对考试成绩的影响，如图 6-85 所示。制作本练习，首先在【变量视图】窗口中自定义分析变量，即将"组别"变量的值定义为"1=不做作业，2=抄袭他人作业，3=自己做作业"，并在【数据视图】窗口中输入分析数据。然后，进行正态分布检验，即执行【分析】|【非参数检验】|【旧对话框】|【1-样本 K-S(1)】命令，将"成绩"变量添加到【检验变量列表】列表框中，并单击【确定】按钮。最后，执行【分析】|【比较均值】|【单因素 ANOVA】命令，进行单因素作业分析。

2．双因素分析成绩提高水平的因素

本练习中，将运用双因素分析每个学生不同的补习时间与智商水平对考试成绩的影响程度，如图 6-86 所示。制作本实例，首先在【变量视图】窗口中自定义变量，并在【数据视图】窗口中输入分析数据。然后，执行【分析】|【一般线性模型】|【单变量】命令，添加分析变量，并单击【选项】按钮，设置输出选项。最后，在【单变量：观测均值的两两比较】对话框中，设置两两比较检验的变量和假定方差齐性选项。同时，在【单变量:轮廓图】对话框中，设置轮廓图的水平轴与单图变量，单击【继续】按钮，并单击【确定】按钮，查看分析结果。

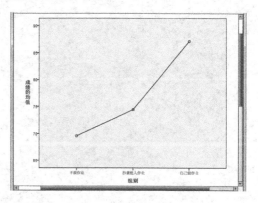

图 6-85　单因素作业分析

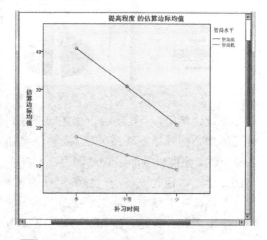

图 6-86　双因素分析结果

第 7 章

相关分析

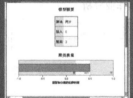  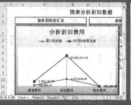 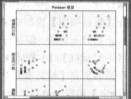

在统计学中，研究客观事物之间的关联性具有一定的理论和时间意义。通常情况下，客观事物之间既相互联系、相互影响，又相互制约；当事物之间的这种相互关系反映到数量上时，便可以推断事物之间存在着一定的关系，该关系可以理解为事物的相关关系。在统计学上，相关关系是一种确定性的关系，可以使用相关分析方法来分析事物之间的相互关系。在本章中，将以相关分析的基础理论为基础，以 SPSS 软件进行相关分析操作为主要思路，详细介绍相关分析方法分析数据的操作方法与技巧。

本章学习目标：

- ➢ 相关分析概述
- ➢ 双变量相关分析
- ➢ 偏相关分析
- ➢ 距离相关分析

7.1 相关分析概述

相关分析是研究随机变量之间的相关性的一种统计分析方法，通过该分析方法可以确定变量之间的相互性和密切程度。在使用相关分析方法分析数据之前，用户还需要先了解一下相关分析的基本理论与原理。

7.1.1 函数关系和相关关系

相关分析是研究变量之间是否存在某种依赖关系，其分析目的是为了了解变量间相互联系的密切程度。在统计分析学中，变量之间根据关系的变化而定，可以分为函数关系和相关关系。

1. 函数关系

函数关系是变量之间存在严格确定的一种依存关系，这种关系中的一个或几个变量在取值时，另一变量会存在相对应的确定值。而且，函数关系可以使用一个数学表达式进行反应。例如，某产品的产量、单位成本与总成本之间的关系，便可以使用公式 $S=CD$ 进行表达。其中，由于 S 会根据 C 和 D 的变化而变化，是一种发生变化的变量，因此被称为因变量；而 C 和 D 则作为影响某因素的变量进行存在，因此被称为自变量。

2. 相关关系

相关关系是变量之间存在的一定的相依关系，而这种关系并非确定和严格依存的关系。也就是当一个或几个变量在取值时，另一变量并不会存在相对应的确定值，此时另一变量可能会出现若干个数值与之相对应。由于相对应的数值比较多，所以相关关系会出现一定的波动性。

另外，函数关系和相关关系并非是一成不变的，在统计学中这两种关系并不存在严格的界限。由于种种原因，在实际中函数关系也许会通过相关关系进行表现，而在某种情况下相关关系也可以转化为函数关系。通过上述描述，可以发现相关关系在某一定程度上，可以用相应的函数关系进行表述，以期达到更好的描述和理解形式。

7.1.2 相关关系的分类

在实际分析中，相关关系可以按照不同的形态，以及不同的标准进行划分。一般包括按相关程度、相关形式、相关方向和相关关系涉及的因素进行划分。

1. 按相关程度划分

相关关系按照相关关系的程度进行划分，可以分为完全相关、不完全相关和零相关3种类型。其中：

- **完全相关** 完全相关关系指变量之间的关系是一一对应的，即一个变量的数量发生变化完全由另一个变量的数量变化确定。该类型的相关关系为函数关系，是相关关系中的一种特例。
- **不完全相关** 不完全相关关系是指变量之间的关系并非一一对应，即两个现象之间的关系介于完全相关和不相关之间。统计分析中的一般的相关现象都是指这种不完全相关，该相关关系是相关分析的主要研究对象。
- **零相关** 零相关关系又称为不相关关系，是指两个变量之间彼此互不影响，其数量变化各自独立的关系。

2. 按相关形式划分

相关关系按照相关形式划分，可以分为线性相关和非线性相关两种类型。其中：
- **线性相关** 线性相关是指一个变量在增加或减少时，另一个变量随之会发生大致均等的增加或减少变化，其图形中所表现的观测点会分布在某一条直线附近。
- **非线性相关** 非线性相关是指一个变量在增加或减少时，另一个变量也随之发生不均等的增加或减少变化，其图形中所表现的观测点会分布在某一曲线附近。

3. 按相关方向划分

相关关系按照相关方向划分，可以分为正相关和负相关两种类型。其中：
- **正相关** 正相关是指两个变量按照相同的方向发生变化，即一个变量增加或减少时，另外一个变量也随之增加或减少。
- **负相关** 负相关是指两个变量按照相反的方向发生变化，即一个变量增加或减少时，另外一个变量相反地呈现减少或增加变化。

4. 按相关关系涉及的因素划分

相关关系按照其涉及的因素划分，可以分为单相关、复相关和偏相关 3 种类型。其中：
- **单相关** 单相关又称为一元相关，是指两个变量之间的相关关系，即仅限于一个变量与另一个变量之间的依存关系。
- **复相关** 复相关又称为多元相关，是指 3 个或 3 个以上变量间的相关关系。
- **偏相关** 偏相关是指某一变量和多种变量相关时，当假定其他变量不变，其中两个变量的相关关系。

7.1.3 相关系数

单相关是相关所有关系中最基本的相关关系，也是复相关和偏相关的基础。该处的相关关系主要从线性的单相关系数出发，也就是在线性条件下研究两个变量之间相关系数密切程度的统计指标。一般情况下，相关系数使用 r 表示，其计算公式表现为：

$$r = \frac{\sum(x-\bar{x})(y-\bar{y})}{\sqrt{\sum(x-\bar{x})^2(y-\bar{y})^2}}$$

另外，相关系数 r 还具有下列特征。
- **取值范围** 相关系数的取值范围介于 –1~1 之间，常用小数形式进行表示。另外，相关系数不存在相等单位和绝对零点，只能说明两个相关系数之间的程度高低，不能表述为两个相关系数数值的大小。
- **正负相关** 相关系数的正负取值决定于公式中的分子，当分子>0时，r>0，说明x和y为正相关，反正为负相关。
- **线性相关** 当0<|r|<1时，表示x和y存在一定的线性相关。|r|数值越接近1时，表示其相关性越高；当|r|数值越接近0时，表示其相关性越低。通常的判断标准为当|r|<3时，表示微相关；当0.3<|r|<0.5时，表示低度相关；当0.5<|r|<0.8时，表示显著相关；当0.8<|r|<1时，表示高度相关。
- **完全线性相关** 当r=1时，表示x和y之间存在完全线性相关，即表示x和y之间存在确定性的函数关系。
- **不完全线性相关** 当r=0时，表示x和y之间不存在相关性。

7.2 双变量相关分析

双变量相关分析是用于两个或多个变量之间的相关分析，当分析过程中出现多个变量时，系统则会在运行结果中给出两两变量间的相关系数。在本小节中，将重点介绍双变量相关分析的基础知识和分析方法。

7.2.1 双变量相关分析方法

在SPSS中，系统为用户提供了Pearson积差相关、Kendall的tau-b等级相关和Spearman等级相关3种分析方法。

1. Pearson积差相关

Pearson积差相关系数是两个标准值的乘积之和除以n，其公式表现为：

$$r = \frac{\sum(x-\bar{x})(y-\bar{y})}{nS_xS_y}$$

式中S_x为x变量的样本标准差，S_y为y变量的样本标准差。

Pearson积差相关系数必须满足下列适用条件：
- 分析变量必须为成对数据，且各组变量之间必须相互独立。
- 分析变量的样本容量必须大于30。
- 各组变量的总体必须呈正态或接近正态分布。
- 各组变量必须为连续性数据。
- 各组变量之间必须存在线性相关性。

2. Kendall的tau-b等级相关

Kendall的tau-b等级相关系数适用于两列等级变量关系程度的测量，结果为交错系数，其公式表示为：

$$\tau = \frac{\sum_{i<j}\text{sgn}(x_i-x_j)\text{sgn}(y_i-y_j)}{\sqrt{(\frac{n(n-2)}{2}-\frac{\sum t_i(t_i-1)}{2})(\frac{n(n-2)}{2}-\frac{\sum u_i(u_i-1)}{2})}}$$

式中：t_i表示 x 的第 i 组节点 x 值的数目；u_i 表示 y 的第 y 组节点 y 值的数目；n 表示观测数量。

3. Spearman 等级相关

Spearman 等级相关系数是在 Pearson 积差相关的基础上进行分析的，其公式表现为：

$$r = \frac{3}{n-1}[\frac{4\sum U_X U_Y}{n(n+1)} - (n+1)]$$

式中：n 表示等级个数；U_X 和 U_Y 表示两列变量各自排列的等级序数。

用户在使用 Spearman 等级相关系数进行分析数据之前，还需要注意分析的变量只能满足两个变量的要求，并且两个变量需为顺序变量或连续变量。另外，两个连续变量的观测数据中，至少有一列数据是由非测量方法进行评估而获得的。

7.2.2 设置分析变量

已知某个班级学生的数学和英语考试成绩，下面运用双变量相关分析方法，分析两门考试成绩之间的相关性。

在 SPSS 中，执行【分析】|【相关】|【双变量】命令，弹出【双变量相关】对话框。将左侧列表框中的"数学成绩"和"英语成绩"变量添加到【变量】列表框中，同时启用【Pearson】复选框，如图 7-1 所示。

在【双变量相关】对话框中的【相关系数】选项组中，主要包括下列 3 种相关系数：

- **Pearson** 该选项为默认选项，表示可以使用皮尔逊积差相关系数进行两列正态分布的连续性变量的分析。
- **Kendall 的 tau-b** 启用该复选框，表示可以对有序分类的两个分类变量进行分析。

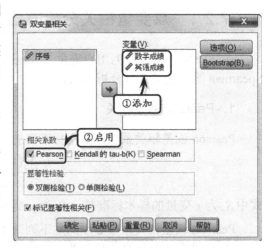

图 7-1 设置分析变量

- **Spearman** 启用该复选框，表示可以对描述名称数据和顺序数据进行分析。

在【显著性检验】选项组中，主要包括下列两种选项：

- **双侧检验** 该选项为默认选项，当不确定两个变量间的方向时，可以选中该选项。
- **单侧检验** 当研究者已经明确获知两个变量的正相关或负相关方向时，可以选中该选项。

7.2.3 设置分析选项

在【双变量相关】对话框中，单击【选项】按钮，弹出【双变量相关性:选项】对话框。启用【均值和标准差】复选框，单击【继续】按钮，如图 7-2 所示。

在【双变量相关性:选项】对话框中，主要包括下列 4 种选项：

- **均值和标准差**　启用该复选框，表示为每个变量显示均值和标准差。另外，还会显示具有非缺失值的个案数。
- **叉积偏差和协方差**　启用该复选框，表示为每对变量显示叉积偏差和协方差。其中，偏差的叉积等于校正均值变量的乘积之和，是 Pearson 相关系数的分子。协方差是有关两个变量之间关系的一种非标准化度量，等于叉积偏差除以 $N-1$。

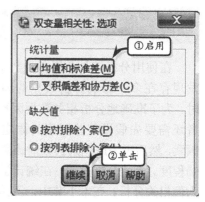

图 7-2　设置分析选项

- **按对排除个案**　选中该选项，表示会从分析中排除对其计算相关系数的一对变量中一个或两个含有缺失值的个案。由于每个系数均基于对特定变量对具有有效代码的所有个案，因此在每次计算中会使用可用的最大信息量。这可能会因为个案数不同而产生一组系数。
- **按列表排除个案**　选中该选项，可以从所有相关性中排除对任意变量有缺失值的个案。

> 提示
> 【双变量相关性:选项】对话框中的【统计量】选项组，只有在【双变量相关】对话框中启用【Pearson】复选框时，才变成可用状态。

7.2.4　显示分析结果

在【双变量相关】对话框中，单击【确定】按钮，系统将自动在输出窗口中显示分析结果。由于使用 Pearson 相关系数进行分析，并且指定了统计量，所以在分析结果中将显示"描述性统计量"和"相关性"两个分析结果。

其中，在"描述性统计量"分析结果中，主要显示了数学成绩和英语成绩的均值、标准差和统计个案的数量，如图 7-3 所示。

在"相关性"分析结果中，主要显示了数学成绩和英语成绩的 Pearson 相关性、显著性和统计个案的数量，如图 7-4 所示。在该分析结果中，可以发现数学成绩和英语成绩相关系数为 0.838，该数字上方的 "**" 表示两者在 0.01 水平上达到了显著相关。另外，双侧显著性值小于 0.001，说明数学成绩和英语成绩不相关的概率小于 0.001。

描述性统计量			
	均值	标准差	N
数学成绩	80.84	10.839	31
英语成绩	79.26	10.159	31

图 7-3　描述性统计量

7.3 偏相关分析

在使用分析工具分析各类数据时，会发现存在多个影响分析数据的因素。此时，为了准确地分析相关数据因素，研究者还需要先假设某些因素为固定不变的因素，然后再考虑剩余因素对该数据的影响程度。上述分析方式，在统计学中被称为偏相关分析。在本小节中，将详细介绍偏相关分析的基础知识与分析方法。

相关性

		数学成绩	英语成绩
数学成绩	Pearson 相关性	1	.838**
	显著性（双侧）		.000
	N	31	31
英语成绩	Pearson 相关性	.838**	1
	显著性（双侧）	.000	
	N	31	31

**. 在 .01 水平（双侧）上显著相关。

图 7-4 相关性

7.3.1 偏相关分析概述

偏相关分析又称为净相关分析，是指当 2 个变量同时与第 3 个变量相关时，在排除第 3 个变量影响的情况下，对另外 2 个变量之间相关程度分析的一种过程。偏相关分析所采用的分析工具为偏相关系数，是可以真正反映两个变量相关关系的统计量。偏相关系数又可分为零阶偏相关和一阶偏相关等类别，其中：

- **零阶偏相关** 当控制变量的个数为零时，偏相关系数被称为零阶偏相关系数，也就是经常使用的简单相关系数。
- **一阶偏相关** 当控制变量的个数为一时，偏相关的系数被称为一阶偏相关系数。
- **（P–1）阶偏相关** 当控制变量的个数为（p–1）时，偏相关的系数被称为（p–1）阶偏相关系数。

在假设随机变量 x、y 和 z 之间存在相关关系时，在剔除 z 因素情况下的 x 和 y 一阶偏相关系数的公式表现为：

$$r_{xy.z}=\frac{r_{xy}-r_{xz}r_{yz}}{\sqrt{1-r_{xz}^2}\sqrt{1-r_{yz}^2}}$$

另外，当增加变量 t 的情况下，x 和 y 的二阶相关系数的公式表现为：

$$r_{xy.zt}=\frac{r_{xz}-r_{xtz}r_{ytz}}{\sqrt{1-r_{xtz}^2}\sqrt{1-r_{tz}^2}}$$

7.3.2 设置分析变量

已知所抽查的小麦产量、降雨量和施肥量的调查数据，下面运用偏相关分析方法，分析小麦产量与降雨量或施肥量之间的相关性。

在 SPSS 中，执行【分析】|【相关】|【偏相关】命令，弹出【偏相关】对话框。将左侧列表框中的“产量”和“施肥量”变量添加到【变量】列表框中，将“降雨量”添加到【控制】列表框中，如图 7-5 所示。

7.3.3 设置分析选项

图 7–5 添加分析变量

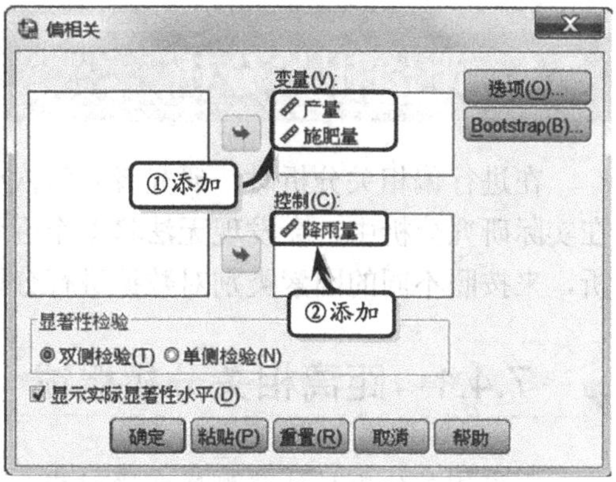

在【偏相关】对话框中，单击【选项】按钮，弹出【偏相关性：选项】对话框。启用【零阶相关系数】复选框，选中【按列表排除个案】选项，并单击【继续】按钮，如图 7-6 所示。

在【偏相关性:选项】对话框中，主要包括下列 4 种选项：

- **均值和标准差** 选中该复选框，表示为每个变量显示均值和标准差，另外还可以显示具有非缺失值的个案数。
- **零阶相关系数** 启用该复选框，表示显示所有变量（包括控制变量）之间简单相关的矩阵。
- **按列表排除个案** 选中该选项，表示将从所有计算中排除其任何变量（包括控制变量）具有缺失值的个案。
- **按对排除个案** 选中该选项，表示对于偏相关所基于的零阶相关的计算，不使用其一对变量或其中一个变量具有缺失值的个案。按对删除可以充分使用数据。但是，个案数可能随系数的不同而不同。如果按对删除有效，则某个特定的偏相关系数的自由度是基于在任何零阶相关计算中使用的最小个案数。

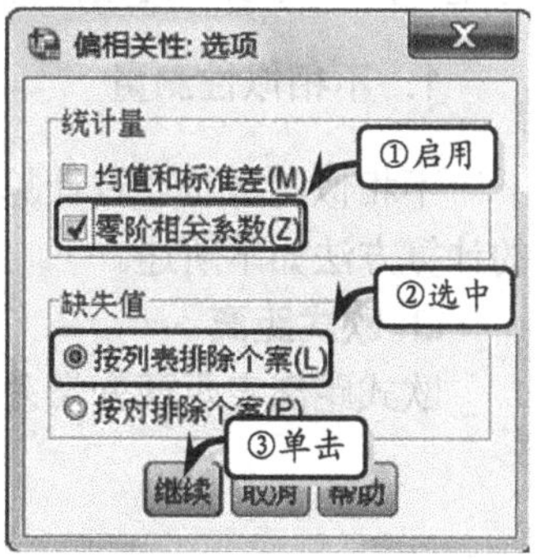

图 7–6 设置分析选项

7.3.4 显示分析结果

在【偏相关】对话框中，单击【确定】按钮，系统将自动在输出窗口中显示分析结果，如图 7-7 所示。

相关性

控制变量			产量	施肥量	降雨量
-无-[a]	产量	相关性	1.000	.946	.156
		显著性（双侧）	.	.000	.668
		df	0	8	8
	施肥量	相关性	.946	1.000	.298
		显著性（双侧）	.000	.	.403
		df	8	0	8
	降雨量	相关性	.156	.298	1.000
		显著性（双侧）	.668	.403	.
		df	8	8	0
降雨量	产量	相关性	1.000	.954	
		显著性（双侧）	.	.000	
		df	0	7	
	施肥量	相关性	.954	1.000	
		显著性（双侧）	.000	.	
		df	7	0	

a. 单元格包含零阶 (Pearson) 相关。

图 7–7 分析结果

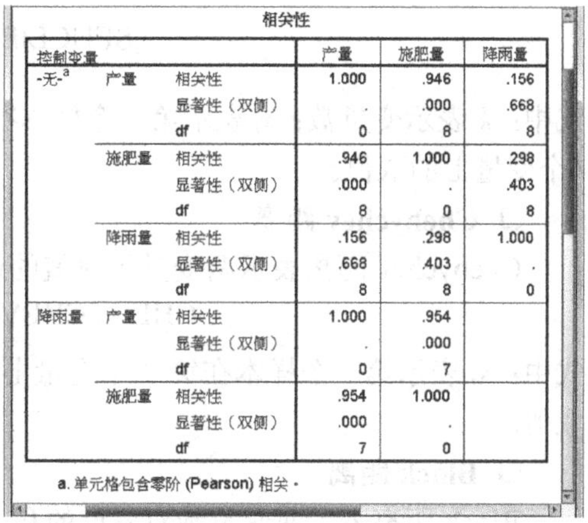

通过分析结果表中上半部分数据可以发现，产量和施肥量之间的相关系数为 0.946，$P<0.01$，在 0.01 水平上达到了显著相关。而产量和降雨量之间的相关系数为 0.156，$P=0.668>0.05$，表示不存在显著性相关。施肥量和降雨量之间的相关系数为 0.298，$P=0.403>0.05$，表示不存在显著性相关。综上所述，可以发现产量与施肥量之间存在显著性相关性。

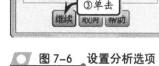

7.4 距离相关分析

在进行偏相关分析时，研究者是将次要因素剔除，并对主要因素进行分析。但是，在实际研究分析中，会发现无法将多个因素一一进行剔除，此时便需要使用距离相关分析，来按照不同的因素类别对数据进行分析。

7.4.1 距离相关分析概述

距离相关分析是计算测量变量对或个案对之间相似性或不相似性（距离）的各种统计量的一种分析方法，可以为聚类分析和因子分析作出分析准备。距离相关分析根据统计量不同，可以分为相似性测量和不相似性测量计算方法。

1. 不相似性测量

不相似测量是通过计算样本或变量之间的距离来显示分析结果的统计方法，其适用的计算方法如下所述。

❏ 欧式距离

欧式距离表示两变量差值平方和的平方根，其公式表现为：

$$\text{EUCLID} = \sqrt{\sum_{i=1}^{k}(x_i - y_i)^2}$$

式中：k 表示变量数；x_i 表示第一个样本在第 i 个变量上的取值；y_i 表示第二个样本在第 i 个变量上的取值。

❏ 欧式距离平方

欧式距离平方表示两变量差值的平方和，其公式表现为：

$$\text{SEUCLID} = \sum_{i=1}^{k}(x_i - y_i)^2$$

式中：k 表示变量数；x_i 表示第一个样本在第 i 个变量上的取值；y_i 表示第二个样本在第 i 个变量上的取值。

❏ Chebychev 距离

Chebychev 距离表示两变量绝对值的最大值，其公式表现为：

$$\text{CHEBYCHEV}(x, y) = \max|x_i - y_i|$$

式中：x_i 表示第一个样本在第 i 个变量上的取值；y_i 表示第二个样本在第 i 个变量上的取值。

❏ Block 距离

Block 距离表示两变量绝对差值的和，其公式表现为：

$$\text{BLOCK}(x, y) = \sum_{i=1}^{k}|x_i - y_i|$$

式中：k 表示变量数；x_i 表示第一个样本在第 i 个变量上的取值；y_i 表示第二个样本在第 i 个变量上的取值。

❑ **Minkowski 距离**

Minkowski 距离表示两变量的绝对差值 p 次幂之和的 p 次根，其公式表现为：

$$\text{MINKOWSKI}(x, y) = \sqrt[p]{\sum_{i=1}^{k} |x_i - y_i|^p}$$

式中：k 表示变量数；x_i 表示第一个样本在第 i 个变量上的取值；y_i 表示第二个样本在第 i 个变量上的取值；p 表示次方。

❑ **Customized 距离**

Customized 距离表示两变量绝对差值 p 次幂之和的 r 次根，其公式表现为：

$$\text{CUSTOMIZED}(x, y) = \sqrt[r]{\sum_{i=1}^{k} |x_i - y_i|^p}$$

式中：k 表示变量数；x_i 表示第一个样本在第 i 个变量上的取值；y_i 表示第二个样本在第 i 个变量上的取值；p 和 r 表示次方。

除了上述介绍之外，不相似性测量的计算方法还包括下列常用的 4 种方法：

❑ **卡方** 表示标准分数的平方和。
❑ **Phi 平方** 表示 X^2 除频数的平方根。
❑ **尺寸差异** 表示规模差距离，最小值为 0，最大值为无穷大。
❑ **模式差异** 表示从 0～1 的无级测距。

2. 相似性测量

相似性测量是通过技术 Pearson 或 Cosine 相关系数来显示分析结果的统计方法。其最常用的计算方法包括下列两种：

❑ **Pearson** 表示使用 Pearson 相关系数进行计算。
❑ **余弦** 表示变量矢量的余弦值，其取值范围介于 –1～1 之间。

7.4.2 非相似性测量

非相似性测量是通过计算样本或变量之间的距离来显示分析结果的统计方法，在 SPSS 中可通过设置不相似性度量的方法来进行非相似性测量分析。

1. 添加分析变量

在 SPSS 中，执行【分析】|【相关】|【距离】命令，弹出【距离】对话框。将左侧列表框中的变量分别添加到【变量】和【标注个案】列表框中，如图 7-8 所示。

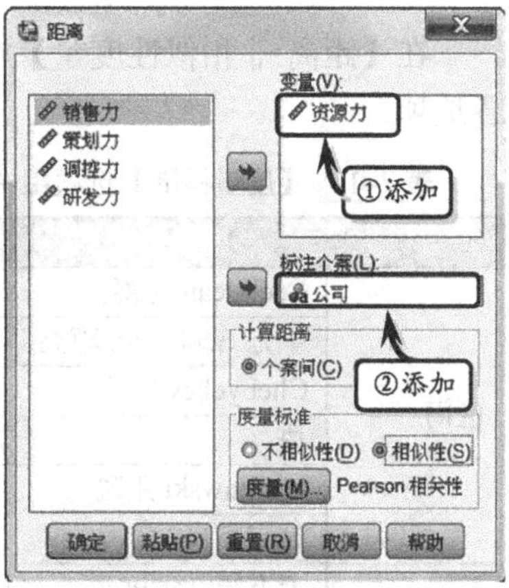

在【距离】对话框中，还包括【计算距离】选项组中的两种选项：

❑ **个案间** 此为默认选项，选中该选项表示可以计算一个变量之间各个观测值之间

△ 图 7-8 添加变量

的距离。选中该选项时,【标注个案】选项才可用。
- **变量间** 选中该选项,表示计算各个变量之间的距离。

> **提　示**
> 在为【标注个案】列表框添加变量时,需要注意该变量必须为字符串类型的变量。

2. 设置度量选项

在【距离】对话框中的【度量标准】选项组中,选中【不相似性】选项,并单击【度量】按钮,如图7-9所示。

在弹出的【距离:非相似性度量】对话框中,分别设置度量标准、转换值和转换度量选项,单击【继续】按钮即可,如图7-10所示。

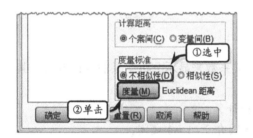

图 7-9　选择分析方式

图 7-10　设置度量选项

在【距离:非相似性度量】对话框中的【度量标准】选项组中,主要包括表7-1中的各选项。

表 7-1　【度量标准】选项组中的各选项及含义

度量标准	度量选项	含　义
区间	Euclidean 距离	表示各项值之间平方差之和的平方根。这是定距数据的默认值
	平方 Euclidean 距离	表示各项值之间平方差之和
	Chebychev 距离	表示各项值之间的最大绝对差
	块	表示各项值之间绝对差之和,又称为 Manhattan 距离
	Minkowski 距离	表示各项值之间 p 次幂绝对差之和的 p 次根
	设定距离	表示各项值之间 p 次幂绝对差之和的 r 次根
计数	卡方统计量度量	表示基于对两组频率等同性的卡方检验,为计数数据的默认值
	Phi 平方统计量度量	表示等于由组合频率的平方根标准化的卡方测量
二分类	Euclidean 距离	表示根据四重表计算 SQRT($b+c$) 得到,其中 b 和 c 代表对应于在一项上存在但在另一项上不存在的个案的对角单元
	平方 Euclidean 距离	表示计算非协调的个案的数目。它的最小值为 0,没有上限

续表

度量标准	度量选项	含义
二分类	尺度差分	表示非对称性指数。其范围为 0～1 之间
	模式差别	表示用于二分类数据的非相似性测量，其范围为 0～1 之间。根据四重表计算 $bc/(n**2)$ 得到，其中 b 和 c 代表对应于在一项上存在但在另一项上不存在的个案的对角单元，n 为观察值的总数
	方差	表示根据四重表计算 $(b+c)/4n$ 得到，其中 b 和 c 代表对应于在一项上存在但在另一项上不存在的个案的对角单元，n 为观察值的总数。其范围为 0～1 之间
	形状	此距离测量的范围为 0～1 之间，它对不匹配项的非对称性加以惩罚
	Lance 和 Williams	根据四重表计算 $(b+c)/(2a+b+c)$ 得到，其中 a 代表对应于两项上都存在的个案的单元，b 和 c 代表对应于在一项上存在但在另一项上不存在的个案的对角单元。此度量的范围为 0～1 之间（又称为 Bray-Curtis 非量度系数）

在【距离:非相似性度量】对话框中的【转换度量】选项组中，主要包括下列 3 种选项：

- **绝对值** 启用该选项，表示使用距离的绝对值进行计算，该选项一般在研究数值大小时使用。
- **更改符号** 启用该选项，表示将不相似的距离转换为相似性的距离。
- **重新标度到 0～1 全距** 启用该选项，表示可以通过将结果减去最小值，再除以结果的范围的方法，来达到距离标准化的目的。

另外，在【转换值】选项组中的【标准化】选项中，主要包括下列 6 种转换方式：

- **Z 得分** 表示将值标准化到均值为 0 且标准差为 1 的 z 得分。
- **全距从 –1 到 1** 表示将要进行标准化的项的每个值均除以值范围。
- **全距从 0 到 1** 表示从要进行标准化的每个项中抽取最小值，然后除以范围。
- **最大幅度为 1** 表示将要进行标准化的项的每个值除以这些值中的最大值。
- **均值为 1** 表示将要进行标准化的项的每个值除以这些值的均值。
- **标注差为 1** 表示将要进行标准化的变量或个案的每个值除以这些值的标准差。

> **提示**
> 在【度量标注】选项组中选中【二分类】选项时，其【转换值】选项组中的选项将变为不可用状态。

3. 显示分析结果

在【距离】对话框中，单击【确定】按钮，系统将自动在输出窗口中显示分析结果。其分析结果中，主要包括"案例处理摘要"和"近似矩阵"两个分析表格。

其中，"案例处理摘要"分析结果中主要显示了观测数据的有效值和缺失值的统计情况，如图 7-11 所示。在该分析表中可以发现

案例处理摘要					
案例					
有效		缺失		合计	
N	百分比	N	百分比	N	百分比
10	100.0%	0	0.0%	10	100.0%

图 7-11　案例处理摘要

有效数据为 10 个，百分百比例为 100%，缺失数据为 0 个，合计数据为 10 个。

另外，在"近似矩阵"分析表中，主要显示了各变量间的欧式距离，其数值越大表示不相似性越强，如图 7-12 所示。在该分析表中，会发现表中数据最大的为变量 1 和变量 6 之间的数值 67，表示此两个变量之间的不相似性最强，其资源力的差异最大。而表中数据最小的为变量 2 和变量 7 的数值 2，表示不相似性最弱，其资源力的差异最小。

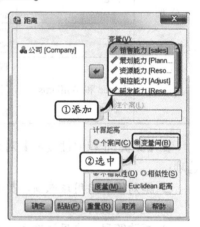

图 7-12　近似矩阵

7.4.3　相似性测量

相似性测量的方法与不相似性测量的方法大体一致，其主要的区别在于所设置的度量选项不同。

1. 添加变量

在 SPSS 中自定义变量并输入分析数据，执行【分析】|【相关】|【距离】命令，弹出【距离】对话框。将左侧列表框中除"公司"变量之外的所有变量，全部添加到【变量】列表框中，同时选中【变量间】选项，如图 7-13 所示。

图 7-13　添加变量

2. 设置度量选项

在【距离】对话框中，选中【相似性】选项，并单击【度量】按钮，如图 7-14 所示。

在弹出的【距离:相似性度量】对话框中，设置相应的选项，单击【继续】按钮即可，如图 7-15 所示。

在【度量标准】选项组中，主要包括"区间"和"二分类"两种标准。其中，"区间"标准主要包括下列两种方式：

- **Pearson 相关性**　表示两个值矢量之间的积矩相关性，是定距数据的默认相似性测量。
- **余弦**　表示两个值矢量之间角度的余弦。

另外，在"二分类"标准中，主要包括下列 20 种方式：

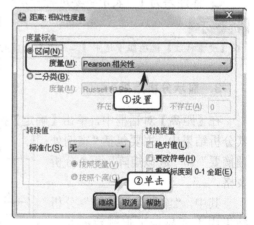

图 7-14　选择度量标准

图 7-15　设置度量方式

- **Russell 和 Rao**　表示内（点）积的二分类版本，是二分类相似性数据的默认度量。对匹配项和不匹配项给予相等的权重。
- **简单匹配**　表示匹配项与值总数的比率，对匹配项和不匹配项给予相等的权重。
- **Jaccard**　又称为相似率，表示在此指数中不考虑联合不存在项。对匹配项和不匹配项给予相等的权重。
- **骰子**　又称为 Czekanowski 或 Sorensen 度量，表示在此指数中不考虑联合不存在项，对匹配项则给予双倍权重。
- **Rogers 和 Tanimoto**　表示在此指数中，对不匹配项给予双倍权重。
- **Sokal and Sneath 1**　表示在此指数中，对匹配项给予双倍权重。
- **Sokal and Sneath 2**　表示在此指数中，对不匹配项给予双倍权重，不考虑联合不存在项。
- **Sokal and Sneath 3**　表示匹配项与不匹配项的比率，该指数的下限为 0，无上限。理论上，当没有不匹配项时，此指数就未定义；但是"距离"在未定义该值或该值大于 9999.999 时会指定随意值 9999.999。
- **Kulczynski 1**　该指数联合存在项与所有不匹配项的比率。此指数的下限为 0，无上限。理论上，当没有不匹配项时，此指数就未定义；但是"距离"在未定义该值或该值大于 9999.999 时会指定随意值 9999.999。
- **Kulczynski 2**　该指数基于特征在一个项中存在的情况下也在另一个项中存在的条件概率。将充当另一个项的预测变量的各个项的各个值进行平均，以计算此值。
- **Sokal and Sneath 4**　该指数基于一个项中的特征与另一个项中的值相匹配的条件概率。将充当另一个项的预测变量的各个项的各个值进行平均，以计算此值。
- **Hamann**　该指数为匹配数减去不匹配数，再除以总项数，其取值范围介于 –1~1 之间。
- **Lambda**　该指数为 Goodman 和 Kruskal 的 lambda，通过使用一个项来预测另一个项（双向预测），从而与误差降低比例（PRE）相对应，其取值范围介于 0~1 之间。
- **Anderberg 的 D**　类似于 Lambda，表示通过使用一个项来预测另一个项（双向预测），从而与实际误差降低相对应，其取值范围介于 0~1 之间。
- **Yule 的 Y**　该指数又称为捆绑系数，为 2×2 表的交比函数，独立于边际总计。其取值范围介于 –1~1 之间。
- **Yule 的 Q**　该指数为 Goodman 和 Kruskal gamma 的特殊情况，是一个交比函数，独立于边际总计，其取值范围介于 –1~1 之间。
- **Ochiai**　该指数是余弦相似性测量的二分类形式，其取值范围为 0~1 之间。
- **Sokal and Sneath 5**　该指数是正匹配和负匹配的条件概率的几何平均数的平方，独立于项目编码，其取值范围介于 0~1 之间。
- **phi 4 点相关性**　该指数是 Pearson 相关系数的二分类模拟，其取值范围介于 –1~1 之间。
- **离散**　该指数的取值范围介于 –1~1 之间。

> **提　示**
>
> 在【距离:相似性度量】对话框中，其他选项的具体含义与功能相似于【距离:非相关性度量】对话框中的选项，在此不再做详细的介绍。

3. 显示分析结果

在【距离】对话框中，单击【确定】按钮，系统将自动在输出窗口中显示分析结果。其分析结果中，主要包括“案例处理摘要”和“近似矩阵”两个分析表格。

其中，“案例处理摘要”分析结果中主要显示了观测数据的有效值和缺失值的统计情况，如图 7-16 所示。在该分析表中可以发现有效数据为 10 个，百分百比例为 100%，缺失数据为 0 个，合计数据为 10 个。

另外，在“近似矩阵”分析表中，主要显示了 Pearson 相关系数，其数值越大表示相似性越强，如图 7-17 所示。在该分析表中，根据数值的大小可以看出资源能力、策划能力和调控能力 3 变量之间的相似性较大。

案例处理摘要

案例					
有效		缺失		合计	
N	百分比	N	百分比	N	百分比
10	100.0%	0	0.0%	10	100.0%

图 7-16 案例处理摘要

近似矩阵

	值向量间的相关性				
	销售能力	策划能力	资源能力	调控能力	研发能力
销售能力	1.000	.103	-.098	.292	.094
策划能力	.103	1.000	.771	.572	.087
资源能力	-.098	.771	1.000	.519	.406
调控能力	.292	.572	.519	1.000	.498
研发能力	.094	.087	.406	.498	1.000

这是一个相似性矩阵

图 7-17 近似矩阵

7.5 课堂练习：分析小麦的产量因素

某农业咨询公司为分析小麦的产量是否收到降雨量或施肥量的影响，而调查抽取其中 10 次的测量数据。根据初步分析发现小麦产量、降雨量和施肥量之间存在相关关系，但每两个变量之间的关系是否会受到第三变量的影响，还需要运用偏相关分析方法分析之后才可获得，其最终分析结果如图 7-18 所示。

相关性

控制变量			产量	施肥量	降雨量
-无-[a]	产量	相关性	1.000	.946	.359
		显著性（双侧）	.	.000	.309
		df	0	8	8
	施肥量	相关性	.946	1.000	.437
		显著性（双侧）	.000	.	.206
		df	8	0	8
	降雨量	相关性	.359	.437	1.000
		显著性（双侧）	.309	.206	.
		df	8	8	0
降雨量	产量	相关性	1.000	.940	
		显著性（双侧）	.	.000	
		df	0	7	
	施肥量	相关性	.940	1.000	
		显著性（双侧）	.000	.	
		df	7	0	

a. 单元格包含零阶 (Pearson) 相关。

图 7-18 小麦产量因素的分析结果

操作步骤

1 启用 SPSS，切换到【变量视图】窗口中，在【名称】列中，分别输入变量名称，如图 7-19 所示。

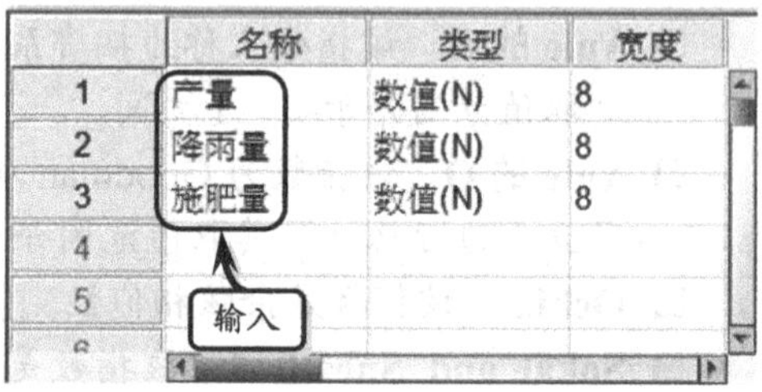

图 7-19 自定义变量名称

2 单击【小数】列单元格中的微调按钮，将数字设置为“0”，如图 7-20 所示。

3 单击【对齐】列单元格中的下拉按钮，在其下拉列表中选中【居中】选项，设置变量的对齐方式，如图 7-21 所示。

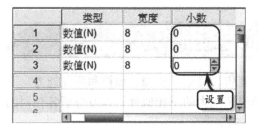

图 7-20 设置小数位数

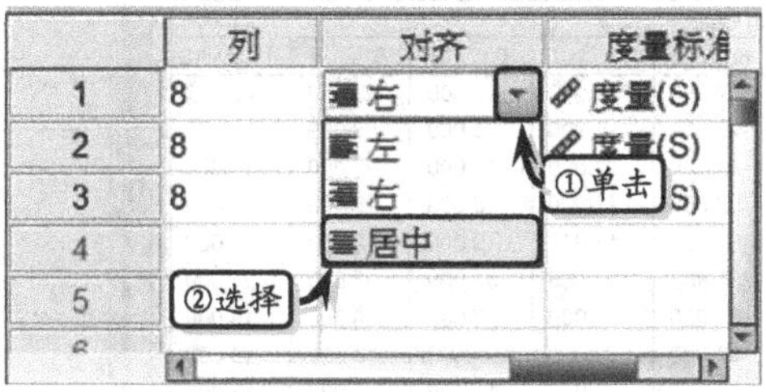

图 7-21 设置对齐方式

4 切换到【数据视图】窗口中，根据变量名称依次输入分析数据，如图 7-22 所示。

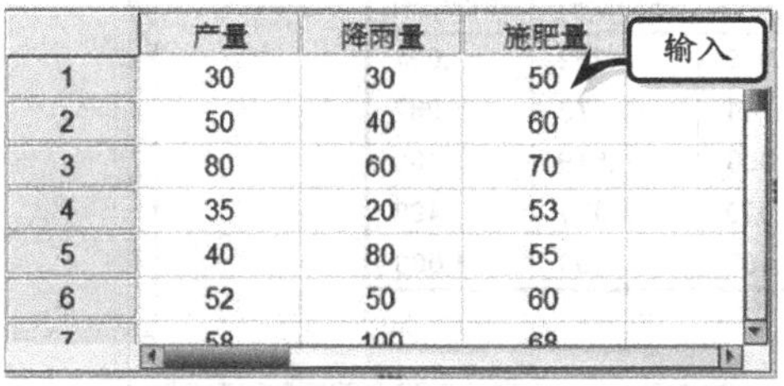

图 7-22 输入分析数据

5 执行【分析】|【相关】|【偏相关】命令，将左侧列表框中的“产量”和“施肥量”变量添加到【变量】列表框中，将“降雨量”添加到【控制】列表框中，如图 7-23 所示。

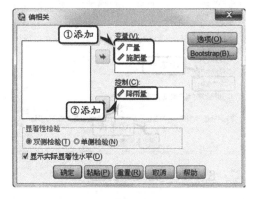

图 7-23 添加变量

6 在【偏相关】对话框中，单击【选项】按钮，启用【零阶相关系数】复选框，如图 7-24 所示。

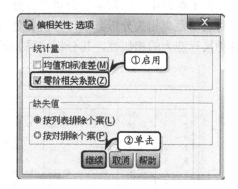

图 7-24 设置选项

7 在【偏相关】对话框中，单击【确定】按钮，系统将自动在输出窗口中显示分析结果，如图 7-25 所示。

相关性

控制变量			产量	施肥量	降雨量
-无-[a]	产量	相关性	1.000	.946	.359
		显著性（双侧）	.	.000	.309
		df	0	8	8
	施肥量	相关性	.946	1.000	.437
		显著性（双侧）	.000	.	.206
		df	8	0	8
	降雨量	相关性	.359	.437	1.000
		显著性（双侧）	.309	.206	.
		df	8	8	0
降雨量	产量	相关性	1.000	.940	
		显著性（双侧）	.	.000	
		df	0	7	
	施肥量	相关性	.940	1.000	
		显著性（双侧）	.000	.	
		df	7	0	

a. 单元格包含零阶 (Pearson) 相关。

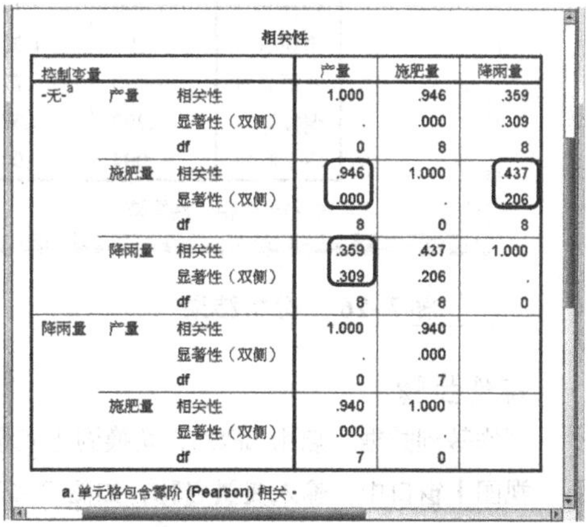

图 7-25 显示分析结果

分析结果：通过分析结果表中上半部分数据可以发现，产量和施肥量之间的相关系数为 0.946，P<0.01，在 0.01 水平上达到了显著相关。而产量和降雨量之间的相关系数为 0.359，P=0.309>0.05，表示不存在显著性相关。施肥量和降雨量之间的相关系数为 0.437，P=0.206>0.05，表示不存在显著性相关。综上所述，可以发现产量与施肥量之间存在显著性相关性。

7.6 课堂练习：分析公司间的执行能力

在本练习中，已知某总公司内各分公司的销售、策划、资源、调控和研发能力，下面将运用距离相关分析方法，分析各公司间的资源能力的不相似性，以及分析各公司间各种执行能力的相似性，其分析结果如图 7-26 所示。

近似矩阵
Euclidean 距离

	1: 1	2: 2	3: 3	4: 4	5: 5	6: 6	7: 7	8: 8	9: 9	10: 10
1: 1	.000	21.000	6.000	10.000	6.000	67.000	23.000	16.000	29.000	42.000
2: 2	21.000	.000	15.000	11.000	15.000	46.000	2.000	5.000	8.000	21.000
3: 3	6.000	15.000	.000	4.000	.000	61.000	17.000	10.000	23.000	36.000
4: 4	10.000	11.000	4.000	.000	4.000	57.000	13.000	6.000	19.000	32.000
5: 5	6.000	15.000	.000	4.000	.000	61.000	17.000	10.000	23.000	36.000
6: 6	67.000	46.000	61.000	57.000	61.000	.000	44.000	51.000	38.000	25.000
7: 7	23.000	2.000	17.000	13.000	17.000	44.000	.000	7.000	6.000	19.000
8: 8	16.000	5.000	10.000	6.000	10.000	51.000	7.000	.000	13.000	26.000
9: 9	29.000	8.000	23.000	19.000	23.000	38.000	6.000	13.000	.000	13.000
10: 10	42.000	21.000	36.000	32.000	36.000	25.000	19.000	26.000	13.000	.000

这是一个不相似性矩阵

近似矩阵
值向量间的相关性

	销售能力	策划能力	资源能力	调控能力	研发能力
销售能力	1.000	.103	-.098	.292	.094
策划能力	.103	1.000	.771	.572	.087
资源能力	-.098	.771	1.000	.519	.406
调控能力	.292	.572	.519	1.000	.498
研发能力	.094	.087	.406	.498	1.000

这是一个相似性矩阵

图 7-26　分析结果

操作步骤

1 制作基础数据。启用 SPSS，切换到【变量视图】窗口中，输入变量名称，如图 7-27 所示。

图 7-27　定义变量名称

2 单击第一个变量名称对应的【类型】按钮，在弹出的【变量类型】对话框中，选中【字符串】选项，如图 7-28 所示。

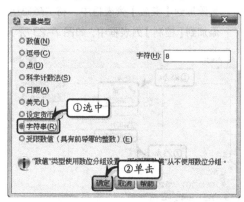

图 7-28　定义变量类型

3 单击第二个变量名称对应的【小数】微调按

钮，将数字设置为"0"，如图7-29所示。使用同样方法，设置其他变量的小数位数。

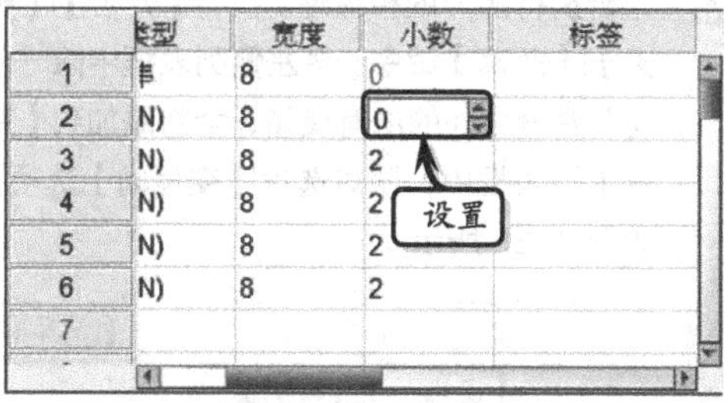

图 7-29 定义小数位数

4 在【标签】列中，分别输入对应变量名称的标注内容，如图7-30所示。

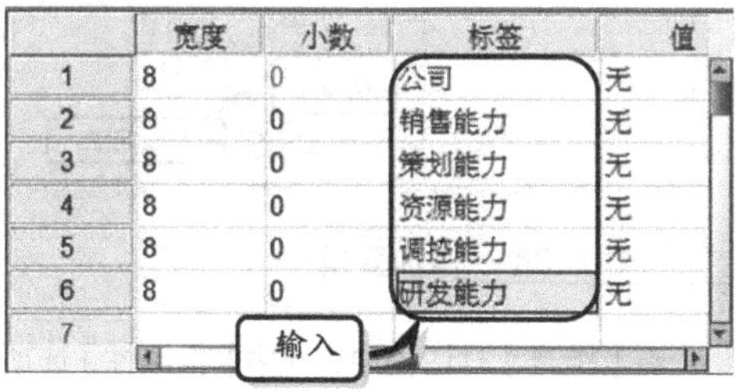

图 7-30 定义变量标签

5 单击第一个变量名称对应的【值】按钮，在【值】文本框中输入"1"，在【标签】文本框中输入"北京"，单击【添加】按钮，如图7-31所示。使用同样的方法，添加其他值标签。

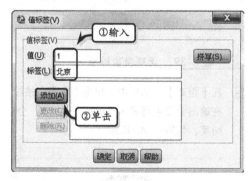

图 7-31 添加值标签

6 切换到【数据视图】窗口中，输入分析数据，如图7-32所示。

7 分析资源的非相似性。执行【分析】|【相关】|【距离】命令，将"资源能力"变量添加到【变量】列表框中，将"公司"变量添加到【标注个案】列表框中，如图7-33所示。

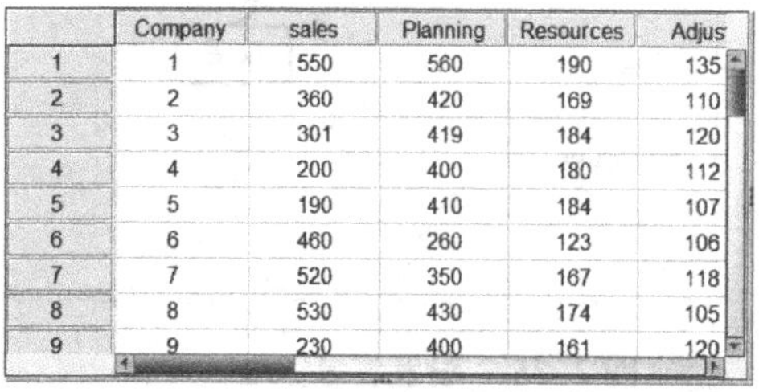

图 7-32 输入分析数据

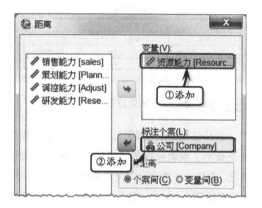

图 7-33 添加变量

8 在【距离】对话框中的【度量标准】选项组中，选中【不相似性】选项，并单击【度量】按钮，如图7-34所示。

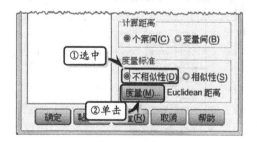

图 7-34 选择分析方式

9 在弹出的【距离:非相似性度量】对话框中，选中【区间】选项，单击【继续】按钮，如图7-35所示。

10 在【距离】对话框中，单击【确定】按钮，系统会在输出窗口中显示"案例处理摘要"

分析结果，如图 7-36 所示。

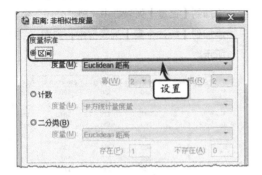

图 7-35 设置度量标准

案例处理摘要

案例					
有效		缺失		合计	
N	百分比	N	百分比	N	百分比
10	100.0%	0	0.0%	10	100.0%

图 7-36 案例处理摘要

分析结果：在"案例处理摘要"分析结果中主要显示了观测数据的有效值和缺失值的统计情况。在该分析表中可以发现有效数据为 10 个，百分百比例为 100%，缺失数据为 0 个，合计数据为 10 个。

11 在分析结果中，还显示了"近似矩阵"分析表，如图 7-37 所示。

近似矩阵

	Euclidean 距离					
	1: 1	2: 2	3: 3	4: 4	5: 5	6: 6
1: 1	.000	21.000	6.000	10.000	6.000	67.000
2: 2	21.000	.000	15.000	11.000	15.000	46.000
3: 3	6.000	15.000	.000	4.000	.000	61.000
4: 4	10.000	11.000	4.000	.000	4.000	57.000
5: 5	6.000	15.000	.000	4.000	.000	61.000
6: 6	67.000	46.000	61.000	57.000	61.000	.000
7: 7	23.000	2.000	17.000	13.000	17.000	44.000
8: 8	16.000	5.000	10.000	6.000	10.000	51.000
9: 9	29.000	8.000	23.000	19.000	23.000	38.000
10: 10	42.000	21.000	36.000	32.000	36.000	25.000

这是一个不相似性矩阵

图 7-37 近似矩阵

分析结果：在该分析表中主要显示了各变量间的欧式距离，其数值越大表示不相似性越强。仔细观察会发现表中数据最大的为变量 1 和变量 6 之间的数值 67，表示此两个变量之间的不相似性最强，其资源力的差异最大。而表中数据最小的为变量 2 和变量 7 的数值 2，表示不相似性最弱，其资源力的差异最小。

12 分析执行能力的相似性。执行【分析】|【相关】|【距离】命令，将左侧列表框中除"公司"变量之外的所有变量，全部添加到【变量】列表框中，同时选中【变量间】选项，如图 7-38 所示。

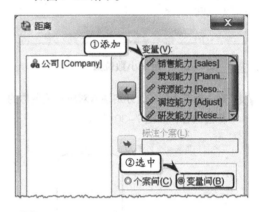

图 7-38 添加变量

13 在【距离】对话框中，选中【相似性】选项，使用默认的 Pearson 相关系数进行分析，如图 7-39 所示。

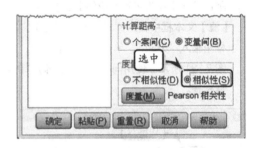

图 7-39 选择度量标准

14 在【距离】对话框中，单击【确定】按钮，在输出窗口中将显示"案例处理摘要"分析结果，如图 7-40 所示。

案例处理摘要

案例					
有效		缺失		合计	
N	百分比	N	百分比	N	百分比
10	100.0%	0	0.0%	10	100.0%

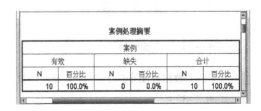

图 7-40 案例处理摘要

⑮ 另外，在分析结果中还会显示"近似矩阵"分析表，如图 7-41 所示。

近似矩阵
值向量间的相关性

	销售能力	策划能力	资源能力	调控能力	研发能力
销售能力	1.000	.103	-.098	.292	.094
策划能力	.103	1.000	.771	.572	.087
资源能力	-.098	.771	1.000	.519	.406
调控能力	.292	.572	.519	1.000	.498
研发能力	.094	.087	.406	.498	1.000

这是一个相似性矩阵

图 7-41 近似矩阵

分析结果：在该分析表中，主要显示了 Pearson 相关系数，其数值越大表示相似性越强。根据数值的大小可以看出资源能力、策划能力和调控能力 3 变量之间的相似性较大。

7.7 思考与练习

一、填空题

1. 当事物之间的这种相互关系反映到_____上时，便可以推断事物之间存在着一定的关系，该关系可以理解为事物的_____。

2. 相关分析是研究_____之间的相关性的一种统计分析方法，通过该分析方法可以确定_____之间的相互性和密切程度。

3. 函数关系是_____之间存在_____的一种依存关系，这种关系中的一个或几个变量在取值时，另一变量会存在_____的确定值。

4. 相关关系是变量之间存在的一定的相依关系，当一个或几个变量在取值时，另一变量并_____的确定值，此时另一变量可能会出现_____个数值与之相对应。

5. 在实际分析中，相关关系可以按照不同的形态，以及不同的标准进行划分。一般包括按_____、_____、_____和_____进行划分。

二、选择题

1. 相关关系可以按照不同的形态，以及不同的标准进行划分，下列选项中不属于按相关程度划分的一项为_____。
   A．完全相关
   B．单相关
   C．不完全相关
   D．零相关

2. 相关关系主要从线性的单相关系数出发，也就是在线性条件下研究两个变量之间相关系数密切程度的统计指标，下列选项中对相关关系的特征描述错误的为_____。
   A．相关系数的取值范围介于 –1～1 之间，常用小数形式进行表示
   B．相关系数的正负取值决定于公式中的分子，当分子<0 时，$r>0$，说明 x 和 y 为正相关
   C．当 $0<|r|<1$ 时，表示 x 和 y 存在一定的线性相关
   D．当 $r=1$ 时，表示 x 和 y 之间存在完全线性相关

3. 下列选项中，_____分析方法，其公式可以表示为两个标准值的乘积之和除以 n。
   A．Pearson 积差相关
   B．Kendall 的 tau-b 等级相关
   C．Spearman 等级相关
   D．全不是

4. 偏相关分析所采用的分析工具为偏相关系数，可分为____偏相关、一阶偏相关和（P–1）阶偏相关等类别。
   A．二阶
   B．三阶
   C．零阶
   D．p 阶

5. 不相似测量是通过计算样本或变量之间的距离来显示分析结果的统计方法，下列方法中不属于不相似测量方法的为____。
   A．欧式距离
   B．Chebychev 距离
   C．Block 距离
   D．Cosine 相关系数

三、问答题

1. 什么是函数关系？函数关系与相关关系存在哪些区别？
2. 什么是相关系数？
3. 双变量的相关分析方法有哪几种？
4. 如何进行偏相关分析？
5. 距离相关分析的统计测量方法有哪些？

四、上机练习

1. 双变量相关分析考试成绩

在本练习中，将运用双变量相关分析方法来分析学生两门功课考试成绩之间的相关性，如图7-42所示。制作本练习，首先定义变量并输入分析数据。然后，执行【分析】|【相关】|【双变量】命令，将左侧列表框中的"数学成绩"和"英语成绩"变量添加到【变量】列表框中，同时启用【Pearson】复选框。同时，单击【选项】按钮，启用【均值和标准差】复选框，并单击【继续】按钮。最后，在【双变量相关】对话框中，单击【确定】按钮，系统将自动在输出窗口中显示分析结果。

2. 分析血糖因素的相似性

在本练习中，将运用距离相关分析法来分析影响血糖因素之间的相似性，如图7-43所示。制作本实例，首先在SPSS软件中定义变量并输入分析数据。然后，执行【分析】|【相关】|【距离】命令，选中【变量间】选项，将所有的变量添加到【变量】列表中。同时，选中【相似性】选项，并单击【确定】按钮，系统将自动在输出窗口中显示分析结果。

相关性		数学成绩	英语成绩
数学成绩	Pearson 相关性	1	.838**
	显著性（双侧）		.000
	N	31	31
英语成绩	Pearson 相关性	.838**	1
	显著性（双侧）	.000	
	N	31	31

**. 在 .01 水平（双侧）上显著相关.

图7-42 分析考试成绩间的相关性

近似矩阵			
	值向量间的相关性		
	空腹血糖	年龄	组别
空腹血糖	1.000	.452	.687
年龄	.452	1.000	.260
组别	.687	.260	1.000

这是一个相似性矩阵

图7-43 显示分析结果

第 8 章
回归分析

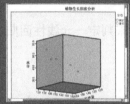 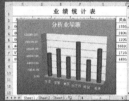 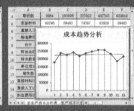 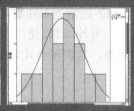

回归分析是应用十分广泛的数据分析方法之一，是通过试验和观测来推断变量之间关系的一种统计分析方法，主要用于了解自变量和因变量之间的数量关系。回归分析和相关分析存在密切的相似关系，但是回归分析是使用数学公式的方式来表达变量之间的关系，而相关分析则是检验和度量变量之间关系的密切程度，在分析数据方面两者是相辅相成的。在本章中，将以回归分析的基础理论为基础，以 SPSS 软件回归分析操作方法为主要思路，详细介绍回归分析的理论知识与分析方法。

本章学习目标：

- ➢ 一元线性回归分析
- ➢ 多元线性回归
- ➢ 非线性回归分析
- ➢ 曲线回归分析

8.1 线性回归分析

线性回归是使用数理统计中的回归分析，对两种或两种以上变量相互依赖性定量关系分析的一种统计分析方法。按照自变量和因变量之间的关系类型，可以分为线性回归和非线性回归。而线性回归中，又分为一元线性回归和多元线性回归。

8.1.1 一元线性回归分析概述

在线性回归分析中，只包含一个自变量和一个因变量，而且自变量和因变量之间的关系可用一条近似直线进行表示的分析方法，称为一元线性回归。在使用一元线性回归分析之前，还需要先了解一下一元线性回归分析的模型公式。

其中，当两个变量之间为线性关系时，一元线性回归模型的表现公式为：$y=bx+a$，表示为当 x 发生一个单位的变化时，y 将变化为 b 个单位。公式中的 y 表示因变量；x 表示自变量；a 表示常数项；b 表示回归系数。在模型公式中，x 是影响 y 变化的重要变量，a 和 b 通常为未知数，需要研究者进行估计。

另外，可以使用一元线性回归方程的拟合优度检验的 R^2 统计量来判定一元线性回归系数，其表现公式为：

$$R^2 = 1 - \frac{SSA}{SSE} = 1 - \frac{\sum_{i=1}^{n}(y_i - \hat{y})^2}{\sum_{i=1}^{n}(y_i - \bar{y})^2}$$

公式中的 SSA 表示回归平方和；SSE 表示剩余平方和；R^2 的取值介于 0~1 之间，当 R^2 的取值越接近 1 时，表明回归方程对样本数据点的拟合优度越高。

在一元线性回归方程中，当回归系数为 0 时，x 和 y 之间不存在线性关系。此时，所采用的 F 检验统计量的表现公式为：

$$F = \frac{\sum_{i=1}^{n}(\hat{y}_i - \bar{y})^2}{\sum_{i=1}^{n}(y_i - \hat{y})^2 /(n-2)}$$

8.1.2 一元线性回归分析

研究者在使用 SPSS 软件进行一元线性回归分析时，无需运用模型公式对数据进行复杂的运算，只需根据 SPSS 软件分析的需求，添加适当的分析变量，以及设置合适的分析选项，即可快速而准确地对数据进行一元线性回归分析。

1．添加分析变量

打开 SPSS 数据文件，执行【分析】|【回归】|【线性】命令，弹出【线性回归】对话框。将左侧列表框中的"三月后"变量添加到【因变量】列表框中，同时将"新出生"

变量添加到【自变量】列表框中，如图8-1所示。

在【自变量】列表框下方的【方法】选项中，可通过选择不同的分析方法，从相同的变量中构建多个回归模型。其主要包括下列 5 种分析方法：

- **进入**　表示一种变量选择过程，其中一个块中的所有变量在一个步骤中输入。
- **逐步**　表示在每一步，不在方程中的具有的概率最小的自变量被选入 (如果该概率足够小)。对于已在回归方程中的变量，如果它

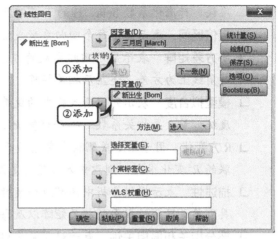

图 8-1　添加分析变量

们的 F 概率变得足够大，则移去这些变量。如果不再有变量符合包含或移去的条件，则该方法终止。

- **删除**　表示一种变量的选择过程，可在单步中移去一个块中的所有变量。
- **向后**　表示一种变量的选择过程，在该过程中将所有变量输入到方程中，然后按顺序移去。在该分析方法中会考虑将与因变量之间的部分相关性最小的变量第一个移去。如果它满足消除条件，则将其移去。移去第一个变量之后，会考虑下一个将方程的剩余变量中具有最小的部分相关性的变量移去。直到方程中没有满足消除条件的变量，过程才结束。
- **向前**　表示一个逐步变量的选择过程，在该过程中将变量顺序输入到模型中。第一个考虑要选入到方程中的变量是与因变量之间具有最大的正或负的相关性的变量。只要在该变量满足选入条件时才将它选入到方程中。选入了第一个变量之后，接下来考虑不在方程中的具有最大的部分相关性的自变量。当无满足选入条件的变量时，过程结束。

2. 设置统计量

在【线性回归】对话框中，单击【统计量】按钮，在弹出的【线性回归:统计量】对话框中，选择回归系数和残差分析方式，单击【继续】按钮即可，如图 8-2 所示。

在【线性回归:统计量】对话框中主要包含下列 10 种分析方法：

- **估计**　表示显示回归系数 B、B 的标

图 8-2　设置统计量

准误、标准化系数 beta、B 的 T 值以及 T 的双尾显著性水平。
- **置信区间**　表示显示每个回归系数或协方差矩阵指定置信度的置信区间。
- **协方差矩阵**　表示显示回归系数的方差-协方差矩阵，其对角线以外为协方差，对角线上为方差。还显示相关矩阵。
- **模型拟合度**　表示列出输入模型的变量和从模型移去的变量，并显示以下拟合优度统计量：复相关系数、R^2 和调整 R^2、估计的标准误以及方差分析表。
- **R 方变化**　用于添加或删除自变量而产生的 R^2 统计量的更改，当与某个变量相关联的 R^2 变化很大，则意味着该变量是因变量的一个良好的预测变量。
- **描述性**　表示提供分析中的有效个案数、均值以及每个变量的标准差，以及显示具有单尾显著性水平的相关矩阵以及每个相关系数的个案数。
- **部分相关和偏相关性**　表示对变量应用部分相关或偏相关性系数。
- **共线性诊断**　共线性（或者多重共线性）是非理想情况，此时一个自变量是其他自变量的线性函数。显示已标度和未中心化交叉积矩阵的特征值、条件指数以及方差-分解比例，以及个别变量的方差膨胀因子(VIF)和容差。
- **Durbin-Watson**　表示显示残差的序列相关系数的 Durbin-Watson 检验。
- **个案诊断**　表示满足选择条件（n 倍标准差以外的离群值）的个案的个案诊断。

3. 设置绘制图

在【线性回归】对话框中，单击【绘制】按钮，在弹出的【线性回归:图】对话框中，设置相应的选项，用于验证正态性、线性和方差相等的假设，如图 8-3 所示。

在【线性回归:图】对话框中，主要包括下列选项：
- **可选图列表**　在左侧的列表框中主要显示了图形的类型，包括 DEPENDNT（因变量）、ZPRED（标准化预测值）、ZRESID（标准化残差）、DRESID（剔除残差）、ADJPRED（调整后预测值）、SRESID（学生化残差）和 SDRESID（学生化剔除残差）7 种类型。
- **散点图**　通过添加 Y 和 X 变量，来绘制左侧列表框中任意两种图形，用来检查线性关系和等方差性。可通过单击【上一张】或【下一张】按钮，来查看不同的图层。
- **产生所有部分图**　表示当根据其余自变量分别对两个变量进行回归分析时，将显示每个自变量残差和因变量残差的散点图。要生成部分图，方程中必须至少有两个自变量。
- **标准化残差图**　表示可以获取标准化残差的直方图和正态概率图，将标准化残差的分布与正态分布进行比较。

4. 设置保存选项

在【线性回归】对话框中，单击【保存】按钮，在弹出的【线性回归:保存】对话框中，设置相应的选项，单击【继续】按钮即可，如图 8-4 所示。

在【线性回归:保存】对话框中，主要包括预测值、残差、距离、影响统计量、预测区间等选项组，其具体选项的含义如表 8-1 所示。

图 8-3 【线性回归:图】对话框

图 8-4 【线性回归:保存】对话框

表 8-1 保存选项的含义

选项组	选项	含 义
预测值	未标准化	表示模型为因变量预测的值
	标准化	表示每个预测值转换为其标准化形式的转换,即预测值减去均值预测值,得到的差除以预测值的标准差。标准化预测值的均值为 0,标准差为 1
	调节	表示当某个案从回归系数的计算中排除时,个案的预测值
	均值预测值的 S.E	表示预测值的标准误。对于自变量具有相同值的个案所对应的因变量的均值的标准差的估计
残差	未标准化	表示观察值与模型预测值之间的差
	标准化	表示残差除以其标准差的估计。标准化残差也称为 Pearson 残差,它的均值为 0,标准差为 1
	学生化	表示残差除以其随个案变化的标准差的估计,这取决于每个个案的自变量值与自变量均值之间的距离
	删除	表示从回归系数的计算中排除某个案时的残差,它是因变量的值和调整预测值之间的差
	学生化删除	表示个案的剔除残差除以其标准误。Student 化的剔除残差与其相关联的学生化的残差之间的差分指示去除某个个案对其预测产生的差分
距离	Mahalanobis 距离	表示自变量上个案的值与所有个案的平均值相异程度的测量。比较大的 Mahalanobis 距离表示个案在一个或多个自变量上具有极值
	Cook 距离	表示在特定个案从回归系数的计算中排除的情况下,所有个案的残差变化幅度的测量。较大的 Cook 距离表明从回归统计量的计算中排除个案之后,系数会发生根本变化
	杠杆值	表示度量某个点对回归拟合的影响,其集中的杠杆值范围为从 0(对拟合无影响)到 $(N-1)/N$
影响统计量	DfBeta	表示 beta 值的差分是由于排除了某个特定个案而导致的回归系数的改变。为模型中的每一项(包括常数项)均计算一个值

续表

选项组	选项	含 义
影响统计量	标准化 DfBeta	表示 beta 值的标准化差分。由于排除了某个特定个案而导致的回归系数的改变,所以需要检查除以 N 的平方根之后绝对值大于 2 的个案时,其 N 是个案数
	DfFit	表示拟合值的差分是由于排除了某个特定个案而产生的预测变量的更改
	标准化 DfFit	表示拟合值的标准化差分。由于排除了某个特定个案而导致的预测值的改变,所以需要检查绝对值大于 p/N 的平方根的 2 倍的标准化值。其中,p 是模型中的参数个数;N 是个案数
	协方差比率	表示从回归系数计算中排除特定个案的协方差矩阵的行列式与包含所有个案的协方差矩阵的行列式的比率。如果比率接近 1,则说明被排除的个案不能显著改变协方差矩阵
预测区间	均值	表示平均预测响应的预测区间的下限和上限(两个变量)
	单值	表示单个案的因变量预测区间的下限和上限(两个变量)
	置信区间	用于输入 1~99.99 之间的值,以指定两个预测区间的置信度。在输入此值之前必须选择"均值"或"区间"选项。另外,典型的置信区间值为 90、95 和 99
系数统计	创建系数统计	启用该复选框,可以将回归系数保存到数据集或数据文件中,其数据集的名称必须符合变量的命名规则
将模型信息输出到 XML 文件		该选项可以将参数估计值及其(可选)协方差导出到指定 XML (PMML) 格式的文件。除此之外,还可以使用该模型文件以应用模型信息到其他数据文件用于评分目的

5. 设置分析选项

在【线性回归】对话框中,单击【选项】按钮,在弹出的【线性回归:选项】对话框中,设置相应的选项,单击【继续】按钮即可,如图 8-5 所示。

在【线性回归:选项】对话框中,主要包括下列选项:

- **使用 F 的概率** 当变量的 F 值的显著性水平小于"进入"值时,将该变量选入到模型中;当该显著性水平大于"删除"值时,则将该变量从模型中移去。"进入"值必须小于"删除"值,且两者均必须为正数。增加"进入"值时可以将更多的变量选入到模型中,同样降低"删除"值时则可以将更多的变量从模型中移除。

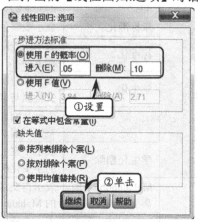

图 8-5 【线性回归:选项】对话框

- **使用 F 值** 当变量的 F 值大于"进入"值时,则该变量输入模型;当变量的 F 值小于"删除"值时,则该变量从模型中移去。"进入"值必须大于"删除"值,且两者均必须为正数。增加"进入"值时可以将更多的变量选入到模型中,同样降低"删除"值时则可以将更多的变量从模型中移除。
- **在等式中包含常量** 该选项为默认选项,禁用该选项可以强制使回归通过原点。

由于某些通过原点的回归结果无法与包含常数的回归结果相比较，所以一般情况下不建议用户禁用该选项。

- **按列表排除个案** 表示只有所有变量均取有效值的个案才包含在分析中。
- **按对排除个案** 表示可以使用正被相关的变量对具有完整数据的个案来计算回归分析所基于的相关系数。自由度基于最小成对 N。
- **使用均值替换** 表示可以将所有个案用于计算，用变量的均值替换缺失观察值。

提 示

由于【线性回归】对话框中的【Bootstrap】选项中的内容，与前面章节中所介绍的【Bootstrap】选项内容大体一致，在此不再做详细的介绍，请参考第4章中的该部分内容。

6. 显示分析结果

在【线性回归】对话框中，单击【确定】按钮，系统将自动在输出窗口中显示分析结果，主要包括残差统计量、回归系数、方差分析等分析表。

- **输入/移去的变量**

在“输入/移去的变量”分析表中，主要显示了输入变量的名称和方法，如图 8-6 所示。通过该分析表可以发现其分析数据中只存在一个自变量，不包含删除的变量，而所使用的方法是“输入”。

输入／移去的变量[a]

模型	输入的变量	移去的变量	方法
1	新出生[b]	.	输入

a. 因变量：三月后

b. 已输入所有请求的变量。

图 8-6 输入/移去的变量分析结果

- **模型汇总**

在分析结果中的“模型汇总”表中，主要显示了回归模型中的相关系数、相关系数的平方、调整后的相关系数和估计的标准误值，如图 8-7 所示。例如，通过表中的数据可以发现新出生自变量和三月后因变量的相关系数为 0.966。

模型汇总[b]

模型	R	R 方	调整 R 方	标准 估计的误差
1	.966[a]	.933	.927	.4546

a. 预测变量：(常量), 新出生。

b. 因变量：三月后

图 8-7 模型汇总分析结果

- **方差分析**

在分析结果中的“Anova”表中，主要显示了 F 检验值、显著性检验 P 值、平方和、自由度等分析数值，如图 8-8 所示。通过该表中的分析数据，可以发现显著性检验的 F 值为 139.716，显著性检验的 $P<0.05$，表示回归模型中的整体变异量达到了显著性水平。

Anova[a]

模型		平方和	df	均方	F	Sig.
1	回归	28.876	1	28.876	139.716	.000[b]
	残差	2.067	10	.207		
	总计	30.942	11			

a. 因变量：三月后

b. 预测变量：(常量), 新出生。

图 8-8 方差分析结果

- **残差统计量**

在分析结果中的“残差统计量”表中，主要显示了预测值、残差、标准预测值和标准残差的描述性统计计量，如图 8-9 所示。通过表中的数据可以发现，其“预测值”的最小值为 5.016，最大值为 9.860，均值为 7.475，标准偏差为 1.6202。

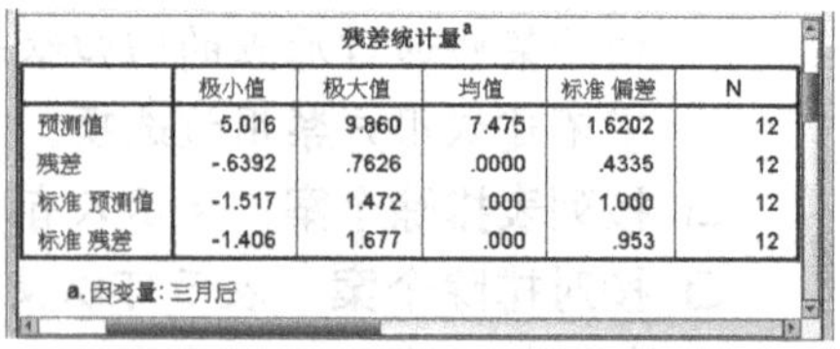

残差统计量[a]

	极小值	极大值	均值	标准 偏差	N
预测值	5.016	9.860	7.475	1.6202	12
残差	-.6392	.7626	.0000	.4335	12
标准 预测值	-1.517	1.472	.000	1.000	12
标准 残差	-1.406	1.677	.000	.953	12

a. 因变量：三月后

图 8-9 残差统计量分析结果

8.1.3 多元线性回归概述

多元线性回归是指两个或两个以上自变量的线性回归模型，可以解释因变量与多个自变量之间的线性关系，其公式表现为：

$$y = b_0 + b_1x_1 + b_2x_2 + b_3x_3 + \cdots b_ix_i$$

公式中的 b_0 为常数；b_1，b_2…为回归系数。用户在使用 SPSS 分析数据时，系统将根据给定的变量，自动完成参数估计并计算出最终分析数值。

多元线性回归方程的拟合优度检验采用了 $\overline{R}^2$ 统计量，其公式表现为：

$$\overline{R}^2 = 1-(1-R^2)\frac{n-1}{n-k-1}$$

该公式中所考虑的为平均的残差平方和，在线性回归中其值越大，表示拟合优度越高。

另外，在多元线性回归方程中，当偏回归系数为 0 时，y 和 x 的全体不存在线性关系，其 F 检验统计量的公式表现为：

$$F = \frac{R^2/p}{(1-R^2)/(n-p-1)}$$

通过该公式可以发现，回归方程的拟合优度越高，其回归方程的显著性检验也就越显著。

8.1.4 多元线性回归分析

多元线性回归与一元线性回归分析的方法大体一致，用户只需在 SPSS 软件中自定义变量，输入分析数据之后，便可以使用系统自带的分析工具，来对数据进行多元线性回归分析。

1. 添加分析变量

打开 SPSS 数据文件，执行【分析】|【回归】|【线性】命令，弹出【线性回归】对话框。将左侧列表框中的“管理能力”变量添加到【因变量】列表框中，同时将“销售能力”和“策划能力”变量添加到【自变量】列表框中，如图 8-10 所示。

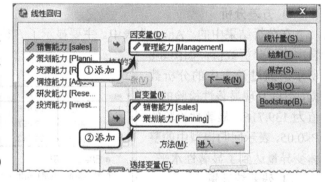

图 8-10 添加第一张分析变量

单击【下一张】按钮，将左侧列表框内的“资源能力”和“调控能力”变量，添加到【自变量】列表框中，如图 8-11 所示。

单击【下一张】按钮,将左侧列表框内的"研发能力"和"投资能力"变量,添加到【自变量】列表框中,如图 8-12 所示。

2. 设置统计量

在【线性回归】对话框中,单击【统计量】按钮,在弹出的【线性回归:统计量】对话框中,分别启用【估计】、【协方差矩阵】、【模型拟合度】、【R 方变化】、【描述性】、【部分相关和偏相关性】、【共线性诊断】和【Durbin-Watson】复选框,并单击【继续】按钮,如图 8-13 所示。

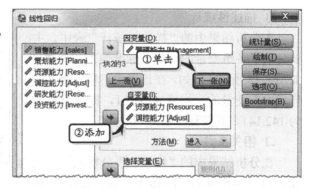

图 8-11 添加第三张分析变量

3. 设置绘制图

在【线性回归】对话框中,单击【绘制】按钮,弹出【线性回归:图】对话框。将*ZRESID 添加到【Y(Y)】列表框中,将*ZPRED 添加到【X2(X)】列表框中,同时启用【直方图】和【正态概率图】复选框,并单击【继续】按钮,如图 8-14 所示。

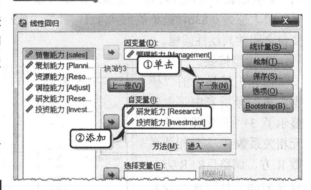

图 8-12 添加第三张分析变量

图 8-13 设置统计量

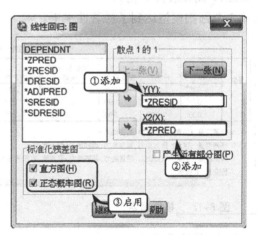

图 8-14 设置绘制图

4. 显示分析结果

在【线性回归】对话框中,单击【确定】按钮,系统将自动在输出窗口中显示分析结果。

❏ 描述性统计

在分析结果中的"描述性统计"表中，主要显示了各组变量的均值、标准偏差和个数，如图 8-15 所示。例如，在该表中可以发现"销售能力"变量的平均值为 362.1，标准偏差值为 142.141，其统计个数为 10。

❏ 相关系数

在分析结果中的"相关性"分析表中，主要显示了各变量之间的相关系数，如图 8-16 所示。从该表中可以发现各个变量之间相关系数的最大值为 0.836，最小值为 –0.421，其最大值和最小值差距较大，本例可能不存在自变量之间的共线性问题。

描述性统计量			
	均值	标准 偏差	N
管理能力	1900.00	449.691	10
销售能力	362.10	142.141	10
策划能力	405.90	73.947	10
资源能力	168.00	20.144	10
调控能力	113.30	10.188	10
研发能力	578.50	299.776	10
投资能力	240.20	25.411	10

图 8-15　描述性统计

❏ 模型摘要

在分析结果中的"模型汇总"分析表中，主要显示了 3 个回归模型的多元相关系数 R、多元相关系数 R 方、调整后的 R 方，以及标准估计的误差等分析数值，如图 8-17 所示。通过该表可以发现 R 方更改量分别为 0.404、0.369 和 0.227，而显著性 P 值只有第 3 个回归模型达到了显著性水平。

相关性		管理能力	销售能力	策划能力	资源能力	调控能力	研发能力	投资能力
Pearson 相关性	管理能力	1.000	.456	.487	.615	.725	.836	-.188
	销售能力	.456	1.000	.103	-.098	.292	.094	-.045
	策划能力	.487	.103	1.000	.771	.572	.087	-.421
	资源能力	.615	-.098	.771	1.000	.519	.406	-.303
	调控能力	.725	.292	.572	.519	1.000	.498	-.078
	研发能力	.836	.094	.087	.406	.498	1.000	.055
	投资能力	-.188	-.045	-.421	-.303	-.078	.055	1.000
Sig. (单侧)	管理能力		.093	.077	.029	.009	.001	.302
	销售能力	.093		.388	.393	.206	.398	.451
	策划能力	.077	.388		.005	.042	.406	.113
	资源能力	.029	.393	.005		.062	.122	.197
	调控能力	.009	.206	.042	.062		.071	.416
	研发能力	.001	.398	.406	.122	.071		.440
	投资能力	.302	.451	.113	.197	.416	.440	

图 8-16　相关系数

模型汇总[d]					更改统计量					Durbin-Watson
模型	R	R 方	调整 R 方	标准 估计的误差	R 方更改	F 更改	df1	df2	Sig. F 更改	
1	.635[a]	.404	.233	393.792	.404	2.368	2	7	.164	
2	.879[b]	.772	.590	287.879	.369	4.049	2	5	.090	
3	1.000[c]	.999	.998	17.624	.227	665.545	2	3	.000	2.768

a. 预测变量: (常量), 策划能力, 销售能力.
b. 预测变量: (常量), 策划能力, 销售能力, 调控能力, 资源能力.
c. 预测变量: (常量), 策划能力, 销售能力, 调控能力, 资源能力, 投资能力, 研发能力.
d. 因变量: 管理能力

图 8-17　模型摘要

❏ 方差分析

在分析结果中的"Anova"分析表中，主要显示了各个阶层回归模型的解释变量的显著性检验，如图 8-18 所示。

通过该表可以发现模型 1 的显著性检验 F 值为 2.368，其显著性检验的 P 值为 0.164>0.05，表现为不具有显著性水平。而模型 2 的显著性检验 F 值为 4.240，其显著性检验的 P 值为 0.072>0.05，也不具有显著性水平。模型 3 的显著性检验 F 值为 976.097，

其显著性检验 P 值为 0.000<0.01，表现为具有显著性水平。

Anova[a]

模型		平方和	df	均方	F	Sig.
1	回归	734495.839	2	367247.920	2.368	.164[b]
	残差	1085504.161	7	155072.023		
	总计	1820000.000	9			
2	回归	1405628.425	4	351407.106	4.240	.072[c]
	残差	414371.575	5	82874.315		
	总计	1820000.000	9			
3	回归	1819068.193	6	303178.032	976.097	.000[d]
	残差	931.807	3	310.602		
	总计	1820000.000	9			

a. 因变量：管理能力

b. 预测变量：(常量)，策划能力，销售能力。

c. 预测变量：(常量)，策划能力，销售能力，调控能力，资源能力。

d. 预测变量：(常量)，策划能力，销售能力，调控能力，资源能力，投资能力，研发能力。

图 8-18 方差分析

❑ 回归模型系数

在分析结果中的“系数”分析表中，主要显示了各阶层回归模型的回归系数和显著性检验数据，如图 8-19 所示。通过该表可以发现模型 1 中的两个自变量的回归系数分别为 1.297 和 2.706，回归系数的显著性检验 t 值分别为 1.397 和 1.516，其显著性 P 值分别为 0.205 和 0.173，均未达到显著性水平。另外，从表中还可以发现模型 1 中的两个自变量的 B 值都为正数，表示这两个自变量对因变量的影响是正向的，其自变量的数值越高，表明管理能力越高。

系数[a]

模型		非标准化系数		标准系数	t	Sig.	相关性			共线性统计量	
		B	标准 误差	试用版			零阶	偏	部分	容差	VIF
1	(常量)	332.232	776.550		.428	.682					
	销售能力	1.297	.928	.410	1.397	.205	.456	.467	.408	.989	1.011
	策划能力	2.706	1.785	.445	1.516	.173	.487	.497	.443	.989	1.011
2	(常量)	-2526.541	1183.643		-2.135	.086					
	销售能力	1.369	.754	.433	1.817	.129	.456	.631	.388	.803	1.246
	策划能力	-2.072	2.182	-.341	-.950	.386	.487	-.391	-.203	.354	2.826
	资源能力	15.521	8.046	.695	1.929	.112	.615	.653	.412	.351	2.853
	调控能力	19.103	12.372	.433	1.544	.183	.725	.568	.329	.580	1.725
3	(常量)	-286.614	110.562		-2.592	.081					
	销售能力	1.144	.047	.361	24.540	.000	.456	.998	.321	.786	1.272
	策划能力	1.107	.172	.182	6.444	.008	.487	.966	.084	.214	4.674
	资源能力	3.751	.590	.168	6.354	.008	.615	.965	.083	.244	4.097
	调控能力	3.701	.902	.084	4.105	.026	.725	.921	.054	.409	2.445
	研发能力	1.020	.028	.680	36.014	.000	.836	.999	.470	.479	2.088
	投资能力	-1.317	.262	-.074	-5.025	.015	-.188	-.945	-.066	.779	1.284

a. 因变量：管理能力

图 8-19 回归模型系数

❑ 共线性诊断

在分析结果中的“共线性诊断”分析表中，主要显示了模型的维数、特征值、条件索引、方差比例等分析数据，如图 8-20 所示。通过该表可以发现模型 1 中两个自变量的特征值分别为 0.084 和 0.014，都大于规定的 0.01。另外，从方差比例上可以发现，本例中不存在两个变量同时在某一个特征值上的方差比例在 0.7 以上。综合分析可以推断，模型 1 中的自变量之间共线性问题并不严重。

❑ 分析图形

在分析结果中，主要显示了直方图、散点图和 P-P 图。其中，直方图是用来检验样本观测值是否符合正态分布假设的一种图形。通过图 8-21 中的直方图，可以发现图形基本呈现钟形，表示观测值基本符合正态分布假设。

在直方图的下方显示的图形为回归标准化残差的标准 P-P 图，如图 8-22 所示。通过图形可以发现该图是从左下到右上呈现一条 45°的直线，表示样本分布基本符合正态分布的标准。

共线性诊断[a]

模型	维数	特征值	条件索引	(常量)	销售能力	策划能力	资源能力	调控能力	研发能力	投资能力
1	1	2.902	1.000	.00	.01	.00				
	2	.084	5.875	.04	.96	.07				
	3	.014	14.231	.96	.02	.93				
2	1	4.877	1.000	.00	.00	.00	.00			
	2	.101	6.946	.00	.77	.01	.00			
	3	.016	17.723	.14	.03	.37	.00	.02		
	4	.003	38.494	.00	.20	.23	.79	.43		
	5	.003	41.934	.86	.00	.39	.20	.55		
3	1	6.698	1.000	.00	.00	.00	.00	.00	.00	.00
	2	.161	6.444	.00	.05	.00	.00	.00	.49	.00
	3	.102	8.093	.00	.00	.72	.00	.00	.02	.00
	4	.030	14.914	.01	.00	.09	.01	.00	.00	.11
	5	.003	44.933	.18	.05	.40	.30	.02	.03	.46
	6	.003	45.580	.05	.15	.03	.16	.55	.01	.38
	7	.001	68.621	.76	.02	.47	.53	.43	.45	.05

a. 因变量：管理能力

图 8-20　共线性诊断

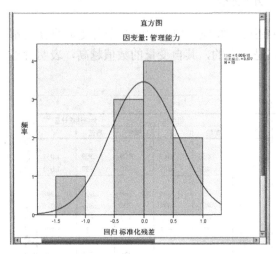

图 8-21　直方图

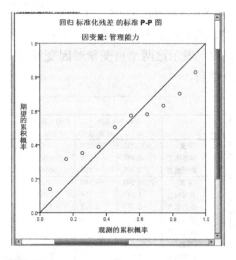

图 8-23　P-P 图

8.2　非线性回归分析

非线性回归是寻找因变量和一组自变量之间关系的非线性模型的方法，非线性回归可估计自变量和因变量之间具有任意关系的模型。在本小节中，将详细介绍非线性回归分析的基础知识与分析方法。

8.2.1　非线性回归概述

非线性回归是对不存在线性关系的因变量和自变量的数据进行的一种回归分析方法，而在实际分析过程中回归函数一般是比较复杂的非线性函数。在进行非线性回归分析时，通常是对变量进行转换，将非线性回归转换为线性回归，最终以线性回归的方法进行分析与处理。在使用 SPSS 软件进行非线性回归分析之前，还需要先了解一下非线性回归分析中的计算公式，以及非线性回归分析中的常用模型。

1. **非线性回归分析的要求**

   在进行非线性回归分析时，还需要注意以下要求。
   - **数据要求** 因变量和自变量必须是定量的。分类变量（例如宗教、专业或居住地）需要重新编码为二分类（哑元）变量或其他类型的对比变量。
   - **假设要求** 只有在指定的函数能够准确描述因变量和自变量的关系的情况下，结果才是有效的。此外，选择合适的起始值也非常重要。即使指定了模型的正确的函数形式，如果使用不合适的起始值，模型也可能不收敛，或者可能得到局部最优的解，而不是全局最优的解。
   - **相关过程** 很多在一开始呈现为非线性的模型都可以转换为线性模型，从而使用"线性回归"过程进行分析。如果不确定什么样的模型合适，可以使用"曲线估计"过程帮助确定数据中有用的函数关系。
   - **函数形式** 需要根据数据类型或分析经验，确定一个本质非线性的模型。

2. **非线性回归分析计算公式**

   在非线性回归分析过程中，在估算模型中参数的起始值和取值范围之后，还需要使用一定的非线性回归模型进行相应的计算。
   - **双曲线模型**

   在因变量随自变量的变化而相应变化，且最初变化很快，随着分析的进入逐渐放慢变化速度的情况下，则可以使用双曲线模型进行拟合分析，双曲线模型的公式表现为：

   $$y = \beta_0 + \beta_1 \frac{1}{x} + \mu = \beta_0 + \beta_1 z + \mu$$

   - **对数函数模型**

   对数函数模型是函数的反函数，其模型的公式表现为：

   $$y = \beta_0 + \beta_1 x + \mu$$

   - **多项式模型**

   由于多项式模型在一定的范围内，可以适用于任何曲线、曲面、超曲面的问题，所以该模型是非线性回归分析方法中的重要分析模型。当分析数据中的自变量只有一个时，可以使用一元多项式进行分析，其公式表现为：

   $$y = \beta_0 + \beta_1 x + \beta_2 x^2 + \cdots + \beta_i x^i + \mu$$

3. **非线性回归分析常用模型**

   虽然 SPSS 软件为用户自动提供非线性回归分析的模型，但是随即选择的模型不能很好地拟合数据。所以，在使用 SPSS 软件进行非线性回归分析之前，还需要了解一下常用的非线性回归分析模型，其具体模型和表达式如表 8-2 所示。

4. **非线性回归分析结果注意事项**

   在进行非线性回归分析时，用户还需要注意以下有关分析结果的事项：

表 8-2 非线性回归分析常用模型

名 称	表 达 式
渐进回归	b1+b2*exp(b3*x)
渐进回归	b1−(b2*(b3**x))
密度	(b1 +b2*x)**(−1/b3)
Gauss	b1*(1−b3*exp(−b2*x**2))
Gompertz	b1*exp(−b2*exp(−b3*x))
Johnson-Schumacher	b1*exp(−b2/(x+b3))
对数修改	(b1+b3*x)**b2
对数 Logistic	b1−ln(1+b2*exp(−b3*x))
Metcherlich 的收益递减规律	b1+b2*exp(−b3*x)
Michaelis Menten	b1*x/(x+b2)
Morgan-Mercer-Florin	(b1*b2+b3*x**b4)/(b2+x**b4)
Peal-Reed	b1/(1+b2*exp(−(b3*x+b4*x**2+b5*x**3)))
三次比	(b1+b2*x+b3*x**2+b4*x**3)/(b5*x**3)
四次比	(b1+b2*x+b3*x**2)/(b4*x**2)
Richards	b1/((1+b3*exp(−b2*x))**(1/b4))
Verhulst	b1/(1+b3*exp(−b2*x))
Von Bertalanffy	(b1**(1−b4) − b2*exp(−b3*x))**(1/(1−b4))
Weibull	b1−b2*exp(− b3*x**b4)
产量密度	(b1+b2*x+b3*x**2)**(−1)

- **参数初始值** 参数初始值的选择会影响收敛。尽量选择合理的初始值,并尽可能选择接近期望的最终解的初始值。
- **计算方法** 对于特定的问题,一种算法的性能有时会优于另一种算法。可在【非线性:选项】对话框中,选择其他算法(如果有)。
- **迭代次数** 如果仅仅是因为达到迭代的最大次数而使迭代停止,则"最终"模型可能不是一个好的解。
- **参数约束** 要求对大数据值执行幂运算或指数运算的模型可能导致溢出或下溢(数字太大或太小,计算机无法表示)。有时候,通过选择适当的初始值,或对参数施加约束,可以避免这些问题。

8.2.2 初步分析数据

在进行非线性回归分析之前,还需要先对数据进行一个初步分析,以了解数据变量之间的关系,并确定非线性回归分析所使用的模型类型。

在 SPSS 中自定义变量并输入分析数据,执行【图形】|【旧对话框】|【散点/点状】命令,在弹出的【散点图/点图】对话框中,选择【简单分布】选项,并单击【定义】按钮,如图 8-24 所示。

在弹出的【简单散点图】对话框中,将"销

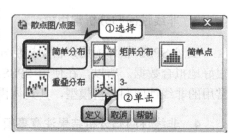

图 8-24 选择散点图类型

售总额"变量添加到【Y 轴（Y）】列表框中，将"推广费用"变量添加到【X 轴（X）】列表框中，并单击【确定】按钮，如图 8-25 所示。

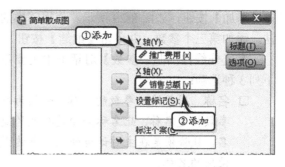

▶ 图 8-25　设置变量类型

此时，系统会在输出窗口中显示散点图图形，如图 8-26 所示。通过散点图可以发现当 x 值增加时，y 值会随着快速增加，但当 x 值继续增加时，y 值的增减减缓。由此可以推断该规律符合效率的递减规律，可以使用 Mistcherlich 模型进行分析。

通过对数据的初步分析，已经获得了非线性回归分析模型的类型，但是在分析数据之前还需要先确定参数初始值，以便可以获得更准确的分析结果。假设 b_1 代表销售总额的最大值，通过散点图可以发现该值接近于 13，因此将 b_1 的初始值定义为 13。另外，b_2 可以使用 y 的最小值减去 b_1 进行计算，即 $b_2=7-b_1=7-13=-6$。b_3 的初始值可以用散点图中的两个分离点的斜率来表示，取点$(x=2, y=8)$和$(x=4, y=12)$来表示，其斜率为（12-8）/（4-2）=2，所以 b_3 的初始值可以定义为-2。

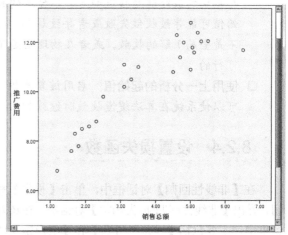

▶ 图 8-26　散点图

8.2.3　设置参数

执行【分析】|【回归】|【非线性】命令，弹出【非线性回归】对话框。将"销售总额"变量添加到【因变量】列表框中，在【模型表达式】文本框中输入"b1+b2*EXP(b3*x)"公式，并单击【参数】按钮，如图 8-27 所示。

弹出【非线性回归:参数】对话框，在【名称】文本框中输入"b1"，在【初始值】文本框中输入"13"，并单击【添加】按钮，如图 8-28 所示。

继续在【名称】文本框中输入"b2"，在【初始值】文本框中输入"-6"，并单

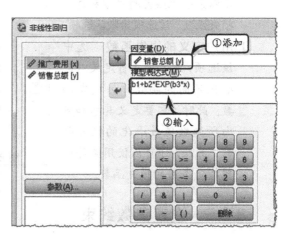

▶ 图 8-27　设置变量和表达式

击【添加】按钮,如图8-29所示。使用同样的方法,添加第三个参数,并单击【继续】按钮。

在【非线性回归:参数】对话框中主要包括下列3种选项:

- **名称** 用于输入参数的名称,必须为每个参数指定名称。此名称必须是有效的变量名,且必须是在主对话框的模型表达式中使用的名称。
- **初始值** 用于输入为参数指定的初始值,与期望的最终解越接近越好。不合适的初始值可能导致收敛失败或者导致局部(而不是全局)解的收敛,或者在物理上是不可行的。
- **使用上一分析的起始值** 启用该复选框,可以使系统在算法缓慢收敛时继续搜索。

图 8-28 设置第一个参数

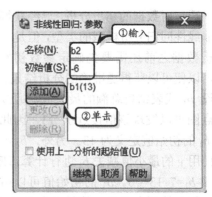

图 8-29 设置第二个参数

8.2.4 设置损失函数

在【非线性回归】对话框中,单击【损失】按钮,弹出【非线性回归:损失函数】对话框。在该对话框中,主要包括【残差平方和】和【用户定义的损失函数】两种选项,在此使用默认的【残差平方和】选项,如图8-30所示。

【非线性回归:损失函数】对话框中所包含的两种选项的具体含义如下:

- **残差平方和** 选中该选项,表示以最小化残差的平方和作为损失函数,该选项为默认选项。
- **用户定义的损失函数** 选中该选项,表示用户自定义以最小化不同的函数作为损失函数。此时,需要定义其总和应由所选数值最小化的损失函数。另外,还可以使用条件逻辑指定条件的损失函数。

图 8-30 【非线性回归:损失函数】对话框

8.2.5 设置参数约束

约束是在对解的迭代搜索过程中对参数所允许的值的限制。线性表达式是在步骤执行前计算的,因此可使用线性约束来避免可能导致溢出的步骤。非线性表达式则是在步骤执行后计算的。

在【非线性回归】对话框中,单击【约束】按钮,弹出【非线性回归:参数约束】对话框。选中【定义参数约束】选项,将【参数】列表框中的"b1(13)"添加到主列边框中,并将符号设置为">=",在其后的文本框中输入"0",单击【添加】按钮,如图 8-31 所示。使用同样的方法,分别将添加"b2<=0"和"b3<=0"的参数约束条件。

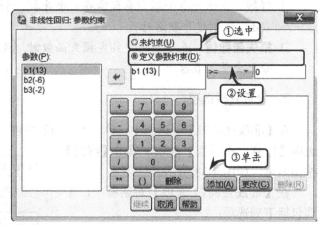

图 8-31　添加参数约束条件

> **提　示**
> 添加参数的约束条件之后,选中列表框中已添加的约束条件,单击【删除】或【更改】按钮即可删除或更改该约束条件。

另外,在使用约束条件时,每个等式或不等式都需要使用下列元素:
- **表达式**　至少包含模型中一个参数的表达式。键入表达式或使用小键盘,通过小键盘可以将数字、运算符或括号粘贴到该表达式中。不能在约束中使用一般变量。
- **逻辑运算符**　表达式中的逻辑运算符包括<=、=和>=。
- **数字常数**　使用逻辑运算符与表达式相比较。数字常数必须以美式格式键入,并使用句点作为小数分隔符。

8.2.6　设置保存和分析选项

在使用非线性回归分析时,用户不仅可以将若干新变量保存到活动数据文件中;而且还可以通过设置分析选项,来控制非线性回归分析的各个方面。

1. 设置保存选项

在【非线性回归】对话框中,单击【保存】按钮,弹出【非线性回归:保存新变量】对话框。启用【预测值】和【残差】复选框,单击【继续】按钮即可,如图 8-32 所示。

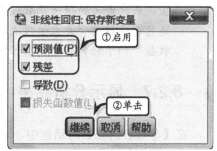

图 8-32　设置保存选项

在【非线性回归:保存新变量】对话框中,主要包括下列 4 种选项:
- **预测值**　表示以变量名 resid 来保存残差。
- **残差**　表示以变量名称 pred_ 来保存预测值。

- **导数** 表示为每个模型参数保存一个导数。通过向参数名称的前六个字符加前缀 "d_" 来创建导数名称。
- **损失函数值** 表示当用户指定损失函数时，启用该复选框，可以向损失函数的值分配变量名 loss_。

2. 设置分析选项

在【非线性回归】对话框中，单击【选项】按钮，弹出【非线性回归:选项】对话框。选中【序列二次编程】选项，单击【继续】按钮即可，如图8-33所示。

在【非线性回归:选项】对话框中，主要包括下列选项：

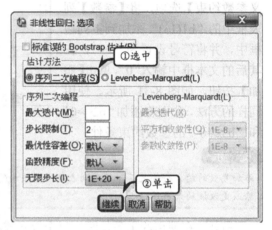

图8-33 设置分析选项

- **标准误的 Bootstrap 估计** 启用该复选框，可以使用从原始数据集重复抽样来估计统计量的标准误的方法。其做法是：抽取（有放回取样）样本量与原始数据集样本量相同的许多样本。为这些样本中的每一个都估计一个非线性方程。然后计算每个参数估计的标准误，作为自引导估计的标准差。从原始数据得到的参数估计值用作每个自引导样本的起始值。这需要序列二次规划算法。
- **估计方法** 包含用于计算的估计方法，包括序列二次编程和Levenberg-Marquardt方法。
- **序列二次编程** 此方法可用于约束和不约束模型。如果指定了约束模型、用户定义的损失函数或bootstrap，则自动使用序列二次编程。另外，还可通过为"最大迭代次数"和"步长限制"输入新值，或者在"最优性容差"、"函数精度"和"无限步长"的下拉列表中更改选择的方法，来自定义估计方法的参数。
- **Levenberg-Marquardt** 此方法用于非约束模型的默认算法。如果指定约束模型、用户定义的损失函数或自引导，则Levenberg-Marquardt方法不可用。另外，还可以通过为"最大迭代次数"输入新值，或者更改在"平方和收敛"和"参数收敛"的下拉列表中的选择方法，来自定义估计方法的参数。

8.2.7 显示分析结果

在【非线性回归】对话框中，单击【确定】按钮，系统将自动在输出窗口中显示分析结果，主要包括迭代历史记录表、参数估计表、参数估计值的相关性和方差分析表。

1. 迭代历史记录表

在分析结果中的"迭代历史记录"表中，主要显示了迭代数、残差平方和，以及参数的迭代过程，如图 8-34 所示。通过表中的数据可以发现，本例中共发生 50 次迭代计算，表格中的最后一行表示最终模型的参数估计值。

迭代历史记录[b]

迭代数[a]	残差平方和	参数 b1	参数 b2	参数 b3
0.2	2120.632	13.000	-6.000	-2.000
1.2	387.733	.000	-6.000	-1.998
2.1	55.090	3.723	-6.000	-1.998
3.2	46.588	3.723	-6.040	-.277
4.5	46.588	3.723	-6.040	-.277
5.5	46.585	3.714	-6.281	-.281
6.2	21.408	4.922	-22.842	-.281
7.1	19.896	5.164	-25.172	-.261

图 8-34　迭代历史记录表

2. 参数估计表

在分析结果中的“参数估计值”表中，主要显示了参数的估计、标准误和置信区间等分析数据，如图 8-35 所示。从表中的数据可以发现，参数 b1 和 b2 的标准误值分别为 37.722 和 30.643，而且其置信区间的跨度也必将大，表示其估计值不是很可信。另外，参数 b3 控制着 y 达到最大值的速度，而标准误值为 0.133，比较小，表示 b3 的估计值必将可信。

参数估计值

参数	估计	标准误	95% 置信区间 下限	95% 置信区间 上限
b1	18.372	37.722	-60.075	96.820
b2	-25.433	30.643	-89.159	38.293
b3	-.053	.133	-.330	.224

图 8-35　参数估计值

3. 参数估计值的相关性

在分析结果中的“参数估计值的相关性”分析表中，主要显示了参数 b1、b2 和 b3 之间的相关性系数，如图 8-36 所示。通过表中的数据，可以发现参数 b1、b2 和 b3 的相关性系数都比较高，达到了 0.999。

参数估计值的相关性

	b1	b2	b3
b1	1.000	-.999	.999
b2	-.999	1.000	-.997
b3	.999	-.997	1.000

图 8-36　参数估计值的相关性

4. 方差分析表

在分析结果中的“ANOVA”分析表中，主要显示了回归和残差等因素的平方和、均方等值，如图 8-37 所示。从表中可以发现，其 R 方值大于 0.8，表示拟合模型能够接受因变量大于 80%的变异，说明模型的拟合效果还是不错的。

ANOVA[a]

源	平方和	df	均方
回归	378.740	3	126.247
残差	8.993	21	.428
未更正的总计	387.732	24	
已更正的总计	55.090	23	

因变量：销售总额

a. R 方 = 1 - (残差平方和) / (已更正的平方和) = .837。

图 8-37　方差分析表

8.3 曲线估计回归分析

在使用众多分析方法对数据进行分析之前，往往需要研究者先准确地判断数据中变量之间的关系，以便选择与其相适应的函数模型进行计算。但是，在大多数情况下，研究者无法确定数据变量之间的关系，也无法确定何种函数模型更接近于样本数据，此时可通过使用曲线估计回归分析方法，来解决上述问题。

8.3.1 曲线估计回归模型

曲线估计回归分析又称为曲线拟合，可以准确而快速地反映数据的实际情况。在

SPSS 中，系统为用户提供了自动拟合包括线性模型、对数曲线模型、二次曲线模型和指数曲线模型在内的 11 种曲线模型。用户不仅可以对每个因变量生成一个单独的模型，而且还可以同时选用几种模型进行曲线拟合，并根据回归统计的结果，以及观察数据散点图，通过对比以确定一个最佳的曲线模型。

其中，SPSS 中的 11 种曲线模型的具体含义和表达式如表 8-3 所示。

表 8-3　曲线估计模型

模　型	含　义	表　达　式
Linear 模型	一元线性	$y = b_0 + b_1 x$
Quadratic 模型	二次函数	$y = b_0 + b_1 x + b_2 x^2$
Compound 模型	复合函数	$y = b_0 b_1^x$
Growth 模型	增长函数	$y = e^{(b_0 + b_1 x)}$
Logarithmic 模型	对数函数	$y = b_0 + b_1 \ln(x)$
Cubic 模型	三次函数	$y = b_0 + b_1 x + b_2 x^2 + b_3 x^3$
S:S 形曲线模型		$y = e^{(b_0 + b_1 / x)}$
Exponential 模型	指数函数	$y = b_0 e^{b_1 x}$
Inverse 模型	逆函数	$y = b_0 + \dfrac{b_1}{x}$
Power 模型	幂函数	$y = b_0 x^{b_1}$
Logistic 模型	逻辑函数	$y = (\dfrac{1}{u} + b_0 b_1 x)^{-1}$

8.3.2　设置分析变量和模型

在 SPSS 中自定义变量并输入分析数据之后，便可以使用曲线估计回归分析方法分析数据了。在分析数据之前，还需要先设置分析变量和分析模型，以期可以达到最佳的分析结果。

执行【分析】|【回归】|【曲线估计】命令，弹出【曲线估计】对话框。将"推广费用"变量添加到【因变量】列表框中，同时将"销售总额"变量添加到【自变量】中的【变量】列表框中。同时，启用【线性】和【二次项】复选框，如图 8-38 所示。

在【曲线估计】对话框中，主要包括下列选项：

- ❏ **因变量**　用于显示所添加的因变量，当添加多个因变量时，系统将分别对每个因变量进行模型拟合。
- ❏ **自变量**　用于显示所添加的自变量。当选中【变量】选项时，表示使用所添加的自变量；当选中【时间】选项时，表示使用时间序列自变量。
- ❏ **个案标签**　用于显示所添加的观测需要的标签变量，可用于散点图中的标识观测记录。
- ❏ **在等式中包含常量**　启用该复选框，表示在回归方程式中包含常数项。
- ❏ **根据模型绘图**　启用该复选框，表示在绘制图形时，将显示原始数据的散点图和拟合模型的曲线图。

- ❑ **模型** 用于设置曲线拟合的分析模型，共包括11种曲线模型。
- ❑ **显示ANOVA表格** 启用该复选框，可以在分析结果中输出模型检验的方差分析表。

8.3.3 设置保存选项

在【曲线估计】对话框中，单击【保存】按钮，在弹出的【曲线估计:保存】对话框中，启用相应的选项，单击【继续】按钮即可，如图8-39所示。

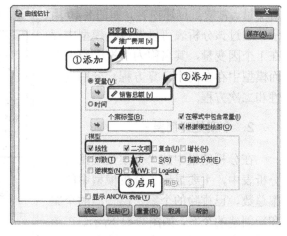

图 8-38 添加变量3

在【曲线估计:保存】对话框中，主要包括下列选项：

- ❑ **预测值** 启用该复选框，表示可以在输出结果时保存预测值变量。
- ❑ **残差** 启用该复选框，表示可以在输出结果时保存残差变量。
- ❑ **预测区间** 启用该复选框，表示可以在输出结果时保存预测期间的上限和下限变量。
- ❑ **从估计期到最后一个个案的预测** 表示在估计期内的个案的基础上预测文件中所有个案的值。如果未定义任何估计期，则使用所有个案来预测值。
- ❑ **预测范围** 根据估计期中的个案，预测指定日期、时间或观察号范围内的值。此功能可以用于预测超出时间序列中最后一个个案的值。当前定义的日期变量确定可用于指定预测期结尾的文本框。如果没有已定义的日期变量，则您可以指定结尾的观察（个案）号。

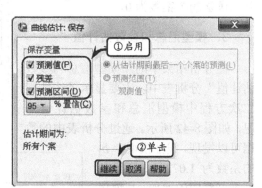

图 8-39 设置保存选项

> **提　示**
>
> 【曲线估计：保存】对话框中的【预测个案】选项组，只有在用户选中【曲线估计】对话框中【自变量】选项组中的【时间】选项时，才变为可用状态。

8.3.4 显示分析结果

在【非线性回归】对话框中，单击【确定】按钮，系统将自动在输出窗口中显示分析结果，包括模型描述、个案处理摘要、变量处理摘要、模型汇总和参数估计值，以及拟合效果图等内容。

1. 模型描述

在分析结果中的"模型描述"分析表中，主要显示了模型的名称、因变量、方程、自变量、常数等描述内容,如图 8-40 所示。通过该分析表可以发现,模型中存在 1 个因变量,其名称为"推广费用";而模型中存在两个计算方程,分别为线性和二次方程。

2. 个案处理摘要

在分析结果中的"个案处理摘要"分析表中,主要显示了分析模型中的个案总数、已排除的个案、已预测的个案和新创建的个案,如图 8-41 所示。在该分析表中,可以发现个案总数为 24 个,其已排除的个案数为 0。

3. 模型汇总和参数估计值

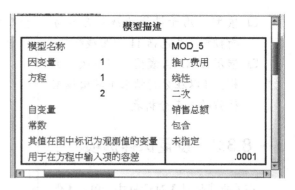

图 8-40 模型描述

在分析结果中的"模型汇总和参数估计值"分析表中,主要显示了线性和二次方程中模型汇总和参数估计值情况,如图 8-42 所示。通过分析表中的数据可以发现,线性模型中 b_1 的系数为 1.072>1,表示随着推广费用的增加,其销售总额也会随着增加。而二次模型中 b_2 的系数为 −0.003<0,表示当推广费用达到一定水平后,其销售总额会转换为下降趋势。从线性和二次模型中的显著性水平 P 值来分析,其值分别小于 0.001,表示模型分析存在显著性水平,具有一定的统计学意义。另外,从线性和二次模型中的 R 方值来分析,其线性的 R 方值 0.833 小于二次的 R 方值 0.923,表示二次曲线模型的拟合效果高于线性模型的拟合效果。

图 8-41 个案处理摘要

方程	模型汇总				参数估计值		
	R 方	F	df1	df2	Sig.	常数	b1	b2
线性	.833	110.010	1	22	.000	641.515	1.072	
二次	.923	126.176	2	21	.000	321.335	3.192	-.003

图 8-42 模型汇总和参数估计值

4. 拟合效果图

在分析结果中的图形输出部分,可以查看两个模型的拟合效果,如图 8-43 所示。图形中的小圆圈代表观测数值,实线表示线性回归模型的预测值,而虚线则代表二次回归模型的预测值。从图形中,可以清晰地看出二次回归模型的拟合度高于线性回归模型的拟合度。

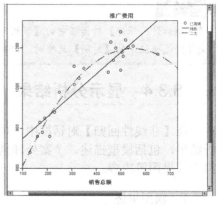

图 8-43 拟合效果图

8.4 课堂练习：非线性回归分析推广费用

在本练习中，已知某公司为提高销售总额所做的每次推广费用。在制作推广费用时，企业管理者想获知在增加推广费用的同时，其销售总额是否会随着推广费用的增加而增加。下面，运用非线性回归分析方法，分析销售总额随推广费用变化的拟合模型，以帮助企业管理者寻找最合适的推广费用的额度。最终分析结果如图 8-44 所示。

参数估计值

参数	估计	标准误	95% 置信区间 下限	95% 置信区间 上限
b1	18.372	37.722	-60.075	96.820
b2	-25.433	30.643	-89.159	38.293
b3	-.053	.133	-.330	.224

ANOVA[a]

源	平方和	df	均方
回归	378.740	3	126.247
残差	8.993	21	.428
未更正的总计	387.732	24	
已更正的总计	55.090	23	

因变量：销售总额

a. R 方 = 1 - (残差平方和) / (已更正的平方和) = .837。

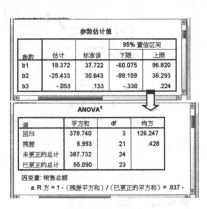

图 8-44 显示分析结果

操作步骤

1 制作分析数据。启用 SPSS 软件，切换到【变量视图】窗口中，输入变量名称，如图 8-45 所示。

	名称	类型	宽度
1	x	数值(N)	8
2	y	数值(N)	8
3			
4			
5			

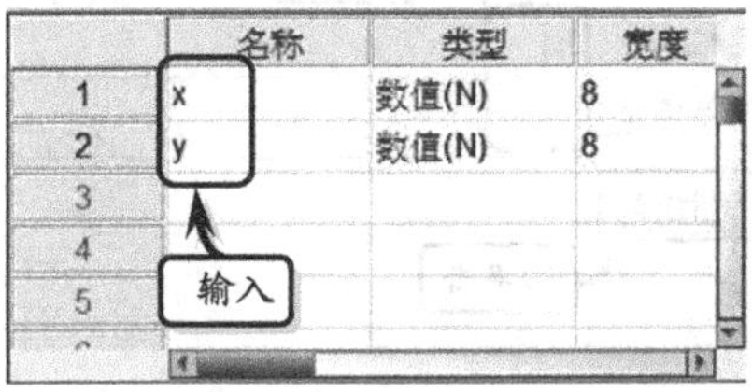

图 8-45 自定义变量名称

2 单击【小数】列对应的单元格中的微调按钮，将小数设置为"1"，如图 8-46 所示。

	类型	宽度	小数
1	数值(N)	8	1
2	数值(N)	8	1
3			
4			
5			

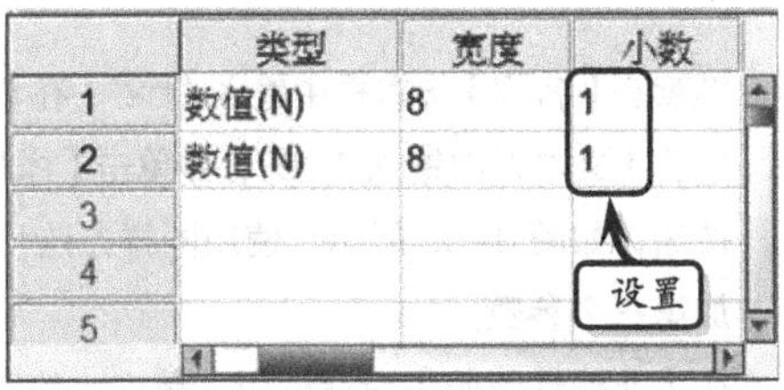

图 8-46 自定义小数位数

3 在变量名称对应的【标签】单元格内，依次输入标签说明文本，如图 8-47 所示。

	宽度	小数	标签
1	8	1	推广费用
2	8	1	销售总额
3			
4			
5			

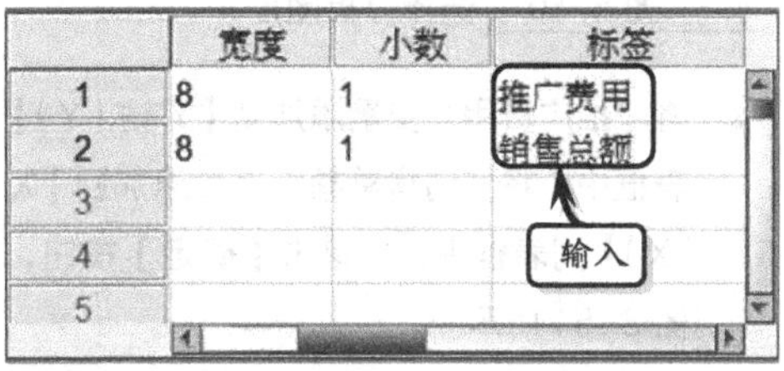

图 8-47 输入标签说明文本

4 单击【对齐】列单元格中的下拉按钮，在其列表中选中【居中】选项，设置变量的对齐格式，如图 8-48 所示。

	缺失	列	对齐
1	无	8	右
2	无	8	左
3			右
4			居中
5			

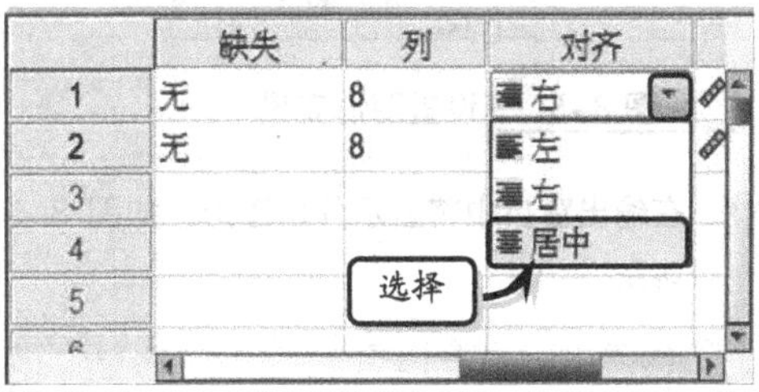

图 8-48 设置对齐方式

5 切换到【数据视图】窗口，根据变量名称依次输入分析数据，如图 8-49 所示。

	x	y	变量
1	6.8	1.2	
2	7.8	1.8	
3	7.6	1.6	
4	8.3	1.7	
5	8.8	2.3	
6	8.6	2.1	

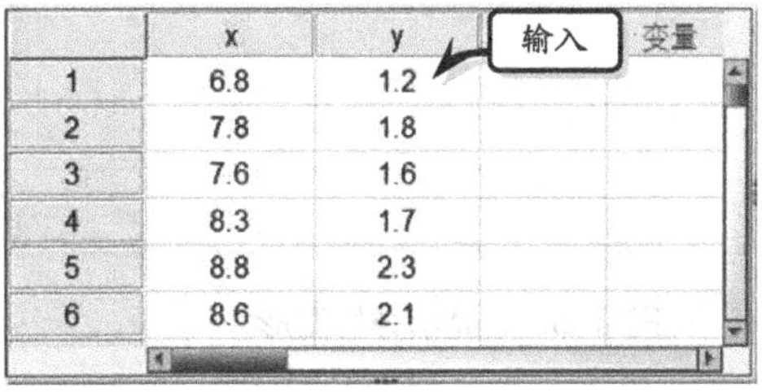

图 8-49 输入分析数据

6 初步分析数据。执行【图形】|【旧对话框】

|【散点图/点图】命令，选择【简单分布】选项，并单击【定义】按钮，如图 8-50 所示。

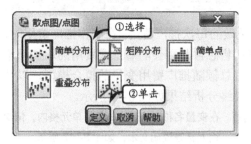

图 8-50　选择分析图形

7　将"推广费用"变量添加到【Y 轴（Y）】列表框中，将"销售总额"变量添加到【X 轴（X）】列表框中，并单击【确定】按钮，如图 8-51 所示。

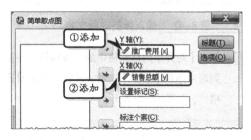

图 8-51　设置图形变量

8　在输出窗口中将显示分析图形，如图 8-52 所示。

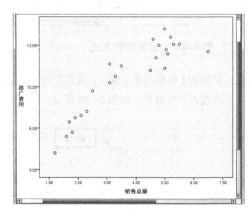

图 8-52　显示分析图形

分析结果：通过散点图可以发现当 x 值增加时，y 值会随着快速增加；当 x 值继续增加时，y 值的增减减缓。由此可以推断该规律符合效率

递减规律，可以使用 Mistcherlich 模型进行分析。

9　非线性回归分析。执行【分析】|【回归】|【非线性】命令，将"销售总额"添加到【因变量】列表框中，在【模型表达式】文本框中输入"b1+b2*EXP(b3*x)"公式，如图 8-53 所示。

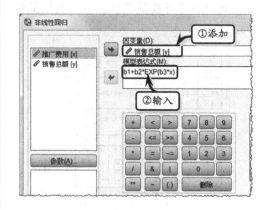

图 8-53　添加分析变量

10　在【名称】文本框中输入"b1"，在【初始值】文本框中输入"13"，并单击【添加】按钮，如图 8-54 所示。

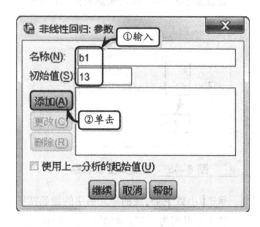

图 8-54　添加第一个参数

11　继续在【名称】文本框中输入"b2"，在【初始值】文本框中输入"-6"，并单击【添加】按钮，如图 8-55 所示。使用同样方法，添加第三个参数。

12　在【非线性回归】对话框中，单击【约束】按钮，选中【定义参数约束】选项，将

"b1(13)"添加到主列表框中,将符号设置为">=",并输入"0",单击【添加】按钮,如图 8-56 所示。

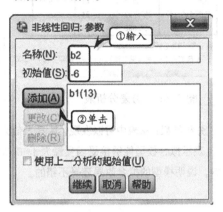

图 8-55 添加第二个参数

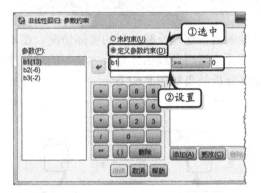

图 8-56 添加第一个参数约束

13 使用同样的方法,添加其他参数约束,如图 8-57 所示。

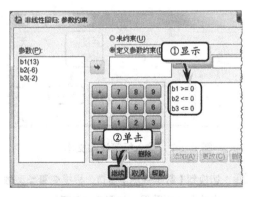

图 8-57 添加剩余参数约束

14 在【非线性回归】对话框中,单击【选项】按钮,选中【序列二次编程】选项,单击【继续】按钮,如图 8-58 所示。

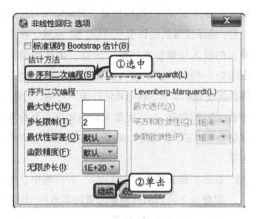

图 8-58 设置分析选项

15 单击【确定】按钮,系统将自动在输出窗口中显示"迭代历史记录"分析结果,如图 8-59 所示。

迭代历史记录[b]				
		参数		
迭代数[a]	残差平方和	b1	b2	b3
0.2	2120.632	13.000	-6.000	-2.000
1.2	387.733	.000	-6.000	-1.998
2.1	55.090	3.723	-6.000	-1.998
3.2	46.588	3.723	-6.040	-.277
4.5	46.588	3.723	-6.040	-.277
5.5	46.585	3.714	-6.281	-.281
6.2	21.408	4.922	-22.842	-.281
7.1	19.896	5.164	-25.172	-.261

图 8-59 迭代历史记录表

分析结果:通过表中的数据可以发现,本例中共发生 50 次迭代计算,表格中的最后一行表示最终模型的参数估计值。

16 在分析结果中的"参数估计值"表中,主要显示了参数的估计、标准误和置信区间等分析数据,如图 8-60 所示。

参数估计值				
			95% 置信区间	
参数	估计	标准误	下限	上限
b1	18.372	37.722	-60.075	96.820
b2	-25.433	30.643	-89.159	38.293
b3	-.053	.133	-.330	.224

图 8-60 参数估计值

分析结果：从表中的数据可以发现，参数 b1 表示当推广费用无限大时产品的销售总额，其标准误值为 37.722，该值相对于其他值相对过大一些，表示该值的估计值不可信。b2 反映了推广费用的投入可能带来的最大效益，由于该值为 30.643，相对来讲比较大，而且置信区间的范围的跨度也必将大，表示其估计值不可信。另外，参数 b3 控制着 y 达到最大值的速度，而标准误值为 0.133，比较小，表示 b3 的估计值必将可信。

17 在分析结果中的“ANOVA”分析表中，主要显示了回归和残差等因素的平方和、均方等值，如图 8-61 所示。

ANOVA[a]

源	平方和	df	均方
回归	378.740	3	126.247
残差	8.993	21	.428
未更正的总计	387.732	24	
已更正的总计	55.090	23	

因变量：销售总额

a. R 方 = 1 -（残差平方和）/（已更正的平方和）= .837。

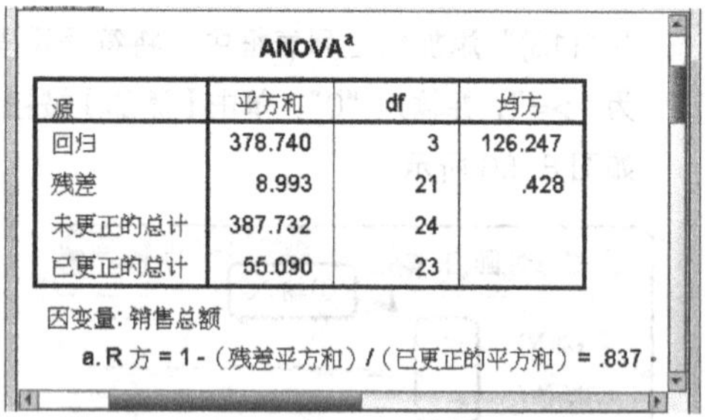

图 8-61 方差分析表

分析结果：从表中可以发现，其 R 方值大于 0.8，表示拟合模型能够接受因变量大于 80%的变异，说明模型的拟合效果还是不错的。

8.5 课堂练习：曲线估计分析企业利润

曲线估计回归分析又称为曲线拟合，可以准确而快速地反映数据的实际情况。在本练习中，已知某公司连续几年内的利润数值，下面将运用曲线估计分析方法中的时间序列分析，分析企业利润与年份之间的关系。最终分析结果如图 8-62 所示。

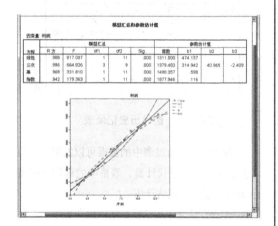

模型汇总和参数估计值

因变量：利润

方程	模型汇总					参数估计值			
	R 方	F	df1	df2	Sig.	常数	b1	b2	b3
线性	.988	917.087	1	11	.000	1311.500	474.137		
三次	.996	664.826	3	9	.000	1379.483	314.942	40.965	-2.409
幂	.968	331.810	1	11	.000	1498.357	.598		
指数	.942	179.363	1	11	.000	1877.946	.116		

图 8-62 显示分析结果

操作步骤

1 制作分析数据。启用 SPSS 软件，切换到【变量视图】窗口中，输入变量名称，并将【小数】设置为“0”，如图 8-63 所示。

2 在【标签】列表中，根据变量名称依次输入标签说明文本，如图 8-64 所示。

3 单击【对齐】下拉按钮，在其列表中选择【居中】选项，设置变量的对齐方式，如图 8-65 所示。

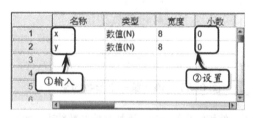

图 8-63 定义变量

图 8-64 输入标签说明文本

4 切换到【数据视图】窗口，根据变量类型依次输入分析数据，如图 8-66 所示。

5 曲线估计分析。执行【分析】|【回归】|【曲线估计】命令，将“利润”变量添加到【因

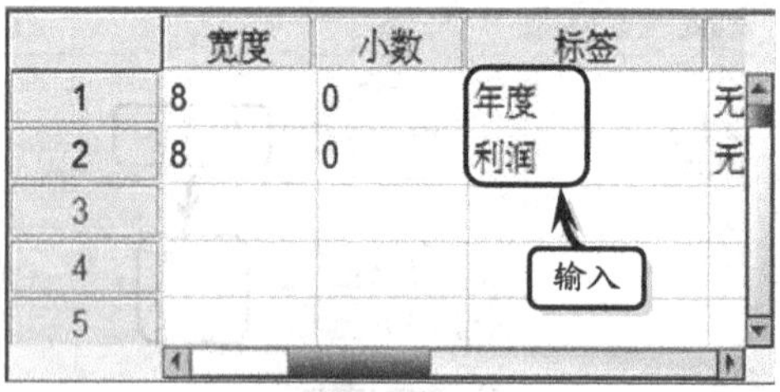

变量】列表框中，同时选中【时间】选项，如图 8-67 所示。

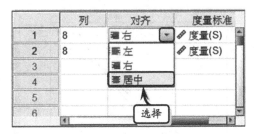

图 8-65 设置对齐方式

	x	y
1	2000	1800
2	2001	2100
3	2002	2560
4	2003	3200
5	2004	3480
6	2005	4500
7	2006	4700

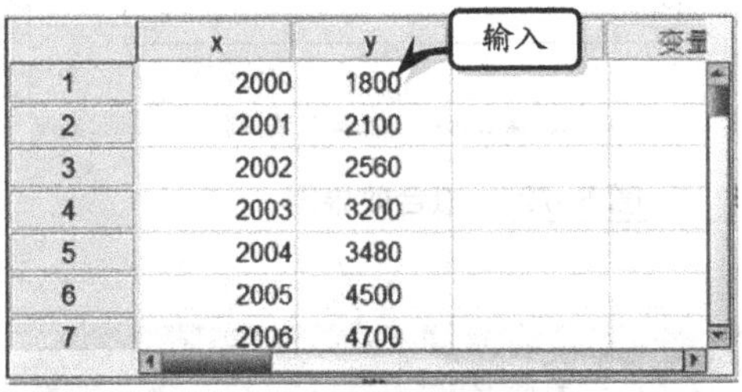

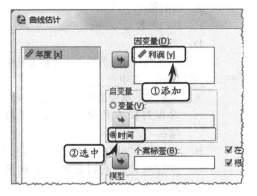

图 8-66 输入分析数据

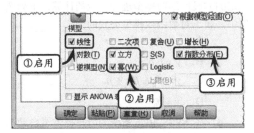

图 8-67 添加变量

6 在【模型】选项组中，依次启用【线性】、【立方】、【幂】和【指数分布】复选框，如图 8-68 所示。

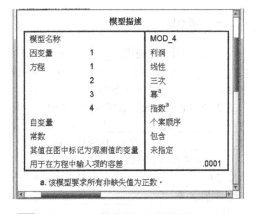

图 8-68 设置模型类型

7 在【曲线估计】对话框中，单击【保存】按钮，启用【预测值】复选框，选中【预测范围】选项，并在【观测值】文本框中输入"13"，如图 8-69 所示。

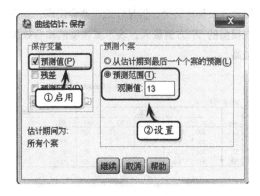

图 8-69 设置保存选项

8 在【曲线估计】对话框中，单击【确定】按钮，系统将自动在输出窗口中显示描述统计分析结果，如图 8-70 所示。

模型描述

模型名称		MOD_4
因变量	1	利润
方程	1	线性
	2	三次
	3	幂[a]
	4	指数[a]
自变量		个案顺序
常数		包含
其值在图中标记为观测值的变量		未指定
用于在方程中输入项的容差		.0001

a. 该模型要求所有非缺失值为正数。

图 8-70 描述统计分析结果

分析结果：通过该分析表可以发现，模型中存在 1 个因变量，其名称为"利润"；而模型中存在 4 个计算方程，分别为线性、三次、幂和指数方程。

9 在分析结果中的"模型汇总和参数估计值"分析表中，主要显示了线性和二次方程中模型汇总和参数估计值情况，如图 8-71 所示。

分析结果：通过分析表中的数据可以发现，线性模型中 b_1 的系数为 474.137>1，表示随着年份的增加，其利润额也会随着增加。从所有分析模型中的显著性水平 P 值来分析，其值分别小于 0.001，表示模型分析存在显著性水平，具有一定的统计学意义。另外，从所有模型中的 R 方值来分析，其 R 方值均大于 0.9，表示所有模型的拟合效果都比较高；但是仔细观察会发现，其三次模型的 R 方值最大，表示其模型的拟合效果最高。

10 在分析结果中的图形输出部分，可以查看两个模型的拟合效果，如图 8-72 所示。

	模型汇总和参数估计值						
因变量: 利润							
方程	模型汇总					参数估计值	
	R 方	F	df1	df2	Sig.	常数	b1
线性	.988	917.087	1	11	.000	1311.500	474.137
三次	.996	664.826	3	9	.000	1379.483	314.942
幂	.968	331.810	1	11	.000	1498.357	.598
指数	.942	179.343	1	11	.000	1877.946	.116

图 8-71 模型汇总和参数估计值

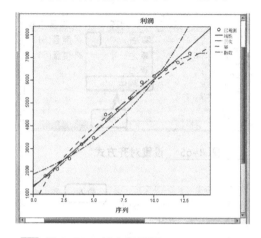

图 8-72 拟合效果图

8.6 思考与练习

一、填空题

1. 回归分析是使用_____的方式来表达_____之间的关系，而相关分析则是检验和度量_____之间关系的_____。

2. 线性回归是使用数理统计中的回归分析，对_____或_____以上变量相互依赖性_____关系分析的一种统计分析方法。

3. 在线性回归分析中，只包含_____自变量和_____因变量，而且自变量和因变量之间的关系_____进行表示的分析方法，称为一元线性回归。

4. 多元线性回归是指_____或_____以上自变量的线性回归模型，可以解释因变量与多个自变量之间的_____。

5. 非线性回归是对_____的因变量和自变量的数据进行的一种回归分析方法，而在实际分析过程中_____一般是比较复杂的非线性函数。

二、选择题

1. 一元线性回归模型的表现公式为：$y=bx+a$，其中 y 表示_____。

   A. 自变量

   B. 因变量

   C. 回归系数

   D. 常数项

2. 一元线性回归方程的拟合优度检验是由 R^2 统计量来判断的，其中_____。

   A. 当 R^2 的取值越接近 1 时，表明回归方程对样本数据点的拟合优度越高

   B. 当 R^2 的取值越接近 0 时，表明回归方程对样本数据点的拟合优度越高

   C. 当 R^2 的取值大于 1 时，表明回归方程对样本数据点的拟合优度越高

   D. 当 R^2 的取值小于 0 时，表明回归方程对样本数据点的拟合优度越高

3. 在非线性回归分析过程中，还需要使用一定的非线性回归模型进行相应的计算，下列选项中，属于对数函数模型公式的为_____。

   A. $y = \beta_0 + \beta_1 z + \mu$

   B. $y = b_0 b_1^x$

   C. $y = \beta_0 + \beta_1 x + \mu$

   D. $y = b_0^{b_1 x}$

4. 在 SPSS 中，系统为用户提供了自动拟合包括线性模型、对数曲线模型、二次曲线模型

和指数曲线模型在内的_____种曲线模型。

    A．9
    B．8
    C．11
    D．5

5．在进行非线性回归分析时，还需要注意一些分析事项，下列选项中描述错误的一项为_____。

    A．因变量和自变量必须是定量的
    B．只有在指定的函数能够准确描述因变量和自变量的关系的情况下，结果才是有效的
    C．很多在一开始呈现为非线性的模型都可以转换为线性模型
    D．需要根据数据类型或分析经验，确定一个一元线性的模型

三、问答题

1．非线性回归分析的常用模型有哪些？在进行非线性分析时需要注意哪些分析结果的事项？

2．在什么情况下适用曲线估计分析模型？

3．简述一元线性分析与多元线性分析的区别？

4．线性分析与非线性分析之间的相同和不同点有哪些？

5．在 SPSS 中可以使用哪些模型进行曲线估计回归分析？

四、上机练习

1．一元线性回归分析体重

本练习将运用一元线性回归方法，分析刚出生婴儿与出生 3 个月后婴儿的体重关系，如图 8-73 所示。制作本练习，首先在 SPSS 软件中自定义变量并输入分析数据。然后，执行【分析】|【回归】|【线性】命令，在弹出的【线性回归】对话框中添加分析变量。同时，在【线性回归】对话框中，单击【统计量】按钮，在弹出的【线性回归:统计量】对话框中，选择回归系数和残差分析方式。最后，在【线性回归:图】对话框中，启用【正态概率图】复选框。单击【继续】按钮，并单击【确定】按钮，显示分析结果。

图 8-73　显示分析结果

2．多元线性回归分析管理能力

本练习将运用多元线性回归分析方法，根据多个因素变量，分析企业的综合管理能力，如图 8-74 所示。制作本实例，首先制作分析数据并执行【分析】|【回归】|【线性】命令，依次添加第 1 层、第 2 层和第 3 层的分析变量。然后，在【线性回归:统计量】对话框中，设置需要使用的分析模型。最后，在【线性回归:图】对话框中，设置散点图的 X 和 Y 轴，并启用【直方图】和【正态概率图】复选框。

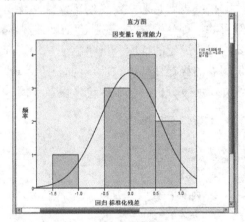

图 8-74　分析结果直方图

第 9 章
信度分析

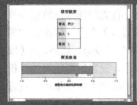  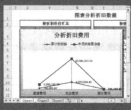 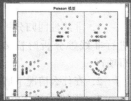

信度也就是通常所说的可靠性,是对同一对象进行多次同样方法测量并得到一致性结果的一种分析方法。在社会活动或经济活动中,对某个事物做综合评价是极为普遍的,其应用最广泛的信度分析事物便是调查问卷的数据收集与评测。使用信度分析,可以评价问卷的稳定性和可靠性,同时还可以检验问卷的结果的一致性程度。在本章中,将详细介绍信度分析的基础理论,以及使用 SPSS 软件进行信度分析的操作方法与技巧。

本章学习目标:

- ➢ 重测信度
- ➢ 复本信度
- ➢ 内部一致性信度
- ➢ 分半信度
- ➢ 评分信度
- ➢ 多维尺度分析

9.1 信度分析概述

信度评价的是测量结果的前后一致性或稳定性,反映了被测特征真实程度的指标。在使用信度分析数据之前,还需要先了解一下信度分析的特征、系数和分析方法等基础理论。

9.1.1 信度分析的基本理论

信度分析多以内部一致性来表示测验信度的高低,其两次或两个测验的结果一致性越高,则误差越小,所得的信度也就越高。信度分析中的误差一般不会受到系统误差的影响,而会受到随机误差的影响,随机误差越大,其信度就越低。

1. 数学模型

在实际分析过程中,每个测量的结果(X)往往由真分数(T)和随机误差(E)两部分组成,假设真分数和误差之间为线性关系,则其表现公式为:$X=T+E$。当需要讨论检测结果的特性时,可以使用方差来代表具体的结果分析,其公式表现为:

$$S_x^2 = S_t^2 + S_e^2$$

公式中的 S_x^2 表示结果分数的方差;S_t^2 表示真分数的方差;S_e^2 表示随机误差的方差。

在基础理论中,信度被定义为测量分数的真分数方差和实得方差的比例,其公式表现为:

$$R_{xx} = \frac{S_t^2}{S_x^2}$$

由于公式中的真分数方差无法统计,所以其表现公式被转化为:

$$R_{xx} = \frac{S_x^2 - S_e^2}{S_x^2} = 1 - \frac{S_e^2}{S_x^2}$$

2. 信度分析的特性

效度是与信度相关的一个概念,其信度是效度的前提条件。一般情况下,信度分析具有以下特性:

- 信度是指测验结果的一致性或稳定性,并非测验变量或量表本身的一致性或稳定性。
- 信度值是在某一特定类型下的一致性,而非指广泛的且一般的一致性。
- 信度系数会因测试因素或测试条件的不同而出现不同的结果。
- 信度是效度的必要条件,并非效度的充分条件。也就是说当信度低时,其效度一定低;但是当信度高时,其效度未必会随着升高。
- 信度检验是依赖于统计方法进行的一种分析检验方法。

9.1.2 信度系数

一般情况下，信度是以信度系数为指标进行分析的，大致可分为稳定系数（跨时间的一致性）、等值系数（跨形式的一致性）、内在一致性系数（跨项目的一致性）3 类系数。

在实际分析中，经常用到的信度系数为 Cronbach α 系数，而 α 系数用来衡量多个事物得分情况的一致性，或用于衡量量表的信度，其计算公式表现为：

$$\alpha = \frac{k}{k-1}\left(1 - \frac{\sum_{i=1}^{k} S_i^2}{S_x^2}\right)$$

公式中的 k 表示总数量；n 表示观测数；S_i 表示第 i 数得分的方差；S_x 表示总得分的方差。其中，当 Cronbach α＜0.5 时，表示勉强可信，但不是理想状态；0.5≤Cronbach α＜0.6 时，表示可信；0.6≤Cronbach α＜0.7 时，表示很可信，该结果为最常见结果；0.7≤Cronbach α＜0.8 时，表示信度非常高；0.8≤Cronbach α＜0.9 时，表示十分可信；Cronbach α≥0.9 时，表示非常理想。

9.2 重测和复本信度

重测信度用于反映检测跨度时间的稳定性和一致性，而复本信度用于反映检测内容的等值性。重测信度是具有相同的被试者和测量工具，而复本信度则是具有相同的被试者不同的测量工具，并且复本信度还可在一定程度上避免重测信度的缺点。在本小节中，将详细介绍重测和复本信度的基础理论及分析方法。

9.2.1 重测信度分析

重测信度又称为再测信度、稳定性系数，是指用同一个量表对同一组被试施测两次所得结果的一致性程度。重测信度属于稳定系数，适用于事实式问卷。

1. 重测信度概述

重测信度是使用相同的测验，在不同的时间内对同一组被试者进行重复测试，其两次相关系数的积差法表现的信度公式为：

$$R_{xx} = \frac{\frac{\sum X_1 X_2}{n} - \overline{X_1}\,\overline{X_2}}{S_1 S_2}$$

公式中的 X_1 和 X_2 表示两次测验的测试结果；$\overline{X_1}$ 和 $\overline{X_2}$ 表示两次测验的平均分；S_1 和 S_2 表示两次测验的标准差；n 表示被测总数量。

在使用重测信度时，需要注意其相关系数高，表示该测验的信度高。另外，在测验时还需要注意两次测验间隔的时间要适当。例如，在对调查问卷进行重测信度分析时，当两次测验时间的间隔太短，受到被试者记忆性的干扰，将会严重影响测试结果；但是当两次测验时间的间隔太长，则又会受到被试者心智的成长干扰，其稳定系数也可能会降低。

2．添加分析变量

已知某学校对一批学生进行空间性向测验，分别于一月和六月对同一批学生进行了相同内容的测量，下面使用重测信度方法，对其进行分析。

首先，在 SPSS 中自定义变量并输入分析数据。然后，执行【分析】|【相关】|【双变量】命令，弹出【双变量相关】对话框。将"一月"和"六月"变量添加到【变量】列表框中，如图 9-1 所示。

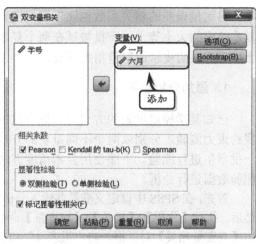

图 9-1　添加分析变量

3．设置分析选项

在【双变量相关】对话框中，单击【选项】按钮，弹出【双变量相关性:选项】对话框，启用【均值和标准差】复选框，并单击【继续】按钮，如图 9-2 所示。

4．显示分析结果

在【双变量相关性】对话框中，单击【确定】按钮，系统将自动在输出窗口中显示分析结果。在分析结果中的"描述性统计量"分析表中，显示了分析因素的均值、标准差和分析个案的数量，如图 9-3 所示。

在分析结果中的"相关性"分析表中，显示了重测信度检验的相关系数，如图 9-4 所示。从表中可以发现一月和六月测验的相关系数为 0.788，其显著性水平 P 值小于 0.01，表示两次测验之间具有显著性水平，从而表示重测信度比较高。

图 9-2　设置分析选项

描述性统计量

	均值	标准差	N
一月	6.67	2.160	15
六月	6.87	2.615	15

图 9-3　描述性统计量

相关性

		一月	六月
一月	Pearson 相关性	1	.788**
	显著性（双侧）		.000
	N	15	15
六月	Pearson 相关性	.788**	1
	显著性（双侧）	.000	
	N	15	15

**. 在 .01 水平（双侧）上显著相关．

图 9-4　相关性分析表

9.2.2　复本信度分析

复本信度又称为等值性系数，用于测定两个平行测验测量在同一批被试所得结果的一致性程度。复本信度并不会受到被试者记性干扰的影响,对测量误差的相关系数也比重测信度要低。复本信度的大小等于同一批被试在两个复本测验上所得分数的皮尔逊积差相关系数。

1. 添加分析变量

已知某学校以量表的方式对一批学生进行自我约束力测验,分别以两个不同量表的方式对同一批学生进行测验。下面使用复本信度方法,对测验数据进行分析。

首先,在 SPSS 中自定义变量并输入分析数据。然后,执行【分析】|【相关】|【双变量】命令,弹出【双变量相关】对话框。将"量表 1"和"量表 2"变量添加到【变量】列表框中,如图 9-5 所示。

2. 设置分析选项

在【双变量相关】对话框中,单击【选项】按钮,弹出【双变量相关性:选项】对话框,启用【均值和标准差】复选框,并单击【继续】按钮,如图 9-6 所示。

3. 显示分析结果

在【双变量相关】对话框中,单击【确定】按钮,系统将自动在输出窗口中显示分析结果。在分析结果中的"描述性统计量"分析表中,显示了分析因素的均值、标准差和分析个案的数量,如图 9-7 所示。

在分析结果中的"相关性"分析表中,显示了复本信度检验的相关系数,如图 9-8 所示。从表中可以发现量表 1 和量表 2 测验的相关系数为 0.861,其显著性水平 P 值小于 0.01,表示两次测验之间具有显著性水平,从而表示复本信度比较高。

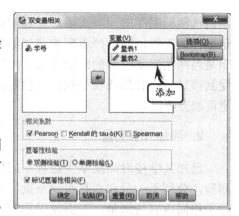

图 9-5 添加分析变量

图 9-6 设置分析选项

描述性统计量			
	均值	标准差	N
量表1	6.33	2.582	15
量表2	6.87	2.560	15

图 9-7 描述性统计量

相关性			
		量表1	量表2
量表1	Pearson 相关性	1	.861**
	显著性(双侧)		.000
	N	15	15
量表2	Pearson 相关性	.861**	1
	显著性(双侧)	.000	
	N	15	15
**. 在 .01 水平(双侧)上显著相关.			

图 9-8 相关性分析表

9.3 内部一致性信度

在实际分析中,由于重测信度和复本信度需要对相同的数据进行两次测验,这在多数情况下很难准确地进行实施测验。此时,研究者可以运用内部一致性信度,在节省实际和人力的基础上,通过一次测验所得的结果来计算信度。

9.3.1 内部一致性信度概述

内部一致性信度又称为内部一致性系数,用来测量同一个概念的多个计量指标的一致性程度，主要反映了测验内部变量之间的信度关系。一致性程度越高，表明评价结果的可信度就越强。

内部一致性信度可从 Cronbach α 系数和库尔德-理查逊公式进行评价，其中 Cronbach α 系数的表现公式在前面小节中已经介绍了。而库尔德-理查逊公式是应用于二分法记分的题目，它分为 K-R20 和 K-R21 两种形式，其表现公式分别为：

$$R_{20} = \frac{k}{k-1}\left(1 - \frac{\sum P_i(1-P_i)}{S_x^2}\right)$$

$$R_{21} = \frac{kS_x^2 - \overline{X}(K - \overline{X})}{k-1}$$

公式中的 k 表示整个测验变量的整数；P_i 表示项目 i 的通过率；S_x^2 表示测验总分的方差。

另外，在使用内部一致性信度分析方法时，还需要注意以下问题：

- **数据**　数据可以是二分数据、有序数据或区间数据，但数据应是用数值编码的。
- **假设**　观察值应是独立的，且项与项之间的误差应是不相关的。每对项应具有二元正态分布。标度应是可加的，以便每一项都与总得分线性相关。
- **相关过程**　如果想要探索标度项的维数（以查明是否需要多个结构来代表项得分的模式），则使用因子分析或多维尺度。要标识同类变量组，可使用系统聚类分析以使变量聚类。

9.3.2　设置分析变量

已知某 10 个同学的考试成绩，下面运用信度分析检测考试成绩的内部一致性。执行【分析】|【度量】|【可靠性分析】命令，弹出【可靠性分析】对话框。将所有考试科目的变量添加到【项目】列表框中，如图 9-9 所示。

在【可靠性分析】对话框中，可以在【刻度标签】文本框中输入自定义刻度标签的类别。另外，单击【模型】下拉按钮，可在其下拉列表中选中用于信度分析的模型类型。其中，在【模型】下拉列表中，主要包括下列 5 种模型：

- **α**　此模型是内部一致性模型，基于平均的项之间的相关性。
- **半分**　此模型将标度分割成两个部分，并检查两部分之间的相关性。

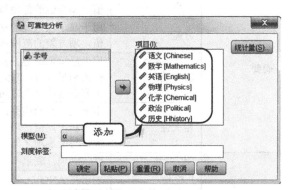

图 9-9　添加分析变量

- **Guttman**　此模型计算 Guttman 的下界以获取真实可靠性。

- **平行** 此模型假设所有项具有相等的方差，并且重复项之间具有相等的误差方差。
- **严格平行** 此模型假设为平行模型，还假设所有项具有相等的均值。

9.3.3 设置统计量

在【可靠性分析】对话框中，单击【统计量】按钮，在弹出【可靠性分析:统计量】对话框中，启用【相关性】和【如果项已删除则进行度量】复选框，并单击【继续】按钮，如图9-10所示。

在【可靠性分析:统计量】对话框中，主要包括表9-1中的选项。

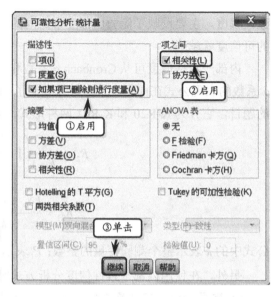

图 9-10　设置统计量

表 9-1　【可靠性分析:统计量】选项

选 项 组	选 项	含 义
描述性	项	可以为跨个案的项生成描述统计
	度量	可以为标度生成描述统计
	如果项已删除则进行度量	可以显示将每一项与由其他项组成的标度进行比较时的摘要统计量。这些统计量包括：该项从标度中删除时的标度均值和方差、该项与由其他项组成的标度之间的相关性，以及该项从标度中删除时的 Cronbach alpha 值
项之间	相关性	表示生成项与项之间的相关性
	协方差	表示生成项与项之间的协方差矩阵
摘要	均值	用于显示项均值的摘要统计量。显示项均值的最小、最大和平均值，项均值的范围和方差，以及最大项均值与最小项均值的比
	方差	用于显示项方差的摘要统计量。显示项方差的最小、最大和平均值，项方差的范围和方差，以及最大项方差与最小项方差的比
	协方差	用于显示项间协方差的摘要统计量。显示项之间的协方差的最小、最大和平均值，项之间的协方差的范围和方差，以及最大项之间协方差与最小项之间的协方差的比
	相关性	用于项之间的相关性的摘要统计量。显示项之间的相关性的最小、最大和平均值，项间相关性的范围和方差，以及最大项之间的相关性与最小项之间的相关性的比
ANOVA 表	无	默认选项，表示不生成 ANOVA 表
	F 检验	表示在 ANOVA 表中生成显示重复度量方差分析表
	Friedman 卡方	表示在 ANOVA 表中生成显示 Friedman 的卡方 Kendall 的协同系数。此选项适用于以秩为形式的数据。卡方检验在 ANOVA 表中替换通常的 F 检验
	Cochran 卡方	表示在 ANOVA 表中生成显示 Cochrans Q。此选项适用于双分支。Q 统计在 ANOVA 表中替换通常的 F 统计

续表

选项组	选项	含义
Hotelling 的 T 平方		可以生成标度上的所有项具有相同的均值
Tukey 的可加性检验		用于检验各变量之间是否具有显著的交互作用
同类相关系数	模型	用于选择计算类内相关系数的模型。可用的模型为双向混合、双向随机和单向随机。当人为影响是随机的,而项的作用固定时,选择双向混合;当人为影响和项的作用均为随机时选择双向随机。当人为影响随机时选择单向随机
	类型	用于选择指标类型。可用的类型为"一致"和"绝对一致"
	置信区间	用于指定置信区间的置信度。缺省值为95%
	检验值	用于指定假设检验系数的假设值。该值是用来与观察值进行比较的值。缺省值为0

9.3.4 显示分析结果

在【可靠性分析】对话框中,单击【确定】按钮,即可在输出窗口中显示分析结果。在"可靠性统计量"分析表中,可以发现其测试的内部一致性信度的系数为 0.852,表示该测试的信度比较好,如图 9-11 所示。

另外,在"项总计统计量"分析表中,显示了若将相应的题目成绩删除后,系统分析出总的统计量及信度的改变情况,如图 9-12 所示。分析表中的各项内容的具体含义如下所述:

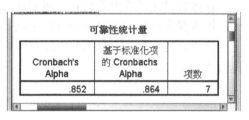

图 9-11 可靠性统计量

图 9-12 项总计统计量

- ❏ **项已删除的刻度均值** 表示对应的题目删除后其余题目相加后的均值。
- ❏ **项已删除的刻度方差** 表示对应的题目删除后其余题目相加后的方差。
- ❏ **校正的项总计相关性** 表示对应的题目与其他题目总分的积差的相关系数,其值越高,表示内部一致性越高。
- ❏ **多相关性的平方** 表示多元回归分析中的决定系数,是决定题目删除或保留的指标之一。
- ❏ **项已删除的 Cronbach's Alpha 值** 表示删除题目之后,其他题目所构成的量表的内部一致性 α 系数的变化情况。删除题目后,若 α 系数降低,则表明量表的内部一致性比较好;若 α 系数升高,则表明量表的内部一致性降低。

9.4 分半信度

在实际分析检验中,经常会遇到一些没有复本且测验只能进行一次等诸多因素的影响。此时,为了准确、快速且省时地对数据进行分析,还需要运用分半信度分析法。分半信度法,即将测验项目分成对等的两半,对相同的被试者进行测验,并求这两个各半测验总分之相关系数的一种常用信度检验方法。

9.4.1 分半信度概述

半分信度用于测验项目内部的一致性程度,它将测验项目分为对等的两半,计算两半得分的相关系数,并根据相关系数评估整个量表的信度。通常情况下,分半信度采用奇偶分组法,将项目内容按照序号或奇偶数分成两半进行计算,其相关系数越高表示信度越高,其内部一致性程度也就越高。

在进行分半信度分析时,当量表中包含反意题目时,为保证各题目得分方向的一致性,还需要先将反意题目的得分作逆向处理,然后再进行分析计算。

另外,当分析中的两部分方差相同时,可以使用斯皮尔曼-布朗公式加以校正,其表现公式为:

$$R_{xx} = \frac{2R_k}{1+R_k}$$

式中的 R_{xx} 表示测验的信度;R_k 表示两半分数间的相关系数。

当分析中的两部分方差不相同时,则可以使用弗朗那根(Flanagan)公式或卢伦(Rulon)公式加以校正,其弗朗那根的表现公式为:

$$R_{xx} = 2\left(1 - \frac{S_a^2 + S_b^2}{S_t^2}\right)$$

式中的 S_a^2 和 S_b^2 表示两半分数的方差;S_t^2 表示测验总分的方差。

而卢伦公式为:

$$R_{xx} = 1 - \frac{S_d^2}{S_t^2}$$

式中的 S_d^2 表示两半分数之差的分差;而 S_t^2 表示测验总分的方差。

9.4.2 双变量执行信度分析

在 SPSS 中,用户可以通过计算数值的奇数和偶数的个数,并利用双变量相关分析法的方法,对数据执行分半信度分析。

1. 计算奇偶数

打开 SPSS 数据文件,执行【转换】|【计算变量】命令,弹出【计算变量】对话框。将【目标变量】设置为"奇数",在【数字表达式】中输入计算奇数的公式,并单击【确

定】按钮，如图9-13所示。此时，系统会在SPSS数据文件中添加一个"奇数"变量。

再次执行【转换】|【计算变量】命令，弹出【计算变量】对话框。将【目标变量】设置为"偶数"，在【数字表达式】中输入计算偶数的公式，并单击【确定】按钮，如图9-14所示。此时，系统会自动在SPSS数据文件中添加一个"偶数"变量。

> **提 示**
>
> 在制作SPSS分析数据时，用户还可以以单个字母表示题目中的对与错，但使用字母表示时，在分析之前还需要通过执行【转换】|【重新编码为相同变量】命令，将字母转换为数字。

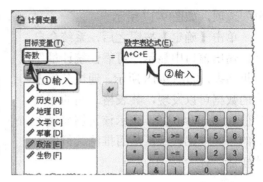

图 9-13　计算奇数

2．执行双变量相关分析

执行【分析】|【相关】|【双变量】命令，弹出【双变量相关】对话框。将"奇数"和"偶数"变量添加到【变量】列表框中，保持其他默认设置，并单击【确定】按钮，如图9-15所示。

> **提 示**
>
> 计算奇数和偶数之后，为了便于准确地执行分析，用户还需要在SPSS中的【变量视图】视图中，更改奇数和偶数的变量名称。

此时，系统将自动在输出窗口中显示"相关性"分析结果表，如图9-16所示。通过表中的数据可以发现，Pearson相关性数据为0.020，其双侧显著性值为0.955>0.05，表示该案例中的奇数和偶数之间的相关性比较低，从而可以推断该测验的信度也比较低。

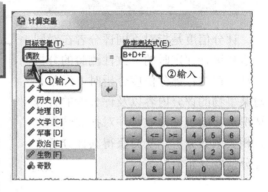

图 9-14　计算偶数

9.4.3　分半信度分析法

打开SPSS数据文件，执行【分析】|【度量】|【可靠性分析】命令，在弹出的【可靠性分析】对话框中，将多个变量添加到【项目】列表框中，并将【模型】设置为"半

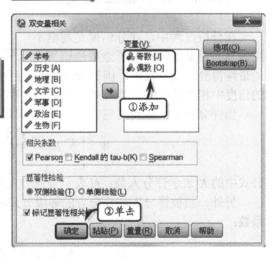

图 9-15　设置分析变量

图 9-16　显示分析结果

分”选项，如图 9-17 所示。

单击【确定】按钮之后，系统会自动在输出窗口中显示“可靠性统计量”分析结果，如图 9-18 所示。通过分析表中的数据可以发现，其表格之间的相关性值为 0.680>0.05，表示该案例变量之间的相关性比较低，从而推测其信度也比较低。

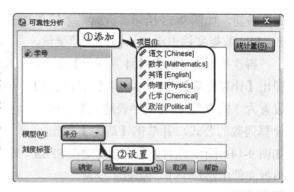

图 9-17　设置分析变量

可靠性统计量

Cronbach's Alpha	部分 1	值	.760
		项数	3[a]
	部分 2	值	.747
		项数	3[b]
	总项数		6
表格之间的相关性			.680
Spearman-Brown 系数	等长		.810
	不等长		.810
Guttman Split-Half 系数			.803

a. 这些项为: 语文, 数学, 英语.

b. 这些项为: 物理, 化学, 政治.

图 9-18　可靠性统计量

9.5 评分信度

评分信度是指对不同评分者在对同一事物进行评定时的一致性测验的分析方法。在进行评分信度分析时，经常是对某事物的评分内容以及评分者的打分情况进行随机性抽取，并对抽取结果进行相关系数分析，从而获得其评分者的评分信度分布情况。

9.5.1 评分信度概述

在分析过程中，评分信度是观测不同评分人对某事物评分所造成的该事物的最终得分情况。其中，因评分人不同，所使用的评分信度的估算方法也不相同。一般的信度中相关系数的计算可以用积差相关和斯皮尔曼等级相关方法。

当评分者的人数超过三人，且为等级评分时，可以使用下列公式计算相关系数：

$$W=\left[\sum R_z^2-\frac{(\sum R_z)^2}{N}\right]/\frac{K^2(N^3-N)}{12}$$

公式中的 K 表示评分人数；N 表示被评分人数；R_z 表示被评分者的 K 个等级之和。

另外，当被评分者和评分者的等级分别为相同等级时，可以使用下列公式计算相关系数：

$$W=\left[\sum R_z^2-\frac{\sum R_z}{N}\right]/\frac{K^2(N^3-N)-K\sum\frac{\sum T^3-T}{12}}{12}$$

公式中的 T 表示相同等级的个数；K 表示评分人数；N 表示被评分人数；R_z 表示被评分者的 K 个等级之和。

9.5.2 设置分析变量

在 SPSS 中建立评分变量和分析数据，执行【分析】|【非参数检验】|【旧对话框】

【K 个相关样本】命令，弹出【多个关联样本检验】对话框。将所有的变量添加到【检验变量】列表框中，同时启用【Kendall 的 W】复选框，如图 9-19 所示。

在【多个关联样本检验】对话框中的【检验类型】选项组中，主要包括下列 3 种检验类型：

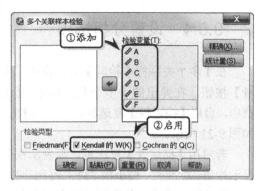

图 9-19　添加分析变量

- **Friedman**　表示单样本重复度量设计，或每个单元格一个观察值的二阶方差分析的非参数等价检验。其中，Friedman 检验 k 个相关变量来自同一总体的原假设。对于每个个案，k 个变量从 1 到 k 排秩，并且检验统计量基于这些秩。

- **Kendall 的 W**　是 Friedman 统计量的标准化形式。Kendall 的 W 可解释为协调系数，它是评分者之间一致程度的测量。每个个案是一名裁判员或评分者，每个变量是被裁判的一项或一个人。对于每个变量，要计算秩之和。Kendall 的 W 的范围从 0（完全不一致）到 1（完全一致）。

- **Cochran 的 Q**　等于 Friedman 检验，但它适用于所有响应都是二元响应的情况。该检验是 McNemar 检验对 k 样本情况的扩展。Cochrans 的 Q 检验多个相关二分变量具有相同均值的假设，并对相同的个体或匹配的个体测量变量。

9.5.3　设置检验的精确程度

在【多个关联样本检验】对话框中，单击【精确】按钮，在弹出的【精确检验】对话框中，选中【精确】选项，并单击【继续】按钮，如图 9-20 所示。

在【精确检验】对话框中，主要包括下列 3 种选项：

- **仅渐进法**　表示基于检验统计量的渐近分布的显著性水平。通常小于 0.05 的值被认为是显著的。渐近显著性是基于数据集很大的假设。如果数据集较小或者分布较差，则它可能不会很好地指示显著性。

- **Monte Carlo**　表示精确显著性水平的无偏估计，其计算方法是从与观察到的

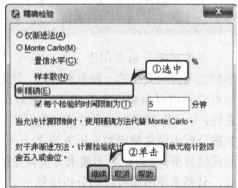

图 9-20　设置检验的精确程度

表具有相同维数和行列界限的参考表集中重复地取样。Monte Carlo 法可以在不依赖于渐近法所必需的假设就能估计精确的显著性。当数据集太大而无法计算精确的显著性，但数据又不满足渐近法的假设时，此方法最有用。

- **精确**　表示精确地计算观察到的输出或更极端的输出的概率。通常，认为小于

0.05 的显著性水平是显著的，指示行变量和列变量之间存在某种关系。

9.5.4 设置分析选项

在【多个关联样本检验】对话框中，单击【统计量】按钮，在弹出的【多个相关样本:统计量】对话框中，启用【描述性】复选框，并单击【继续】按钮，如图 9-21 所示。

若启用【描述性】复选框，则表示在分析结果中显示均值、标准差、最小值、最大值和非缺失个案数；若启用【四分位数】复选框，则表示在分析结果中显示第 25 个、第 50 个和第 75 个百分位数的值。

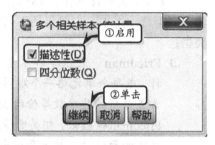

图 9-21　设置统计量

9.5.5 显示分析结果

在【多个关联样本检验】对话框中，单击【确定】按钮，系统将自动在输出窗口中显示分析结果。分析结果中的"秩"分析表中，主要显示了被转换后数据所对应的秩，如图 9-22 所示。

另外，在分析结果中的"检验统计量"表中，主要显示了 Kendall W 系数、卡方、精确显著性等分析结果值，如图 9-23 所示。根据表中所显示的数据分析，可以发现其渐进显著性值为 0.071，大于 0.05，表示评分者的评分具有一定的评分者信度。

图 9-22　"秩"分析表

9.6　多维尺度分析

多维尺度分析是用于一种在低维空间内研究多个事物之间的相关性的一种分析方法。该分析方法，是在低维空间内以点和点之间的距离来显示事物之间的关联性，以及影响事物关联性的潜在因素，是市场调查和数据分析中经常使用的分析方法之一。另外，在使用多维尺度分析时，系统并不要求分析数据的格式和分布形式，只要求使用相符合的分析度量方式。

图 9-23　检验统计量

9.6.1 设置分析变量

在 SPSS 中制作完分析数据，执行【分析】|【度量】|【多维尺度 ALSCAL】命令，弹出【多维尺度】对话框。将所有变量添加到【变量】列表框中，同时选中【数据为距离数据】选项，如图 9-24 所示。

在【多维尺度】对话框中，主要包括下列选项：

- **变量** 用于显示所添加的分析变量。
- **单个矩阵** 用于显示所添加的分组变量，分析时系统将每一组变量分别计算其距离矩阵。该选项只有在选中【从数据创建距离】选项时才可用。
- **数据为距离数据** 表示使用当前数据表示矩阵，单击【形状】按钮，可以设置矩阵性质的类型。主要包括正对称、正不对称和矩形3种选项。
- **从数据创建距离** 选中该选项，表示用户可以自定义数据矩阵的计算方法。单击【度量】按钮，可以自定义度量选项。

图 9-24　设置分析变量

9.6.2　设置分析模型

在【多维尺度】对话框中，单击【模型】按钮，在弹出的【多维尺度:模型】对话框中，设置相应的选项，并单击【继续】按钮，如图 9-25 所示。

在【多维尺度:模型】对话框中，主要包括下列选项组：

- **度量水平** 该选项组用于指定数据的级别或测量尺度。包括序数、区间和比率选项，当启用【打开结观察值】复选框，可以在变量为有序状态下，要求将变量当作连续变量，对结（不同个案的相等值）进行最优化解开。
- **条件性** 该选项组中包括矩阵、行和无约束3种选项，用于可以指定哪些比较是有意义的。
- **维数** 该选项组用于指定尺度解决方案的维度性。对该范围中的每个数字都计算出一个答案。可以指定 1~6 之间的整数，另外只有将 Euclidean 距离选为尺度模型时才可以使用最小为 1 的值。而要获得单一的解，则需要为最小值和最大值指定同一个值。
- **度量模型** 该选项组可以指定作为尺度执行标准的假定，包括 Euclidean 距离和个别差异 Euclidean 距离（也称为 INDSCAL）两种选项。对于"个别差异 Euclidean 距离"模型，当适用于当前所分析的数据时，可以选择【允许负的主题权重】选项。

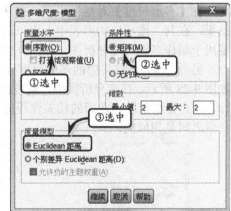

图 9-25　设置模型选项

9.6.3 设置分析选项

在【多维尺度】对话框中，单击【选项】按钮，在弹出的【多维尺度:选项】对话框中，启用【组图】复选框，并单击【继续】按钮，如图 9-26 所示。

图 9-26 设置分析选项

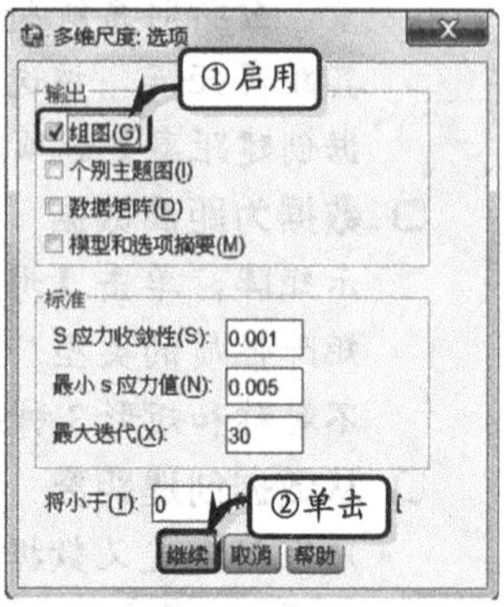

在【多维尺度:选项】对话框中，主要包括下列选项：

- **组图** 该选项表示多维尺度分析图，可以直观地分析距离间的相关性，是分析结果中比较重要的输出结果。
- **个别主题图** 该选项表示可以为每个受试者分别输出单独的分析图形。
- **数据矩阵** 该选项表示可以输出每个受试者的数据矩阵。
- **模型和选项摘要** 该选项表示可以输出所有的数据、模型、计算方法等参数。
- **S 应力收敛性** 表示可以指定 S-stress（S 应力）的最小该变量，其默认值为 0.001。当两次相邻的迭代 S 应力的增量小于等于该值时，系统将停止迭代。
- **最小 S 应力值** 表示可以指定 S 应力的最小值，默认值为 0.005，其输入的值需介于 0~1 之间。另外，当迭代计算出来的 S 应力值小于或等于该值时，系统将停止迭代。
- **最大迭代** 表示用于指定最大的迭代次数，其默认值为 30。
- **将小于…的距离看作缺失值** 该选项表示把距离小于指定值的数据当作缺失值。

9.6.4 显示分析结果

在【多维尺度】对话框中，单击【确定】按钮，系统将自动在输出窗口中显示分析结果。在其二维导出构形表中，可以看出每个城市在二维空间里的坐标值，该坐标值主要用于制作多维尺度分析图，如图 9-27 所示。

另外，在分析结果中的多维尺度分析图中，反映了变量之间相似度的坐标分布情况，如图 9-28 所示。在该分析图中，系统将按变量分类，并按照散点接近情况排列显示其坐标，以充分显示散点之间的相关性程度。例如，通过分析图可以发现“北京”和“济南”变量之间是相似的。

Stimulus Coordinates

Stimulus Number	Stimulus Name	Dimension 1	Dimension 2
1	北京	.1912	.6755
2	兰州	-1.4270	-.1732
3	济南	.3672	.5179
4	武汉	.3202	-.6379
5	上海	1.1619	-.0878
6	深圳	.7889	-1.8206
7	沈阳	.5796	1.7129
8	西宁	-1.9820	-.1869

图 9-27 二维导出构形表

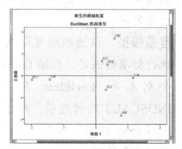

图 9-28 多维尺度分析图

9.7 课堂练习：分析成绩的内部一致性信度

已知某教育机构为分析各科之间的内部一致性信度，特意调查了 10 名同学的各学科考试成绩。下面，运用内部一致性信度分析方法，分析这 10 名学生各科考试成绩的内部一致性信度，以分析和观测学生考试成绩之间的一致性与影响性，如图 9-29 所示。

项总计统计量				
	项已删除的刻度均值	项已删除的刻度方差	校正的项总计相关性	多相关性的平方	项已删除的Cronbach's Alpha 值
语文	502.90	1479.211	.829	.856	.794
数学	500.60	1741.378	.722	.558	.815
英语	497.90	1866.544	.434	.395	.860
物理	505.30	1888.456	.727	.786	.822
化学	498.80	1765.511	.505	.527	.852
政治	496.70	1832.900	.692	.648	.822
历史	498.20	2013.511	.539	.721	.843

图 9-29 内部一致性信度分析结果

操作步骤

1. 制作分析数据。启动 SPSS 软件，切换到【变量视图】视图中，自定义变量名称、类型、标签等，如图 9-30 所示。

图 9-30 自定义变量

2. 切换到【数据视图】视图中，根据变量类型输入分析数据，如图 9-31 所示。

图 9-31 输入分析数据

3. 信度分析。执行【分析】|【度量】|【可靠性分析】命令，将所有考试科目的变量添加到【项目】列表框中，如图 9-32 所示。

图 9-32 添加分析变量

4. 在【可靠性分析】对话框中，单击【统计量】按钮，启用【相关性】和【如果项已删除则进行度量】复选框，并单击【继续】按钮，如图 9-33 所示。

5. 在【可靠性分析】对话框中，单击【确定】按钮，即可在输出窗口中显示"可靠性统计量"分析表，如图 9-34 所示。

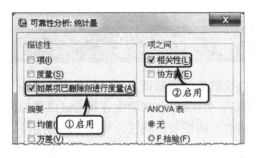

◆ 图 9-33　设置统计量

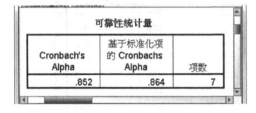

◆ 图 9-34　可靠性统计量

分析结果：在"可靠性统计量"分析表中，可以发现其测试的内部一致性信度的系数为 0.852，表示该测试的信度比较好。

6 在"项总计统计量"分析表中，显示了若将相应的题目成绩删除后，系统分析出总的统计量及信度的改变情况，如图 9-35 所示。

	项已删除的刻度均值	项已删除的刻度方差	校正的项总计相关性	多相
语文	502.90	1479.211	.829	
数学	500.60	1741.378	.722	
英语	497.90	1866.544	.434	
物理	505.30	1888.456	.727	
化学	498.80	1765.511	.505	
政治	496.70	1832.900	.692	
历史	498.20	2013.511	.539	

◆ 图 9-35　项总计统计量

9.8　课堂练习：尺度分析城市距离

已知某 8 个城市之间的距离，下面运用多维尺度分析方法，在低维空间内以点和点之间的距离来显示城市之间的关联性，以及影响城市关联性的潜在因素，如图 9-36 所示。

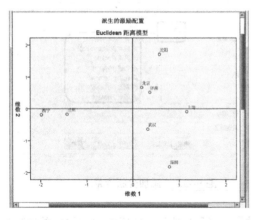

◆ 图 9-36　分析结果

操作步骤

1 制作分析数据。启动 SPSS 软件，切换到【变量视图】视图中，自定义分析变量，如图 9-37 所示。

2 切换到【数据视图】视图中，根据变量类型依次输入分析数据，如图 9-38 所示。

◆ 图 9-37　自定义变量

	北京	兰州	济南	武汉
1	0			
2	1356	0		
3	412	1573	0	
4	1100	1440	1218	0
5	1178	2100	960	810
6	2077	2400	1828	1200
7	650	2400	980	1853
8	2000	216	2071	1926
9				

◆ 图 9-38　输入分析数据

3 多维尺度分析。执行【分析】|【度量】|【多

维尺度 ALSCAL】命令，将所有变量添加到【变量】列表框中，选中【数据为距离数据】选项，如图 9-39 所示。

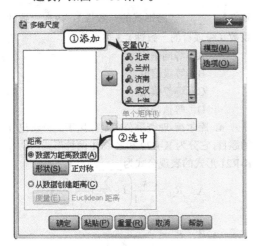

图 9-39　设置分析变量

4　在【多维尺度】对话框中，单击【模型】按钮，设置相应的选项，并单击【继续】按钮，如图 9-40 所示。

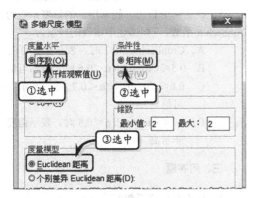

图 9-40　设置分析模型

5　在【多维尺度】对话框中，单击【选项】按钮，启用【组图】复选框，并单击【继续】按钮，如图 9-41 所示。

6　在【多维尺度】对话框中，单击【确定】按钮，系统将自动在输出窗口中显示分析二维导出构形表，如图 9-42 所示。

7　在分析结果中的多维尺度分析图中，反映了变量之间相似度的坐标分布情况，如图 9-43 所示。

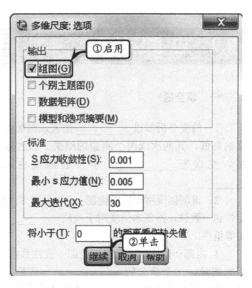

图 9-41　设置分析选项

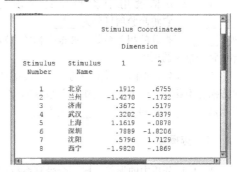

图 9-42　二维导出构形表

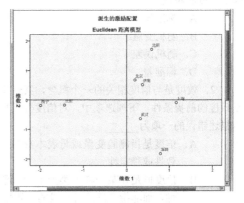

图 9-43　多维尺度分析图

分析结果：在该分析图中，系统将按变量分类，并按照散点接近情况排列显示其坐标，通过分析图可以发现"北京"和"济南"、"西宁"和"兰州"变量之间是相似的。

9.9 思考与练习

一、填空题

1. 信度分析多以_____来表示测验信度的高低,其两次或两个测验的结果一致性越高,则误差_____,所得的信度也就_____。

2. 重测信度用于反映检测_____的稳定性和一致性,而复本信度用于反映_____的等值性。

3. 内部一致性信度又称为内部一致性系数,用来测量同一个概念的_____的一致性程度,主要反映了测验_____的信度关系。

4. 半分信度用于测验项目内部的_____,它将测验项目分为_____,计算_____得分的相关系数,并根据相关系数评估整个量表的信度。

5. 因评分人不同,所使用的评分信度的估算方法也不相同。一般的信度中相关系数的计算可以用_____和_____相关方法。

二、选择题

1. 信度分析中的误差一般不会受到系统误差的影响,而会受到____的影响,其值越大,则表明信度就越低。
   A. 标准误
   B. 随机变量
   C. 随机误差
   D. 标准差

2. 效度是与信度相关的一个概念,其信度是效度的前提条件。下列选项中,对信度分析特点描述错误的一项为_____。
   A. 信度是指测验变量或量表本身的一致性或稳定性
   B. 信度值是在某一特定类型下的一致性,而非指广泛的且一般的一致性
   C. 信度系数会因测试因素或测试条件的不同而出现不同的结果
   D. 信度检验是依赖于统计方法进行的一种分析检验方法

3. 一般情况下,信度是以信度系数为指标进行分析的,大致可分为稳定系数(跨时间的一致性)、_____(跨形式的一致性)、内在一致性系数(跨项目的一致性)3类系数。
   A. 等同信度
   B. 等级信度
   C. 等差信度
   D. 等值信度

4. 库尔德-理查逊公式是应用于二分法记分的题目,它分为 K-R20 和 K-R21 两种形式,其中,K-R21 形式的表现公式为____。

   A. $R_{21} = \dfrac{k}{k-1}\left(1 - \dfrac{\sum P_i(1-P_i)}{S_x^2}\right)$

   B. $R_{21} = \dfrac{kS_x^2 - \overline{X}(K-\overline{X})}{k-1}$

   C. $R_{21} = 1 - \dfrac{S_e^2}{S_x^2}$

   D. $R_{21} = \dfrac{k}{k-1}\left(1 - \dfrac{\sum_{i=1}^{k} S_i^2}{S_x^2}\right)$

5. 在实际分析中,经常用到的信度系数为 Cronbach α 系数,下列描述中错误的一项为____。
   A. Cronbach α<0.1 时,表示勉强可信
   B. 0.5≤Cronbach α<0.6 时,表示可信
   C. 0.6≤Cronbach α<0.7 时,表示很可信
   D. 0.7≤Cronbach α<0.8 时,表示信度非常高

三、问答题

1. 什么是信度系数?
2. 如何对分析数据进行重测信度分析?
3. 如何使用相关性执行分半信度分析?
4. 什么是评分信度?
5. 简述多维尺度分析的操作过程。

四、上机练习

1. **复本信度检测学生的约束能力**

本练习中,已知某学校以量表的方式对一批学生进行自我约束力测验,使用复本信度分析法分别以两个不同量表的方式对同一批学生进行测验,如图 9-44 所示。制作本练习,首先执行【分

析】|【相关】|【双变量】命令将 "量表 1" 和 "量表 2" 变量添加到【变量】列表框中。然后，在【双变量相关】对话框中，单击【选项】按钮，启用【均值和标准差】复选框，并单击【继续】按钮。最后，在【双变量相关性】对话框中，单击【确定】按钮即可。

相关性		量表1	量表2
量表1	Pearson 相关性	1	.861**
	显著性（双侧）		.000
	N	15	15
量表2	Pearson 相关性	.861**	1
	显著性（双侧）	.000	
	N	15	15

**. 在 .01 水平（双侧）上显著相关.

图 9-44 显示分析结果

2. 评分信度检测比赛成绩

本练习将使用评分信度分析法，检验比赛时评分者的评分信度，如图 9-45 所示。制作本实例，首先执行【分析】|【非参数检验】|【旧对话框】|【K 个相关样本】命令，将所有的变量添加到【检验变量】列表框中，同时启用【Kendall 的 W】复选框。然后，在【多个关联样本检验】对话框中，单击【统计量】按钮，在弹出的【多个相关样本:统计量】对话框中，启用【描述性】复选框，并单击【继续】按钮。最后，在【多个关联样本检验】对话框中，单击【确定】按钮即可。

检验统计量	
N	5
Kendall W^a	.406
卡方	10.146
df	5
渐近显著性	.071
精确显著性	.057
点概率	.003

a. Kendall 协同系数

图 9-45 显示分析结果

第 10 章
对数线性分析

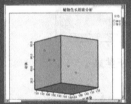 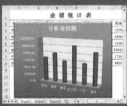 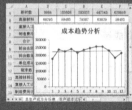 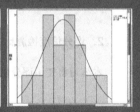

对数线性分析是一种分析多品质型变量之间关系的一种统计分析方法，一般适用于离散数据或整理成列联表形式的数据分析。此时，它是以多维交叉列联表中的对数频数作为因变量进行研究，并运用卡方检验、多元素检验和多元线性回归等检验方法，对频数的变化成因和拟合变化规律等进行分析。在本章中，将以 SPSS 分析软件为基本思路，详细介绍对数线性的基础原理和分析操作方法。

本章学习目标：

- 常规模型
- Logit 模型
- 模型选择

10.1 对数线性分析概述

对数线性是将频数作为对数后分解成主效应和因素之间的交互效应,以用来反映各变量之间的关联性。在使用 SPSS 软件分析之前,还需要先了解一下对数线性分析的基本原理。

10.1.1 列联表分析概述

在实际分析过程中,经常会使用列联表来反映变量之间的联合分布。当列联表中只存在两个变量时,被称为二维列联表;而当列联表中存在 3 个或多个变量时,被称为多维列联表。列联表中的频数分布会受到主效应和交互效应的影响,其中:

- ❏ **主效应** 用于反映因素自身效应的一种效应,在二维列联表中存在两个主效应。
- ❏ **交互效应** 用于反映各因素之间的关联性,在二维列联表中存在一个主效应。

在一般的二维列联表中进行分析时,系统会自动分析两个变量之间的关系,并直接显示相应的主效应和交互效应。而当列联表中存在多个变量时,上述分析方法则无法明确地显示多个变量之间的关系,就算每次分析两个变量之间的关系,并经过多次两两交互的分析方法获得拼接后的多变量间复杂的分析关系,也无法显示联合交互效应。此时,可以通过 Logit 模型,解决二维列联表无法分析多维列联表变量的问题,从而可以有效地显示多维列联表中的变量关系。

10.1.2 对数线性模型的表现形式

在对数线性的饱和模型中,主效应的大小表示变量对期望频数的贡献,分析其主效应的大小无法反映变量之间的关系,只能通过分析交互效应才可以反映变量之间的关系。假设分析数据中存在 A、B、C 变量,基于这 3 个变量的饱和对数线性模型的表现公式为:

$$\ln m_{ijk} = \lambda + \lambda_i^A + \lambda_j^B + \lambda_k^C + \lambda_{ij}^{AB} + \lambda_{jk}^{BC} + \lambda_{ijk}^{ABC}$$

公式中的 m 表示期望频数;λ_i^A、λ_j^B 和 λ_k^C 表示主效应;λ_{ij}^{AB} 和 λ_{jk}^{BC} 表示二维交互效应;λ_{ijk}^{ABC} 表示三维交互效应。

在使用对数模型分析数据时,还需要运用一些检验工具,来检验对数频数的拟合效果,以及检验主效应和交互效应对频数产生的显著影响。一般情况下,用户会使用依然比卡方检验法来检验频数整体层次的拟合效果,其表现公式为:

$$L^2 = 2\sum_{i=1}^{n}\sum_{j=1}^{m}\ln(f_{ij})\ln\frac{\ln(f_{ij})}{e_{ij}}$$

公式中的 e_{ij} 表示对数的期望值。

由于在对数线性模型分析中,观测站和预测值是完全一致的,所以依然卡方值 L^2 应为 0。另外,当依然卡方值 L^2 比较大时,表示观测值和预测值之间存在显著性差异,同时表示模型的拟合效果不理想。

10.2 常规模型

常规模型又称为一般对数线性分析，主要用于研究列联表中观测值的频数分布情况。该模型中不区分因变量和自变量，其模型中的分类变量被称为因子，而表格中行列交叉点所构成的单元格，被称为对应观测值的频数。在本小节中，将详细介绍使用SPSS软件进行对数线性常规模型的分析方法和操作技巧。

10.2.1 常规模型概述

一般对数线性分析过程分析落入交叉制表或列联表中每个交叉分类类别的观察值频率计数。表中的每个交叉分类构成一个单元，每个分类变量称为一个因子。因变量为交叉制表单元中的个案数（频率），解释变量为因子和协变量。此过程将使用Newton-Raphson方法估计分层和非分层对数线性模型的最大似然参数。

在一般对数线性分析中，最多可以选择10个因子来定义表的单元。单元结构变量中允许定义不完整表的结构中的无效单元，在模型中包含偏移项，拟合对数比率模型或实现边际表的调整方法。而对比变量则允许计算广义对数几率比（GLOR）。

在分析结果中，将显示模型信息、拟合优度统计量、各种统计量和图，以及在活动数据集中保存残差和预测值。

另外，在进行一般线性对数模型分析时，还需要遵守以下有关分析数据的事项：

- **数据** 因子是分类变量，单元协变量是连续变量。当模型中有协变量时，会将单元中个案的协变量均值应用于该单元。对比变量是连续的，它们用于计算广义对数几率比。对比变量的值是期望单元计数的对数线性组合的系数。
- **假设** 一般对数线性分析提供泊松和多项分布两种分布。其中，在泊松分布假设下，总样本大小在研究前不固定，或分析不取决于总样本的大小；而且在单元格中出现观测的事件在统计上独立于其他单元的单元计数。另外，在多项分布假设下总样本的大小是固定的，或分析取决于总样本的大小；而且单元计数在统计上不独立。
- **相关过程** 使用"交叉表"过程检查交叉制表。如果应将一个或多个分类变量视为响应变量而将其他变量视为解释变量，则需要使用"Logit对数线性"过程。

10.2.2 添加分析变量

在SPSS中制作分析软件，并执行【分析】|【对数线性模型】|【常规】命令，弹出【常规对数线性分析】对话框。将所有的变量添加到【因子】列表框中，在【单元计数分布】选项组中，选中【泊松】选项，如图10-1所示。

在【常规对数线性分析】对话框中，主要包括下列选项：

- ❑ **因子** 用于显示分析中所添加的因素变量，最多可以添加 10 个变量。
- ❑ **单元协变量** 用于显示分析中所添加的单元协变量。
- ❑ **单元结构** 用于显示分析中所添加的单元格结构变量，即指定一个权重变量。
- ❑ **对比变量** 用于显示分析中所添加的用于计算广义对数比率的对照变量。
- ❑ **泊松** 该选项为默认选项，需要在分析样本不固定，且各单元格频数之间相互独立时进行选择。

图 10-1　添加分析变量

- ❑ **多项式分布** 该选项需要在分析样本固定，且各单元格频数之间不独立时进行选择。

10.2.3　设置模型选项

在【常规对数线性分析】对话框中，单击【模型】按钮，弹出【常规对数线性分析:模型】对话框。选中【设定】选项，将【因子与协变量】列表框中的所有变量添加到【模型中的项】列表框中，同时将【类型】设置为"交互"，并单击【继续】按钮，如图 10-2 所示。

在【常规对数线性分析:模型】对话框中，主要包括下列 3 个选项组：

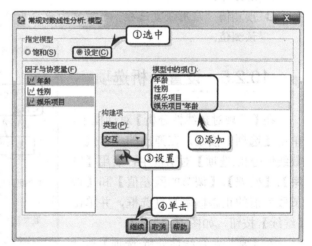

- ❑ **指定模型** 饱和模型包含涉及因子变量的所有主效应和交互效应。它不包含协变量项。选中【设定】选项，可以仅指定其中一部分的交互或指定因子协变量交互。

图 10-2　设置模型选项

- ❑ **因子与协变量** 用于列出分析数据中的因子与协变量。
- ❑ **模型中的项** 该模型取决于数据的性质。选中【设定】选项之后，可以选择分析中感兴趣的主效应和交互效应。另外，在该模型中必须指定要包含在模型中的所有项。

> **技 巧**
>
> 在为【模型中的项】添加变量时,可以在【因子与协变量】列表框中同时选择"年龄"和"娱乐项目"变量,单击【添加】按钮,即可将"娱乐项目*年龄"变量添加进去。

10.2.4 设置保存选项

在【常规对数线性分析】对话框中,单击【保存】按钮,在弹出的【常规对数线性分析:保存】对话框中,启用【残差】和【标准残差值】复选框,并单击【继续】按钮,如图10-3所示。

在【常规对数线性分析:保存】对话框中,主要包括下列选项:

- **残差** 也称为简单残差或原始残差,它是观察单元计数及其期望计数之间的差分。
- **标准残差值** 残差除以其标准误的估计。标准化残差也称为 Pearson 残差。
- **调节的残差值** 标准残差值除以其估计的标准误。由于当选定模型正确时,调整残差为渐近标准正态分布,因此它们在检查正态性方面优于标准化残差。
- **偏差残差** 个体对似然比卡方统计量的贡献的带符号平方根(G 的平方),其中的符号是残差的符号(观察到的计数减去期望计数)。偏差残差具有渐近标准正态分布。
- **预测值** 启用该复选框,当用户输出分析结果时,系统将自动在数据文件中保存预测值。

图 10-3 设置保存选项

10.2.5 设置分析选项

在【常规对数线性分析】对话框中,单击【选项】按钮,在弹出的【常规对数线性分析:选项】对话框中,启用【频率】、【残差】、【调节的残差值】和【调节残差值的正态概率】复选框,并单击【继续】按钮,如图10-4所示。

在【常规对数线性分析:选项】对话框中,主要包括下列选项组:

- **输出** 多个统计量可供显示:观察到的单元格频率和期望单元格频率;原始残差、调整残差和偏差残差;模型设计矩阵;以及模型的参数估计值。

图 10-4 设置分析选项

- ❑ **图** 图只能用于定制模型，其中包含两个散点图矩阵（针对观察的单元计数和期望的单元计数的调整残差或偏差残差）。还可以显示调整残差或偏差残差的正态概率和反趋势正态图。
- ❑ **置信区间** 可以调整参数估计值的置信区间。
- ❑ **标准** Newton-Raphson 方法用于获取最大似然参数估计值。可以为最大迭代次数、收敛标准和 Delta（添加到所有初始近似值单元的常数）输入新值。Delta 保留在饱和模型的单元中。

10.2.6 显示分析结果

在【常规对数线性分析】对话框中，单击【确定】按钮，系统会自动在输出窗口中显示分析结果，包括数据信息、收敛信息、拟合度检验、单元计数和残差、Poisson 模型、调整残差的标准 Q-Q 图等内容。

1. 模型基本信息

分析结果中的模型基本信息，主要包括数据信息和收敛信息两个分析表，其中在"数据信息"分析表中，主要显示了案例的有效、缺失和加权有效个数，以及定义的单元格、结构中的无效单元和采样无效单元的个数，另外还显示了年龄、性别和娱乐项目类别的个数，如图 10-5 所示。

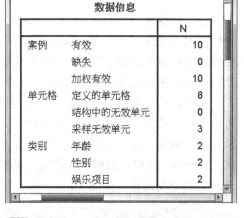

图 10-5 数据信息表

在分析结果中的"收敛信息"分析表中，主要显示了本案例中的最大迭代次数、收敛容限度、最终最大绝对差值、最终最大相对差值和迭代次数等信息，如图 10-6 所示。通过该表中的数据，可以了解当前模型收敛的原因。

2. 拟合度检验

在分析结果中的"拟合度检验"分析表中，主要显示了依然比和 Pearson 卡方检验的值、T 检验和显著性水平值，如图 10-7 所示。通过该表中的数据，可以发现依然比和 Pearson 卡方检验的显著性水平值>0.05，表示该两者之间不存在显著性关系。

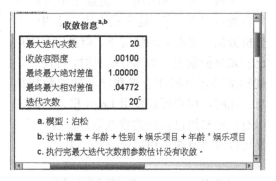

图 10-6 收敛信息表

3. 单元计数和残差

在分析结果中的"单元计数和残差"分析表中，主要显示了案例中因素变量交叉分类的统计信息，如图 10-8 所示。分析表中的"观测"列显示了实际观测频数统计结果，而分析表中的“期望的”列显示了假设模型准确情况下期望频数的统计结果。另外，残差、标准化残差、调整残差和偏差表示观测值和期望值之间的差异情况。

拟合度检验[a,b]

	值	df	Sig.
似然比	1.323	3	.724
Pearson 卡方检验	.972	3	.808

a. 模型：泊松

b. 设计:常量 + 年龄 + 性别 + 娱乐项目 + 年龄 * 娱乐项目

图 10-7 拟合度检验表

单元计数和残差[a,b]

年龄	性别	娱乐项目	观测 计数	观测 %	期望的 计数	期望的 %	残差	标准化残差	调整残差	偏差
25~35	男	网球	0	0.0%	.000	0.0%	.000	.000	.000	.000
		游泳	3	30.0%	3.600	36.0%	-.600	-.316	-.791	-.326
	女	网球	0	0.0%	.000	0.0%	.000	.000	.000	.000
		游泳	3	30.0%	2.400	24.0%	.600	.387	.791	.373
36~55	男	网球	2	20.0%	1.800	18.0%	.200	.149	.282	.146
		游泳	1	10.0%	.600	6.0%	.400	.516	.861	.471
	女	网球	1	10.0%	1.200	12.0%	-.200	-.183	-.282	-.188
		游泳	0	0.0%	.400	4.0%	-.400	-.632	-.861	-.632

a. 模型：泊松

b. 设计:常量 + 年龄 + 性别 + 娱乐项目 + 年龄 * 娱乐项目

图 10-8 单元计数和残差

4．分析图形

在分析结果中主要包括 Poisson 模型、调整残差的标准 Q-Q 图和调整残差的消除趋势标准 Q-Q 图。其中，Poisson 模型图中主要显示了观测的计数、期望的计数和调整残差两两对应的散点图，如图 10-9 所示。

图 10-9 Poisson 模型图

另外，在调整残差的标准 Q-Q 图中，可以发现其数据原点分布在直线的两旁，可以推测其残差存在一定的趋势线，表示不服从正态分布，其拟合的模型无法完全解释单元频数的分布规律，如图 10-10 所示。

图 10-10 调整残差的标准 Q-Q 图

10.3 Logit 模型

常规模型分析的唯一优点是不进行区分自变量和因变量，这个优点比较适用于对分析数据一无所知的情况下。但是，当用户已获知分析数据中的部分信息时，再使用常规模型进行分析便会浪费已获知的数据信息。此时，用户可以使用 Logit 模型，既可以有效地利用已获知的数据信息参与分析，又可以准确且快速地显示分析结果。

10.3.1 Logit 模型概述

Logit 模型用于分析因变量和自变量之间的相关性，在其分析过程中可以明确地分辨出自变量和因变量。因变量始终为分类变量，自变量也可以为分类变量（因子），用

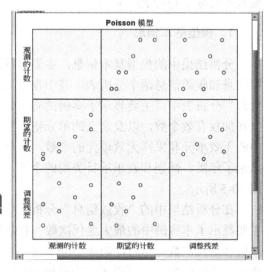

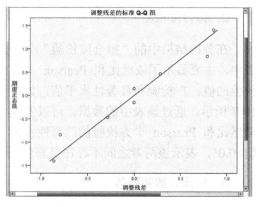

户可以选择1~10个因变量和因子变量，而因变量几率的对数表示为参数的线性组合。

单元结构变量允许定义不完整表的结构中的无效单元，在模型中包含偏移项，拟合对数比率模型或实现边际表的调整方法。另外，在使用 Logit 模型分析数据时，还需要注意以下问题：

- ❑ **数据** 因变量是分类变量，因子是分类变量。单元协变量可以是连续的，但当模型中有协变量时，会将单元中个案的协变量均值应用于该单元。对比变量是连续的，它们用于计算广义对数几率比 (GLOR)。对比变量的值是期望单元计数的对数线性组合的系数。
- ❑ **假设** 假设解释变量的每个类别组合中的计数具有多项分布。在多项分布假设下，其总样本大小是固定的，或分析取决于总样本大小。另外，单元计数在统计上不是相互独立的。
- ❑ **相关过程** 使用"交叉表"过程显示列联表。当希望分析观察到的计数和一组解释变量之间的关系时，需要使用"一般对数线性分析"过程。

10.3.2 添加分析变量

在 SPSS 软件中制作分析数据，执行【分析】|【对数线性模型】|【Logit】命令，弹出【Logit 对数线性分析】对话框。将"早餐"变量添加到【因变量】列表框中，同时将"年龄段"和"生活方式"变量添加到【因子】列表框中，如图 10-11 所示。

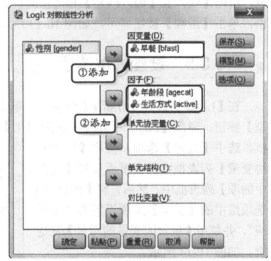

图 10-11　添加分析变量

10.3.3 设置分析选项

在【Logit 对数线性分析】对话框中，单击【选项】按钮，弹出【Logit 对数线性分析:选项】对话框，启用相应的复选框，单击【继续】按钮即可，如图 10-12 所示。

在【Logit 对数线性分析:选项】对话框中，主要包括下列选项：

- ❑ **输出** 多个统计量可供显示：观察到的单元格频率和期望单元格频率；原始残差、调整残差和偏差残差；模型设计矩阵；以及模型的参数估计值。

图 10-12　设置分析选项

- ❑ **图** 图只能用于定制模型，其中包含两个散点图矩阵（针对观察的单元计数和期望的单元计数的调整残差或偏差残差）。还可以显示调整残差或偏差残差的正态概率和反趋势正态图。

- **置信区间** 可以调整参数估计值的置信区间。
- **标准** Newton-Raphson 方法用于获取最大似然参数估计值。可以为最大迭代次数、收敛标准和 Delta（添加到所有初始近似值单元的常数）输入新值。Delta 保留在饱和模型的单元中。

10.3.4 设置保存选项

在【Logit 对数线性分析】对话框中，单击【保存】按钮，弹出【Logit 对数线性分析:保存】对话框，启用【残差】、【偏差残差】和【预测值】复选框，单击【继续】按钮即可，如图 10-13 所示。

图 10-13 设置保存选项

10.3.5 设置模型选项

在【Logit 对数线性分析】对话框中，单击【模型】按钮，弹出【Logit 对数线性分析:模型】对话框。选中【设定】选项，并将【因子与协变量】列表框中的变量添加到【模型中的项】列表框中。然后，将【构建项】选项组中的【类型】选项设置为“主效应”，并禁用【包含因变量的常量】复选框，如图 10-14 所示。

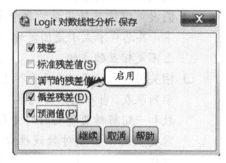

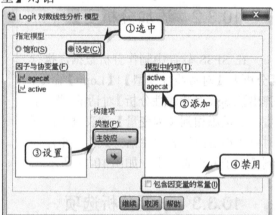

图 10-14 设置模型选项

10.3.6 显示分析结果

在【Logit 对数线性分析】对话框中，单击【确定】按钮，系统将自动在输出窗口中显示分析结果。其中，在“数据信息”分析表中，主要显示了案例的有效、缺失和加权有效的个数，以及定义的单元格、结构中的无效单元和采样无效单元的个数，另外还显示了年龄、性别和娱乐项目类别的个数，如图 10-15 所示。

数据信息

		N
案例	有效	70
	缺失	0
	加权有效	70
单元格	定义的单元格	24
	结构中的无效单元	0
	采样无效单元	5
类别	早餐	3
	年龄段	4
	生活方式	2

图 10-15 数据信息分析表

在分析结果中的“收敛信息”分析表中，主要显示了本案例中的最大迭代次数、收敛容限度、最终最大绝对差值、最终最大相对差值和迭代次数等信息，如图 10-16 所示。通过该表中的数据，可以了解当前模型收敛的原因。

另外，在“Logit 模型”分析图中，显示了观测的计数、期望的计数和调整残差两两对应的散点图，如图 10-17 所示。

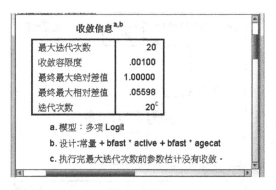

图 10-16 收敛信息表

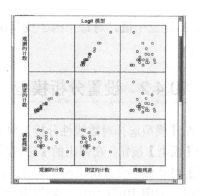

图 10-17 Logit 模型图

而在调整残差的标准 Q-Q 图中，可以发现其数据原点分布在直线的两旁，可以推测其残差存在一定的趋势线，表示不服从正态分布，其拟合的模型无法完全解释单元频数的分布规律，如图 10-18 所示。

10.4 模型选择

SPSS 中的模型选择对数线性分析法，可以使用迭代比例拟合方法对多维列联表进行分析，从而帮助用户发现具有关联性的分类变量。在本小节中，将详细介绍模型选择的操作方法与使用技巧。

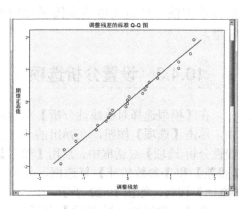

图 10-18 调整残差的标准 Q-Q 图

10.4.1 设置分析变量

在 SPSS 中制作分析数据，执行【分析】|【对数线性模型】|【模型选择】命令，弹出【模型选择对数线性分析】对话框。将"年龄段"、"生活方式"和"早餐"变量添加到【因子】列表框中，选择第一个变量，单击【定义范围】按钮，如图 10-19 所示。

在弹出的【对数线性分析:定义范围】对话框中，设置其最大值和最小值，如图 10-20 所示。使用同样的方法，定义其他变量的范围。

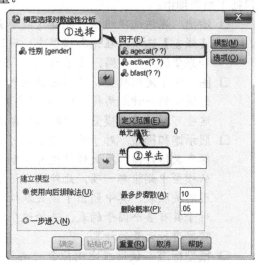

图 10-19 添加变量

另外，【对数线性分析:定义范围】对话框中的"最小值"和"最大值"的值与因子变量的最低和最高类别相对应。这两个值都必须是整数，并且最小值必须小于最大值。将排除值在边界以外的个案。例如，如果您指定最小值为 1，最大值为 3，则只使用 1、

2 和 3 这三个值。对每个因子变量重复这一过程。

10.4.2 设置分析模型

在【模型选择对数线性分析】对话框中，单击【模型】按钮，在弹出的【对数线性分析:模型】对话框中设置指定模型即可，再使用默认选项，如图 10-21 所示。如果用户选中【设定】选项，需要根据前面小节中介绍的操作方法，自定义生成类因子和模型类型。

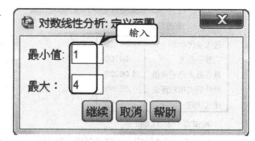

图 10-20　定义变量范围

10.4.3 设置分析选项

在【模型选择对数线性分析】对话框中，单击【选项】按钮，在弹出的【对数线性分析:选项】对话框中，启用【频率】、【残差】和【参数估计】复选框，并单击【继续】按钮，如图 10-22 所示。

在【对数线性分析:选项】对话框中，主要包括下列选项组：

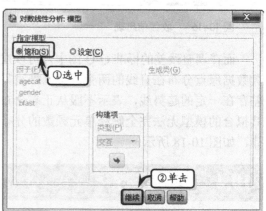

图 10-21　设置分析模型

- □ 输出　在该选项组中，包括【频率】和【残差】选项。在饱和模型中，观察的和期望的频率相同，残差为 0。
- □ 图　对于定制模型，可以选择两种类型的图中的一种或两种：残差和正态概率。这些可帮助确定模型与数据的拟合度。
- □ 显示饱和模型　对于饱和模型，可以选择参数估计值。参数估计值可帮助确定从模型中删除哪一项。此外还有一个可用的关联表，其中列出了偏关联检验。对于具有多个因子的表，选择这个选项需要进行大量的计算。

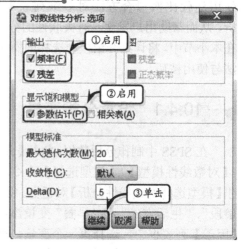

图 10-22　设置分析选项

- □ 模型标准　使用成比例拟合的迭代算法获取参数估计值。通过指定最大迭代次数、收敛或 Delta（为饱和模型的所有单元频率添加的值）可覆盖一个或多个估计标准。

10.4.4 显示分析结果

在【模型选择对数线性分析】对话框中，单击【确定】按钮，系统将自动在输出窗口中显示分析结果。其中，分析结果中的“参数估计值”表中，主要显示了变量的估计、标准误、Z 检验、显著性水平和 95%置信区间等分析信息，如图 10-23 所示。

在分析结果中的“步骤摘要”表中，主要显示了向后排除法的迭代步骤，如图 10-24 所示。分析表中的第 0 步检验初始模型（饱和模型）的 3 阶交互效应会否显著，此时仔细观察发现表中第 0 步已删除的效果的显著性检验值为 0.441>0.1，表示在该模型中应该删除该 3 阶主效应项。

参数估计值

效果	参数	估计	标准误	Z	Sig.	95% 置信区间 下限	95% 置信区间 上限
agecat*gender*bfast	1	.396	.362	1.094	.274	-.313	1.105
	2	-.329	.352	-.936	.349	-1.018	.360
	3	-.391	.471	-.829	.407	-1.315	.533
	4	.045	.320	.140	.889	-.583	.672
	5	.084	.555	.152	.879	-1.004	1.173
	6	.193	.360	.536	.592	-.513	.899
agecat*gender	1	.018	.254	.071	.943	-.481	.517
	2	-.100	.270	-.372	.710	-.629	.428
	3	.229	.304	.754	.451	-.366	.825
agecat*bfast	1	1.404	.362	3.881	.000	.695	2.113
	2	-.489	.352	-1.390	.165	-1.178	.200
	3	-.207	.471	-.440	.660	-1.131	.716
	4	.437	.320	1.364	.173	-.191	1.064
	5	-.950	.555	-1.712	.087	-2.039	.138
	6	.188	.360	.521	.603	-.519	.894
gender*bfast	1	-.244	.274	-.889	.374	-.781	.294

图 10-23 参数估计值

步骤摘要

步骤[a]			效果	卡方[c]	df	Sig.	迭代数
0	生成类[b]		agecat*gender*bfast	.000	0	.	
	已删除的效果	1	agecat*gender*bfast	5.843	6	.441	3
1	生成类[b]		agecat*gender, agecat*bfast, gender*bfast	5.843	6	.441	
	已删除的效果	1	agecat*gender	.925	3	.819	2
		2	agecat*bfast	30.951	6	.000	2
		3	gender*bfast	.695	2	.707	2
2	生成类[b]		agecat*bfast, gender*bfast	6.768	9	.661	
	已删除的效果	1	agecat*bfast	30.925	6	.000	2
		2	gender*bfast	.669	2	.716	2
3	生成类[b]		agecat*bfast, gender	7.437	11	.763	
	已删除的效果	1	agecat*bfast	30.925	6	.000	2
		2	gender	.057	1	.811	2
4	生成类[b]		agecat*bfast	7.494	12	.823	
	已删除的效果	1	agecat*bfast	30.925	6	.000	2
5	生成类[b]		agecat*bfast	7.494	12	.823	

图 10-24 步骤摘要表

另外，在分析结果中的“拟合优度检验”分析表中，主要显示了依然比和 Pearson 分析法的卡方、显著性水平和 F 检验值，如图 10-25 所示。该分析表的原始假设为：最终模型可以很好地拟合原始数据。但是，从分析表中的显著性水平可以看出其显著性值都大于 0.1，表示不能否认原假设，即表示模型的拟合效果比较好。

拟合优度检验

	卡方	df	Sig.
似然比	7.494	12	.823
Pearson	6.222	12	.904

图 10-25 拟合优度检验表

10.5 课堂练习：分析早餐的影响因素

在本练习中，某机构为获取市民进食早餐的情况，特对 80 名市民进行了随机调查。分别调查了其年龄、性别、生活方式和早餐等信息数据。在进行调查时，特意将年龄按一定的间隔进行分段，并将生活方式划分为消极的和积极的两个方面。另外，为了达到准确分析的目的，还将市民的早餐情况划分为不进食、麦片和谷类 3 类。下面，将运用 Logit 对数线性模型，分析影响早餐的各个因素之间的相关性。分析结果如图 10-26 所示。

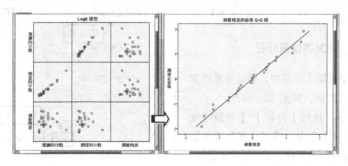

图 10-26 分析结果

操作步骤

1. 制作分析数据。启动 SPSS 软件,切换到【变量视图】视图中,自定义变量名称、小数、标签和对齐方式,如图 10-27 所示。

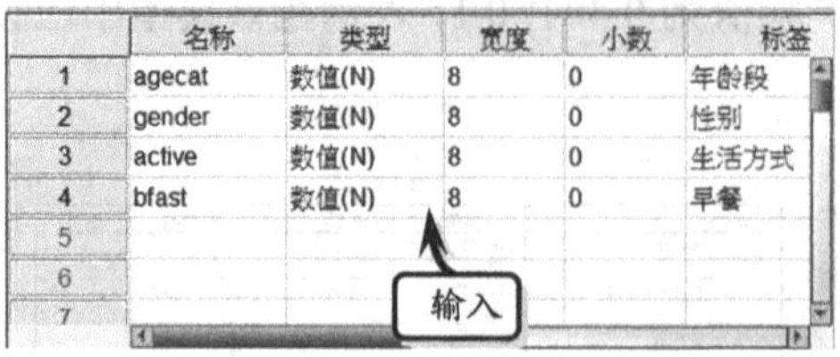

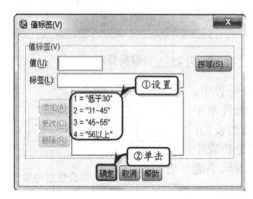

图 10-27 自定义变量

2. 单击第 1 个变量对应的【值】按钮,在弹出的【值】标签中,设置相应的值标签,如图 10-28 所示。

图 10-28 自定义值标签

3. 使用第(2)步骤中的操作方法,分别定义其他变量的值标签,如图 10-29 所示。

图 10-29 定义其他值标签

4. 切换到【数据视图】视图中,根据变量类型依次输入分析数据,如图 10-30 所示。

5. 对数线性分析。执行【分析】|【对数线性模型】|【Logit】命令,将"早餐"变量添加到【因变量】列表框中,同时将"年龄段"和"生活方式"变量添加到【因子】列表框

中,如图 10-31 所示。

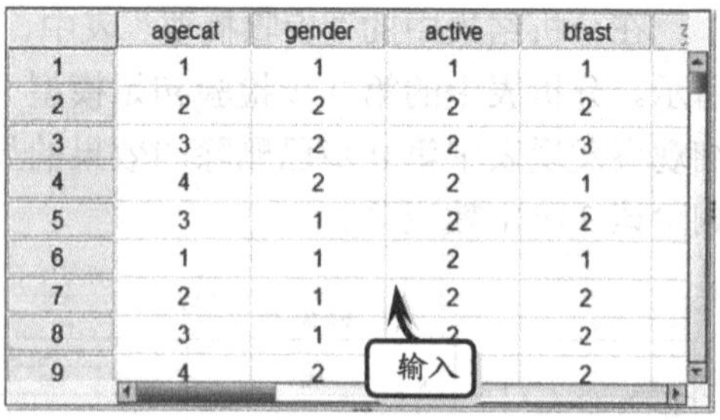

图 10-30 输入分析数据

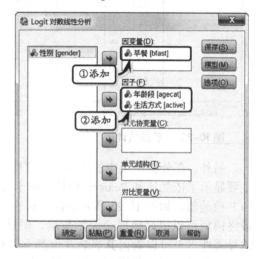

图 10-31 添加分析变量

6. 在【Logit 对数线性分析】对话框中,单击【选项】按钮,启用相应的复选框,单击【继续】按钮即可,如图 10-32 所示。

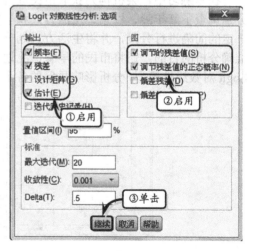

图 10-32 设置分析选项

7 在【Logit 对数线性分析】对话框中，单击【模型】按钮。选中【设定】选项，并添加相应的变量。将【类型】选项设置为"主效应"，并禁用【包含因变量的常量】复选框，如图10-33所示。

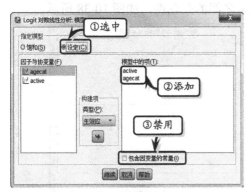

图10-33 设置模型选项

8 在【Logit 对数线性分析】对话框中，单击【确定】按钮，系统将自动在输出窗口中显示"数据信息"分析表，如图10-34所示。

数据信息		N
案例	有效	70
	缺失	0
	加权有效	70
单元格	定义的单元格	24
	结构中的无效单元	0
	采样无效单元	5
类别	早餐	3
	年龄段	4
	生活方式	2

图10-34 数据信息表

9 在分析结果中的"收敛信息"分析表中，主要显示了本案例中的最大迭代次数、收敛容限度、最终最大绝对差值、最终最大相对差值和迭代次数等信息，如图10-35所示。

10 在调整残差的标准Q-Q图中，可以发现其数据原点分布在直线的两旁，可以推测其残差存在一定的趋势线，表示不服从正态分布，其拟合的模型无法完全解释单元频数的分布规律，如图10-36所示。

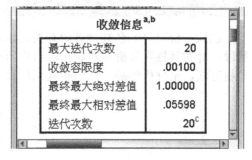

图10-35 收敛信息表

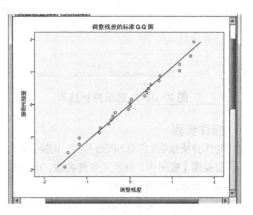

图10-36 调整残差的标准Q-Q图

11 在"Logit 模型"分析图中，显示了观测的计数、期望的计数和调整残差两两对应的散点图，如图10-37所示。

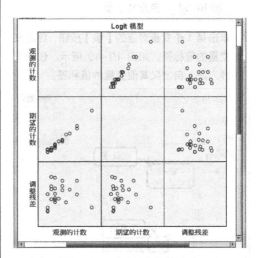

图10-37 "Logit 模型"分析图

10.6 课堂练习：分析日常娱乐项目

已知一份对 10 名被试者做有关娱乐项目的随机调查，该调查主要根据被试者的年龄段，针对其性别分析其对娱乐项目中所感兴趣的项目。下面，运用常规模型对数线性分析方法，来分析年龄、性别和娱乐项目 3 因素之间的关联性，如图 10-38 所示。

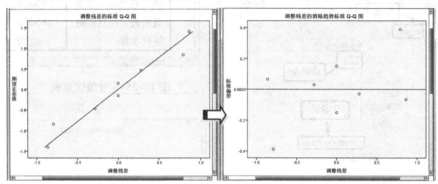

图 10-38　显示分析结果

操作步骤

1 制作分析数据。启动 SPSS 软件，切换到【变量视图】视图中，自定义变量名称、小数和对齐方式，如图 10-39 所示。

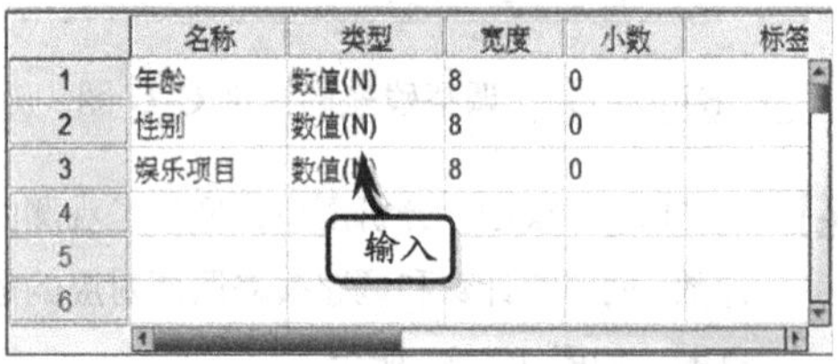

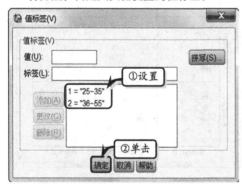

图 10-39　自定义变量

2 单击第 1 个变量对应的【值】按钮，自定义变量的值标签，如图 10-40 所示。使用同样方法，自定义其他变量的值标签。

3 切换到【数据视图】视图中，根据变量类型依次输入分析数据，如图 10-41 所示。

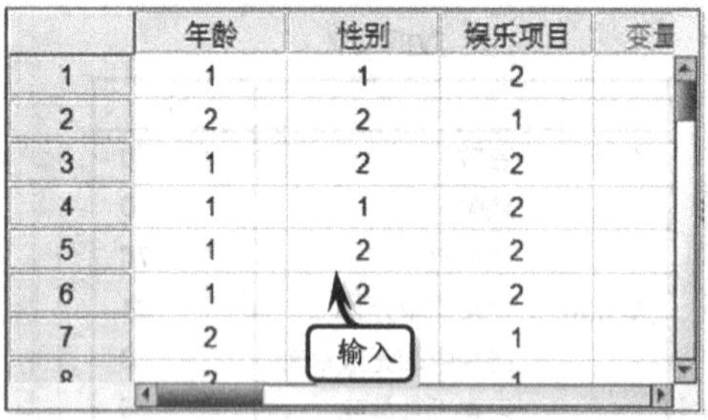

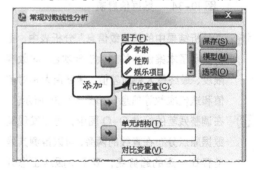

图 10-41　输入分析数据

4 对数线性分析。执行【分析】|【对数线性模型】|【常规】命令，将所有的变量添加到【因子】列表框中，如图 10-42 所示。

图 10-40　自定义值标签

图 10-42　添加分析变量

5. 在【常规对数线性分析】对话框中，单击【模型】按钮，选中【设定】选项，添加相应的变量，并将【类型】设置为"交互"，如图10-43所示。

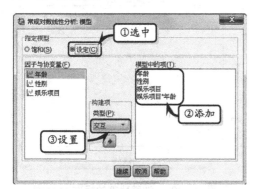

图10-43 设置模型选项

6. 在【常规对数线性分析】对话框中，单击【选项】按钮，启用相应的复选框，单击【继续】按钮，如图10-44所示。

图10-44 设置分析选项

7. 在【常规对数线性分析】对话框中，单击【确定】按钮，在"数据信息"分析表中，主要显示了案例的有效、缺失和加权有效个数，以及定义的单元格、结构中的无效单元和采样无效单元的个数，另外还显示了年龄、性别和娱乐项目类别的个数，如图10-45所示。

图10-45 数据信息表

8. 在分析结果中的"拟合度检验"分析表中，主要显示了依然比和Pearson卡方检验的值、T检验和显著性水平值，如图10-46所示。

拟合度检验[a,b]			
	值	df	Sig.
似然比	1.323	3	.724
Pearson 卡方检验	.972	3	.808

a. 模型：泊松
b. 设计:常量 + 年龄 + 性别 + 娱乐项目 + 年龄 * 娱乐项目

图10-46 拟合度检验

9. 在分析结果中的"单元计数和残差"分析表中，主要显示了案例中因素变量交叉分类的统计信息，如图10-47所示。

单元计数和残差[a,b]							
			观测		期望的		
年龄	性别	娱乐项目	计数	%	计数	%	残差	标准化
25~35	男	网球	0	0.0%	.000	.0%	.000	
		游泳	3	30.0%	3.600	36.0%	-.600	
	女	网球	0	0.0%	.000	.0%	.000	
		游泳	3	30.0%	2.400	24.0%	.600	
36~55	男	网球	2	20.0%	1.800	18.0%	.200	
		游泳	1	10.0%	.600	6.0%	.400	
	女	网球	1	10.0%	1.200	12.0%	-.200	
		游泳	0	0.0%	.400	4.0%	-.400	

图10-47 单元计数和残差

10. 在分析结果中的调整残差的消除趋势标准Q-Q图中，主要显示了调整残差相对于标准残差的分布情况，如图10-48所示。

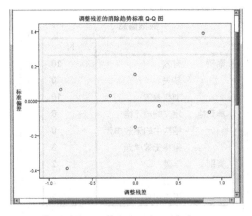

▶ 图 10-48　调整残差消除趋势标准 Q-Q 图

差存在一定的趋势线，表示不服从正态分布，其拟合的模型无法完全解释单元频数的分布规律，如图 10-49 所示。

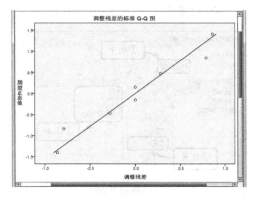

▶ 图 10-49　调整残差的标准 Q-Q 图

[11] 在调整残差的标准 Q-Q 图中，可以发现其数据原点分布在直线的两旁，可以推测其残

10.7　思考与练习

一、填空题

1．对数线性是将_____作为对数后分解成主效应和因素之间的交互效应，以用来反映_____之间的关联性。

2．当列联表中只存在两个变量时，被称为_____列联表；当列联表中存在 3 个或多个变量时，被称为_____列联表。

3．在对数线性的饱和模型中，主效应的大小表示变量对_____的贡献，分析其主效应的大小无法反映_____之间的关系，只能通过分析_____才可以反映变量之间的关系。

4．表中的每个交叉分类构成一个_____，每个分类变量称为一个_____。因变量为交叉制表单元中的_____，解释变量为因子和协变量。

5．Logit 模型用于分析_____和_____之间的相关性，在其分析过程中可以明确地分辨出_____和_____。

二、选择题

1．在实际分析过程中，经常会使用列联表来反映变量之间的联合分布。下列选项中，有关描述列联表的选项，错误的一项为_____。

A．用于反映因素自身效应的一种效应，在二维列联表中存在两个主效应

B．用于反映各因素之间的关联性，在二维列联表中存在 3 个主效应

C．在一般的二维列联表中进行分析时，系统会自动分析两个变量之间的关系，并直接显示相应的主效应和交互效应

D．当列联表中存在多个变量时，可以通过 Logit 模型，解决二维列联表无法分析多维列联表变量的问题

2．在一般对数线性分析中，最多可以选择_____个因子来定义表的单元。

A．2
B．3
C．1
D．10

3．在进行一般线性对数模型分析时，下列描述错误的选项为_____。

A．因子是分类变量，单元协变量是连续变量

B．对比变量的值是期望单元计数的对数线性组合的系数

C．在泊松分布假设下，总样本大小在研究前不固定，或分析不取决于总样本的大小

D．在泊松分布假设下，在单元格中出

现观测的事件在统计上不独立于其他单元的单元计数

4. 在进行 Logit 模型分析数据时，下列描述错误的选项为______。

A. 因变量是分类变量，因子是分类变量

B. 单元协变量可以是连续的，但当模型中有协变量时，会将单元中个案的协变量均值应用于该单元

C. 在多项分布假设下，其总样本大小是固定的，其单元计数在统计上是相互独立的

D. 当希望分析观察到的计数和一组解释变量之间的关系时，需要使用“一般对数线性分析”过程

三、问答题

1. 当图层锁定后，图层中的对象可以设置显示或隐藏吗？

2. 在什么情况下适用【使框架适合其对象】命令？

3. 应用混合模式或不透明度时，如何将混合范围限制于特定对象？

4. 怎样隐藏框架边缘？

5. 有几种方法可以创建剪切蒙版？分别是如何实现的？

四、上机练习

1. 模型选择方法分析数据

本练习将运用模型对数线性分析方法，分析早餐、年龄、性别和生活方式之间的相关性，如图 10-50 所示。制作本练习，首先执行【分析】|【对数线性模型】|【模型选择】命令，将“年龄段”、“性别”和“早餐”变量添加到【因子】列表框中，并分别定义每个变量的取值范围。然后，单击【选项】按钮，在弹出的【对数线性分析:选项】对话框中，设置其分析选项，并单击【继续】按钮。最后，单击【确定】按钮，生成分析结果。

步骤摘要

步骤[a]			效果	卡方[c]	df	Sig.	迭代数
0	生成类[b]		agecat*gender*bfast	.000	0	.	
	已删除的效果	1	agecat*gender*bfast	5.843	6	.441	3
1	生成类[b]		agecat*gender, agecat*bfast, gender*bfast	5.843	6	.441	
	已删除的效果	1	agecat*gender	.925	3	.819	2
		2	agecat*bfast	30.951	6	.000	2
		3	gender*bfast	.695	2	.707	2
2	生成类[b]		agecat*bfast, gender*bfast	6.768	9	.661	
	已删除的效果	1	agecat*bfast	30.925	6	.000	2
		2	gender*bfast	.669	2	.716	2
3	生成类[b]		agecat*bfast, gender	7.437	11	.763	
	已删除的效果	1	agecat*bfast	30.925	6	.000	2
		2	gender	.057	1	.811	2
4	生成类[b]		agecat*bfast	7.494	12	.823	
	已删除的效果	1	agecat*bfast	30.925	6	.000	2
5	生成类[b]		agecat*bfast	7.494	12	.823	

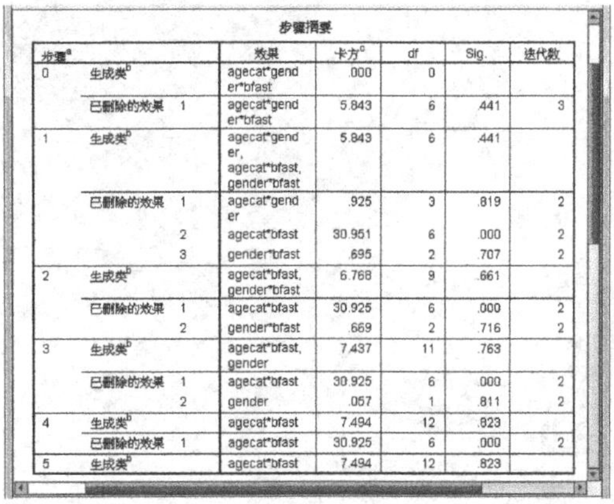

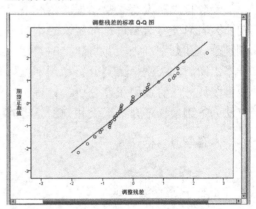

图 10-50 显示分析结果

2. 常规模型分析数据

本练习将使用常规模型对数线性分析方法，分析早餐、年龄、性别和生活方式之间的相关性，如图 10-51 所示。制作本实例，首先执行【分析】|【对数线性模型】|【常规】命令，将所有的变量添加到【因子】列表框中。然后，单击【模型】按钮，将【因子与协变量】列表框中的所有变量添加到【模型中的项】列表框中，同时将【类型】设置为“交互”。最后，在【常规对数线性分析】对话框中，单击【选项】按钮，启用相应的分析选项，单击【继续】按钮，并单击【确定】按钮，生成分析结果。

图 10-51 显示分析结果

第 11 章

聚类和判别分析

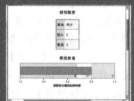  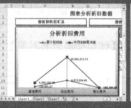 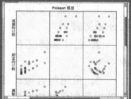

在众多统计分析方法中，聚类分析和判别分析是用于解决类问题的多元统计方法。其中，聚类分析是一项重要的人类行为，它可以将变量数据根据其自身特征，按照性质上的亲疏程度在没有先验知识的情况下对其进行自动分类，从而产生多个分类结果，以便研究者对变量数据进行深层次的推断分析。而判别分析则是根据已知类别的样本建立判别公式和判别准则，并将建立的判别公式和准则应用到未知的新样本中，用以判别新样本点所属的类别。聚类分析和判别分析是多元分析方法中最基层的分类方法，掌握这两种统计方法对运用统计分析学具有非常重要的意义。在本章中，将以 SPSS 软件分析方法为基础，详细介绍聚类和判别分析的基本原理和分析方法。

本章学习目标：

- ➢ 二阶聚类分析
- ➢ K-均值聚类分析
- ➢ 层次聚类分析
- ➢ 普通判别分析
- ➢ 逐步判别分析
- ➢ 决策树分析

11.1 聚类和判别分析概述

虽然使用 SPSS 软件可以轻松达到对数据进行聚类和判别分析的目的，但是为了可以充分地理解和掌握聚类和判别分析的内涵，在使用 SPSS 软件对数据进行聚类和判别分析之前，还需要先了解一下聚类分析和判别分析的基础理论。

11.1.1 聚类分析概述

聚类分析又称为群分析或分类分析等分析，是一种重要的分类方法。它是根据事物自身的特征，通过已建立的统计模型对事物进行多元分析方法的一种统计分析，其目的在于将相似的事物进行归类。

1. 聚类分析中的距离

聚类分析中的距离一般用来测验样本之间的相似性，是进行聚类分析的关键步骤。当分析数据的类型为非连续性数据，则需要使用卡方分析方法来计算其距离；而当分析数据的类型为连续性数据时，则可以使用明氏、马氏、兰氏距离，或自定义距离方法来计算其距离。

❑ **明氏距离**

明氏距离的表现公式为：

$$D_{ij}(q) = \left(\sum_{k=1}^{p} |x_{ik} - x_{jk}|^q \right)^{\frac{1}{q}}$$

公式中的 D_{ij} 表示样本 X_i 和 X_j 之间的距离；p 表示 p 维空间；q 表示自然数。

另外，明氏距离根据其取值不同又分为绝对值距离、欧氏距离和切比雪夫距离。绝对值距离又称为 Manhattan 距离，主要计算空间两点各维度指标间差值的绝对值之和，其表现公式为：

$$D_{ij}(q=1) = \sum_{k=1}^{p} |x_{ik} - x_{jk}|^{\frac{1}{q}}$$

欧氏距离是聚类分析中最常用的计算方法，其表现公式为：

$$D_{ij}(q=2) = \sqrt{\sum_{k=1}^{p} |x_{ik} - x_{jk}|^2}$$

另外，在切比雪夫距离计算公式中，将会取空间两点各维度指标间的差值中绝对值最大的那个值，来作为距离进行计算，其表现公式为：

$$D_{ij}(q=\infty) = \max_{1 \leq K \leq p} |x_{ik} - x_{jk}|$$

马氏距离

马氏距离表示数据的协方差距离，可以有效计算两个样本之间的相似度，由于公式中的 S 因素很难确定，所以该计算公式在分析中并不是理想的度量方式。表现公式为：

$$D_{ij}^2(M) = (X_i - X_j)'s^{-1}(X_i - X_j)$$

公式中的 S 为样本协方差。

❑ **兰氏距离**

兰氏距离适用于彼此之间不存在相关性的变量，以及适用于 $X_{ij}>0$ 的情况和高度偏斜的数据。兰氏距离的表现公式为：

$$D_{ij}(L) = \sum_{k=1}^{p} \frac{|X_{ik} - X_{jk}|}{X_{ik} + X_{jk}}$$

❑ **自定义距离**

在实际分析中，用户可以通过自定义 r 和 q 来计算其距离值，自定义距离的表现公式为：

$$D_{ij} = \left(\sum_{k=1}^{p} |x_{ik} - x_{jk}|^r \right)^{\frac{1}{q}}$$

2. 聚类分析中的相似性系数

聚类分析中的相似性系数一般用来测验变量之间的相似性，其取值范围介于-1～1 之间。在实际分析中，变量之间相似性系数的大小，不仅取决于相似性关系绝对值的大小，而且还取决于相关性方向。距离分析中的相似性系数可分为积差相关性系数和夹角余弦等。

积差相关性系数为最常用的系数公式，要求测量数据为连续变化或近似于连续变化的数据，其表现公式为：

$$R_{ij} = \frac{\sum_{k=1}^{p}(X_{ik} - \overline{X}_i)(X_{jk} - \overline{X}_j)}{\sqrt{\sum_{k=1}^{p}(X_{ik} - \overline{X}_i)^2} \sqrt{\sum_{k=1}^{p}(X_{jk} - \overline{X}_j)^2}}$$

公式中的 X_{ik} 或 X_{jk} 表示样本 i 或样本 j 在 k 中的值；$\overline{X}_i$ 或 $\overline{X}_j$ 表示所有变量在样本 i 或样本 j 中的均值。

另外，夹角余弦系数采用变量之间的夹角余弦值作为相似性系数，其表现公式为：

$$\cos\theta_{ij} = \frac{\sum_{k=1}^{p} X_{ik} X_{jk}}{\sqrt{\sum_{k=1}^{p} X_{ik}^2 \sum_{k=1}^{p} X_{jk}^2}}$$

3. 聚类分析中的统计量

在进行聚类分析时，一般需要使用 R^2 统计量、半偏 R^2 统计量、伪 F 统计量和伪 T^2 统计量等统计量计算方法。

❑ **R^2 统计量**

R^2 统计量的表现公式为：

$$R^2 = 1 - \frac{p_j}{W}$$

公式中的 p_j 表示聚类数量为 j 时总类内离差平方和；W 表示所有样本的总离差平方和。

根据计算公式，可以发现 R^2 的大小决定了 $1-P_j/W$ 的大小，而该值的大小说明总类内离差平方和在所有样本的总离差平方和中所占的比例的大小。另外，R^2 越大，表示聚类结果越好，其取值范围介于 0～1 之间。

❑ **半偏 R^2 统计量**

半偏 R^2 统计量的表现公式为：

$$R^2 = \frac{D_{jk}}{W}$$

公式中的 D_{jk} 表示合并类引起的类内离差平方和的增量；W 表示所有样本的总离差平方和。

通过半偏 R^2 统计量的表现公式可以发现，半偏 R^2 统计量值越大，说明所分析的两个类别不应该进行合并，同时表示上一步分析中的聚类效果比较合适，应将类别数量保留在该分析中。

❑ **伪 F 统计量**

伪 F 统计量的表现公式为：

$$F = \frac{N-K}{K-1} \times \frac{R^2}{1-R^2}$$

其中，伪 F 统计量的值越大，则表示聚类效果越好。

❑ **伪 T^2 统计量**

伪 T^2 统计量的表现公式为：

$$T^2 = \frac{D_{jk}}{(W_k + W_L)/(N_k + N_L - 2)}$$

其中，T^2 统计量的值越大，则表示其上一步聚类分析中的类内离差平方和增量越大，不适合对两类变量进行合并。

4．聚类准则

在 SPSS 中，聚类准则又分为 BIC（施瓦兹贝叶斯）和 AIC（Akaike 信息）准则。其中，BIC 和 AIC 准则的表现公式为：

$$\text{BIC} = -2\sum_{j=1}^{j}\xi_j + J\left(2K^A + \sum_{K=1}^{K^B} L_K - 1\right)\log N$$

$$\text{AIC} = -2\sum_{j=1}^{j}\xi_j + 2J\left(2K^A + \sum_{K=1}^{K^B} L_K - 1\right)$$

公式中的 N 表示样本数；K^A 表示连续变量的数量；K^B 表示分类变量的数量；L_K 表示第 K 个分类变量的编号。

11.1.2 判别分析概述

判别分析是判别变量所属类别的一种统计分析方法，其基本原理是按照判别准则，先建立判别函数，确定判别函数中的系数并及时判别指标，然后根据判别指标确定样本的所属类别。

判别分析的方法根据不同的划分方式，可以分为两组判别和多组判别、有线性判别和非线性判别，以及逐步判别和序贯判别等方法。在使用判别方法进行分析时，其自变量服从多元正态分布，而且自变量之间不存在多重共线性；以及自变量和因变量之间的关系符合线性假设等数据要求。

另外，在进行判别分析时，其样本数量的大小也会受到其分析方法的限制。一般情况下，为了保证计算函数的稳定性，需保证样本数量是自变量数量的 5 倍以上。

11.2　二阶聚类分析

二阶聚类分析是一种探索性分析方法，该分析方法反映了数据集的内部分类。二阶聚类分析是分为预分类和正式聚类两步进行分析的，所以称为二阶聚类。其分析具有能够同时处理分类变量和连续变量、通过判别准则可以自动选择最优的聚类个数，以及可以自行设定计算内存容量和处理大样本数据等优点。

11.2.1　添加分析变量

在 SPSS 中制作分析数据，执行【分析】|【分类】|【两步聚类】命令，弹出【二阶聚类分析】对话框。将"省份"变量添加到【分类变量】列表框中，将剩余变量全部添加到【连续变量】列表框中，如图 11-1 所示。

在【二阶聚类分析】对话框中，还包括下列选项：

- **对数相似值**　该选项为默认选项，表示该似然度量假设变量服从某种概率分布。假设连续变量是正态分布，而假设分类变量是多项分布。假设所有变量均是独立的。
- **Euclidean**　欧几里德距离测量是两个聚类之间的"直线"距离，它只能用于所有变量连续的情况。
- **自动确定**　该过程将使用在"聚类准则"组中指定的准则，自动确定"最好"的聚类数。或者，还可以输入一个正整数指定过程应考虑的最大聚类数。

图 11-1　添加分析变量

- **指定固定值**　允许您固定解中的聚类数，其最小值不能大于最大值。
- **连续变量计数**　该选项组提供了在"选项"对话框中指定的连续变量标准化的摘要情况。

- **聚类准则** 该选项组用于确定自动聚类算法如何确定聚类数,包括施瓦兹贝叶斯准则(BIC)和 Akaike 信息准则 (AIC)。

11.2.2 设置分析选项

在【二阶聚类分析】对话框中,单击【选项】按钮,在弹出的【二阶聚类:选项】对话框中,启用【使用噪声处理】复选框,并单击【继续】按钮,如图 11-2 所示。

在【二阶聚类:选项】对话框中,主要包括下列选项组:

- **离群值处理** 表示在聚类特 (CF)树填满的情况下,在聚类过程中特别地处理离群值。当 CF 树的叶节点中不能接受更多的个案,且所有叶节点均不能分割时,说明 C 树已满;当选择噪声处理且 CF 树填满时,再将稀疏叶子中的个案放到"噪声"叶子中后,树将重新生长。如果某个叶子包含的个案数占最大叶大小的百分比小于指定的百分比,则将该叶子视为稀疏的。树重新生长之后,如有可能,离群值将放置在 CF 树中。否则,将放弃离群

图 11-2 设置分析选项

值。如果不选择噪声处理且将 CF 树填满,则它将使用较大的距离更改阈值来重新生长。最终聚类之后,不能分配到聚类的变量标记为离群值。离群值聚类被赋予标识号 -1,并且不包含在聚类数的计数中。

- **内存分配** 表示可以以兆字节(MB)为单位,指定聚类算法应使用的最大的内存量。如果该过程超过了此最大值,则将使用磁盘存储内存中放不下的信息。其指定值必须大于或等于 4。

- **连续变量的标准化** 表示聚类算法处理标准化连续变量。任何未标准化的连续变量都应保留为"要标准化的变量"列表中的变量。为了节省部分时间和计算工作,可以选择任何已标准化的连续变量作为"假定已标准化的变量"列表中的变量。

另外,在【二阶聚类:选项】对话框中单击【高级】按钮,可在对话框中展开高级选项内容,如图 11-3 所示。

图 11-3 高级选项内容

在高级选项内容中,主要包括下列选项:

- **初始距离更改阈值** 用来设置使 CF 树生长的初始阈值。如果将给定的个案插入到 CF 树的叶子中将生成小于阈值的紧度,则不会分割叶子。如果紧度超过阈值,则会分割叶子。

- ❏ **最大分支（每个叶节点）** 表示叶节点可以具有的最大子节点数。
- ❏ **最大树深度（级别）** 表示 CF 树可以具有的最大级别数。
- ❏ **可能的最大节点数** 用于指示过程可能生成的最大 CF 树节点数，基于函数$(b^{d+1}-1)/(b-1)$，其中 b 是最大分支，d 是最大树深度。另外，非常大的 CF 树可能会耗尽系统资源，从而对过程的性能产生不利影响。每个节点最少需要 16 个字节。
- ❏ **聚类模型更新** 用于导入和更新在先前分析中生成的聚类模型。输入文件以 XML 格式包含 CF 树，并将使用活动文件中的数据更新模型。必须在主对话框中以与先前分析中指定的顺序相同的顺序选择变量名。如果指定聚类模型更新，则使用与为原始模型指定的 CF 树的生成相关的选项。具体而言，会使用已保存模型的距离测量、噪声处理、内存分配或 CF 树调节准则设置，将忽略对话框中这些选项的任何设置。

11.2.3 设置输出选项

在【二阶聚类】对话框中，单击【输出】按钮，在弹出的【二阶聚类:输出】对话框中，设置相应的选项，单击【继续】按钮即可，如图 11-4 所示。

在【二阶聚类:输出】对话框中，主要包括下列选项：

- ❏ **图表和表格** 用于显示模型相关的输出，包括表和图表。模型视图中的表包括模型摘要和聚类-特征网格。模型视图中的图形输出包括聚类质量图表、聚类大小、变量重要性、聚类比较网格和单元格信息。

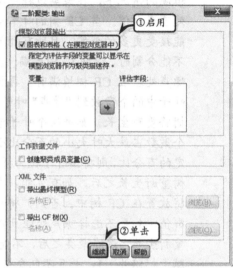

图 11-4 设置输出选项

- ❏ **评估字段** 可以为未在聚类创建中使用的变量计算聚类数据。通过在"显示"子对话框中选择评估字段，可以在模型查看器中将其与输入特征一起显示。带有缺失值的字段将被忽略。
- ❏ **创建聚类成员变量** 此变量包含每个个案的聚类标识号。此变量的名称为 tsc_n，其中 n 是一个正整数，表示在给定会话中由此过程完成的活动数据集保存操作的序数。
- ❏ **导出最终模型** 启用该复选框，可以将最终聚类模型以 XML(PMML) 格式导出到指定文件中，可以使用该模型文件以应用模型信息到其他数据文件用于评分目的。
- ❏ **导出 CF 树** 启用该复选框，可以保存聚类树的当前状态，并在以后使用较新的数据对其进行更新。

11.2.4 显示分析结果

在【二阶聚类】对话框中，单击【确定】按钮，系统会自动在输出窗口中显示分析结果。该分析结果除了可以在输出窗口中查看分析图和分析表之外，还可以在浏览器内查看更详细的分析结果。

1. 模型概要和聚类质量

分析结果中的"模型摘要"表主要显示了二阶聚类分析过程,包括聚类过程使用的算法、参与聚类的变量数,以及最终类别数等信息。另外,在"聚类质量"分析图中,主要显示了凝聚和分离的轮廓测量,也就是显示聚类分析结果的合理性和可接受程度;系统以不同的颜色显示了分析结果的不同层次,从左到右依次为差、尚好、好层次,而中间的蓝色线条则表示聚类结果的层次,如图11-5所示。

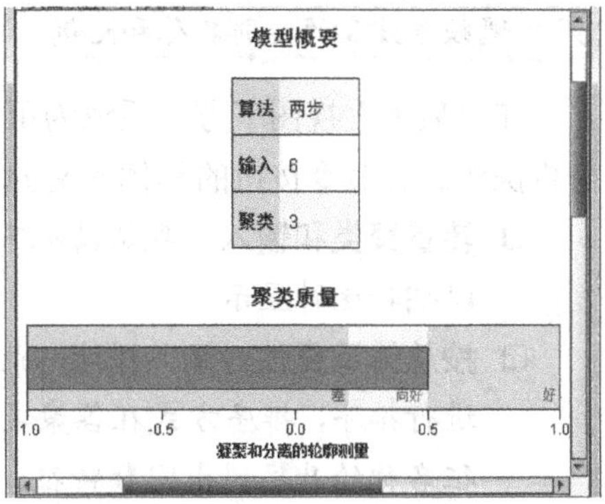

图 11-5 模型摘要

2. 浏览器窗口

在输出结果中双击分析结果图表,即可打开【模型浏览器】窗口。该窗口分为左右两部分,左侧为主视图,包括模型概要和聚类两种视图类型;窗口右侧为连接或辅助视图,包括聚类大小、单元分布、聚类比较和预测变量重要性4种视图类型。

❑ **模型概要和聚类大小视图**

一般情况下,左侧的"模型概要"和右侧的"聚类大小"视图为【模型浏览器】窗口中的默认视图,如图11-6所示。

图 11-6 模型浏览器

在聚类大小视图中显示了聚类结果中每类所占总体的比例情况,并且系统以不同的颜色来显示类别。将鼠标移至饼图图形上方时,系统会自动显示聚类名称和聚类大小值。而饼图下方的表格中则显示了最小和最大聚类大小值,以及大小比率值。

❑ **聚类视图**

在【模型浏览器】窗口中的左侧底部,单击【视图】下拉按钮,在其下拉列表中选择【聚类】选项,在窗口的左侧部分显示"聚类"分析图表,如图11-7所示。

在"聚类"视图中所显示的为"聚类-特征"网格,主要包括聚类的名称、大小和概要文件。网格视图中的"输入"数据是以过渡颜色进行表示的,其颜色越深表示该特征越重要。将鼠标移至单元格上方时,系统将自动显示特征名称、重要性和均值。

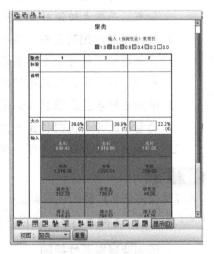

图 11-7 聚类图表

> **提　示**
>
> 在"聚类"视图中，将鼠标移至单元格上方时，系统有可能会自动显示名称、重要性，以及出现频率最高的类别名称和比例。

在"聚类"视图下方，系统为用户提供了一些命令按钮，以帮助用户进行更详细的分析操作。各命令按钮的具体含义如下所述：

- **转置聚类和输入**　默认情况下，聚类显示为列，特征显示为行。单击该按钮，可以翻转这种显示。
- **按总体重要性对输入排序**　此方式为默认的排序方式。特征以总体重要性的升序进行排序，排序方式在各聚类间相同。如果有特征具有同数重要性值，则按照特征名称的升序列出同数特征。
- **按聚类内重要性对输入排序**　表示特征按照其相对于每个聚类的重要性进行排序。如果有特征具有同数重要性值，则按照特征名称的升序列出同数特征。当选中此选项时，排序顺序通常因聚类而异。
- **按名称对输入排序**　表示特征按照名称的字母顺序进行排序。
- **按数据顺序对输入排序**　表示特征按照其在数据集中的顺序进行排序。
- **按大小对聚类排序**　表示聚类按照其在数据集中大小顺序进行排序。
- **按名次对聚类排序**　表示聚类按照名次的字母顺序进行排序。
- **按标签对聚类排序**　表示聚类按照标签的字母顺序进行排序。
- **单元格显示聚类中心**　默认情况下，单元格显示特征名称/标签和每个聚类/特征组合的集中倾向。对于连续字段和具有分类字段的类别百分比的模式（最频繁出现的类别）显示均值。
- **单元格显示绝对分布**　显示特征名称/标签和每个聚类中特征的绝对分布。对于类别特征，显示条形图，其中叠放了按数据值的升序排序的类别。对于连续特征，显示平滑密度图，其对每个聚类使用相同的端点和间隔。实心红色显示表示聚类分布，而颜色较淡的显示则表示总体数据。
- **单元格显示相对分布**　显示特征名称/标签和单元格中的相对分布。总体而言，显示类似于绝对分布的显示，不同之处在于所显示的是相对分布。实心红色显示表示聚类分布，而颜色较淡的显示则表示总体数据。
- **单元格显示基本信息**　如果聚类很多，不滚动很难看到所有详细信息。要减少滚动量，选择此视图将显示更改为更紧凑的表格。
- **显示**　单击该按钮，可在弹出的【显示】对话框中，设置视图中的显示信息。

> **提　示**
>
> 在【模型浏览器】窗口中，单击左侧视图底部的【重置】按钮，将取消当前所有的视图设置，自动恢复到系统默认的视图状态。

- **预测变量重要性视图**

在【模型浏览器】窗口的右侧底部，单击【视图】下拉按钮，在其下拉列表中选择

【预测变量重要性】选项，显示该视图，如图 11-8 所示。

该视图中，主要显示了评估模型时每个字段的相对重要性。视图中的条形显示聚类过程中该变量的重要性程度，其条形越长表示越重要。将鼠标移至长条上方，系统将自动显示聚类名称和重要性数值。视图下方的标尺用于显示变量的重要性，每个刻度代表一个变量，从左至右变量的重要性依次增加。

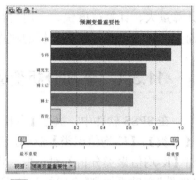

图 11-8　预测变量重要性视图

❑ **单元格分布视图**

在左侧视图中的"聚类"视图中，单击某个单元格，系统即可在视图的右侧部分显示相应数据的"单元格分布"图，也就是该单元格数据的展开图，如图 11-9 所示。在"单元格分布"图中，会显示深浅两种颜色的图形，也可以看出前后两种颜色的图形。浅色图形表示整体比较数据的分布展开图，而深色图形则表示所选单元格中的数据分布展开图。

❑ **聚类比较视图**

在【模型浏览器】窗口中，将左侧视图设置为"聚类"视图显示，单击该视图的顶部，同时按住 Ctrl 键或 Shift 键，选择多个聚类，即可在视图的右侧部分显示"聚类比较"视图，如图 11-10 所示。

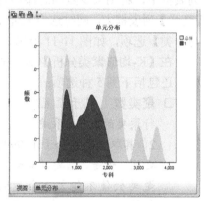

图 11-9　单元格分布图

"聚类比较"视图是由网格式布局构成，行表示特征，列表示聚类。通过该视图，可以更好地理解组成聚类的因素，同时还可以查看各聚类间的差异性。通过视图，不但可以将聚类数据和总体数据进行对比，而且还可以彼此比较各个聚类之间的差异性。在使用该视图分析数据时，需要注意最多只能选择 5 个聚类。

视图中的聚类是按照选择时的顺序显示，而字段顺序则由特征排序方式选项来决定。视图中的点图表示类别特征，点的大小代表每个聚类最频繁出现的类别；视图中的箱图表示连续特征，显示了整体中的中位数和四分位距。将鼠标移至图中箱图上方，将会显示中位数和分位数值。

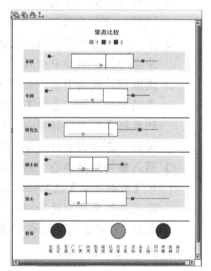

图 11-10　聚类比较视图

11.3　K-均值聚类分析

K-均值聚类分析又称为快速聚类分析或逐步样本聚类分析，是可以处理大量个案的算法，根据选定的特征尝试对相对均一的个案组进行标识的分析过程。该分析方法具有计算量大、计算速度快、占用内存少等优点；但是，也存在只能对样本进行聚类分析，而无法对变量进行聚类分析的缺点。

11.3.1 添加分析变量

在 SPSS 软件中，执行【分析】|【分类】|【K-均值聚类】命令，弹出【K-均值聚类分析】对话框。将"省份"变量添加到【个案标记依据】列表框中，将剩余变量同时添加到【变量】列表框中，同时选中【迭代与分类】选项，如图 11-11 所示。

在【K-均值聚类分析】对话框中，还包括下列 5 种选项：

- **聚类数** 用于设置需要进行聚类的数值，系统默认为 2，其取值范围介于 1~9999 之间。但是，需要注意的是聚类数值不能大于个案的数值。

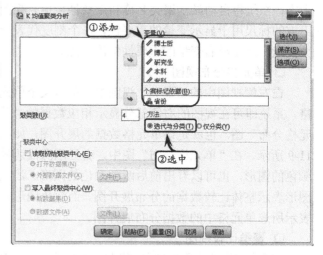

图 11-11　添加分析变量

- **迭代与分类** 该选项为系统默认选项，表示在聚类过程中可以根据分析数据自动调整初始中心点。
- **仅分类** 选中该选项，表示在聚类过程中只能根据初始中心点进行聚类，系统无法自动调整初始中心点。
- **读取初始聚类中心** 启用该复选框，表示在聚类过程中可以使用其他文件作为聚类的初始中心。选中【打开数据集】选项，则可以在其下拉列表中选择已经打开的数据集作为初始中心；而选中【外部数据文件】选项，则可以通过单击【文件】按钮，在弹出的对话框中选择作为初始中心的文件数据集。
- **写入最终聚类中心** 启用该复选框，表示可以指定最终聚类中心的输出位置。选中【新数据集】选项，在其对应的文本框中输入数据集名称后，即可自动生成表示最终聚类中心的数据集文件。选中【数据文件】选项，则可以通过单击【文件】按钮，在弹出的对话框中设置最终聚类中心数据集文件的存放位置。

11.3.2 设置迭代选项

在【K-均值聚类分析】对话框中，单击【迭代】按钮，在弹出的【K-均值聚类分析:写入文件】对话框中，设置迭代选项，并单击【继续】按钮，如图 11-12 所示。

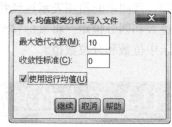

图 11-12　设置迭代选项

在【K-均值聚类分析:写入文件】对话框中，主要包括下列 3 种选项：

- **最大迭代次数**　表示限制 K 均值算法中的迭代次数。即使尚未满足收敛准则，达到迭代次数之后迭代也会停止，其取值范围介于 1~999 之间。
- **收敛性标准**　可以确定迭代何时停止。它表示初始聚类中心之间的最小距离的比例，因此必须大于 0 且小于或等于 1。例如，如果准则等于 0.02，则当完整的迭代无法将任何聚类中心移动任意初始聚类中心之间最小距离的 2% 时，迭代停止。
- **使用运行均值**　启用该复选框，可以请求在分配了每个个案之后更新聚类中心。如果不启用该复选框，则会在分配了所有个案之后计算新的聚类中心。

11.3.3　设置保存选项

在【K-均值聚类分析】对话框中，单击【保存】按钮，在弹出的【K-Means 群集:保存新变量】对话框中，启用所有复选框，并单击【继续】按钮，如图 11-13 所示。其中，【聚类成员】选项表示创建指示每个个案最终聚类成员的新变量，新变量的值范围是从 1 到聚类数；【与聚类中心的距离】选项表示创建指示每个个案与其分类中心之间的欧氏距离的新变量。

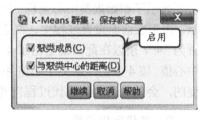

图 11-13　设置保存选项

11.3.4　设置分析选项

在【K-均值聚类分析】对话框中，单击【选项】按钮，在弹出的【K-均值聚类分析:选项】对话框中，设置分析中的统计量和缺失值，单击【继续】按钮，如图 11-14 所示。

在【K-均值聚类分析:选项】对话框中，主要包括下列 5 种选项：

- **初始聚类中心**　表示每个聚类的变量均值的第一个估计值。默认情况下，从数据中选择与聚类数相等的分布良好的多个个案。初始聚类中心用于第一轮分类，然后再更新。

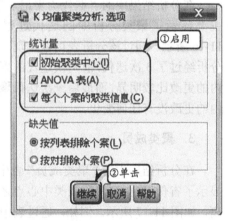

图 11-14　设置分析选项

- **ANOVA 表**　表示显示方差分析表，该表包含每个聚类变量的一元 F 检验。F 检验只是描述性的，不应解释生成的概率。如果所有个案均分配到单独一个聚类，则 ANOVA 表不显示。
- **每个个案的聚类信息**　表示显示每个个案的最终聚类分配，以及该个案和用来对个案分类的聚类中心之间的 Euclidean 距离，以及最终聚类中心之间的欧氏距离。
- **按列表排除个案**　表示从分析中排除含任意聚类变量缺失值的个案。
- **按对排除个案**　表示根据从所有具有非缺失值的变量计算得到的距离将个案分配到聚类。

11.3.5 显示分析结果

在【K-均值聚类分析】对话框中，单击【确定】按钮，系统将自动在输出窗口中显示分析结果，主要包括初始聚类中心、迭代历史记录、聚类成员、最终聚类中心、最终聚类中心的距离和 ANOVA 表等分析表。

1．初始聚类中心

在分析结果中的"初始聚类中心"表中，主要显示了初始聚类中心坐标，如图 11-15 所示。由于在前面设置过程中，将【聚类数】设置为"4"，所以在此系统给出了 4 个初始聚类中心值。该 4 个初始聚类中心值并不是一成不变的，会随着后面的迭代过程自动进行调整。

	初始聚类中心			
	聚类			
	1	2	3	4
博士后	219	26	436	380
博士	442	41	2113	1675
研究生	1081	6	898	471
本科	1827	42	2597	1676
专科	2019	70	3581	2284

图 11-15　初始聚类中心表

2．迭代历史记录

在分析结果中的"迭代历史记录"表中，主要显示了聚类分析中的迭代过程，如图 11-16 所示。通过该分析表可以发现，该聚类分析经过了 3 次迭代，前两次迭代的聚类中心内的更改比较明显，而最后一次迭代聚类中心内的更改没有任何变化。

	迭代历史记录[a]			
	聚类中心内的更改			
迭代	1	2	3	4
1	741.032	582.940	311.905	427.875
2	123.540	.000	.000	189.570
3	.000	.000	.000	.000

a. 由于聚类中心内没有改动或改动较小而达到收敛。任何

图 11-16　迭代历史记录

3．聚类成员

在分析结果中的"聚类成员"表中，主要显示了省份、聚类列表和聚类中心点之间的距离，如图 11-17 所示。例如，通过表中的数据可以发现聚类类别为 1 的包括北京、黑龙江、上海、浙江、安徽，而聚类类别为 2 的包括内蒙古、西藏、甘肃等。

聚类成员			
案例号	省份	聚类	距离
1	北京	1	843.047
2	内蒙古	2	387.262
3	黑龙江	1	448.533
4	上海	1	438.943
5	江苏	3	311.905
6	浙江	1	239.415
7	河南	4	324.565
8	安徽	1	494.161
9	山东	3	311.905
10	湖南	4	273.439
11	广东	4	393.178
12	广西	2	717.095
13	四川	4	199.024
14	西藏	2	582.940
15	甘肃	2	269.986
16	青海	2	511.112
17	宁夏	2	430.896
18	新疆	2	204.162

图 11-17　聚类成员

4．最终聚类中心

在分析结果中的"最终聚类中心"表中，主要显示了最终聚类中心坐标，如图 11-18 所示。通过该分析表中的数据，以及初始聚类中心坐标位置，可以发现最终聚类中心坐标发生了明显的变化，表示系统在聚类分析过程中对初始聚类中心坐标进行了调整。

	最终聚类中心			
	聚类			
	1	2	3	4
博士后	231	108	412	420
博士	722	274	2119	1377
研究生	604	101	874	582
本科	1314	368	2489	1659
专科	1643	474	3291	2234

图 11-18　最终聚类中心

5. 最终聚类中心间的距离

在分析结果中的“最终聚类中心间的距离”表中，主要显示了各个聚类类别之间的最终聚类中心间的距离，如图 11-19 所示。通过该表中的数据，可以发现聚类 1 和 2 类中心点坐标之间的距离为 1651.602，而 1 和 3 类中心距坐标之间的距离为 2480.603，1 和 4 类中心距坐标之间的距离为 966.719。

最终聚类中心间的距离

聚类	1	2	3	4
1		1651.602	2480.603	966.719
2	1651.602		4064.551	2511.436
3	2480.603	4064.551		1562.181
4	966.719	2511.436	1562.181	

图 11-19 最终聚类中心间的距离

6. 方差分析表

在分析结果中的“ANOVA”表中，主要显示了聚类的均方和 F 检验值、误差的均方和 F 检验值，以及显著性水平值，如图 11-20 所示。通过表中的显著性水平值发现，各变量之间均存在显著性差异 $P<0.05$，表示对该案例的分类具有一定的合理性和有效性。

ANOVA

	聚类		误差			
	均方	df	均方	df	F	Sig.
博士后	102919.329	3	11127.858	14	9.249	.001
博士	2245374.990	3	52301.665	14	42.931	.000
研究生	464668.957	3	28631.223	14	16.229	.000
本科	3011483.193	3	62264.300	14	48.366	.000
专科	5344322.661	3	98565.938	14	54.221	.000

图 11-20 方差分析表

11.4 层次聚类分析

层次聚类分析又称为系统聚类或分层聚类分析，它根据选定的特征来识别相对均一的个案（变量）组，使用的算法是从单独聚类中的每个个案（或变量）开始对各聚类进行组合，直至剩下一个类别。该分析方法不同于二阶聚类和 K-均值聚类分析，它既可以对样本进行聚类分析，又可以对变量进行聚类分析。除此之外，层次聚类分析还可以在输出结果中显示树状谱系关系图，便于用户形象地查看和分析数据。

11.4.1 设置分析变量

在 SPSS 软件中，执行【分析】|【分类】|【系统聚类】命令，弹出【系统聚类分析】对话框。将“省份”变量添加到【标注个案】列表框中，并将剩余变量依次添加到【变量】列表框中，如图 11-21 所示。

图 11-21 添加分析变量

在【系统聚类分析】对话框中，还包括【聚类】和【输出】选项组中的 4 种选项：

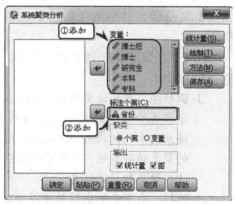

- ❑ **个案** 该选项为默认选项，表示 Q 型聚类，即对个案进行分类。
- ❑ **变量** 表示 R 型聚类，即对变量进行分类。

- **统计量** 启用该复选框,可以在输出结果中显示相关统计量。当禁用该复选框时,其【统计量】按钮将变为不可用状态。
- **图** 启用该复选框,可以在输出结果中显示分析图形。当禁用该复选框时,其【绘制】按钮变为不可用状态。

11.4.2 设置统计量选项

在【系统聚类分析】对话框中,单击【统计量】按钮,在弹出的【系统聚类分析:统计量】对话框中,启用【合并进程表】和【相似性矩阵】复选框,选中【方案范围】选项,将【最小聚类数】设置为"2",将【最大聚类数】设置为"4",并单击【继续】按钮,如图 11-22 所示。

在【系统聚类分析:统计量】对话框中所显示的各选项的含义如下所述:

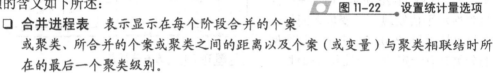

图 11-22　设置统计量选项

- **合并进程表** 表示显示在每个阶段合并的个案或聚类、所合并的个案或聚类之间的距离以及个案(或变量)与聚类相联结时所在的最后一个聚类级别。
- **相似性矩阵** 表示给出各项之间的距离或相似性。
- **聚类成员** 表示显示在合并聚类的一个或多个阶段中,每个个案被分配所属的聚类。可用的选项有单个解和一定范围的解。

11.4.3 设置分析图

在【系统聚类分析】对话框中,单击【绘制】按钮,在弹出的【系统聚类分析:图】对话框中,启用【树状图】复选框,并单击【继续】按钮,如图 11-23 所示。

在【系统聚类分析:图】对话框中,主要包括下列选项和选项组:

- **树状图** 启用该复选框,可以在输出结果中显示聚类分析中的每一次合并过程和各类之间谱系关系的树状图。树状图可用于评估所形成的聚类的凝聚性,并且可以提供关于要保留的适当聚类数目的信息。

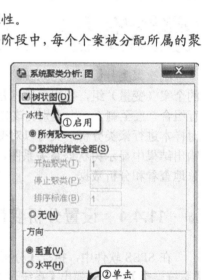

图 11-23　设置分析图

- **冰柱** 表示在输出结果中显示冰柱图,包括所有聚类或指定范围内的聚类。冰柱图显示关于在分析的每次迭代时如何将个案合并到聚类的信息。选中【所有聚类】选项表示可以在输出结果中显示聚类全过程;而选中【聚类的指定全距】选项,并通过设置"开始聚类"、"停止聚类"和"排序标准"选项来达到自定义显示聚类过程的目的。

- ❑ **方向** 用于设置主图的垂直或水平显示方向。

11.4.4 设置聚类方法

在【系统聚类分析】对话框中，单击【方法】按钮，在弹出的【系统聚类分析:方法】对话框中，设置聚类方法、度量标准、转换值和转换度量选项，并单击【继续】按钮，如图 11-24 所示。

在【系统聚类分析:方法】对话框中，主要包括下列选项：

图 11-24 设置聚类方法

- ❑ **聚类方法** 用于设置样本间距离的计算方法，其可用的选项有组间联接、组内联接、最近邻元素、最远邻元素、质心聚类法、中位数聚类法和 Ward 法。
- ❑ **度量标准** 用于指定聚类中使用的距离或相似性测量，可以选择数据类型以及合适的距离或相似性测量。
- ❑ **转换值** 用于在计算近似值之前为个案或值进行数据值标准化（对二分类数据不可用）。可用的标准化方法有 z 得分、范围 –1 至 1、范围 0 至 1、1 的最大量级、1 的均值和使标准差为 1。
- ❑ **转换度量** 用于指定转换距离测量所生成的值，可以在计算了距离测量之后应用这些转换。可用的选项有绝对值、更改符号和重新调整到 0 – 1 范围。

其中，在【聚类方法】选项中，主要包括下列 7 种聚类方法：

- ❑ **组间联接** 为默认选项，表示计算两类间所有样本的距离值，并采用均值作为两类间的距离。
- ❑ **组内联接** 表示合并后的类中所有样本间的平均距离最小。
- ❑ **最近邻元素** 表示在每类若干个点中，采用两类中聚类最近的一对样本间的距离作为两类之间的距离。
- ❑ **最远邻元素** 表示采用两类中聚类最远的一对样本间的距离作为两类之间的距离。
- ❑ **质心聚类法** 表示采用两类中的重心之间的距离作为两类之间的距离。
- ❑ **中位数聚类法** 表示采用两类中的中位数之间的距离作为两类之间的距离。
- ❑ **Ward 法** 又被称为离差平方和法，表示合并后同一类内各样本之间离差平方和最小，而各样本之间的平方和较大。

在【度量标准】选项组中，包括区间、计数和二分类 3 种选项，其每种选项所包含的度量标准方法及含义如表 11-1 所示。

表 11-1 度量标准方法

选项	方法	含义
区间	Euclidean 距离	各项值之间平方差之和的平方根。这是定距数据的默认值
	平方 Euclidean 距离	各项值之间平方差之和

续表

选项	方法	含义
区间	余弦	两个值矢量之间角度的余弦
	Pearson 相关性	两个值矢量之间的积矩相关性
	Chebychev 距离	各项值之间的最大绝对差
	块	各项值之间绝对差之和,又称为 Manhatta 距离
	Minkowski 距离	各项值之间 p 次幂绝对差之和的 p 次根
	设定距离	各项值之间 p 次幂绝对差之和的 r 次根
计数	卡方度量	此度量基于对两组频率等同性的卡方检验,是计数数据的缺省值
	Phi 方度量	此度量等于由组合频率的平方根标准化的卡方测量
二分类	Euclidean 距离	根据四重表计算 SQRT($b+c$)得到。其中 b 和 c 代表对应于在一项上存在但在另一项上不存在的个案的对角单元
	平方 Euclidean 距离	计算非协调的个案的数目。它的最小值为 0,没有上限
	尺度差分	非对称性指数,其取值范围为 0~1 之间
	模式差分	二分类数据的非相似性测量,其取值范围为 0~1 之间。根据四重表计算 $bc/(n**2)$ 得到。其中 b 和 c 代表对应于在一项上存在但在另一项上不存在的个案的对角单元;n 为观察值的总数
	方差	根据四重表计算$(b+c)/4n$ 得到。其中 b 和 c 代表对应于在一项上存在但在另一项上不存在的个案的对角单元;n 为观察值的总数。其取值范围为 0~1 之间
	离散	此相似性指数的取值范围为 -1~1 之间
	形状	此距离测量的取值范围为 0~1 之间,它对不匹配项的非对称性加以形状
	简单匹配	这是匹配项与值总数的比率,对匹配项和不匹配项给予相等的权重
	ψ4 点相关性	此指数是 Pearson 相关系数的二值模拟,其取值范围为 -1~1 之间
	Lambda	此指数为 Goodman 和 Kruskal 的 Hambda。通过使用一个项来预测另一个项(双向预测),从而与误差降低比例(PRE)相对应。其取值范围为 0~1 之间
	Anderberg 的 D	类似于 lambda,此指数通过使用一个项来预测另一个项(双向预测),从而与实际误差降低相对应。其取值范围为 0~1 之间
	骰子	在此指数中,不考虑联合不存在项,对匹配项则给予双倍权重。又称为 Czekanowski 或 Sorensen 度量
	Hamann	此指数为匹配数减去不匹配数,再除以总项数。其取值范围为 -1~1 之间
	Jaccard	在此指数中,不考虑联合不存在项。对匹配项和不匹配项给予相等的权重,又称为相似率
	Kulczynski 1	这是联合存在项与所有不匹配项的比率。此指数有下限 0,无上限。理论上,没有不匹配项时此指数为不定值;但当其为不定值或大于 9999.999 时,本软件将赋予其任意值 9999.999

续表

选 项	方 法	含 义
二分类	Kulczynski 2	此指数基于特征在一个项中存在的情况下也在另一个项中存在的条件概率。将充当另一个项的预测值的各个项的各个值进行平均，以计算此值
	Lance 和 Williams	根据四重表计算$(b+c)/(2a+b+c)$得到。其中 a 代表对应于两项上都存在的个案的单元，b 和 c 代表对应于在一项上存在但在另一项上不存在的个案的对角单元。此度量的范围为 0~1 之间
	Ochiai	此指数是余弦相似性测量的二分类形式。其取值范围为 0~1 之间
	Rogers 和 Tanimoto	在此指数中，对不匹配项给予双倍权重
	Russel 和 Rao	这是内（点）积的二分类版本。对匹配项和不匹配项给予相等的权重。这是二分类相似性数据的缺省度量
	Sokal and Sneath 1	在此指数中，对匹配项给予双倍权重
	Sokal and Sneath 2	在此指数中，对不匹配项给予双倍权重，不考虑联合不存在项
	Sokal and Sneath 3	这是匹配项与不匹配项的比率。此指数有下限 0，无上限。理论上，没有不匹配项时此指数为不定值；但当其为不定值或大于 9999.999 时，本软件将赋予其任意值 9999.999
	Sokal and Sneath 4	此指数基于一个项中的特征与另一个项中的值相匹配的条件概率。将充当另一个项的预测值的各个项的各个值进行平均，以计算此值
	Sokal and Sneath 5	此指数是正匹配和负匹配的条件概率的几何平均数的平方。它独立于项目编码。其取值范围为 0~1 之间
	Yule 的 Y	该系数又被称为捆绑系数，其指数为 2×2 表的交比函数，独立于边际总数。其取值范围为 -1~1 之间
	Yule 的 Q	此指数为 Goodman 和 Kruskal 的 gamma 的特殊情况。它是一个交比函数，独立于边际总计。其取值范围为 -1~1 之间

另外，在【转换值】选项组中的【标准化】选项中，主要包括下列 6 种转换方法：
- **Z 得分** 表示将值标准化到均值为 0 且标准差为 1 的 Z 得分。
- **全距从 -1 到 1** 表示要进行标准化的项的每个值均除以值范围。
- **全距从 0 到 1** 表示该过程从要进行标准化的每个项中抽取最小值，然后除以范围。
- **1 的最大量** 表示该过程将要进行标准化的项的每个值除以这些值中的最大值。
- **均值为 1** 表示该过程将要进行标准化的项的每个值除以这些值的均值。
- **标准差为 1** 表示该过程将要进行标准化的变量或个案的每个值除以这些值的标准差。

11.4.5 设置保存选项

在【系统聚类分析】对话框中，单击【保存】按钮，在弹出的【系统聚类分析:保存】

对话框中，选中【无】选项，并单击【继续】按钮，如图 11-25 所示。

图 11-25 设置保存选项

在【系统聚类分析:保存】对话框中，主要包括下列 3 种选项：

- ❑ **无** 选中该选项，表示在数据文件中不显示样本所属类别。
- ❑ **单一方案** 选中该选项，表示在数据文件中建立一个指定聚类数目的显示类成员构成的新变量。其中，聚类数目必须大于 2 且小于个案数目。
- ❑ **方案范围** 选中该选项，表示在数据文件中建立一个介于指定最大和最小聚类数之间的各种聚类变量。

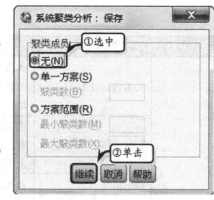

11.4.6 显示分析结果

在【系统聚类分析】对话框中，单击【确定】按钮，系统将自动在输出窗口中显示分析结果，包括案例处理汇总、近似矩阵、聚类表、群集成员、冰柱图和树状图。

1. 聚类表

聚类表

阶	群集组合		系数	首次出现阶群集		下一阶
	群集 1	群集 2		群集 1	群集 2	
1	16	17	7543.000	0	0	2
2	14	16	17266.500	0	1	13
3	2	15	20406.000	0	0	4
4	2	18	56883.000	3	0	7
5	10	13	57852.000	0	0	8
6	3	8	215550.000	0	0	9
7	2	12	220937.667	4	0	13
8	7	10	223363.000	0	5	10
9	3	6	319939.000	6	0	12
10	7	11	330888.333	8	0	15
11	5	9	389140.000	0	0	17
12	3	4	405103.000	9	0	14
13	2	14	843285.083	7	2	16
14	1	3	1239935.250	0	12	15
15	1	7	1309342.350	14	10	16
16	1	2	4740153.063	15	13	17
17	1	5	10067194.63	16	11	0

图 11-26 聚类表

在分析结果中的“聚类表”分析表中，详细地显示了聚类分析过程中的各阶段的聚合变量情况，如图 11-26 所示。在该表中，“阶”列表示聚类过程的步骤数，“群集组合”中的两列内容表示步骤中进行合并的变量，而“系数”列表示合并的两变量之间的距离，“下一阶”列表示本步骤聚类的下一次会在哪一步骤中与其他类进行合并。另外，“首次出现阶群集”中的两列内容表示参与聚类的是样本还是小类，其 0 值表示样本第一次出现在聚类过程中，而其他数值则表示聚类步骤所生成的小类。

例如，表格中第 4 步中的 3（“首次出现阶群集”中的“群集”1 列），表示其对应的小类 2 是由第 3 步聚类形成的，而本步聚类的结果下一次将在第 7 步与其他类合并。

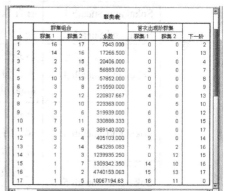

2. 群集成员表

群集成员

案例	4 群集	3 群集	2 群集
1:北 京	1	1	1
2:内蒙古	2	2	1
3:黑龙江	1	1	1
4:上 海	1	1	1
5:江 苏	3	3	2
6:浙 江	1	1	1
7:河 南	4	1	1
8:安 徽	1	1	1
9:山 东	3	3	2
10:湖 南	4	1	1
11:广 东	4	1	1
12:广 西	2	2	1
13:四 川	4	1	1
14:西 藏	2	2	1
15:甘 肃	2	2	1
16:青 海	2	2	1
17:宁 夏	2	2	1
18:新 疆	2	2	1

图 11-27 群集成员表

在分析结果中的“群集成员”分析表中，显示了所设置的样本类别的归属情况，如图 11-27 所示。该表可以根据树状图和研究目的，确定较为合理的类别数和成员归属。

3．冰柱图

在分析结果中的"案例"图为垂直冰柱图，主要显示了个案之间的关系和距离，如图 11-28 所示。在冰柱图中，列代表个案，行代表聚类的步骤数，其冰柱表示两个个案之间的关系和距离。在查看该图形时，需要从上往下观看，冰柱越长表示其距离越接近。

4．树状图

在分析结果中的"树状图"分析图中，主要显示了聚类过程及样本之间的层次关系，如图 11-29 所示。从树状图中可以发现，该案例中的样本聚类为两类或三类比较合适。如果将样本聚类分为两类的话，其江苏和山东为一类，其他剩余省份为一类。如果将样本聚类分为三类的话，江苏和山东为一类；北京、上海、浙江、安徽、黑龙江、广东、河南、四川、湖南为一类；广西、新疆、甘肃、内蒙古、西藏、宁夏和青海为一类。

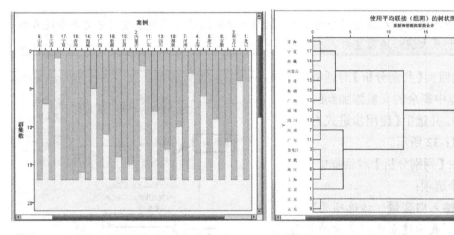

图 11-28　垂直冰柱图　　　　图 11-29　树状图

11.5　普通判别分析

判别分析是用于判断样品所属类别的一种重要的统计方法，它根据组成员身份构建基于可提供组间最佳判别的预测变量的线性组合模型，以达到充分体现各个类别之间的差异的目的。

11.5.1　设置分析变量

在 SPSS 软件中，执行【分析】|【分类】|【判别】命令，弹出【判别分析】对话框。将"组别"变量添加到【分组变量】列表框中，并单击【定义范围】按钮，如图 11-30 所示。

在弹出的【判别分析:定义范围】对话框中，将【最大】和【最小值】分别设置为 3 和 1，并单击【继续】按钮，如图 11-31 所示。

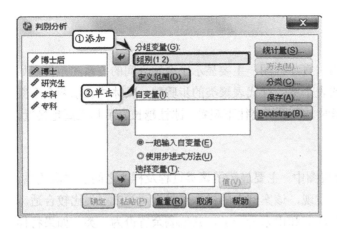

▢ 图 11-30 设置分组变量

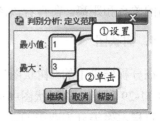

▢ 图 11-31 定义范围

> **提 示**
> 在判别分析中不使用值在该范围外的个案,但基于分析结果将这些个案划分到某个现有组中。最小值和最大值必须为整数。

然后,返回到【判别分析】对话框中,将左侧列表框中剩余的变量添加到【自变量】列表框中,并选中【使用步进式方法】选项,如图 11-32 所示。

另外,在【判别分析】对话框中,还包括下列 3 个选项:

- □ **一起输入自变量** 该选项为默认选项,表示建立所有变量的判别函数。
- □ **使用步进式方法** 选中该选项,表示可以根据各自变量的贡献大小进行选择。另外,只有选中该选项,【方法】选项才变为可用状态。同样,【Bootstrap】选项将变为不可用状态。
- □ **选择变量** 用于筛选变量,将变量添加到该列表框中,单击【值得】按钮即可在【判别分析:设定值】对话框中,指定变量的值。

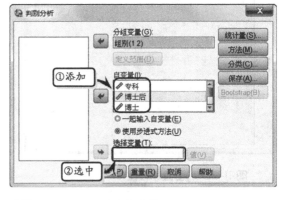

▢ 图 11-32 设置自变量

11.5.2 设置统计量

在【判别分析】对话框中,单击【统计量】按钮,在弹出的【判别分析:统计量】对话框中,依次启用相应的复选框,单击【继续】按钮即可,如图 11-33 所示。

在【判别分析:统计量】对话框中,主要包括表 11-2 中的选项。

▢ 图 11-33 设置统计量选项

表 11-2 【判断分析:统计量】选项及含义

选项组	选项	含义
描述性	均值	表示显示自变量的总均值、组均值和标准差
	单变量 ANOVA	表示每个自变量的组均值的等同性执行单因子方差分析检验
	Box's M	表示组协方差矩阵的等同性检验。对于足够大的样本，不显著 P 值表示断定矩阵不同的证据不足。该检验对于偏离多变量正态性很敏感
矩阵	组内相关	表示显示汇聚的组内相关矩阵，获取该矩阵的方法是在计算相关性之前，求得所有组的单个协方差矩阵的平均值
	组内协方差	表示显示汇聚的组内协方差矩阵，该矩阵获取该矩阵的方法是，求得所有组的单个协方差矩阵的平均值
	分组协方差	表示显示每个组的分离协方差矩阵
	总体协方差	表示显示来自所有个案的协方差矩阵，就好像它们来自一个样本一样
函数系数	Fisher	表示显示可以直接用于分类的 Fisher 分类函数系数。为每个组获得一组单独的分类函数系数，将一个个案分配给该组，该个案对此组具有最大判别分数（分类函数值）
	未标准化	表示显示未标准化的判别函数系数

11.5.3 设置步进法分析方法

在【判别分析】对话框中，单击【方法】按钮，弹出【判别分析:步进法】对话框。选中【Wilks'lambda】选项和【使用 F 的概率】选项，同时启用【步进摘要】复选框，并单击【继续】按钮，如图 11-34 所示。

在【判别分析:步进法】对话框中，主要包括表 11-3 中的各选项。

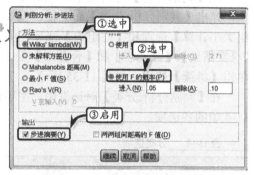

图 11-34 设置步进法分析方法

表 11-3 【判别分析:步进法】的选项及含义

选项组	选项	含义
方法	Wilks'lambda	为一种用于逐步判别分析的变量选择方法，它基于变量能在多大程度上降低 Wilks 的 lambda 来选择要输入到方程中的变量。在每一步，均是输入能使总体 Wilks 的 lambda 最小的变量
	未解释方差	表示在每一步中输入使组间未解释变动合计最小的变量
	Mahalanobis 距离	表示自变量上个案的值与所有个案的平均值相异程度的测量。大的 Mahalanobis 距离表示个案在一个或多个自变量上具有极值
	最小 F 值	表示一种逐步分析中的变量选择方法，它基于使从组间 Mahalanobis 距离计算得到的 F 比最大
	Rao's V	表示组均值之间的差分的测量，也称为 Lawley-Hotelling 轨迹。在每一步，能使 Rao 的 V 增加最大的变量被选进来。选择此选项之后，需要输入要进入分析的值，其变量必须具有最小值

选项组	选项	含义
标准	使用 F 值	当变量的 F 值大于"进入"值时,则该变量输入模型;当 F 值小于"删除"值时,则该变量从模型中移去。"进入"值必须大于"删除"值,且两者均必须为正数。要将更多的变量选入到模型中,请降低"进入"值。同样,要将更多的变量从模型中移去,请增大"删除"值
	使用 F 的概率	当变量的 F 值的显著性水平小于"进入"值时,则将该变量选入模型中;当该显著性水平大于"删除"值,则将该变量从模型中移去。"进入"值必须小于"删除"值,且两者均必须为正数。要将更多的变量选入模型中,请增加"进入"值。要将更多的变量从模型中移去,请降低"删除"值
输出	步进摘要	显示了进行完每一步后所有变量的统计量
	两两组间距离的 F 值	表示为每一组对显示成对 F 比的矩阵

11.5.4 设置分类选项

在【判别分析】对话框中,单击【分类】按钮,弹出【判别分析:分类】对话框。选中【根据组大小计算】选项和【在组内】选项,同时启用【个案结果】、【摘要表】和【合并组】复选框,并单击【继续】按钮,如图 11-35 所示。

在【判别分析:分类】对话框中,主要包括表 11-4 中的各选项。

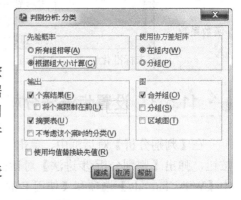

图 11-35 设置分类选项

表 11-4 分类选项

选项组	选项	含义
先验概率	所有组相等	表示假设所有组的先验概率相等,这对系数没有影响
	根据组大小计算	表示样本中的观察组大小决定组成员身份的先验概率
使用协方差矩阵	在组内	表示汇聚的组内协方差矩阵用来对个案分类
	分组	表示分组协方差矩阵用于分类。由于分类基于判别函数(而非基于原始变量),因此该选项并不总是等同于二次判别
输出	个案结果	为每个个案显示实际组的代码、预测组、后验概率和判别得分
	摘要表	表示基于判别分析,正确地和不正确地指定给每个组的个案数。有时称为"混乱矩阵"
	不考虑该个案时的分类	又被称为 U 方法,表示分析中的每个个案由除该个案之外的所有个案生成的函数来进行分类
图	合并组	用于创建前两个判别函数值的所有组散点图。如果只有一个函数,则转而显示一个直方图
	分组	用于创建前两个判别函数值的分组散点图。如果只有一个函数,则转而显示直方图
	区域图	用于基于函数值将个案分类到组的边界图。其个数对应于个案分类到的组数。每个组的均值在其边界内用一个星号表示。如果只有一个判别函数,则该图不会显示
使用均值替换缺失值		选择该选项,仅在分类阶段用自变量的均值代替缺失值

11.5.5 设置保存选项

在【判别分析】对话框中，单击【保存】按钮，弹出【判别分析:保存】对话框。启用【预测组成员】和【判别得分】复选框，并单击【继续】按钮，如图 11-36 所示。

在【判别分析:保存】对话框中，主要包括下列选项：

- ❏ **预测组成员** 启用该复选框，可以在数据文件中保存一个名为 Dis_1 的新变量，用于保存预测变量及其他变量所属的组。

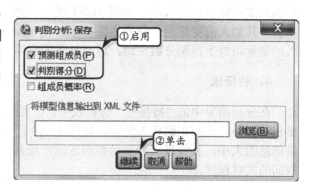

图 11-36 设置保存选项

- ❏ **判别得分** 启用该复选框，可以在数据文件中保存一个用于保存判别分数的新变量，其新变量的数目取决于当前模型中的判别函数的数目。
- ❏ **组成员概率** 启用该复选框，可以在数据文件中保存一个用于保存观测记录所属概率类型的新变量，其新变量的数目取决于模型中的组数目。
- ❏ **将模型信息输出到 XML 文件** 可以将模型信息导出到指定的 XML 文件中，单击【浏览】按钮可以在弹出的对话框中指定文件的保存名称和位置。

11.5.6 显示分析结果

在【判别分析】对话框中，单击【确定】按钮，系统将自动在输出窗口中显示分析结果，主要包括分类结果、按照案例顺序的统计量、分类函数系数、特征值、检验结果、组均值的均等性的检验等结果。

1. 组均值的均等性检验

在分析结果中的"组均值的均等性检验"分析表中，主要显示了各组在不同指标下的均值差异情况，如图 11-37 所示。同表中的数据可以发现，只有一组数据的显著性评价水平为 0.031，但却小于 0.05，表示各组在不同指标上均存在显著性差异，可以进行判断分析。

组均值的均等性的检验				
	Wilks 的 Lambda	F	df1	df2	Sig.
博士后	.487	7.912	2	15	.005
博士	.629	4.422	2	15	.031
研究生	.291	18.276	2	15	.000
本科	.367	12.951	2	15	.001
专科	.354	13.712	2	15	.000

图 11-37 组均值的均等性检验

对数行列式		
组别	秩	对数行列式
1	1	10.497
2	1	10.276
3	1	10.612
汇聚的组内	1	10.458

打印的行列式的秩和自然对数是组协方差矩阵的秩和自然对数。

图 11-38 对数行列式

2. 对数行列式

在分析结果中的"对数行列式"分析表中，主要显示了不同组别的秩和对数行列式分析结果，如图 11-38 所示。例如，组 1 的对数行列式为 10.497；组 2 的对数行列式为 10.276；汇聚的组内的行列式值为 10.458。

3. 步骤统计

在分析结果中的“输入的/删除的变量”分析表中，主要显示了判别分析过程中的步骤输入或删除变量的情况，如图 11-39 所示。通过表中数据可以发现，该过程只有一个步骤，其加入的变量为“研究生”。Wilks 的 Lambda 检验非常显著，表示该步骤中所加入的变量相对于判别分组来讲，具有显著的作用。

4. 特征值

在分析结果中的“特征值”分析表中，主要显示了函数的特征值、方差的百分比值、累积的百分比值和正则相关性值，如图 11-40 所示。其中，表格中的“特征值”代表携带信息的大小，其值越大表示函数的区别性越高。而“正则相关性”值则表示系数和组别间的关联程度。

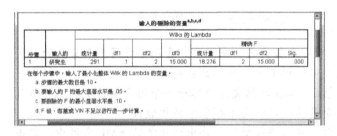

输入的/删除的变量[a,b,c,d]

		Wilks 的 Lambda							
						精确 F			
步骤	输入的	统计量	df1	df2	df3	统计量	df1	df2	Sig.
1	研究生	.291	1	2	15.000	18.276	2	15.000	.000

在每个步骤中，输入了最小化整体 Wilk 的 Lambda 的变量。

a. 步骤的最大数目是 10。

b. 要输入的 F 的最大显著水平是 .05。

c. 要删除的 F 的最小显著水平是 .10。

d. F 级、容差或 VIN 不足以进行进一步计算。

图 11-39 输入的/删除的变量表

特征值

函数	特征值	方差的 %	累积 %	正则相关性
1	2.437[a]	100.0	100.0	.842

a. 分析中使用了前 1 个典型判别式函数。

图 11-40 特征值

5. 结构矩阵

在分析结果中的“结构矩阵”分析表中，主要显示了判别变量和标准化典型判别函数之间的相关性，如图 11-41 所示。其相关系数的绝对值越大，表示该变量对判别函数的影响越大。通过表中的数据可以发现，研究生变量对判别函数的影响最大，其次是本科变量，而博士后变量对判别函数的影响最小。

结构矩阵

	函数
	1
研究生	1.000
本科[a]	.819
专科[a]	.703
博士[a]	.483
博士后[a]	.310

判别变量和标准化典型判别式函数之间的汇聚组间相关性

图 11-41 结构矩阵

6. 分类结果

在分析结果中的“分类结果”分析表中，主要显示了判别分析中的最终分类结果，如图 11-42 所示。通过表中的数据可以发现，第 1 组和第 2 组的预测组成员分布为 5 和 7，第 3 组的预测成员为 6。在表中的下半部分，列出了各组案例所对应的比例情况。

分类结果[a]

			预测组成员			
		组别	1	2	3	合计
初始	计数	1	4	1	0	5
		2	0	5	2	7
		3	0	1	5	6
	%	1	80.0	20.0	.0	100.0
		2	.0	71.4	28.6	100.0
		3	.0	16.7	83.3	100.0

a. 已对初始分组案例中的 77.8% 个进行了正确分类。

图 11-42 分析结果

11.6 决策树分析

在 SPSS 中，除了可以进行聚类和判别分析之外，还可以通过创建决策树模型，来达到快速且准确地显示特定群体，以及显示群体之间相关性的目的。一般情况下，决策树模型可用于数据分类、数据降维、数据预测、变量筛选、类别合并等方面。

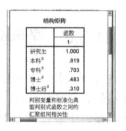

11.6.1 设置分析变量

在 SPSS 软件中,执行【分析】|【分类】|【树】命令,在弹出的【决策树】对话框中,单击【确定】按钮,如图 11-43 所示。

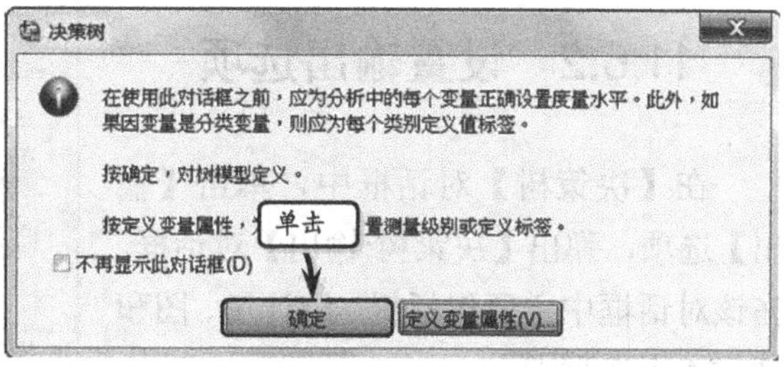

图 11-43 【决策树】对话框

提 示

可通过启用【不再显示此对话框】复选框的方法,来禁止【决策树】对话框的再次弹出,即当用户再次执行【分类】|【树】命令时,该对话框将不再显示。

然后,在弹出的【决策树】对话框中,将除了"省份"和"组别"之外的所有变量添加到【自变量】列表框中,将"组别"变量添加到【因变量】列表框中,并单击【类别】按钮,如图 11-44 所示。

在【决策树】对话框中,还包括下列选项:

- **强制使用第一个变量** 启用该复选框,表示将【自变量】列表框中的第一个变量作为决策树生长的开始节点的分枝变量。
- **影响变量** 用于显示所添加的影响自变量。该变量反映了单个观测对决策树生长的影响程度。
- **增长方法** 用于指定决策树的计算方法。

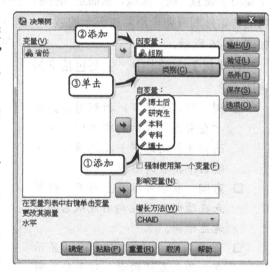

图 11-44 添加分析变量

其中,在【增长方法】下拉列表中,主要包括下列 4 种方法:

- **CHAID** 表示卡方自动交互检测。在每一步,CHAID 选择与因变量有最强交互作用的自变量(预测变量)。如果每个预测变量的类别与因变量并非显著不同,则合并这些类别。
- **穷举 CHAID** 表示 CHAID 的一种修改版本,其检查每个预测变量所有可能的拆分。
- **CRT** 表示分类和回归树。CRT 将数据拆分为若干尽可能与因变量同质的段。所有个案中因变量值都相同的终端节点是同质的"纯"节点。
- **QUEST** 表示一种快速、无偏、有效的统计树。一种快速方法,它可避免其他方法对具有许多类别的预测变量的偏倚。只有在因变量是名义变量时才能指定QUEST。

最后,在弹出的【决策树:类别】对话框中,启用【在分析中使用】列表框中的【适中】复选框,并单击【继续】按钮,如图 11-45 所示。

11.6.2 设置输出选项

在【决策树】对话框中，单击【输出】选项，弹出【决策树:输出】对话框，在该对话框中主要包括树、统计量、图和规则 4 个选项卡。

1. 设置【树】选项

激活【树】选项卡，在该选项卡中，主要用于设置"树"选项，从而达到控制树的初始外观或完全消除树显示的效果，如图 11-46 所示。

在【树】选项卡中，主要包括下列选项：

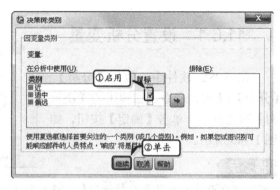

图 11-45 设置类别选项

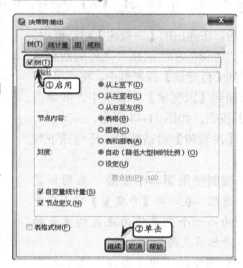

图 11-46 【树】选项卡

- **树** 默认情况下，树形图包括在"查看器"显示的输出中。取消选择（取消选中）此选项可以从输出中排除树形图。
- **方向** 表示可以自上而下（根节点在顶部）、从左向右或从右向左地显示树。
- **节点内容** 表示节点可以显示表、图表或这两者。对于分类因变量，表显示频率计数和百分比，而图表则是条形图。对于刻度因变量，表显示均值、标准差、个案数和预测值，而图表则是直方图。
- **刻度** 默认情况下，大树会自动按比例缩小以适合页上的树。可以指定最大为 200% 的自定义缩放百分比。
- **自变量统计量** 对于 CHAID 和穷举 CHAID，统计量包括 F 值（对于刻度因变量）或卡方值（对于分类因变量）以及显著性值和自由度。对于 CRT，显示改进值。对于 QUEST，显示 F、显著性值和自由度（对于刻度和有序自变量）；对于名义自变量，显示卡方、显著性值和自由度。
- **节点定义** 节点定义显示在每个节点拆分中使用的自变量的值。
- **表格式树** 树中每个节点的摘要信息，包括该节点的父节点编号、自变量统计量、自变量值，刻度因变量的均值和标准差，或者分类因变量的计数和百分比。

2. 设置【统计量】选项

在【决策树:输出】对话框中，激活【统计量】选项卡，启用【摘要】、【风险】、【分类表】和【按目标类别】复选框，如图 11-47 所示。

> 图 11-47　设置统计量选项

在【统计量】选项卡中，主要包括表 11-5 中的选项。

表 11-5　【统计量】选项及含义

选项组	选 项	含 义
模型	摘要	摘要包括所用的方法、模型中包括的变量以及已指定但未包括在模型中的变量
	风险	风险估计及其标准误。对树的预测准确性的测量。对于分类因变量，风险估计是在为先验概率和误分类成本调整后不正确分类的个案的比例。对于刻度因变量，风险估计是节点中的方差
	分类表	对于分类（名义、有序）因变量，此表显示每个因变量类别的正确分类和不正确分类的个案数。对刻度因变量不可用
	成本、先验概率、得分和利润值	对于分类因变量，此表显示在分析中使用的成本、先验概率、得分和利润值。对刻度因变量不可用
自变量	对模型的重要性	对于 CRT 生长法，根据每个自变量（预测变量）对模型的重要性对其进行分类。对 QUEST 或 CHAID 方法不可用
	替代变量（按分割）	对于 CRT 和 QUEST 生长法，如果模型包括替代变量，则在树中列出每个分割的替代变量。对 CHAID 方法不可用
节点性能	摘要	对于刻度因变量，该表包括因变量的节点编号、个案数和均值。对于带有已定义利润的分类因变量，该表包括节点编号、个案数、平均利润和 ROI（投资回报）值。对不带已定义利润的分类因变量不可用
	按目标类别	对于带有已定义目标类别的分类因变量，该表包括按节点或百分位组显示的百分比增益、响应百分比和指标百分比（提升）。将对每个目标类别生成一个单独的表。对于不带已定义目标类别的刻度因变量或分类因变量不可用
	行	节点性能表可以按终端节点、百分位数或这两者显示结果。如果选择这两者，则为每个目标类别生成两个表。百分位数表根据排序顺序显示每个百分位数的累计值
	排序顺序	可以按照升序或降序方式进行排序
	百分位增量	对于百分位数表，可以选择以下百分位数增量：1、2、5、10、20 或 25
	显示累积统计	对于终端节点表，在具有累积结果的每个表中显示附加列

3. 设置【图】选项

在【决策树:输出】对话框中,激活【图】选项卡,启用【增益】和【索引】复选框,如图11-48所示。

在【图】选项卡中,主要包括下列选项:

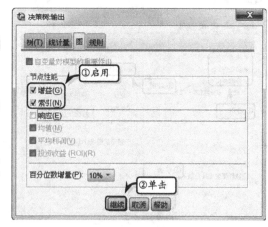

图11-48 设置图形选项

- **自变量对模型的重要性** 表示按自变量（预测变量）显示的模型重要性的条形图。仅对CRT生长法可用。
- **增益** 增益是每个节点的目标类别中的总个案百分比,它的计算方法=（节点目标n/总目标n）×100。

增益图表是累积百分位数增益的折线图,它的计算方法=（累积百分位数目标n/总目标n）×100。将为每个目标类别生成单独的折线图,只对带有已定义目标类别的分类因变量可用。

- **索引** 指标是目标类别的节点响应百分比与整个样本的总体目标类别响应百分比的比率。指标图表是累积百分位数指标值的折线图。仅对分类因变量可用。累积百分位数指标的计算方法=（累积百分位数响应百分比/总响应百分比）×100。将为每个目标类别生成单独的图表,且必须定义目标类别。
- **响应** 节点中的个案在指定目标类别中的百分比。响应图表是累积百分位数响应的折线图,它的计算方法=（累积百分位数目标n/累积百分位数合计n）×100。仅对带有已定义目标类别的分类因变量可用。
- **均值** 因变量的累积百分位数均值的折线图,仅对刻度因变量可用。
- **平均利润** 累积平均利润的折线图。只对带有已定义利润的分类因变量可用。
- **投资收益（RoI）** 累积ROI（投资回报）的折线图。ROI计算为利润与支出之比。只对带有已定义利润的分类因变量可用。
- **百分位数增量** 对于所有的百分位数图表,此设置控制在图表上显示的百分位数增量为1、2、5、10、20或25。

4. 设置【规则】选项

在【决策树:输出】对话框中,激活【规则】选项卡,设置相应的选项,单击【继续】按钮即可,如图11-49所示。

在【规则】选项卡中,主要包括表11-6中的选项。

图11-49 设置规则选项

表11-6 【规则】选项卡的含义

选项组	选 项	含 义
生成分类规则		能够生成命令语法、SQL或简单（纯英文）文本形式的选择或分类/预测规则。只有启用该复选框,才可以进行下列设置

续表

选项组	选 项	含 义
语法	SPSS Statistics	表示语法语言。规则表示为一组定义过滤条件以用于选择个案子集的命令，或表示为可用于对个案评分的 COMPUTE 语句
	SQL	可以生成标准的 SQL 规则，以便从数据库中选择或提取记录，或者将值指定给那些记录。生成的 SQL 规则不包含任何表名称或其他数据源信息
	简单文本	表示纯英文的伪代码。规则表示为一组"if...then"逻辑语句，而这些语句描述了模型的分类或每个节点的预测。此形式的规则可以使用已定义变量和值标签或者变量名称和数据值
节点	所有终端节点	可以为每个终端节点生成规则
	最佳终端节点	可以基于指标值为排在前面的 n 个终端节点生成规则。如果该数超过树中的终端节点数，则为所有终端节点生成规则
	最佳终端节点高达指定个案百分比	可以基于指标值为排在前面的 n 个个案百分比的终端节点生成规则
	索引值满足或超过切断值的终端节点	可以为指标值大于或等于指定值的所有终端节点生成规则。大于 100 的指标值表示，该节点中目标类别的个案百分比超过根节点中的百分比
	所有节点	可以为所有节点生成规则
类型	为个案指定值	此规则可用于为满足节点成员条件的个案指定模型的预测值。将为满足节点成员条件的每个节点生成单独的规则
	选择个案	此规则可用于选择满足节点成员条件的个案。对于 SPSS Statistics 和 SQL 规则，将生成单个规则用于选择满足选择条件的所有个案
	在 SPSS Statistics 和 SQL 规则中包括替代	对于 CRT 和 QUEST，可以在规则中包含来自模型的替代预测变量。包含替代变量的规则可能非常复杂。一般来说，如果只想获得有关树的概念信息，请排除替代变量。如果某些个案有不完整的自变量（预测变量）数据并且您需要规则来模拟树，请包含替代变量
将规则导出到文件		在外部文本文件中保存规则。可以通过单击【浏览】按钮，来指定文件的保存名称和位置

11.6.3 设置验证条件

在【决策树】对话框中，单击【验证】按钮，在弹出的【决策树:验证】对话框中，启用【分割样本验证】选项，将【训练样本】选项设置为"80"，并单击【继续】按钮，如图 11-50 所示。

在【决策树:验证】对话框中，主要包括下列两种验证方法：

□ **交叉验证** 交叉验证将样本分割为许多子样本（或样本群）。然后，生成树模型，并依次排除每个子样本中的数据。第一个树基于第一个样本群的个案之外的所有个案，第二个树基于第二个样本群的个案之外的所有个案，依此类推。对于每个树，估计其误分类风险的方法是将树应用于生成它时所排除的子样本。最多可以指定 25 个样本群。该值越大，每个树模型中排除的个案数就越小。另外，交叉验证生成单个最终树模型。最终树经过交叉验证的风险估计计算为所有树的风险的平均值。

- **分割样本验证** 对于分割样本验证,模型是使用训练样本生成的,并在延续样本上进行测试。可以指定训练样本大小(表示为样本总大小的百分比),或将样本分割为训练样本和测试样本的变量。如果使用变量定义训练样本和测试样本,则将变量值为 1 的个案指定给训练样本,并将所有其他个案指定给测试样本。该变量不能是因变量、权重变量、影响变量或强制的自变量。

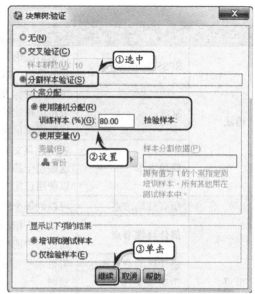

图 11-50　设置验证条件

可以同时显示训练样本和测试样本的结果,或者仅显示测试样本的结果。对于小的数据文件(个案数很少的数据文件),应该谨慎使用分割样本验证。训练样本很小可能会导致很差的模型,因为在某些类别中,可能没有足够的个案使树充分生长。

11.6.4　设置标准条件选项

在【决策树】对话框中,单击【条件】按钮,在弹出的【决策树:标准】对话框中,主要包括增长限制、CHAID 和区间 3 个选项卡。

1. 增长限制

在【决策树:标准】对话框中,激活【增长限制】选项卡,将【最小个案数】选项组中的【父节点】和【子节点】分别设置成 "5" 和 "2",如图 11-51 所示。

在【增长限制】选项卡中,主要包括下列两个选项组:

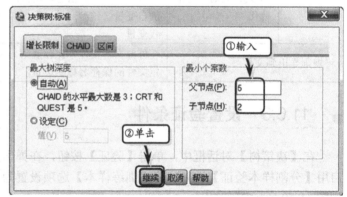

图 11-51　设置增长限制选项

- **最大树深度** 用于控制根节点下的最大增长级别数。对于 CHAID 和穷举 CHAID 方法,自动设置将树限制为根节点下的三个级别;而对于 CRT 和 QUEST 方法,则限制为根节点下的五个级别。
- **最小个案数** 用于控制节点的最小个案数。不会拆分不满足这些条件的节点。增大最小值往往会生成具有更少节点的树。而减小最小值则会生成具有更多节点的树。另外，对于个案数目很小的数据文件，父节点的默认值（100 个个案）和子节点的默认值（50 个个案）有时可能导致树在根节点下没有任何节点；在这种情况下，减小最小值可能产生更有用的结果。

2. CHAID

在【决策树:标准】对话框中，激活【CHAID】选项卡，选中【Pearson】选项，同时启用【使用 Bonferroni 方法调整重要值】复选框，如图 11-52 所示。

在【CHAID】选项卡中，主要包括下列选项：

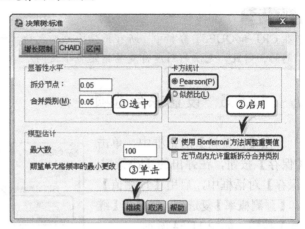

图 11-52　设置 CHAID 选项

- **显著性水平**　可以控制用于拆分节点和合并类别的显著性值。对于这两个条件，默认的显著性水平都是 0.05。对于拆分节点，值必须大于 0 且小于 1。较小的值往往会产生具有较少节点的树。对于合并类别，该值必须大于 0 且小于或等于 1。要阻止合并类别，请指定值 1。
- **Pearson**　该选项为默认选项，可以提供更快的计算，但是对于小样本应该谨慎使用它。
- **似然比**　此方法比 Pearson 方法更稳健，但是所用的计算时间更长。对于小样本，这是首选的方法。
- **最大数**　默认值是 100。当树由于达到最大迭代次数而停止生长时，可以通过增大最大值，或更改控制树生长的一个或多个其他条件，来控制树。
- **期望单元格频率的最小更改**　该值必须大于 0 且小于 1，默认值是 0.05。较小的值往往会产生具有较少节点的树。
- **使用 Bonferroni 方法调整重要值**　该选项为默认选项，对于多个比较，使用 Bonferroni 方法调整用于合并和拆分条件的显著性值。
- **在节点内允许重新拆分合并类别**　除非明显阻止类别合并，否则该过程将尝试将自变量（预测变量）类别合并在一起，以产生描述模型的最简单的树。此选项允许该过程重新拆分合并的类别（如果这样可以提供更好的方案）。

3. 区间

在【决策树:标准】对话框中，激活【区间】选项卡，选中【固定数字】选项，将【值】更改为"20"，并单击【继续】按钮，如图 11-53 所示。

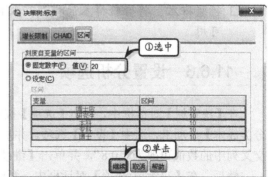

图 11-53　设置区间选项

在【刻度自变量的区间】选项卡中，主要包括下列两种选项：
- **固定数字** 表示将所有的刻度自变量最初都分段到相同数量的组中。该选项的默认值为 10。
- **设定** 每个刻度自变量最初都分段到该变量所指定数量的组中。

> **提示**
> 在 CRT 和 QUEST 分析中，所有拆分均为二元的，而且刻度和有序自变量的处理方式是相同的；因此，无法为刻度自变量指定多个区间。

11.6.5 设置保存选项

在【决策树】对话框中，单击【保存】按钮，在弹出的【决策树:保存】对话框中，启用【预测值】和【预测概率】复选框，并单击【继续】按钮，如图 11-54 所示。

在【决策树:保存】对话框中各选项及其含义如下所示。

- **终端节点编号** 为其指定每个个案的终端节点。该值是树节点编号。
- **预测值** 模型所预测的因变量的分类（组）或值。

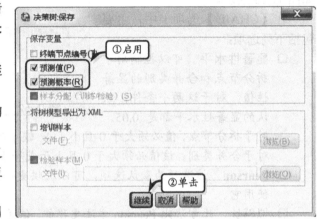

图 11-54 设置保存选项

- **预测概率** 与模型的预测关联的概率。为每个因变量类别保存一个变量。对刻度因变量不可用。
- **样本分配（训练/检验）** 对于分割样本验证，此变量指示在训练或检验样本中是否使用了某个案。对于训练样本，值为 1；对于检验样本，值为 0。只在选择了分割样本验证时才可用。
- **培训样本** 将模型写入指定的文件。对于分割样本验证的树，这是训练样本的模型。
- **检验样本** 将检验样本的模型写入指定文件。只在选择了分割样本验证时才可用。

11.6.6 设置分析选项

在【决策树】对话框中，单击【选项】按钮，弹出【决策树:选项】对话框。激活【误分类成本】选项卡，选中【设定】选项，并将"近"和"适中"，以及"偏远"和"适中"交叉列中的数值更改为"0.8"，并单击【继续】按钮，如图 11-55 所示。

然后，在【决策树:选项】对话框中，激活【利润】选项卡，选中【无】选项，并单击【继续】按钮，如图 11-56 所示。

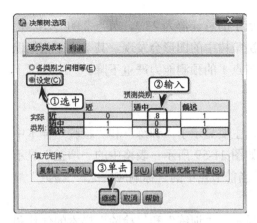

图 11-55 设置误分类成本值

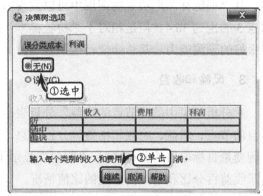

图 11-56 设置利润选项

11.6.7 显示分析结果

在【决策树】对话框中，单击【确定】按钮，系统会自动在输出窗口中显示分析结果。分析结果中主要包括分类、风险、节点的收益、决策树图形、模型汇总等结果。

1. 模型汇总

在分析结果中的"模型汇总"分析表中，主要显示了因变量、自变量、生长方法和验证方法等模型汇总信息，以及最终输出的决策树模型中的节点数、终端节点数、深度等基本信息，如图 11-57 所示。

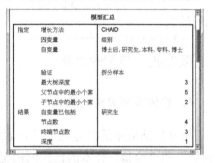

图 11-57 模型汇总表

2. 决策树图形

在分析结果中的"训练样本"和"检验样本"决策树图形中，主要显示了节点的类别、百分比和个数情况，如图 11-58 所示。

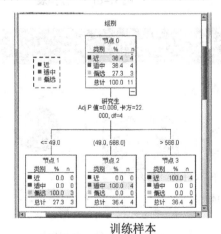

训练样本

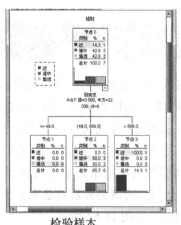

检验样本

图 11-58 决策树图形

从“训练样本”决策树图形中可以发现节点 1 的总计值为 27.3，节点 2 的为 36.4，节点 3 的也为 36.4。但是相对于“检验样本”决策树中的图形会发现，其节点 2 依然保持很好的预测能力，其总计值已达到 85.7，而节点 1 的预测能力严重下降。

3. 风险和收益

在分析结果中的“节点的收益”分析表中，主要显示了“训练”和“检验”样本中节点的节点、增益、响应和指数等分析信息，如图 11-59 所示。表格中的“增益”显示了因变量目标取值的分布情况，“响应”显示了当前节点中的目标响应情况，“指数”显示了收益百分比和节点百分比的比值情况。

在分析结果中的“风险”分析表中，主要显示了“训练”和“检验”样本的估计和标准误差值，如图 11-60 所示。

节点的收益

		节点		增益			
样本	节点	N	百分比	N	百分比	响应	指数
训练	2	4	36.4%	4	100.0%	100.0%	275.0%
	3	4	36.4%	0	0.0%	0.0%	0.0%
	1	3	27.3%	0	0.0%	0.0%	0.0%
检验	2	6	85.7%	3	100.0%	50.0%	116.7%
	3	1	14.3%	0	0.0%	0.0%	0.0%
	1	0	0.0%	0	0.0%		

增长方法:CHAID
因变量列表: 组别

图 11-59 节点的收益表

风险

样本	估计	标准 误差
训练	.000	.000
检验	3.429	1.496

增长方法:CHAID
因变量列表: 组别

图 11-60 风险分析表

4. 总体预测分类汇总

在分析结果中的“分类”分析表中，主要显示了“训练”和“检验”样本的已预测情况，如图 11-61 所示。通过表中数据可以发现，“训练”样本总判断的准确率为 100%，而“检验”样本的总判断的准确率为 57.1%。

分类

		已预测			
样本	已观测	近	适中	偏远	正确百分比
训练	近	4	0	0	100.0%
	适中	0	4	0	100.0%
	偏远	0	0	3	100.0%
	总计百分比	36.4%	36.4%	27.3%	100.0%
检验	近	1	0	0	100.0%
	适中	0	3	0	100.0%
	偏远	0	3	0	0.0%
	总计百分比	14.3%	85.7%	0.0%	57.1%

增长方法:CHAID
因变量列表: 组别

图 11-61 分类表

11.7 课堂练习：二阶聚类分析学历水平

某人力资源部门为了人才吸引因素，特抽查了全国 18 个地区内单位主要人员的学历情况，希望可以通过对学历情况的详细分析，来了解地区内人员学历具体的分布状况，并结合当地政策来推测哪些人才吸引因素是有效且可行的。下面，将运用二阶聚类分析方法来分析学历的具体分布情况，如图 11-62 所示。

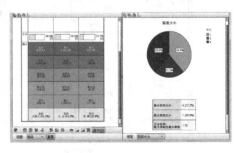

图 11-62 显示分析结果

操作步骤

1. 设置分析数据。启动 SPSS 软件,切换到【变量视图】视图中,自定义变量名称、小数和对齐方式,如图 11-63 所示。

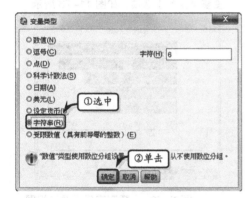

图 11-63 自定义变量

2. 单击第 1 个变量对应的【类型】按钮,在弹出的【变量类型】对话框中,选中【字符串】选项,如图 11-64 所示。

图 11-64 自定义变量类型

3. 切换到【数据视图】视图中,根据变量类别依次输入分析数据,如图 11-65 所示。

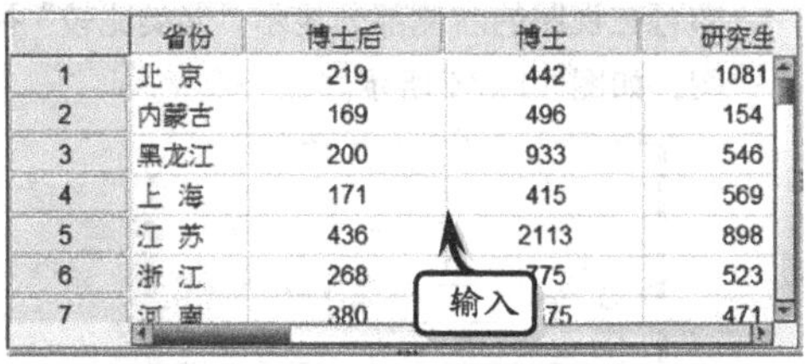

图 11-65 输入分析数据

4. 聚类分析。执行【分析】|【分类】|【两步聚类】命令,在弹出的对话框中,将"省份"变量添加到【分类变量】列表框中,如图 11-66 所示。

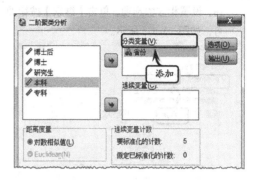

图 11-66 添加分类变量

5. 然后,将剩余变量全部添加到【连续变量】列表框中,选中【指定固定值】选项,并将【数量】设置为"3",如图 11-67 所示。

图 11-67 设置聚类数量

6. 单击【选项】按钮,启用【使用噪声处理】复选框,并单击【继续】按钮,如图 11-68 所示。

图 11-68 设置分析选项

7 在【二阶聚类】对话框中，单击【输出】按钮，设置相应的选项，单击【继续】按钮即可，如图 11-69 所示。

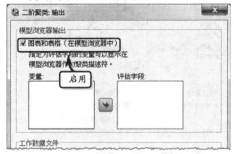

图 11-69　设置输出选项

8 在【二阶聚类】对话框中，单击【确定】按钮，系统会自动在输出窗口中显示分析结果，如图 11-70 所示。

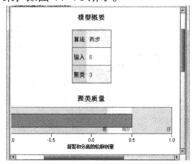

图 11-70　显示分析结果

9 在输出结果中双击分析结果图表，即可打开【模型浏览器】窗口。在右侧的"聚类大小"视图中，查看其分析比例，如图 11-71 所示。

图 11-71　聚类大小视图

10 单击左侧底部的【视图】下拉按钮，在其下拉列表中选择【聚类】选项，在窗口的左侧部分显示"聚类"分析图表，如图 11-72 所示。

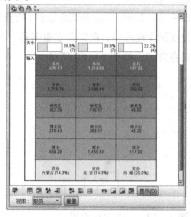

图 11-72　聚类分析图表

11 在【模型浏览器】窗口的右侧底部，单击【视图】下拉按钮，在其下拉列表中选择【预测变量重要性】选项，如图 11-73 所示。

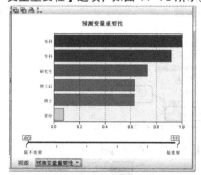

图 11-73　预测变量重要性视图

12 在【模型浏览器】窗口中，将左侧视图设置为"聚类"视图显示，单击该视图的顶部，同时按住 Ctrl 键或 Shift 键，选择多个聚类，即可在视图的右侧部分显示"聚类比较"视图，如图 11-74 所示。

图 11-74　聚类比较视图

11.8 课堂练习：判别分析学校水平

某研究机构对某十所大学进行了调查，已获得同学们对十所大学的校园文化、师资水平和环境美化3个方面的评分数据。下面，将运用判别分析方法，分析高度、中度和普通组别对十所大学的喜好程度，如图11-75所示。

图11-75 分析结果

操作步骤

1. 制作分析数据。启动SPSS软件，切换到【变量视图】视图中，自定义变量的名称、小数和对齐，如图11-76所示。

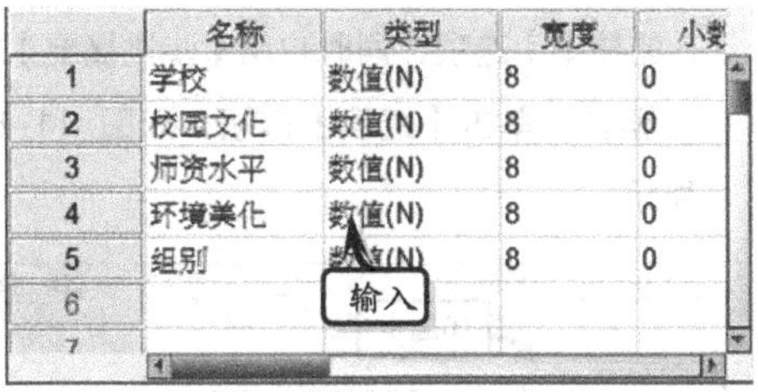

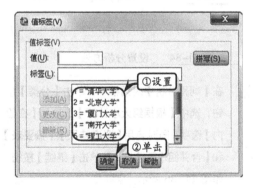

图11-76 自定义变量

2. 单击"学校"变量对应的【值】按钮，在弹出的【值标签】对话框中，设置值和标签，如图11-77所示。

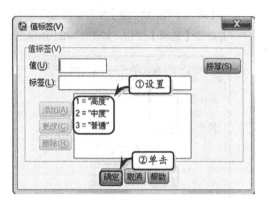

图11-77 设置"学校"变量的值标签

3. 单击"组别"变量对应的【值】按钮，在弹出的【值标签】对话框中，设置值和标签，如图11-78所示。

图11-78 设置"组别"变量的值标签

4. 切换到【数据视图】视图中，根据变量类别依次输入分析数据，如图11-79所示。

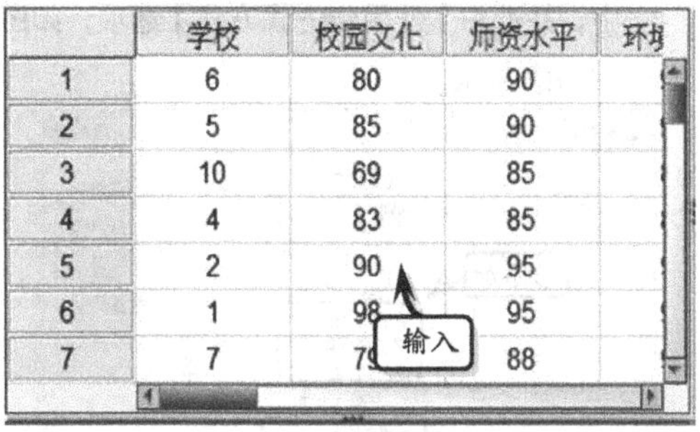

图11-79 输入分析数据

5. 判别分析。执行【分析】|【分类】|【判别】命令，将"组别"变量添加到【分组变量】列表框中，并单击【定义范围】按钮，如图11-80所示。

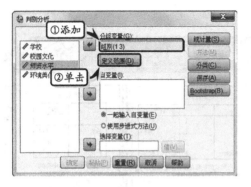

图 11-80 设置分组变量

6 在弹出的【判别分析:定义范围】对话框中，将【最大】和【最小值】分别设置为 3 和 1，并单击【继续】按钮，如图 11-81 所示。

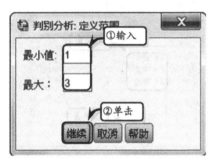

图 11-81 定义分析范围

7 然后，在【判别分析】对话框中，将左侧列表框中剩余的变量添加到【自变量】列表框中，并选中【使用步进式方法】选项，如图 11-82 所示。

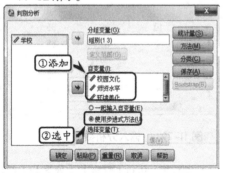

图 11-82 设置分析方法

8 在【判别分析】对话框中，单击【统计量】按钮，依次启用相应的复选框，单击【继续】

按钮即可，如图 11-83 所示。

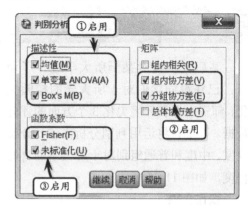

图 11-83 设置统计量

9 在【判别分析】对话框中，单击【方法】按钮，选中【Wilks' lambda】选项和【使用 F 的概率】选项，同时启用【步进摘要】复选框，并单击【继续】按钮，如图 11-84 所示。

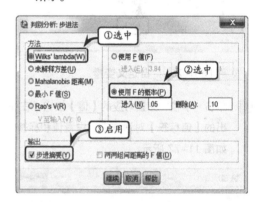

图 11-84 设置分析方法

10 在【判别分析】对话框中，单击【分类】按钮，选中【根据组大小计算】选项和【在组内】选项，同时启用【个案结果】、【摘要表】和【合并组】复选框，并单击【继续】按钮，如图 11-85 所示。

11 在【判别分析】对话框中，单击【确定】按钮，系统将自动在输出窗口中显示"组均值的均等性的检验"分析结果，如图 11-86 所示。

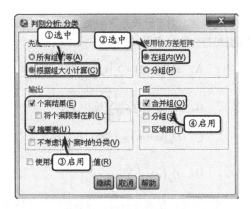

图 11-85 设置分类选项

组均值的均等性的检验

	Wilks 的 Lambda	F	df1	df2	Sig
校园文化	.368	6.020	2	7	.030
师资水平	.341	6.772	2	7	.023
环境美化	.355	6.350	2	7	.027

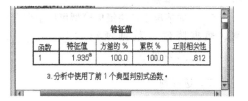

图 11-86 组均值的均等性检验结果

分析结果：通过表中的数据可以发现，每组数据的显著性评价水平都小于 0.05，表示各组在不同指标上均存在显著性差异，可以进行判断分析。

12 在分析结果中的“对数行列式”分析表中，主要显示了不同组别的秩和对数行列式分析结果，如图 11-87 所示。

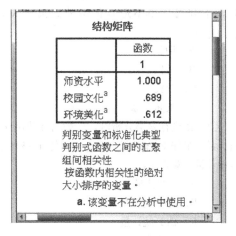

对数行列式

组别	秩	对数行列式
高度	1	1.819
中度	1	1.099
普通	.[a]	.[b]
汇聚的组内	1	1.660

打印的行列式的秩和自然对数是组协方差矩阵的秩和自然对数。

a. 秩 < 1

b. 案例太少无法形成非奇异矩阵

图 11-87 对数行列式结果

13 在分析结果中的“特征值”分析表中，主要显示了函数的特征值、方差的百分比值、累积的百分比值和正则相关性值，如图 11-88 所示。

14 在分析结果中的“结构矩阵”分析表中，主要显示了判别变量和标准化典型判别函数之间的相关性，如图 11-89 所示。

特征值

函数	特征值	方差的 %	累积 %	正则相关性
1	1.935[a]	100.0	100.0	.812

a. 分析中使用了前 1 个典型判别式函数。

图 11-88 特征值结果

结构矩阵

	函数
	1
师资水平	1.000
校园文化[a]	.689
环境美化[a]	.612

判别变量和标准化典型判别式函数之间的汇聚组间相关性
按函数内相关性的绝对大小排序的变量。

a. 该变量不在分析中使用。

图 11-89 结构矩阵结果

分析结果：通过表中的数据可以发现，师资水平变量对判别函数的影响最大，其次是校园文化变量，而环境美化变量对判别函数的影响最小。

11.9 思考与练习

一、填空题

1. 聚类分析又称为________或________等分析，是一种重要的分类方法。它是根据事物自身的特征，通过已建立的统计模型对事物进行________分析方法的一种统计分析。

2. 判别分析是判别________所属类别的一种统计分析方法，其基本原理是按照判别准则，先建立_____，确定_____中的系数并及时判别指标，然后根据_____确定样本的所属类别。

3. 在进行判别分析时，其样本数量的大小也会受到其分析方法的限制。一般情况下，为了保证计算函数的稳定性，需保证样本数量是自变量数量的_____倍以上。

4. 在SPSS中，聚类准则又分为_____和_____准则。

5. 一般情况下，决策树模型可用于数据分类、数据降维、数据预测、_____、_____等方面。

二、选择题

1. 聚类分析中的距离一般用来测验样本之间的相似性，当分析数据的类型为连续性数据时，下列选项中不适合使用的距离方式为_____。

  A. 明氏
  B. 马氏
  C. 兰氏
  D. 夹角余弦

2. 在进行聚类分析时，一般需要使用 R^2 统计量、半偏 R^2 统计量、_____和伪 T^2 统计量等统计量计算方法。

  A. F 统计量
  B. 伪 T 统计量
  C. 伪 F 统计量
  D. T 统计量

3. 判别分析是判别变量所属类别的一种统计分析方法，下列描述中，错误的一项为_____。

  A. 判别分析的方法根据不同的划分方式，可以分为两组判别和多组判别、有线性判别和非线性判别，以及逐步判别和序贯判别等方法
  B. 在使用判别方法进行分析时，其自变量服从多元正态分布，而且自变量之间不存在多重共线性
  C. 判别分析是根据组成员身份构建基于可提供组间最佳判别的预测变量的线性组合模型
  D. 在进行判别分析时，其自变量和因变量之间的关系无需符合线性假设

4. 聚类分析中的距离计算是进行聚类分析的关键步骤，对于欧氏距离的表现公式，下列选项组相符合的一项为_____。

  A. $D_{ij}(q=1) = \sum_{k=1}^{p} |x_{ik} - x_{jk}|^{\frac{1}{q}}$

  B. $D_{ij}(q=2) = \sqrt{\sum_{k=1}^{p} |x_{ik} - x_{jk}|^2}$

  C. $D_{ij}(q=\infty) = \underset{1 \leq K \leq p}{\text{Max}} |x_{ik} - x_{jk}|$

  D. $D_{ij}(q) = \left(\sum_{k=1}^{p} |x_{ik} - x_{jk}|^q \right)^{\frac{1}{q}}$

5. 在进行聚类分析时，还会使用一些统计量公式参与计算分析，其 R^2 统计量的表现公式为_____。

  A. $R^2 = \dfrac{D_{jk}}{W}$

  B. $R^2 = 1 - \dfrac{p_j}{W}$

  C. $R^2 = \dfrac{D_{jk}}{(W_k + W_L)/(N_k + N_L - 2)}$

  D. $R^2 = \dfrac{p_j}{W}$

三、问答题

1. 聚类分析中的距离类别包括哪些？
2. 如何使用二阶聚类分析方法，来分析相关数据？
3. 如何生成决策树图形？
4. 如何使用判别分析方法，来判别样本的所属类别？
5. 简述层次聚类分析的操作方法。

四、上机练习

1. K-均值聚类法分析数据

本练习将使用 K-均值聚类分析法来分析各省份学历水平的分布情况，如图 11-90 所示。制作本练习，首先执行【分析】|【分类】|【K-均值聚类】命令，将"省份"变量添加到【个案标记依据】列表框中，将除"组别"之外的剩余变量同时添加到【变量】列表框中，同时选中【迭代与分类】选项。然后，单击【选项】按钮，设置分析中的统计量和缺失值，并单击【继续】按钮。最后，单击【确定】按钮，显示分析结果。

2. 层次聚类法分析数据

本练习将使用层次聚类分析法来分析各省

份学历水平的分布情况,如图 11-91 所示。制作本实例,首先执行【分析】|【分类】|【系统聚类】命令,将"省份"变量添加到【标注个案】列表框中,并将除"组别"之外的剩余变量依次添加到【变量】列表框中。然后,单击【统计量】按钮,启用【合并进程表】和【相似性矩阵】复选框,选中【方案范围】选项,将【最小聚类数】设置为"2",将【最大聚类数】设置为"4",并单击【继续】按钮。最后,单击【绘制】按钮,启用【树状图】复选框,单击【继续】按钮,并单击【确定】按钮。

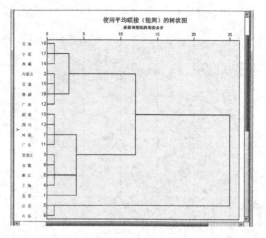

图 11-91 分析结果

	聚类		误差		F	Sig.
	均方	df	均方	df		
博士后	236544.400	1	14250.225	16	16.599	.001
博士	3923560.803	1	221549.217	16	17.710	.001
研究生	1096591.025	1	43515.811	16	25.246	.000
本科	6980881.003	1	182829.298	16	38.183	.000
专科	12213933.61	1	324934.844	16	37.589	.000

F 检验应仅用于描述性目的,因为选中的聚类将被用来最大化不同聚类中的案例间的差别。观测到的显著性水平并未据此进行更正,因此无法将其解释为聚类均值相等这一假设的检验。

图 11-90 分析结果

第 12 章
时间序列分析

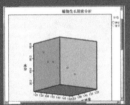
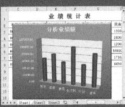
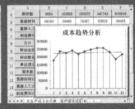
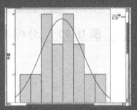

社会经济现象随着时间的推移在不断地发生着变化，关于社会经济现象的统计指标也是在不同的时间进行观察记录的，从而形成了统计指标的时间序列。时间序列是一种基于随机过程理论和数理统计学方法的动态数据处理的一种统计方法，包括一般统计分析和统计模型的建立与推断，以及关于时间序列的最优预测、控制和滤波等内容。而随着计算机的普及和相关软件的开发，时间序列分析已越来越被研究者所重视。在本章中，将以 SPSS 软件进行时间序列分析为基线，详细介绍时间序列分析的基础理论，以及指数平滑和季节分析等模型的使用技巧。

本章学习目标：

- 时间序列分析概述
- 时间序列数据的预处理
- 指数平滑模型
- ARIMA 模型
- 季节分析模型

12.1 时间序列分析概述

时间序列又称为动态数列或时间数列，主要反映了不同时间内的社会经济现象的统计指标值，并将这些统计指标值按照时间的先后顺序加以排列后形成分析数列。在本小节中，将详细介绍时间序列分析的基本原理。

12.1.1 时间序列的分类

时间序列分析在统计分析学中具有非常重要的地位，其具有了解和分析社会经济现象的发展过程、发展变化的规律性和预测现象的未来发展趋势等目的。另外，时间序列按照其指标的性质，可分为总量指标、相对指标和平均指标。其中，总量指标时间序列又称为绝对数时间序列，而相对指标和平均指标则是在总量指标时间序列上派生出来的。

1．总量指标时间序列

总量指标时间序列反映了社会经济现象的绝对水平情况。根据社会经济现象性质而定，总量指标又分为时期指标和时点指标时间序列，其中：

- **时期指标**　时期指标具有可加性特点，即将不同时期的总量指标相加，从而获得长时期的指标值。另外，指标值的大小和所属时间的长度有着直接的关系，以及其指标值必须采用连续统计的方法来获取。
- **时点指标**　时点指标和时期指标具有一定的相反性，时点指标具有不可加性特点，即不同时点的总量指标不能相加在一起。另外，指标数值的大小和时点间隔的长短不存在相关性，以及其指标值必须采用间断统计的方法来获取。

2．相对指标和平均指标

相对指标和平均指标主要反映了社会经济现象达到的相对水平或平均水平，并将一系列相对指标和平均指标值，按照时间先后顺序排列起来所形成的时间分析序列。另外，相对指标和平均指标还可以反映社会经济现象之间的发展过程，可以协助总量指标对社会经济现象进行全面性的分析。

12.1.2 时间序列的特点

时间序列分析主要是通过预测目标本身的时间序列数据，来预测目标本身的未来发展方向。时间序列主要具有趋势性、周期性、随机性和综合性等变动特点。

- **趋势性**　分析中的变量会随着时间的变化，呈现缓慢而长期的持续上升、下降或停留的同性质的且变动幅度不相等的变动趋势。
- **周期性**　分析中的变量会随着外界或自然季节的影响，而出现一定程度的高峰和低谷的规律，从而呈现的周期性。
- **随机性**　分析中的个别因素会出现随机变动性，但因素的整体仍然呈现统计规律性。
- **综合性** 由于在时间序列分析中，经常会出现一些由多种变动叠加或组合而成的实际变化情况；所以在预测过程中，还需要过滤除去一些不规则的变动，以突出反映趋势性和周期性变动。

12.1.3 时间序列的构成因素

在实际序列分析中，各时期的发展水平会受到长期趋势、季节变动、循环变动、不规则变动等因素的影响。

- **长期趋势** 长期趋势又称为趋势变动，指时间序列在长时期内持续发展变化的一种总态势，可以分为线性趋势和非线性趋势。一般情况下，长期趋势是受到一些根本性的支配因素所影响，而呈现出各时期的发展水平增加、递减或水平变动的一种基本趋势。
- **季节变动** 季节变动是因受到自然界季节更替或人为因素影响而发生的一种有规律的变化。另外，季节变动也经常用来指小于一年的规则变动。
- **循环变动** 循环变动是指周期在一年以上且具有一定规律的重复变动，其循环变动是涨落相间的波浪式起伏变化。另外，由于其波动时间较长，变动周期长短不一的缺点，造成其变动规则性和稳定性较差。
- **不规则变动** 不规则变动又称为随机变动，是指现象受到偶然因素的影响而出现的不规则变动，该变动是不可预测的。

在分析过程中，可以根据长期趋势、季节变动、循环变动和不规则变动4种因素的影响方式的不同，来设定乘法和加法模型。

- **乘法模型** 乘法模型是假设4个因素对现象的发展是相互影响的，其表现公式为 $Y=TSCI$。其中 Y 表示时间序列的指标数值；T 表示长期趋势；S 表示季节变动；I 表示不规则变动；C 表示循环变动。
- **加法模型** 加法模型是假设4个因素对现象的发展是相互独立的，其表现公式为 $Y=T+S+C+I$，其中，Y 表示时间序列的指标数值；T 表示长期趋势；S 表示季节变动；I 表示不规则变动；C 表示循环变动。

12.2 时间序列数据的预处理

由于实际序列数据具有严格的顺序要求，并且 SPSS 软件具有内部的时间变量；所以在进行时间序列分析之前，还需要定义时间变量，以达到 SPSS 软件读懂其时间顺序的目的。另外，在进行一些特殊的时间序列分析时，需要要求分析数据中不能存在缺失值；此时，还需要在分析之前对数据填补缺失值。在本小节中，将主要介绍定义日期变量、缺失值替换和创建时间序列等一些时间序列数据的预处理知识。

12.2.1 缺失值替换

在进行时间序列分析时，系统要求其序列数据必须是完整无缺的。此时，为了保证对数据进行准确的分析，还需要替换数据中的缺失值，并将替换结果保存到新的变量中。

首先，在 SPSS 软件中输入分析数据。此时，用户会发现分析数据中的“GDP_亿元”和“人均 GDP_元”列中的数据有缺失，如图 12-1 所示。

	年份	GDP_亿元	年末人口_万	人均GDP_元	第三产业比重
1	2000	18600	115000	1714	31.6
2	2001	22301	117000	1819	32.4
3	2002	26638	118000	2212	
4	2003	30648	119000	2651	
5	2004	38621	119850	2952	32.5
6	2005		120000		30.9
7	2006	57860	123001	4581	30.1
8	2007	64660	124021	5514	30.4
9	2008	.	125510	.	21.1
10	2009	82000	126021	6534	33.0
11	2010	89213	127512	7120	34.2
12	2011	93654	128654	7620	29.4

图 12-1 包含有缺失值的数据

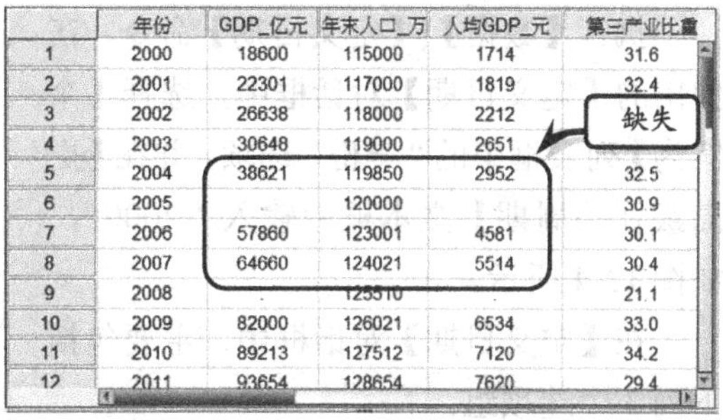

执行【转换】|【替换缺失值】命令，在弹出的【替换缺失值】对话框中，将包含缺失值的变量添加到【新变量】列表框中。然后，选择添加的变量，并设置变量的名称和方法，如图 12-2 所示。

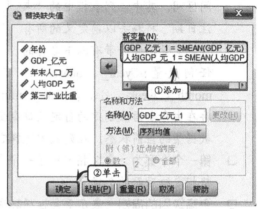

图 12-2 设置替换选项

其中，在【名称和方法】选项组中，主要包括下列 5 种设置方法：

- **序列均值** 表示使用整个序列的平均值替换缺失值。
- **邻近点的均值** 表示使用有效周围值的平均值替换缺失值，其邻近点的跨度为缺失值上下用于计算平均值的有效值个数。
- **邻近点的中位数** 表示使用有效周围值的中位值替换缺失值，其邻近点的跨度为缺失值上下用于计算中位值的有效值个数。
- **线性插值法** 表示使用线性插值替换缺失值。缺失值之前的最后一个有效值和之后的第一个有效值用来作为插值。如果序列中的第一个或最后一个个案具有缺失值，则不必替换。
- **点处的线性趋势** 表示使用该点的线性趋势替换缺失值。现有序列在标度为从 1 到 n 的索引变量上回归。采用其预测值替换缺失值。

最后，在【替换缺失值】对话框中，单击【确定】按钮之后，系统将自动在数据文件中新增“GDP_亿元_1”和“人均 GDP_元_1”两个新变量，并替换数据文件中的缺失值，如图 12-3 所示。

	第三产业比重	GDP_亿元_1	人均GDP_元_1	变量
1	31.6	18600.0	1714.0	
2	32.4	22301.0	1819.0	
3	34.5	26638.0	2212.0	
4	32.7	30648.0	2651.0	
5	32.5	38621.0	2952.0	
6	30.9	60760.7	5011.4	
7	30.1	57860.0	4581.0	
8	30.4	64660.0	5514.0	
9	21.1	60760.7	5011.4	
10		82000.0	6534.0	
11		89213.0	7120.0	
12	29.4	93654.0	7620.0	

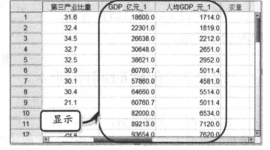

图 12-3 替换缺失值

12.2.2 定义日期变量

时间序列数据是严格按照事物的发生时间进行记录排列的，所以只有定义了时间变量之后，SPSS 软件才能识别指定序列的时间特征。

执行【数据】|【定义日期】命令，在弹出的【定义日期】对话框中，选择【个案为】列表框中的“年份”选项，并在【更高级别的周期】文本框中输入“2000”，如图 12-4 所示。

图 12-4　定义日期变量

在【定义日期】对话框中，主要包括下列 3 个选项组：

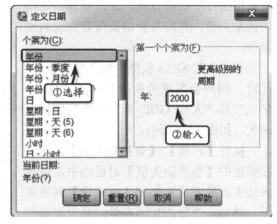

- **个案为**　定义用于生成日期的时间区间。其中，列表框中的“未注日期”将移去以前定义的所有日期变量，删除带有以下名称的任何变量：year_、quarter_、month_、week_、day_、hour_、minute_、second_和 date_。而“自定义”表示存在由命令语法创建的自定义日期变量（例如四天制工作周）。此项仅反映活动数据集的当前状态。在列表中选择它不会有任何影响。
- **第一个个案为**　定义指定给第一个个案的起始日期值。基于时间区间的序列值将指定给后面的个案。
- **更高级别的周期**　表示重复性循环变动，例如一年中的月数或者一周中的天数。显示的值表示可以输入的最大值。对于小时、分钟和秒数，最大值为显示值减去 1。系统将为用于定义日期的每个成分创建新的数值变量，新变量名称以下划线结尾。另外，还将从成分中创建一个描述性字符串变量 date_。

在【定义日期】对话框中，单击【确定】按钮后，系统将自动在数据文件中添加 YEAR_和 DATE_变量，如图 12-5 所示。

	名称	类型	宽度	小数	标签
1	年份	数值(N)	8	0	
2	GDP	数值(N)	8	0	亿元
3	年末人口	数值(N)	8		万
4	人均GDP	数值(N)	8	0	元
5	第三产业...	数值(N)	8	1	百分比
6	YEAR_	数值(N)	8	0	YEAR, not per...
7	DATE_	字符串	4	0	Date. Format:...
8					
9					

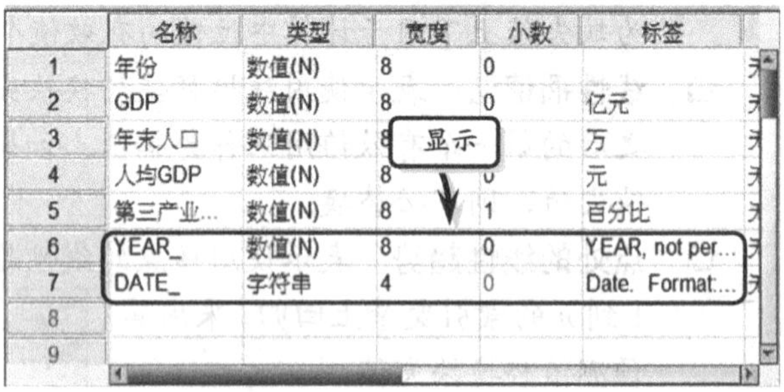

图 12-5　新增变量

12.2.3　创建时间序列

定义了时间变量之后，就基本建立了时间序列分析数据。但是，时间序列分析要求其分析数据必须满足平稳性的条件。一般情况下，可通过均值和方差是不能随时间变化而变化，以及自相关系数只与时间的间隔有关等方法来判断分析数据是否平稳。当遇到不平稳的分析数据时，便需要根据现有的数据，重新创建新的具有平稳性的时间序列数据，将不平稳的序列数据转换为平稳的数据序列。

在 SPSS 软件中，执行【转换】|【创建时间序列】命令，弹出【创建时间序列】对话框。将需要转换的变量添加到【变量→新名称】列表框中，然后选择变量名称，在【名称和函数】选项组中，设置其名称和函数类型，如图 12-6 所示。

在【名称和函数】选项组中，主要包括下列 9 种函数类型：

- **差值**　表示序列中相邻值之间的非季节性差异。阶数为用于计算差分的以前值个数。由于每阶差分丢失一个观察值，因此系统缺失值会出现在序列开头。
- **季节性差分**　表示相隔恒定距离的序列值之间的差分。该跨度基于当前定义的周期。要计算季节性差分，必须定义日期变量（"日期"菜单，"定义日期"），其中包括周期性成分（例如一年中的月份）。阶数为用于计算差分的季节性周期个数。在序列开头，带有系统缺失值的个案个数，等于阶数乘以周期。
- **中心移动平均**　当表示前序列值与其周围某个跨度内序列值的平均值。跨度为用于计算平均值的序列值个数。如果跨度为偶数，则移动平均数通过对每组非中心平均值求平均值而得出。在跨度为 n 的序列开头和末尾，带有系统缺失值的个案个数，等于 $n/2$（偶数跨度值）和 $(n-1)/2$（奇数跨度值）。
- **先前移动平均**　表示当前序列值之前的序列值的平均值。跨度为用于计算平均值的前面序列值个数。在序列开头，带有系统缺失值的个案个数，等于跨度值。
- **运行中位数**　表示当前序列值与其周围某个跨度内序列值的中位数。跨度为用于计算中位数的序列值个数。如果跨度为偶数，则中位数通过对每组非中心中位数求平均值而得出。在跨度为 n 的序列开头和末尾，带有系统缺失值的个案个数，等于 $n/2$（偶数跨度值）和 $(n-1)/2$（奇数跨度值）。
- **累计求和**　表示当前序列值与其周围序列值的累积和。
- **滞后**　表示根据指定的延迟阶数，上一个个案的值。阶数为从中获取值的当前个案之前的个案个数。在序列开头，带有系统缺失值的个案个数，等于阶数值。
- **提前**　表示根据指定的提前阶数，后一个个案的值。阶数为从中获取值的当前个案之后的个案个数。在序列末尾，带有系统缺失值的个案个数，等于阶数值。
- **平滑**　表示基于复合数据平滑器的新序列值。平滑器从移动中位数 4 开始，由移动中位数 2 居中。然后，它再通过移动中位数 5、移动中位数 3 和 Hanning 加权平均，重新对这些值进行平滑。从原始序列中减去平滑后的序列，计算得出残差。然后对计算得出的残差重复这整个过程。最后，减去该过程首次获得的平滑值，得到平滑残差。这有时也称为 T4253H 平滑。

最后，在【创建时间序列】中单击【确定】按钮，系统将自动在数据文件中增加新变量，并显示变量数据，如图 12-7 所示。

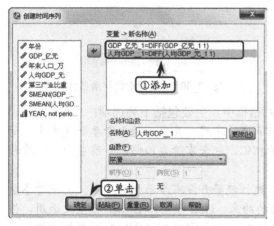

图 12-6　设置的时间序列数据

图 12-7　创建的时间序列数据

12.3 指数平滑模型

指数平滑法是使用特定范围内记录的加权平均值作为预测的一种分析方法，属于加权平均法的一种特殊情况。它是统计预测中广泛使用的一种方法，可以直接用于预测，也可以用于估计模型参数。

12.3.1 添加分析变量

在 SPSS 软件中，执行【分析】|【预测】|【创建模型】命令，弹出【时间序列建模器】对话框。在【变量】选项卡中，将【变量】列表框中所选变量添加到【因变量】列表框中，如图 12-8 所示。

图 12-8　添加分析变量

12.3.2 设置分析条件

在【变量】选项卡中，单击【方法】下拉按钮，在其下拉列表中选择【指数平滑法】选项，并单击【条件】按钮，如图 12-9 所示。

在弹出的【时间序列建模器:指数平滑条件】对话框中，选中【Holt 线性趋势】和【平方根】选项，并单击【继续】按钮，如图 12-10 所示。

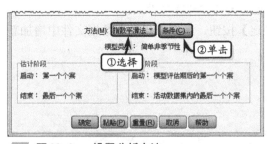

图 12-9　设置分析方法

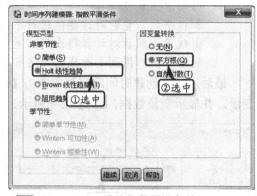

图 12-10　设置指数平滑条件

在【时间序列建模器:指数平滑条件】对话框中，主要包括下列选项：

- **简单**　该模型适用于没有趋势或季节性的序列。其唯一的平滑参数是水平。简单指数平滑法与 ARIMA 模型极为相似，包含零阶自回归、一阶差分、一阶移动平均数，并且没有常数。
- **Holt 线性趋势**　该模型适用于具有线性趋势并没有季节性的序列。其平滑参数是水平和趋势，不受相互之间的值的约束。Holt 模型比 Brown 模型更通用，但在计算大序列时要花的时间更长。Holt 指数平滑法与 ARIMA 模型极为相似，包含零阶自回归、二阶差分以及二阶移动平均数。
- **Brown 线性趋势**　该模型适用于具有线性趋势并没有季节性的序列。其平滑参数是水平和趋势,并假定二者等同。因此,Brown 模型是 Holt 模型的特例。Brown 指数平滑法与具有零阶自回归、二阶差分和二阶移动平均的 ARIMA 模型极为相似,且移动平均第二阶的系数等于第一阶的系数二分之一的平方。

- **阻尼趋势**　此模型适用于具有线性趋势的序列,且该线性趋势正逐渐消失并且没有季节性。其平滑参数是水平、趋势和阻尼趋势。阻尼指数平滑法与具有一阶自回归、一阶差分和二阶移动平均的 ARIMA 模型极为相似。
- **简单季节性**　该模型适用于没有趋势并且季节性影响随时间变动保持恒定的序列。其平滑参数是水平和季节。简单季节性指数平滑法与 ARIMA 模型极为相似,包含零阶自回归、一阶差分、一阶季节性差分和一阶、p 阶和 $p+1$ 阶移动平均数,其中 p 是季节性区间中的周期数(对于月数据,$p=12$)。
- **Winters 可加性**　该模型适用于具有线性趋势和不依赖于序列水平的季节性效应的序列。其平滑参数是水平、趋势和季节。Winters 可加的指数平滑法与 ARIMA 模型极为相似,包含零阶自回归、一阶差分、一阶季节差分和 $p+1$ 阶移动平均数,其中 p 是季节性区间中的周期数(对于月数据,$p=12$)。
- **Winters 相乘性**　该模型适用于具有线性趋势和依赖于序列水平的季节性效应的序列。其平滑参数是水平、趋势和季节。Winters 的可乘指数平滑法与任何 ARIMA 模型都不相似。
- **无**　选中该选项,表示不执行任何转换。
- **平方根**　选中该选项,表示执行平方根转换。
- **自然对数**　选中该选项,表示执行自然对数转换。

12.3.3　设置统计量选项

在【时间序列建模器】对话框中,激活【统计量】选项卡,启用相应的复选框,设置其输出建模结果表的选项,如图 12-11 所示。

在【统计量】选项卡中,主要包括表 12-1 中的选项。

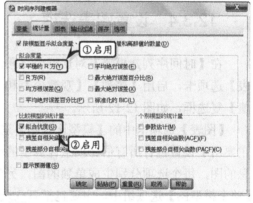

图 12-11　【统计量】选项卡

表 12-1　【统计量】选项卡中的选项及其含义

选项组	选项	含义
按模型显示拟合度量、Ljung-Box 统计量和离群值的数量		选择(选中)此选项可显示包含每个估计模型的所选拟合测量、Ljung-Box 值以及离群值数目的表
拟合度量	平稳的 R 方	将平稳的 R 方项纳入包含每个估计模型的拟合度量表中
	R 方	将 R 方项纳入包含每个估计模型的拟合度量表中
	均方根误差	将均方根误差项纳入包含每个估计模型的拟合度量表中
	平均绝对误差百分比	将平均绝对误差百分比项纳入包含每个估计模型的拟合度量表中
	平均绝对误差	将平均绝对误差项纳入包含每个估计模型的拟合度量表中
	最大绝对误差百分比	将最大绝对误差百分比项纳入包含每个估计模型的拟合度量表中
	最大绝对误差	将最大绝对误差项纳入包含每个估计模型的拟合度量表中

续表

选项组	选 项	含 义
拟合度量	标准化的 BIC	将标准化的 BIC 项纳入包含每个估计模型的拟合度量表中
比较模型的统计量	拟合优度	固定的 R 方、R 方、均方根误差、平均绝对误差百分比、平均绝对误差、最大绝对误差百分比、最大绝对误差以及标准化的 BIC 准则的摘要统计量和百分位数表
	残差自相关函数（ACF）	所有估计模型中残差的自相关摘要统计和百分位表
	残差部分自相关函数（PACF）	所有估计模型中残差的部分自相关摘要统计和百分位表
个别模型的统计量	参数估计	显示每个估计模型的参数估计值的表。为指数平滑法和 ARIMA 模型显示不同的表。如果存在离群值，则它们的参数估计值也将在单独的表中显示
	残差自相关函数（ACF）	按每个估计模型的延迟显示残差自相关表。该表包含自相关的置信区间
	残差部分自相关函数（PACF）	按每个估计模型的延迟显示残差部分自相关表。该表包含部分自相关的置信区间
显示预测值		显示每个估计模型的模型预测和置信区间的表。预测期在【选项】选项卡中设置

12.3.4 设置图表选项

在【时间序列建模器】对话框中，激活【图表】选项卡，启用【序列】、【观察值】和【预测值】复选框，如图 12-12 所示。

【图表】选项卡中的【模型比较图】选项组，主要用于设置包含所有估计模型计算出的统计信息的图，每个选项分别生成单独的图。另外，在【单个模型图】选项组中，主要包括下列选项：

- **序列** 启用该复选框，可获取每个估计模型的预测值图。
- **残差自相关函数（ACF）** 启用该复选框，可以显示每个估计模型的残差自相关图。

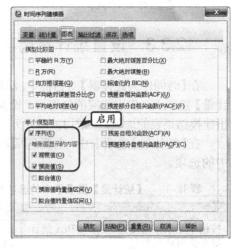

图 12-12　设置图表选项

- **残差部分自相关函数（PACF）** 启用该复选框，可以显示每个估计模型的残差部分自相关图。
- **观察值** 启用该复选框，可以显示相依序列的观察值。
- **预测值** 启用该复选框，可以显示预测期的模型预测值。
- **拟合值** 启用该复选框，可以显示估计期的模型预测值。
- **预测值的置信区间** 启用该复选框，可以显示预测期的置信区间。
- **拟合值的置信区间** 启用该复选框，可以显示估计期的置信区间。

12.3.5 设置输出过滤选项

在【时间序列建模器】对话框中，激活【输出过滤】选项卡，选中【基于拟合优度过滤模型】选项，同时启用【最佳拟合模型】和【最差拟合模型】复选框，并设置相应的选项，如图 12-13 所示。

在【输出过滤】选项卡中的【在输出中包括所有的模型】选项为默认选项，表示在输出结果中将显示所有的模型。而当选中【基于拟合优度过滤模型】选项时，则可以自定义输出结果中所显示的模型类型，选中该选项后，可以进行下列选项的设置：

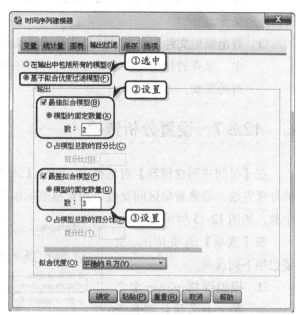

- **最佳拟合模型** 启用该复选框，可以在输出结果中显示最佳拟合模型。当选中【模型的固定数量】选项时，表示指定为 n 个最佳拟合模型显示结果；如果该数量超过估计模型的数量，则显示所有模型。当选中【占模型总数的百分比】选项时，表示指定为其拟合优度值在所有估计模型的前 n 个百分比范围内的模型显示结果。

图 12-13 设置输出过滤选项

- **最差拟合模型** 启用该复选框，可以在输出结果中显示最差拟合模型。当选中【模型的固定数量】选项时，表示指定为 n 个最差拟合模型显示结果；如果该数量超过估计模型的数量，则显示所有模型。当选中【占模型总数的百分比】选项时，表示指定为其拟合优度值在所有估计模型的后 n 个百分比范围内的模型显示结果。

- **拟合优度** 选择用于过滤模型的拟合优度测量，其缺省值为固定的 R 方。

12.3.6 设置保存选项

在【时间序列建模器】对话框中，激活【保存】选项卡，在【变量】列表框中启用【预测值】和【噪声残值】复选框即可，如图 12-14 所示。

在【保存】选项卡中，主包括下列两个选项组：

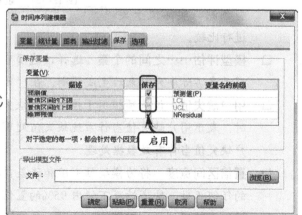

图 12-14 设置保存选项

- **保存变量**　可以将模型预测值、置信区间和残差另存为活动数据集中的新变量。每个相依序列都会带来其自己的一组新变量，每个新变量都包含估计期和预测期的值。如果预测期超出了该相依变量序列的长度，则增加新个案。启用每一项所关联的【保存】复选框可以选择保存新变量。缺省情况下不保存新变量。
- **导出模型文件**　所有估计模型的模型规格都将以 XML 格式导出到指定的文件中。保存的模型可用于通过应用时间序列模型过程在较新数据的基础上获得更新的预测。

12.3.7　设置分析选项

在【时间序列建模器】对话框中，激活【选项】选项卡，设置预测期、指定缺失值的处理方法、设置置信区间宽度、指定模型标识的定制前缀并设置为自相关显示的延迟个数，如图 12-15 所示。

在【选项】选项卡中，主要包括下列选项：

- **模型评估……一个个案**　如果估计期在活动数据集中的最后一个个案之前结束，而用户需要直到最后一个个案的预测值，则请选择该选项。该选项通常用来生成保持期的预测，以便将模型预测与实际值子集进行比较。

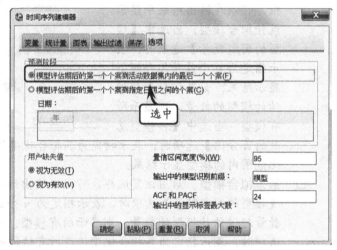

图 12-15　设置分析选项

- **模型评估……之间的个案**　选择该选项可显式指定预测期的结束。该选项通常用于在实际序列结束后生成预测。在"日期"网格中为所有单元格输入值。
- **用户缺失值**　该选项组用于控制用户缺失值的处理。当选中"视为无效"选项时，表示用户缺失值当作系统缺失值处理；选中"视为有效"选项时，表示用户缺失值当作有效数据处理。
- **置信区间宽度**　将为模型预测值和残差自相关计算置信区间。可以指定小于 100 的任何正数，缺省情况下使用 95% 的置信区间。
- **输出中的模型识别前缀**　"变量"选项卡上指定的每个因变量都可带来一个单独的估计模型。模型都用唯一名称区别，名称由可定制的前缀和整数后缀组成；

可以输入前缀，也可以保留模型的缺省值。
- **ACF 和 PACF 输出中的显示标签最大数** 可以设置在自相关和偏自相关表和图中显示的最大延迟数。

12.3.8 显示分析结果

在【时间序列建模器】对话框中，单击【确定】按钮，系统会自动在输出窗口中显示分析结果。其中，在分析结果中的"模型描述"分析表中，主要显示了当前模型所使用的分析变量和方法，如图 12-16 所示。

图 12-16　模型描述分析表

在分析结果中的拟合图形中，显示了两个变量的实际观测序列、模型拟合序列的变化趋势。通过上下两个表可以分析"人均 GDP"和"GDP"变量之间是否存在相关性，如图 12-17 所示。

最后，在分析结果中的"模型拟合"分析表中，主要显示了平稳的 R 方、R 方、正态化的 BIC 等 8 种拟合统计量的均值、SE、最小值、最大值和百分位值，如图 12-18 所示。

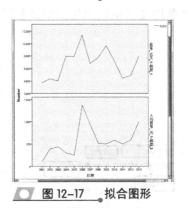

图 12-17　拟合图形

拟合统计量	均值	SE	最小值	最大值	百分位					
					5	10	25	50	75	90	95
平稳的 R 方	.116	.103	.043	.189	.043	.043	.043	.116	.189	.189	.189
R 方	-.043	.026	-.062	-.024	-.062	-.062	-.062	-.043	-.024	-.024	-.024
RMSE	1368.158	1434.249	353.990	2382.325	353.990	353.990	353.990	1368.158	2382.325	2382.325	2382.325
MAPE	38.049	15.426	27.141	48.956	27.141	27.141	27.141	38.049	48.956	48.956	48.956
MaxAPE	172.695	131.007	80.059	265.331	80.059	80.059	80.059	172.695	265.331	265.331	265.331
MAE	1042.434	1154.349	226.186	1858.681	226.186	226.186	226.186	1042.434	1858.681	1858.681	1858.681
MaxAE	2407.804	1957.338	1023.757	3791.851	1023.757	1023.757	1023.757	2407.804	3791.851	3791.851	3791.851
正态化的 BIC	13.842	2.696	11.936	15.749	11.936	11.936	11.936	13.842	15.749	15.749	15.749

图 12-18　模型拟合分析表

12.4　ARIMA 模型

ARIMA 模型又称为 Box-Jenkins 模型或称为带差分的自回归移动平均模型，可以分析含有季节成分的时间序列数据。在 ARIMA 模型中，可以为任意或所有预测变量定义转换函数，并自动检测离群值或指定一组确切的离群值。

12.4.1 添加分析变量

在 SPSS 软件中构建分析数据，执行【分析】|【预测】|【创建模型】命令，弹出【时间序列建模器】对话框。在【变量】选项卡中，将【变量】列表框中所选变量添加到【因

变量】列表框中,如图 12-19 所示。

12.4.2 设置模型类别

在【变量】选项卡中,单击【方法】下拉按钮,在其下拉列表中选择【ARIMA】选项,并单击【条件】按钮,如图 12-20 所示。

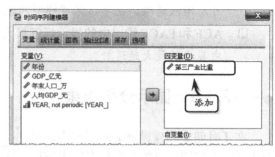

◎ 图 12-19　添加分析变量

在弹出的【时间序列建模器:ARIMA 条件】对话框中,激活【模型】选项卡,在【结构】列表框中,分别将"自回归"、"差分"和"移动平均数"的"非季节性"值设置为"1"、"1"和"2"。然后,选中【自然对数】选项,并禁用【在模型中包括常数】复选框,如图 12-21 所示。

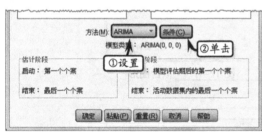

◎ 图 12-20　设置分析方法　　　　◎ 图 12-21　设置模型选项

在【模型】选项卡中,主要包括表 12-3 中的选项。

表 12-3　【模型】选项卡中的选项

选项组	选项	含义
ARIMA 阶数	自回归	表示模型中的自回归阶数。自回归阶指定要使用序列中以前的哪些值来预测当前值。例如,自回归阶为 2 时,指定序列中过去两个时段的值用于预测当前值
	差分	表示指定在估计模型之前应用于序列的差分的阶。在出现趋势(具有趋势的序列通常是不稳序列,而 ARIMA 建模假定其稳定)时需要差分,并将其用于去除其影响。差分的阶与序列趋势度相对应,一阶差分导致线性趋势,二阶差分导致二次趋势等
	移动平均数	表示模型中的移动平均数的阶数。移动平均数的阶指定如何使用先前值的序列平均数的偏差来预测当前值。例如,如果移动平均数的阶为 1 和 2,则指定在预测序列的当前值时将考虑两个时段的每个时段中的序列的平均值的偏差

续表

选项组	选项	含义
ARIMA 阶数	季节性	季节性自回归成分、移动平均数成分和差分成分与其非季节性对应成分起着相同的作用。但对于季节性的阶,当前序列值受以前的序列值的影响,序列值之间间隔一个或多个季节性周期。例如,对于月数据(季节性周期为12),季节性1阶表示当前序列值受自当前周期起12个周期之前的序列值的影响。因此,对于月数据,指定季节性1阶等同于指定非季节性12阶
	当前周期性	指示当前为活动数据集定义的周期性(如果有)。当前周期性以整数形式给出,例如,12表示年度周期性,每个个案代表一个月份。如果尚未设置周期性,则显示值无。季节性模型要求具有周期性。可以从定义日期对话框中设置周期性
转换	无	表示不执行任何转换
	平方根	表示执行平方根转换
	自然对数	表示执行自然对数转换
在模型中包括常数		只有确定整个平均数序列值为0,否则包含常数是标准方法。当应用差分时,建议不包含常数

12.4.3 设置离群值

在【时间序列建模器:ARIMA 条件】对话框中,激活【离群值】选项卡,设置分析过程中处理离群值的方法,包括自动检测离群值、指定特定点作为离群值,或者不检测离群值,如图 12-22 所示。

在【离群值】选项卡中,主要包括下列选项:

- **不检测离群值或为其建模**　默认情况下,不检测离群值,也不为其建模。选择此选项可禁用任何检测离群值或为其建模的功能。
- **加法**　该选项表示只影响单个观测变量的异常值。

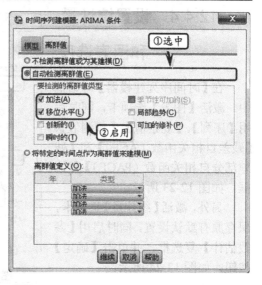

图 12-22　设置离群值

- **移位水平**　该选项表示只影响由数据的水平移动所引起的异常值。
- **创新的**　该选项表示只影响由噪声变动所形成的异常值。但是,对于平稳过程,则会影响多个观测变量;而对于非平稳过程,则可能会影响某个时刻之后的所有观测变量。
- **瞬时的**　该选项表示只影响对指数水平衰减至0的异常值。
- **季节性可加的**　该选项表示只影响具有周期性的某些时刻的异常值,并且其对不同时刻的观测变量的影响程度是相同的。

- ❏ **局部趋势** 该选项表示只影响局部的线性异常值，即表示某个点之后的序列开始出现明显的趋势性。
- ❏ **可加的修补** 该选项表示只影响两个或多个连续出现的加法类型的异常值。
- ❏ **将特定的时间点作为离群值来建模** 选择此选项可指定特定的时间点作为离群值。每个离群值在"离群值定义"网格中占单独的一行。在给定行中为所有单元格输入值。

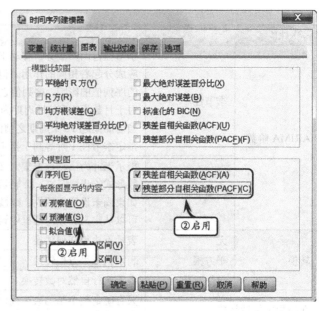

图 12-23 设置图表选项

12.4.4 设置统计量和图表选项

在【时间序列建模器】对话框中，激活【图表】选项卡，同时启用【序列】、【观察值】、【预测值】、【残差自相关函数（ACF）】和【残差部分自相关函数（PACF）】复选框，如图 12-23 所示。

另外，激活【统计量】选项卡，保存原有默认设置，同时启用【参数估计】复选框，并单击【确定】按钮，如图 12-24 所示。

12.4.5 显示分析结果

此时，系统会自动在输出窗口中显示分析结果。其中，在"模型描述"和"模型拟合"分析表中，主要显示了当前模型使用的分析方法和变量，以及分析中所使用的 8 个拟合优度统计量的具体分析情况，如图 12-25 所示。

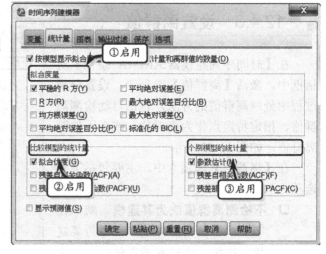

图 12-24 设置统计量选项

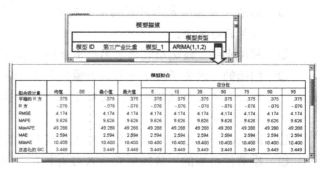

图 12-25 模型描述和模型拟合表

另外，在"ARI-MA 模型参数"分析表中，主要显示了所设置的模型的参数估计结果，如图 12-26 所示。从表中的 T 统计量的显著性水平值可以看出，该模型内所设置的模型系数都不是很显著，所以建议对模型结构进行改进，去掉对模型影响比较显著的部分。

ARIMA 模型参数					估计	SE	t	Sig.
第三产业比重-模型_1	第三产业比重	平方根	AR	滞后 1	-.818	1.149	-.712	.493
			差分		1			
			MA	滞后 1	-.186	43.119	-.004	.997
				滞后 2	.811	34.951	.023	.982

图 12-26　ARIMA 模型参数表

12.4.6　更改分析设置

再次执行【分析】|【预测】|【创建模型】命令，弹出【时间序列建模器】对话框。在【变量】选项卡中，单击【条件】按钮。在弹出的【时间序列建模器:ARIMA 条件】对话框中，激活【模型】选项卡，在【结构】列表框中，分别将"自回归"、"差分"和"移动平均数"的"非季节性"值设置为"1"、"0"和"1"，并单击【继续】按钮，如图 12-27 所示。

此时，系统会在输出窗口中重新生成分析结果。在"ARIMA 模型参数"分析表中，T 统计量的显著性水平值所表示的模型都具有显著性水平，如图 12-28 所示。

另外，更改后的残差 ACF 和自相关 PACF 图形中，都不存在显著的趋势特征。从图中可以初步判断改进的模型比较合适，如图 12-29 所示。

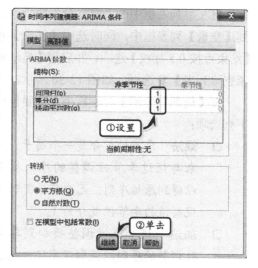

图 12-27　设置模型选项

图 12-28　改进后的 ARIMA 模型参数表

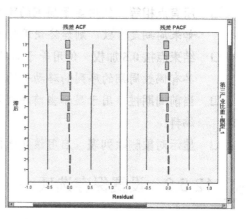

图 12-29　模型残差的相关函数图

12.5 季节分析模型

时间序列是对某一统计指标，按照指定的时间间隔，搜集整理一组统计数据；而季节分析模型是对统计方法 I（也称为比率与移动平均数方法）的实现。在该模型分析过程中，系统可将一个序列分解成一个季节性成分、一个组合趋势、一个循环的成分和一个"误差"成分。在本小节中，将详细介绍季节分析模型的具体使用方法。

12.5.1 添加分析变量

在使用季节分析模型之前，还需要为 SPSS 中的分析数据定义"年份、季度"的日期变量。然后，执行【分析】|【预测】|【季节性分解】命令，弹出【周期性分解】对话框。将左侧列表框中的"游客量"变量添加到【变量】列表框中，同时选中【加法】和【结束点按 0.5 加权】选项，并启用【显示对象删除列表】复选框，如图 12-30 所示。

在【周期性分解】对话框中，主要包括下列选项：

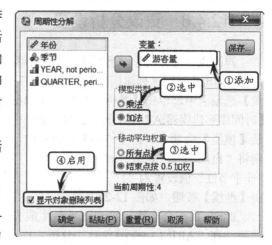

图 12-30　添加分析变量

- **乘法**　季节性成分是一个因子，用来与经过季节性调整的序列相乘以得到原始序列。无季节性变动的观察值的季节性成分为 1。
- **加法**　将季节性调整项加到季节性调整的序列以获取观察值。此调整尝试从序列中移去季节性影响，以查看可能被季节性成分"掩盖"的其他兴趣特征。无季节性变动的观察值的季节性成分为 0。
- **所有点相等**　使用等于周期的跨度以及所有权重相等的点来计算移动平均数。如果周期是奇数，则始终使用此方法。
- **结束点按 0.5 加权**　使用等于周期加 1 的跨度以及以 0.5 加权的跨度的端点计算具有偶数周期的序列的移动平均。
- **当前周期性**　用于显示当前序列数据的周期值，该选项为自动生成选项，无法编辑。
- **显示对象删除列表**　启用该复选框，表示将显示所有观测量的季节分解结果。

12.5.2 设置保存选项

在【周期性分解】对话框中，单击【保存】按钮，在弹出的【周期:保存】对话框中，选中【添加至文件】选项,并单击【继续】按钮,如图 12-31 所示。

在【周期:保存】对话框中,主要包括下列 3 种选项:

- **添加至文件**　表示将季节性分解所创建的新序列作为常规变量保存在活动数据集中。变量名由三字母前缀、下划线和数字组成。
- **替换现有**　表示由季节性分解创建的新序列在活动数据集中保存为临时变量。同时,将删除由"预测"过程创建的任何现有的临时变量。变量名由一个三个字母的前缀、一个井字符 (#) 和一个数字组成。
- **不要创建**　表示不向活动数据集添加新序列。

图 12-31　设置保存选项

12.5.3　显示分析结果

在【周期性分解】对话框中,单击【确定】按钮,系统将自动在输出窗口中显示分析结果。其中,在分析结果中的"模型描述"分析表中,主要显示了模型名称、模型类型、序列名称、季节性期间的长度和移动平均数的计算方法等信息,如图 12-32 所示。

另外,在分析结果中的"季节性分解"分析表中,主要显示了每个观测变量的季度分解情况,包括移动平均数序列、季节性因素、季节性调整序列、平滑的趋势循环序列、不规则分量等数据,如图 12-33 所示。

图 12-32　模型描述表

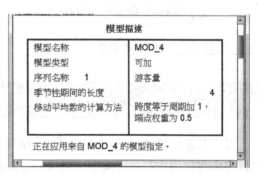

图 12-33　季节性分解表

12.5.4　制作分析图表

在 SPSS 软件中,为了形象地显示数据变量的趋势,还需要使用序列图来显示指定的变量数据。执行【分析】|【预测】|【序列图】命令,弹出【序列图】对话框。将"游客量"和结尾为"SAS_1"、"STC_1"的变量添加到【变量】列表框中,同时将"Date"变量添加到【时间轴标签】列表框中,如图 12-34 所示。

单击【确定】按钮,系统将自动在输出窗口中显示分析序列图,如图 12-35 所示。在该图中,主要显示了原始序列、趋势循环序列和季节调整序列的趋势线,对于图中所显示的具有明显趋势线的变量，可以使用回归分析等其他分析方法进一步的研究。

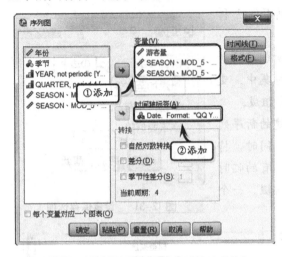

图 12-34　添加分析变量

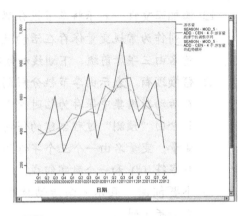

图 12-35　序列图

12.6　课堂练习：分析景区游客量

已知某景区连续 4 年内每个季度的游客量，在本练习中将运用季节分析模型，对 4 年内的游客量进行分析，以了解旅游业的发展趋势和变化规律。在使用季节分析模型之前，为了达到准确分析的目的，还需要先定义分析数据的日期变量。另外，为了形象地显示分析结果，还需要运用序列图显示分析结果数据的趋势性，如图 12-36 所示。

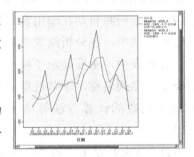

图 12-36　分析结果数据序列图

操作步骤

1 制作分析数据。启动 SPSS 软件，切换到【变量视图】视图中，自定义变量名称、小数和对齐方式，如图 12-37 所示。

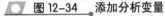

图 12-37　自定义变量

2 切换到【数据视图】视图中，根据变量类型依次输入分析数据，如图 12-38 所示。

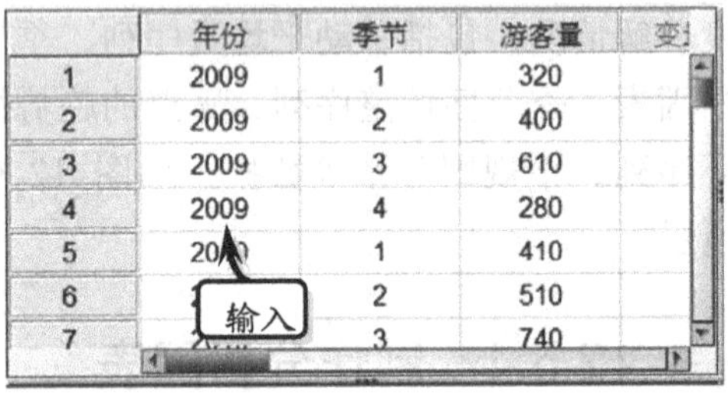

图 12-38　输入分析数据

3 自定义日期变量。执行【数据】|【定义日期】命令，在【个案为】列表框中选择"年份、季度"选项，并设置【第一个个案为】选项，如图 12-39 所示。

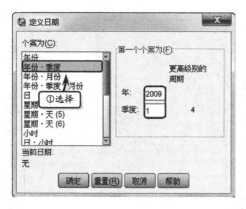

图 12-39　自定义日期变量

4. 季节性分析。执行【分析】|【预测】|【季节性分解】命令，在弹出的对话框中添加分析变量，如图 12-40 所示。

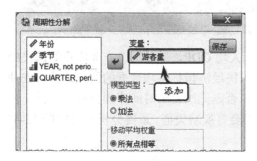

图 12-40　添加分析变量

5. 选中【加法】和【结束点按 0.5 加权】选项，并启用【显示对象删除列表】复选框，如图 12-41 所示。

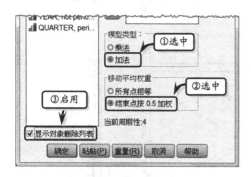

图 12-41　设置分析选项

6. 在【周期性分解】对话框中，单击【保存】按钮，选中【添加至文件】选项，并单击【继续】按钮，如图 12-42 所示。

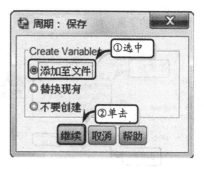

图 12-42　设置保存选项

7. 在【周期性分解】对话框中，单击【确定】按钮，系统将自动在输出窗口中显示"模型描述"分析表，如图 12-43 所示。

模型描述	
模型名称	MOD_1
模型类型	可加
序列名称　1	游客量
季节性期间的长度	4
移动平均数的计算方法	跨度等于周期加 1，端点权重为 0.5

正在应用来自 MOD_1 的模型指定。

图 12-43　模型描述表

8. 在分析结果中的"季节性分解"分析表中，主要显示了每个观测变量的季度分解情况，如图 12-44 所示。

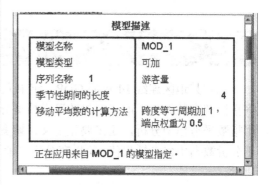

图 12-44　季节性分析表

9. 显示分析图。执行【分析】|【预测】|【序列图】命令，在弹出的【序列图】对话框中，

添加相应的变量,如图 12-45 所示。

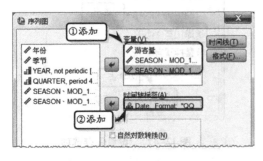

▶ 图 12-45　添加图表变量

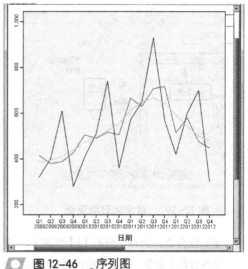

▶ 图 12-46　序列图

10　单击【确定】按钮,系统将自动在输出窗口中显示分析序列图,如图 12-46 所示。

12.7　课堂练习:分析国民经济指标

已知某地区连续 14 年的 GDP、年末人口、人均 GDP,以及第三产业比重等国民经济指标调查数据;下面运用指数平滑模型分析国民经济指标各项数据的发展趋势。在使用指数平滑模型分析,还需要先定义日期变量,否则无法使用时间序列分析。另外,由于分析数据中包含缺失值,所以在分析之前还需要替换缺失值。最终分析结果如图 12-47 所示。

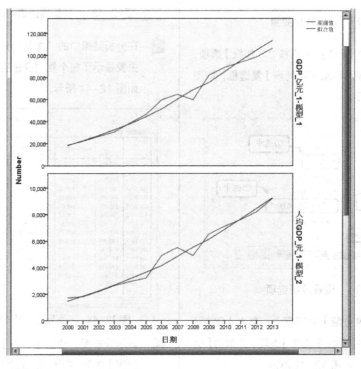

▶ 图 12-47　分析结果

操作步骤

1. 制作分析数据。启动 SPSS 软件，切换到【变量视图】视图中，自定义变量名称、小数和对齐，如图 12-48 所示。

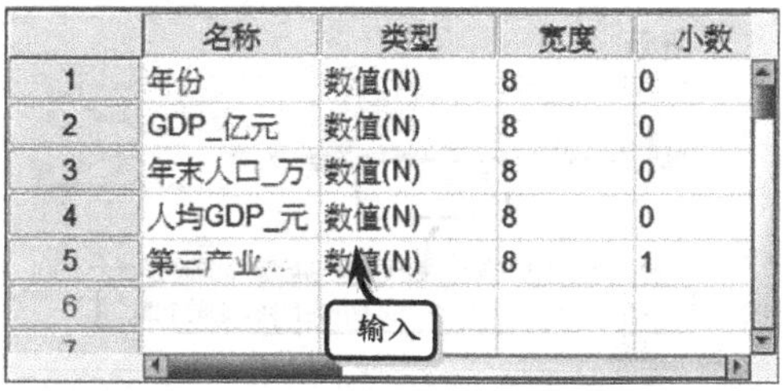

图 12-48　自定义变量

2. 切换到【数据视图】视图中，根据变量类别依次输入分析数据，如图 12-49 所示。

图 12-49　输入分析数据

3. 替换缺失值。执行【转换】|【替换缺失值】命令，添加包含缺失值的变量，单击【确定】按钮，如图 12-50 所示。

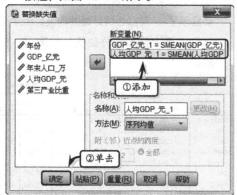

图 12-50　替换缺失值

4. 定义变量日期。执行【数据】|【定义日期】命令，在弹出的对话框中定义年份日期，如图 12-51 所示。

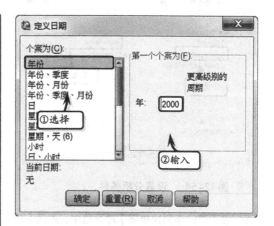

图 12-51　定义变量日期

5. 指数平滑分析数据。执行【分析】|【预测】|【创建模型】命令，添加分析变量，如图 12-52 所示。

图 12-52　添加分析变量

6. 在【变量】选项卡中，单击【方法】下拉按钮，在其下拉列表中选择【指数平滑法】选项，并单击【条件】按钮，如图 12-53 所示。

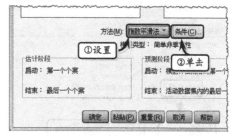

图 12-53　设置分析方法

7. 在弹出的【时间序列建模器:指数平滑条件】对话框中，选中【Holt 线性趋势】和【平方根】选项，并单击【继续】按钮，如图 12-54 所示。

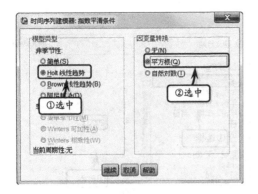

◆ 图 12-54　设置分析条件

8 在【时间序列建模器】对话框中，激活【统计量】选项卡，启用相应的复选框，设置其输出建模结果表的选项，如图 12-55 所示。

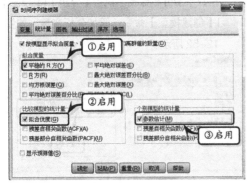

◆ 图 12-55　设置统计量选项

9 在【时间序列建模器】对话框中，激活【图表】选项卡，启用相应的选项，如图 12-56 所示。

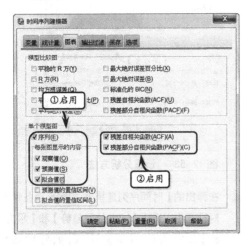

◆ 图 12-56　设置图表选项

10 在【时间序列建模器】对话框中，激活【选项】选项卡，选中【模型评估期后的第一个个案到指定日期之间的个案】选项，并在【年】文本框中输入"2000"，如图 12-57 所示。

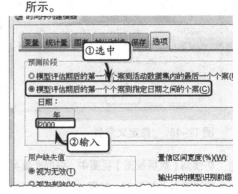

◆ 图 12-57　设置分析选项

11 单击【确定】按钮，系统会自动在输出窗口中显示"模型描述"分析表，如图 12-58 所示。

			模型类型
模型 ID	SMEAN(GDP_亿元)	模型_1	Holt
	SMEAN(人均GDP_元)	模型_2	Holt

◆ 图 12-58　模型描述表

12 在分析结果中的"模型拟合"分析表中，主要显示了 8 种拟合统计量的均值、SE、最小值、最大值和百分位值，如图 12-59 所示。

					模型拟合	
拟合统计量	均值	SE	最小值	最大值	5	10
平稳的 R 方	.780	.058	.738	.821	.738	
R 方	.974	.002	.972	.975	.972	
RMSE	2840.282	3432.312	413.271	5267.293	413.271	413.
MAPE	6.356	.640	5.903	6.809	5.903	5.9
MaxAPE	15.350	.136	15.253	15.446	15.253	15.2
MAE	2061.943	2503.019	292.041	3831.845	292.041	292.0
MaxAE	4939.884	5916.420	756.343	9123.424	756.343	756.
正态化的 BIC	14.970	3.599	12.425	17.516	12.425	12.4

◆ 图 12-59　模型拟合表

13 在分析结果中的拟合图形中，显示了 2 个变量的实际观测序列、模型拟合序列的变化趋势，如图 12-60 所示。

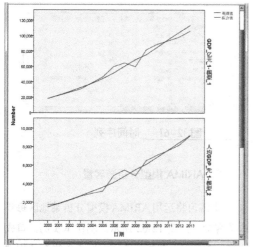

图 12-60　拟合图形

12.8　思考与练习

一、填空题

1．时间序列又称为_____或_____，主要反映了不同时间内的社会经济现象的统计指标值，并将这些统计指标值按照_____的先后顺序加以排列后形成分析数列。

2．指数平滑法是使用特定范围内记录的_____作为预测的一种分析方法，属于_____的一种特殊情况。

3．总量指标时间序列反映了社会经济现象的绝对水平情况。根据社会经济现象性质而定，总量指标又分为_____和_____时间序列。

4．ARIMA 模型又称为_____模型或称为_____模型，可以分析含有_____成分的时间序列数据。

5．在分析过程中，可以根据时间序列的 4 种因素的影响方式的不同，来设定_____和_____模型。

二、选择题

1．时间序列分析主要是通过预测目标本身的时间序列数据，来预测目标本身的未来发展方向。下列选项中，不属于时间序列特点的一项为____。

A．趋势线
B．随机性
C．周期性
D．线性

2．在实际序列分析中，各时期的发展水平会受到长期趋势、____、循环变动、不规则变动等因素的影响。

A．时间变动
B．季节变动
C．随机变动
D．周期变动

3．指数平滑法是统计预测中广泛使用的一种方法，可以直接用于预测，也可以用于____。

A．分析时间序列
B．估计模型参数
C．估计观测值
D．估算残差

4．在设置指数平滑条件时，其非季节的模型类型主要包括简单、Holt 线性趋势、Brown 线性趋势和____。

A. 自然对数趋势

B. Winters 相乘性

C. Winters 可加性

D. 阻尼趋势

5. 在设置 ARIMA 条件时，其非季节的 ARIMA 阶数结构包括自回归、差分和____。

A. 移动平均数

B. 平方根

C. 自然对数

D. 加权平均

三、问答题

1. 简述时间序列的分类？
2. 如何对时间序列数据进行缺失值替换？
3. 如何定义日期变量？
4. 时间序列分析具有哪些特点？
5. 如何制作分析序列图？

四、上机练习

1. 创建时间序列

本练习将为已知的分析数据创建时间序列，如图 12-61 所示。制作本练习，首先制作分析数据，并执行【转换】|【创建时间序列】命令，弹出【创建时间序列】对话框。然后，将需要转换的变量添加到【变量-新名称】列表框中，选择变量名称，在【名称和函数】选项组中，设置其名称和函数类型。最后，在【创建时间序列】中单击【确定】按钮，系统将自动在数据文件中增加新变量，并显示变量数据。

	名称	类型	宽度	小数	标签
1	年份	数值(N)	8	0	
2	GDP_亿元	数值(N)	8	0	
3	年末人口_万	数值(N)	8	0	
4	人均GDP_元	数值(N)	8	0	
5	第三产业...	数值(N)	8	1	
6	GDP_亿元_1	数值(N)	9	0	DIFF(GDP_亿元,1)
7	人均GDP_...	数值(N)	9	0	DIFF(人均GDP_元,1)
8					
9					
10					

图 12-61 时间序列

2. ARIMA 模型分析游客量

本练习将运用 ARIMA 模型分析某地区每年的游客量，如图 12-62 所示。制作本实例，首先定义日期变量，并执行【分析】|【预测】|【创建模型】命令，弹出【时间序列建模器】对话框。在【变量】选项卡中，添加分析变量，并单击【方法】下拉按钮，在其下拉列表中选择【ARIMA】选项，并单击【条件】按钮。然后，在弹出的【时间序列建模器:ARIMA 条件】对话框中，激活【模型】选项卡，设置其 ARIMA 阶数结构值。最后，设置其统计量和图表选项，并单击【确定】按钮。

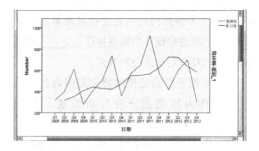

图 12-62 分析游客量

第 13 章

绘制统计图

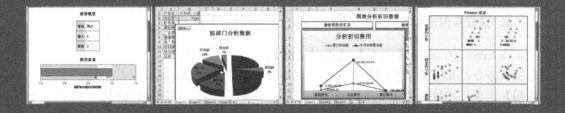

在 SPSS 中,不仅可以对数据进行多方面的专业型分析,而且还可以将分析结果以统计图形的方式进行显示。SPSS 为用户提供了多种多样的、形式各异的统计图形,不仅可以输出平面图形,而且还可以输出 3-D 图形。使用统计图功能,不仅可以直观地显示分析结果,而且还可以在使杂乱复杂的数据变得简明扼要、形象生动、通俗易懂的情况下,可以直接地显示数据之间的关系和变化趋势。在本章中,将详细地介绍 SPSS 中各类统计图形的基础原理和制作方法。

本章学习目标:

- 线图
- 饼图
- 箱图
- 面积图
- 条形图
- 高低图
- 散点图
- 编辑统计图
- 制作交互式统计图表

13.1 条形图

条形图又称为带形图和柱形图，是利用相同宽度的条形的长度表示数据变化的一种统计图图形，主要用于呈现离散型数据。一般条形图的长度（Y 轴）代表事物数量的多少，而 X 轴是分类轴代表变量、个案或变量的取值。在 SPSS 中，条形图又分为简单、复式、堆积和 3-D 等条形图。

误差条形图是一种直观地表现数据离散程度的图形，它采用平均数和标准差或标准误来计算出总体值的置信区间，从某种程度上来说误差条形图类似于箱图。

13.1.1 简单条形图

简单条形图是条形图中一种最简单且易懂的图形，它是以横轴（X 轴）作为分类轴，以纵轴（Y 轴）作为数值轴，并以单个条形代表数据分类形式而进行显示分析数据的统计图。

1. 选择条形图类型

在 SPSS 中，执行【图形】|【旧对话框】|【条形图】命令，弹出【条形图】对话框。选择【简单箱图】选项，同时选中【个案组摘要】选项，并单击【定义】按钮，如图 13-1 所示。

在【条形图】对话框中的【图标中的数据为】选项组中，主要包括下列 3 种选项：

图 13-1　选择条形图类型

- **个案组摘要**　表示对单个变量的类别进行摘要，条的高度取决于"条代表"选项。最小规格为单个类别轴的变量。
- **各个变量的摘要**　表示对两个或更多变量进行摘要，每个条代表一个变量。最小规格为两个或更多条代表变量。
- **个案值**　表示对单个变量进行摘要，每个条表示单个个案。最小规格为单个条代表变量。

2. 定义简单条形图

在弹出的【定义简单条形图:个案组摘要】对话框中，将"专业类型"变量添加到【类别轴】列表框中，并选中【个案数】选项，如图 13-2 所示。

在【定义简单条形图:个案组摘要】对话框中，主要包括下列选项组：

- **条的表征**　主要用于指定数据在刻度轴上的表述方式，包括个案数、累积个数、个案

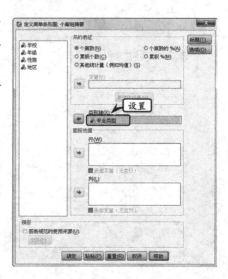

图 13-2　定义简单条形图

数的%等类型。若需要在刻度上显示其他摘要变量的函数，则需要选中【其他统计量（例如均值）】选项，并通过单击【更改统计量】按钮，设置统计量类型。

- **类别轴** 用于指定类别轴中所需显示的变量，该变量可以为数值、字符串或长字符串。
- **面板依据** 当用户需要在图表内添加面板时，可以将一个或多个变量添加到该组内。
- **模板** 在该组内启用【图表规范的使用来源】复选框，可以为图表指定模板类型。另外，单击【文件】按钮，即可在弹出的【从文件使用模板】对话框中，选择模板文件。

在【定义简单条形图:个案组摘要】对话框中，单击【标题】按钮，在弹出的【标题】对话框中，设置图表的标题和脚注内容，并单击【继续】按钮，如图 13-3 所示。

另外，在【定义简单条形图:个案组摘要】对话框中，单击【选项】按钮，弹出【选项】对话框，启用【显示由缺失值定义的组】和【显示误差条形图】复选框，并单击【继续】按钮，如图 13-4 所示。

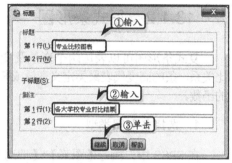

图 13-3　设置标题或脚注

在【选项】对话框中，主要包括下列选项：

- **按列表排除个案** 表示在被摘要的变量存在缺失值时会从整个图表中排除个案。
- **按变量顺序排除个案** 表示可从每个计算的摘要统计量中排除单个个案。不同的图表元素可能基于不同的个案组。
- **显示由缺失值定义的组** 此选项仅在使用分类变量为新图表定义组时可用。如果选择了此项，分组变量的每个缺失值（包括系统缺失值）将在图表中作为单独组出现。否则，将从图表中排除分组变量具有系统缺失或用户缺失值的个案。
- **使用个案标签显示图表** 此选项仅在定义散点图并在主对话框中指定了"标注个案依据"字段的变量时可用。在选择

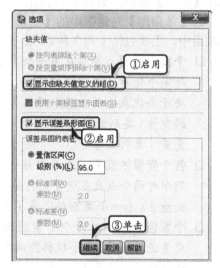

图 13-4　设置图形选项

之后，指定变量的值标签（如果未定义标签，则为值）在图表中显示为点标签。

- **显示误差条形图** 此选项仅在简单类别图表中的面积、条或线代表均值、中位数、计数或百分比时可用。误差条图对三维图表不可用。对于均值，可以选择显示类别均值周围的置信区间，加上减去 n 乘以变量标准差，或加上减去 n 乘以均值的标准误。对于中位数、计数和百分比，只有置信区间是可用的。
- **置信区间** 表示在图形中显示置信区间分析值，该选项只有在启用【显示误差条形图】复选框才可用。

- ❏ **标准误** 表示在图形中显示标准误分析值。
- ❏ **标准差** 表示在图形中显示标准差分析值。

3. 显示条形图

在【定义简单条形图:个案组摘要】对话框中，单击【确定】按钮，系统将自动在输出窗口中显示条形图，如图 13-5 所示。

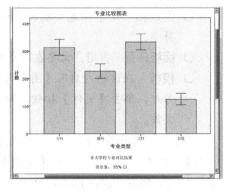

图 13-5　显示条形图

13.1.2 复式条形图

复式条形图可以表达两个变量及变量之间的对比关系，条的高度代表聚类定义变量或其他摘要变量的函数。

1. 选择条形图类型

在 SPSS 中，执行【图形】|【旧对话框】|【条形图】命令，弹出【条形图】对话框。选择【复式条形图】选项，同时选中【个案组摘要】选项，并单击【定义】按钮，如图 13-6 所示。

在【条形图】对话框中的【图表中的数据为】选项组中，主要包括下列 3 种选项：

图 13-6　选择图形类型

- ❏ **个案组摘要** 表示在另一个变量的类别中对某个变量的类别进行摘要，条的高度取决于条代表选项。最小规格为一个类别轴的变量（类别变量1）和一个定义群集依据变量（类别变量2）。
- ❏ **各个变量的摘要** 表示在另一个变量的类别中对两个或更多变量进行摘要。最小规格为两个或更多条代表变量（变量1，变量2）和一个类别轴变量（类别变量）。
- ❏ **个案值** 表示对每个个案的两个或更多变量进行摘要。最小规格为两个或更多条代表变量（变量1，变量2）。

2. 定义堆积条形图

在弹出的【定义复式条形图:个案组摘要】对话框中，将"专业类型"变量添加到【类别轴】列表框中，同时将"性别"变量添加到【定义堆栈】列表框中，如图 13-7 所示。

单击【标题】按钮，在弹出的【标题】对话框中，输入标题或脚注文本，单击【继续】按钮即可，如图 13-8 所示。

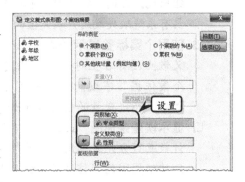

图 13-7　添加分析变量

另外，在【定义复式条形图:个案组摘要】对话框中，单击【选项】按钮，弹出【选项】对话框，启用【显示由缺失值定义的组】和【显示误差条形图】复选框，并单击【继续】按钮，如图 13-9 所示。

3．显示复式条形图

在【定义复式条形图:个案组摘要】对话框中，单击【确定】按钮，系统将自动在输出窗口中显示条形图，如图 13-10 所示。

13.1.3 堆积条形图

堆积条形图在其本质上类似于复式条形图，也表达两个变量及变量之间对比关系的一种统计图。但是，堆积条形图中的条形是变量的柱形堆积形式。

1．选择条形图类型

在 SPSS 中，执行【图形】|【旧对话框】|【条形图】命令，弹出【条形图】对话框。选择【堆积面积图】选项，同时选中【个案组摘要】选项，并单击【定义】按钮，如图 13-11 所示。

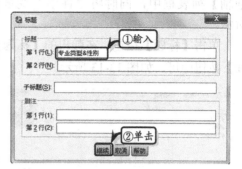

图 13-8　设置图表标题

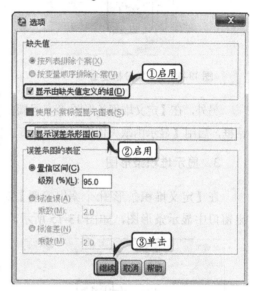

图 13-9　设置图形选项

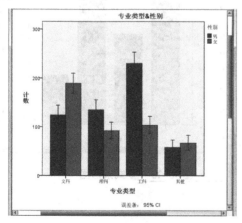

图 13-10　复式条形图

图 13-11　选择图形类型

2．定义堆积条形图

在弹出的【定义堆积条形图:个案组摘要】对话框中，将"专业类型"变量添加到【类别轴】列表框中，同时将"性别"变量添加到【定义堆栈】列表框中，如图 13-12 所示。

单击【标题】按钮，在弹出的【标题】对话框中，输入标题或脚注文本，单击【继续】按钮即可，如图 13-13 所示。

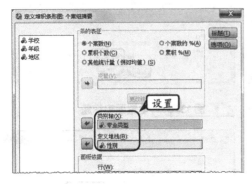
图 13-12　添加分析变量

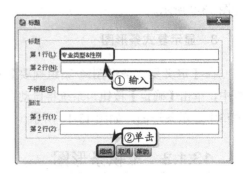
图 13-13　设置图表标题

另外，在【定义堆积条形图:个案组摘要】对话框中，单击【选项】按钮，弹出【选项】对话框，启用【显示由缺失值定义的组】复选框，并单击【继续】按钮，如图 13-14 所示。

3．显示堆积条形图

在【定义堆积条形图:个案组摘要】对话框中，单击【确定】按钮，系统将自动在输出窗口中显示条形图，如图 13-15 所示。

图 13-14　设置图形选项

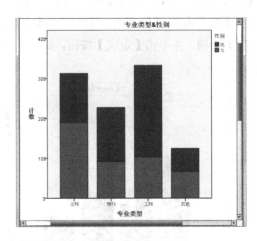
图 13-15　复式条形图

13.1.4　3-D 条形图

3-D 条形图是以 3-D 的形式显示条形图，它是在简单条形图的基础上加一条坐标轴 Z 组合而成的。

1. 设置坐标轴代表含义

在 SPSS 中，执行【图形】|【旧对话框】|【3-D 条形图】命令，弹出【3D 条形图】对话框，设置 X 轴和 Y 轴的代表含义，并单击【定义】按钮，如图 13-16 所示。

2. 定义 3-D 条形图

在弹出的【定义 3-D 条形图:个案组摘要】对话框中，将"专业类型"变量添加到【X 类别轴】列表框中，将"性别"变量添加到【Z 类别轴】列表框中，如图 13-17 所示。

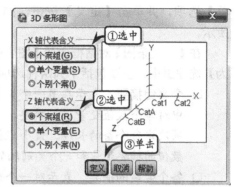

图 13-16　设置坐标轴的代表含义

> **提　示**
>
> 当用户将变量添加到【面板依据】选项组时，可以绘制 3-D 对比图；而当将变量添加到【堆积/聚类依据】选项组时，则可以绘制 3-D 堆积条形图。

在【定义 3-D 条形图:个案组摘要】对话框中，单击【标题】按钮，在弹出的【标题】对话框中，设置统计图的标题和脚注，如图 13-18 所示。

另外，在【定义 3-D 条形图:个案组摘要】对话框中，单击【选项】按钮，在弹出的【选项】对话框中，启用【显示由缺失值定义的组】复选框，并单击【继续】按钮，如图 13-19 所示。

3. 显示 3-D 条形图

在【定义 3-D 条形图:个案组摘要】对话框中，单击【确定】按钮，系统将自动在输出窗口中显示条形图，如图 13-20 所示。

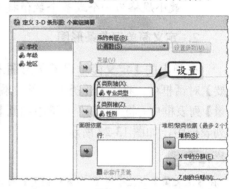

图 13-17　添加变量

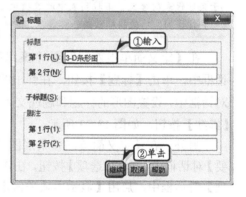

图 13-18　设置图形标题

13.1.5　简单误差条形图

误差条形图主要用来表示数据的离散程度，而简单误差条形图是采用了均值和标准差，或者标准误计算总体值的置信区间的一种统计图形，该图形类似于箱图。

1. 选择误差条形图类型

执行【图形】|【旧对话框】|【误差条形图】命令，在弹出的【误差条图】对话框中，选择【简

图 13-19　设置图形选项

单】选项，并单击【定义】按钮，如图 13-21 所示。

在【误差条图】对话框中的【图表中的数据为】选项组中，主要包括下列两种选项：

- **个案组摘要** 表示在另一个变量的类别中对单个数值变量进行摘要，条代表选项决定每个条的长度。最小规格为一个数值的摘要变量和一个类别轴的变量。
- **各个变量的摘要** 表示对一个或多个数值变量进行摘要，每个条代表一个变量。最小规格为一个或多个数值摘要变量。

2. 定义简单误差条形图

在弹出的【定义简单误差条形图:个案组摘要】对话框中，将"专业类型"变量添加到【变量】列表框中，将"性别"变量添加到【类别轴】列表框中，如图 13-22 所示。

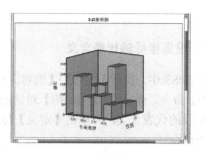

图 13-20 3-D 条形图

图 13-21 选择图形类型

> **提示**
> 在【定义简单误差条形图:个案组摘要】对话框中，单击【条的表征】下拉按钮，可在其下拉列表中选择用于条形代表的含义。下拉列表中的选项主要包括均值的置信区间、均值的标准误和标准差 3 种选项。

在【定义简单误差条形图:个案组摘要】对话框中，单击【标题】按钮，在弹出的【标题】对话框中，设置图形的标题和题注文本，并单击【继续】按钮，如图 13-23 所示。

另外，在【定义简单误差条形图:个案组摘要】对话框中，单击【选项】按钮，在弹出的【选项】对话框中，启用【显示由缺失值定义的组】复选框，并单击【继续】按钮，如图 13-24 所示。

3. 显示简单误差条形图

在【定义简单误差条形图:个案组摘要】对话框中，单击【确定】按钮，系统将自动在输出窗口中显示简单误差条件图，如图 13-25 所示。

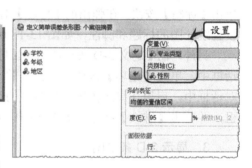

图 13-22 添加分析变量

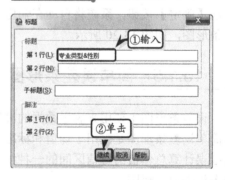

图 13-23 设置图形标题

在简单误差条形图中，由于将【条的表征】设置为"均值的置信区间"选项，所以条形图中的纵向线段表示位于 95%置信区间的数据，线段的顶端和低端表示数据的 95%置信区间的临界值，而线段中间的圆圈表示数据的平均值。

图 13-24 设置图形选项

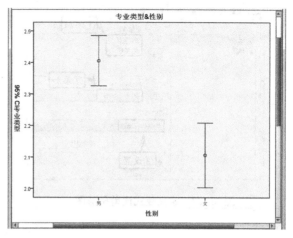

图 13-25 简单误差条形图

13.1.6 复式误差条形图

复式误差条形图是在简单误差条形图的基础上演变而来的,也就是说复式误差条形图比简单误差条形图多了一个变量。

1. 选择误差条形图类型

执行【图形】|【旧对话框】|【误差条形图】命令,在弹出的【误差条图】对话框中,选择【复式条形图】选项,选中【各个变量的摘要】选项,并单击【定义】按钮,如图 13-26 所示。

2. 定义复式误差条形图

在弹出的【定义复式误差条形图:各个变量的摘要】对话框中,将"性别"和"年级"变量添加到【变量】列表框中,将"专业类型"变量添加到【类别轴】列表框中。同时,将【条的表征】设置为"均值的标准误"选项,如图 13-27 所示。

图 13-26 选择条形图类型

3. 显示复式误差条形图

在【定义复式误差条形图:各个变量的摘要】对话框中,单击【确定】按钮,系统会自动在输出窗口中显示复式误差条形图,如图 13-28 所示。在复式误差条形图中,由于将【条的表征】设置为"均值的标准误"选项,所以条形图中的纵向线段表示位于两倍标准误之内的数据,线段的顶端和低端表示数据中大于两倍标准误的值,而线段中间的圆圈表示数据的平均值。

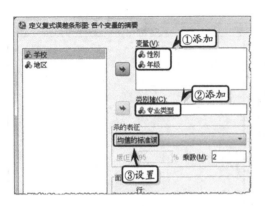

图 13-27 定义复式误差条形图

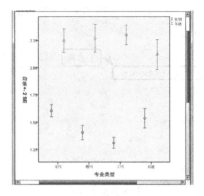

图 13-28 复式误差条形图

13.2 线图

线图是用线上每一个点的高低来表示数据的大小，并以线条连接各个高低点，以反映事物之间的关系，主要用于显示连续型数据。使用线图可以清晰、直观地显示事物随时间变化的趋势。SPSS 为用户提供了简单线图、多线线图和垂直线图 3 种线图统计图类型。

13.2.1 简单线图

简单线图是线图统计图中最简单的一种统计图，主要用于反映两个变量之间的关系。

1. 选择图形类型

执行【图形】|【旧对话框】|【线图】命令，在弹出的【线图】对话框中，选择【简单】选项，并单击【定义】按钮，如图 13-29 所示。

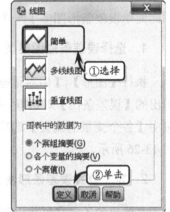

图 13-29 选择图形类型

在【线图】对话框中的【图表中的数据为】选项组中，主要包括下列 3 种选项：

- **个案组摘要** 表示对单个变量的类别进行摘要。这些点的 y 高度取决于线代表选项。最小规格为单个类别轴变量。
- **各个变量的摘要** 表示对两个或更多变量进行摘要。每个点代表一个变量。最小规格为两个或更多线代表变量。
- **个案值** 表示对单个变量进行摘要。每个点表示单个个案。最小规格为线代表变量。

2. 定义简单线图

在弹出的【定义简单线图:个案组摘要】对话框中，选中【其他统计量】选项，并将 "MEAN（专业类型）"变量添加到【变量】列表框中。同时，将"学校"变量添加到【类别轴】列表框中，如图 13-30 所示。

选中【变量】列表框中的变量名称，单击【更改统计量】按钮，在弹出的【统计量】对话框中，选中【值的众数】选项，并单击【继续】按钮，如图 13-31 所示。

3．设置标题和选项

在【定义简单线图:个案组摘要】对话框中，单击【选项】按钮，在弹出的【选项】对话框中，启用【显示由缺失值定义的组】和【显示误差条形图】复选框，并单击【继续】按钮，如图 13-32 所示。

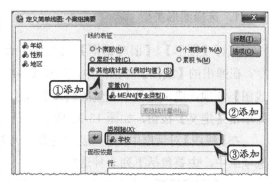

图 13-30　添加图形变量

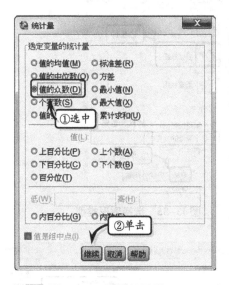

图 13-31　更改统计量

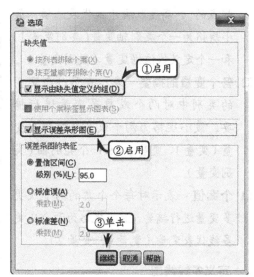

图 13-32　设置图形选项

另外，在【定义简单线图:个案组摘要】对话框中，单击【标题】按钮，在弹出的【标题】对话框中，输入标题文本，并单击【继续】按钮，如图 13-33 所示。

4．显示简单线图

在【定义简单线图:个案组摘要】对话框中，单击【确定】按钮，系统会自动在输出窗口中显示简单线图，如图 13-34 所示。

13.2.2　多线线图

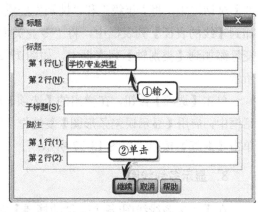

图 13-33　设置图表标题

多线线图是一种运用多条线条表示多个不同情况下的变量，以详细分析和对比各个变量的变化情况。

1. 选择图形类型

执行【图形】|【旧对话框】|【线图】命令，在弹出的【线图】对话框中，选择【多线线图】选项，选中【各个变量的摘要】选项，并单击【定义】按钮，如图13-35所示。

在【线图】对话框中的【图表中的数据为】选项组中，主要包括下列3种选项：

- **个案组摘要** 表示在另一个变量的类别中对某个变量的类别进行摘要。这些点的y高度取决于线代表选项。最小规格为一个类别轴变量(类别变量1)和一个定义线依据变量（类别变量2）。
- **各个变量的摘要** 表示在另一个变量的类别中对两个或更多变量进行摘要。最小规格为两个或多个线代表变量（变量1，变量2）和一个类别轴（类别变量）。
- **个案值** 表示对每个个案的两个或更多变量进行摘要。最小规格为两个或更多线代表变量（变量1，变量2）。

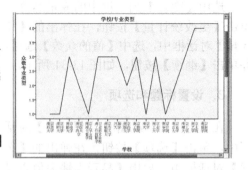

图13-34 简单线图

图13-35 选择图形类型

2. 定义多线线图

在弹出的【定义多线线图:各个变量的摘要】对话框中，将"年级"和"性别"变量添加到【线的表征】列表框中，将"专业类型"变量添加到【类别轴】列表框中，如图13-36所示。

单击【选项】按钮，在弹出的【选项】对话框中，启用【显示误差条形图】复选框，并单击【继续】按钮，如图13-37所示。

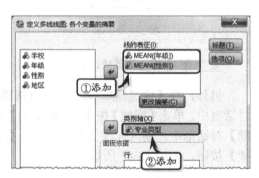

图13-36 添加图形变量

3. 显示多线线图

在【定义多线线图:各个变量的摘要】对话框中，单击【确定】按钮，系统会自动在输出窗口中显示多线线图，如图13-38所示。

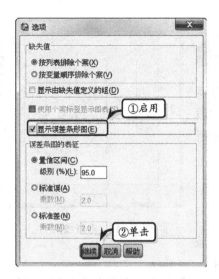

图13-37 设置图形选项

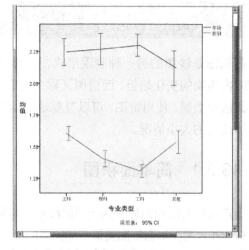

图13-38 多线线图

13.2.3 垂直线图

垂直线图是以单个短线条表示数据变化情况的统计图,其短线条是将类别轴上的多个值纵向连接起来的一种表现形式。

1. 选择图形类型

执行【图形】|【旧对话框】|【线图】命令,在弹出的【线图】对话框中,选择【垂直线图】和【各个变量的摘要】选项,并单击【定义】按钮,如图13-39所示。

图13-39 选择图表类型

2. 定义垂直线图

在弹出的【定义垂直线图:各个变量的摘要】对话框中,将"年级"和"性别"变量添加到【线的表征】列表框中,将"专业类型"变量添加到【类别轴】列表框中,如图13-40所示。

3. 显示垂直线图

在【定义垂直线图:各个变量的摘要】对话框中,单击【确定】按钮,系统会自动在输出窗口中显示垂直线图,如图13-41所示。

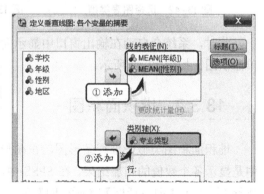

图13-40 设置图形变量

13.3 面积图和饼图

面积图是线图的另一种表现形式，一般用于强调某期间内事物的变化趋势。而饼图又称为圆形图，一般用于离散型数据。使用饼图，可以直观地显示各变量所占总体比例的大小情况。

13.3.1 简单面积图

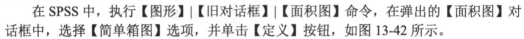

图 13-41 垂直线图

用户可以将面积图理解为线图的线条与坐标轴区域的填充形式，其简单面积图类似于线图中的简单线图。

在 SPSS 中，执行【图形】|【旧对话框】|【面积图】命令，在弹出的【面积图】对话框中，选择【简单箱图】选项，并单击【定义】按钮，如图 13-42 所示。

在弹出的【定义简单面积图:个案组摘要】对话框中，选中【其他统计量】选项，并将"专业类型"变量添加到【变量】列表框中，同时将"学校"变量添加到【类别轴】列表框中，并单击【确定】按钮，如图 13-43 所示。

图 13-42 选择图表类型

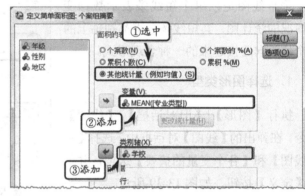

图 13-43 添加图形变量

此时，系统会自动在输出窗口中显示简单面积图，如图 13-44 所示。

13.3.2 堆积面积图

堆积面积图类似于堆积条形图，在图形中是显示各个数值的相加结果。在 SPSS 中，执行【图形】|【旧对话框】|【面积图】命令，在弹出的【面积图】对话框中，选择【堆积面积图】选项，并单击【定义】按钮，如图

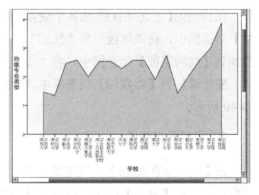

图 13-44 简单面积图

13-45 所示。

在弹出的【定义堆栈面积:个案组摘要】对话框中,选中【其他统计量】选项,并将"专业类型"变量添加到【变量】列表框中,将"年级"变量添加到【类别轴】列表框中,将"性别"变量添加到【定义面积】列表框中,并单击【确定】按钮,如图 13-46 所示。

图 13-45 选择图表类型

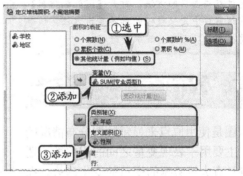

图 13-46 添加图形变量

此时,系统会自动在输出窗口中显示简单面积图,如图 13-47 所示。

13.3.3 饼图

饼图也是一种显示各变量占总体比例情况的一种统计图,该类型的统计图使用百分百的形式表示数值。在 SPSS 中,执行【图形】|【旧对话框】|【饼图】命令,在弹出的【饼图】对话框中,选中【个案组摘要】选项,并单击【定义】按钮,如图 13-48 所示。

在弹出的【定义饼图:个案组摘要】对话框中,选中【个案数的%】选项,将"专业类型"变量添加到【定义分区】列表框中,并单击【确定】按钮,如图 13-49 所示。

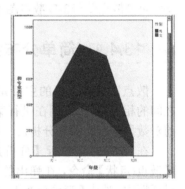

图 13-47 简单面积图

图 13-48 选择数据类型

图 13-49 设置图形变量

> **提 示**
>
> 在【定义饼图:个案组摘要】对话框中,可通过单击【标题】和【选项】按钮,来设置图形的标题和图形选项。

此时，系统将会自动在输出窗口中显示饼图统计图，如图 13-50 所示。通过饼图可以发现，系统以百分比的形式显示了每个专业数量占总专业类型数量的百分比值。

> **提 示**
> 系统默认生成的饼图统计图中并未显示数据标签，用户可通过双击图形的方法，打开【图表编辑器】窗口，在该窗口中定义数据的标签显示方法。该部分内容将在本章后面的小节中介绍。

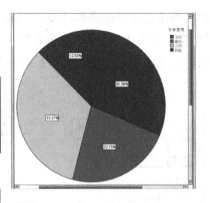

图 13-50　饼图

13.4　散点图

散点图是使用原点来显示数据分布情况的统计图，主要用于表现变量之间的相关性，适合于观测具有大量数据的变量的变化趋势。在 SPSS 中，主要包括简单分布散点图、矩阵散点图、重叠散点图和 3-D 散点图 4 种图表类型。

13.4.1　简单分布散点图

散点图的使用目的主要是比较两个变量之间的相关性，一般用在进行某个分析方法之前对数据进行相关性分析。

在 SPSS 中，执行【分析】|【旧对话框】|【散点/点状】命令，在弹出的【散点图/点图】对话框中，选中【简单分布】选项，并单击【定义】按钮，如图 13-51 所示。

在弹出的【简单散点图】对话框中，将"水分"变量添加到【Y 轴】列表框中，将"生长"变量添加到【X 轴】列表框中，并单击【确定】按钮，如图 13-52 所示。

此时，系统将自动在输出窗口中显示简单分布散点图，如图 13-53 所示。通过散点图中的数据的分布情况，可以推断两个变量之间显著性线性相关。

13.4.2　矩阵散点图

矩阵散点图是将两两变量之间的关系在矩阵中以散点图的形式进行显示。执行【分析】

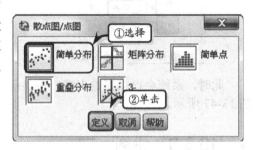

图 13-51　选择图表类型

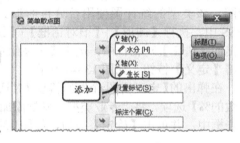

图 13-52　添加图形变量

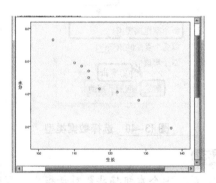

图 13-53　简单散点图

|【旧对话框】|【散点/点状】命令，在弹出的【散点图/点图】对话框中，选中【矩阵分布】选项，并单击【定义】按钮，如图 13-54 所示。

在弹出的【散点图矩阵】对话框中，将"水分"、"生长"和"施肥量"变量添加到【矩阵变量】列表框中，将"分布"变量添加到【设置标记】列表框中，并单击【确定】按钮，如图 13-55 所示。

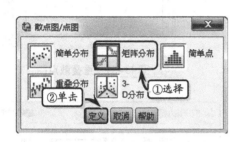

图 13-54 选择图表类型

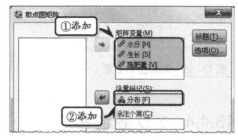

图 13-55 添加图形变量

提 示

【设置标记】选项，用于表示散点图中每个点所代表的位置。

此时，系统将自动在输出窗口中显示矩阵散点图，如图 13-56 所示。通过矩阵散点图可以直观地显示每两个变量之间的关系，并且以不同的颜色显示了"分布"变量之间的相关性。

13.4.3 重叠散点图

重叠散点图是在同一坐标轴中显示多个同单位的变量之间关系的一种统计图。在 SPSS 中，执行【分析】|【旧对话框】|【散点/点状】命令，在弹出的【散点图/点图】对话框中，选中【重叠分布】选项，并单击【定义】按钮，如图 13-57 所示。

在弹出的【重叠散点图】对话框中，将"水分"和"施肥量"变量添加到【Y-X 对】表格中的第一对，然后将"施肥量"和"水分"变量添加到【Y-X 对】表格中的第二对，并单击【确定】按钮，如图 13-58 所示。

此时，系统将自动在输出窗口中显示重叠散点图，如图 13-59 所示。在重叠散点图中，同时显示了"语文-数学"和"数学-语文"两幅散点图。

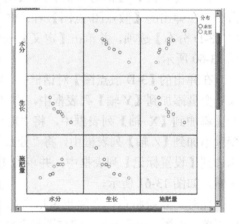

图 13-56 矩阵散点图

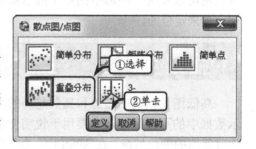

图 13-57 选择图表类型

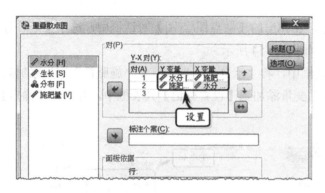

图 13-58 添加图形变量

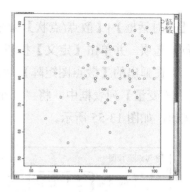

图 13-59 重叠散点图

13.4.4 3-D 散点图

3-D 散点图类似于 3-D 条形图，也是以 3-D 的形式显示条形图，是在简单散点图的基础上加一条坐标轴 Z 组合而成的。

执行【分析】|【旧对话框】|【散点/点状】命令，在弹出的【散点图/点图】对话框中，选中【3-D 分布】选项，并单击【定义】按钮，如图 13-60 所示。

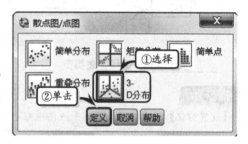

图 13-60 选择图表类型

在弹出的【3-D 散点图】对话框中，将"成长"变量添加到【Y 轴】列表框中，将"水分"变量添加到【X 轴】列表框中，将"施肥量"变量添加到【Z 轴】列表框中，将"分布"变量添加到【设置标记】列表框中，并单击【确定】按钮，如图 13-61 所示。

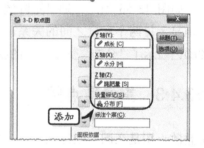

图 13-61 添加图形变量

此时，系统将自动在输出窗口中显示 3-D 散点图，如图 13-62 所示。通过图形变量和 3-D 散点图可以发现，图形中的每个散点都是由 3 个变量来定位的。

13.5 高低图

高低图是以集中趋势和离散趋势的形式表示数据中的不同区域，主要用于说明变量在一定时间内的变化情况。在 SPSS 中，高低图主要分为简单高低关闭图、简单范围栏图、聚集高低关闭图和差别面积图。

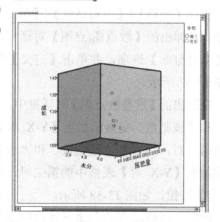

图 13-62 3-D 散点图

13.5.1 简单高低关闭图

简单高低关闭图是以线段和圆圈的方式显示了变量中的最高值、最低值、均值和闭合值的一种统计图形式。在 SPSS 中，执行【分析】|【旧对话框】|【高低图】命令，在弹出的【高-低图】对话框中，选择【简单高低关闭】选项，并选中【各个变量的摘要】选项，单击【定义】按钮，如图 13-63 所示。

在【高-低图】对话框中的【图表中的数据为】选项组中，主要包括下列 3 种选项：

- **个案组摘要** 表示在某个类别变量所定义的类别中对单个"高-低-闭合"进行摘要。最小规格为一个带有两个（或三个值）或类别的高-低-闭合变量，以及一个类别轴变量（类别变量）。
- **各个变量的摘要** 表示在某个类别变量定义的类别中对两个（或三个）变量进行摘要。最小规格为一个高变量、低变量和类别轴变量。
- **个案值** 表示对两个或三个变量进行摘要。每个条表示单个个案。最小规格为一个高变量和低变量。

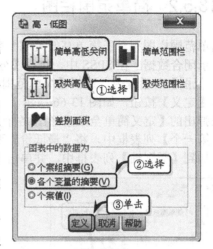

图 13-63 选择图表类型

在弹出的【定义高-低-闭合:各个变量的摘要】对话框中，将"最高价"变量添加到【高】列表框中，将"最低价"变量添加到【低】列表框中，将"收盘价"变量添加到【闭合】列表框中，将"日期"变量添加到【类别轴】列表框中，并单击【确定】按钮，如图 13-64 所示。

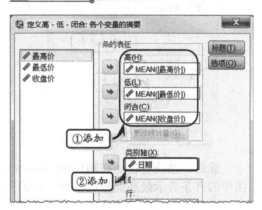

图 13-64 添加图形变量

> **提示**
> 为图形添加完变量之后，可以选择【条的表征】选项组中所添加的变量，单击【更改统计量】按钮，在弹出的【统计量】对话框中，重新设置数据的统计量显示方式。

此时，系统将会自动在输出窗口中显示简单高低关闭图，如图 13-65 所示。其中，统计图中线段的上下两端分别表示变量的最高价和最低价，线段中的圆圈表示收盘价。

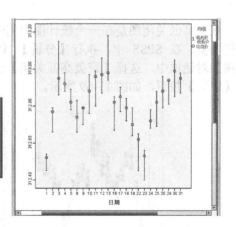

图 13-65 简单高低关闭图

13.5.2 简单范围栏图

简单范围栏图相对于简单高低关闭图来讲，在将线段换成直条显示数据的同时，还可以显示闭合数据。在 SPSS 中，执行【分析】|【旧对话框】|【高低图】命令，在弹出的【高-低图】对话框中，选择【简单范围栏】选项，再选中【各个变量的摘要】选项，并单击【定义】按钮，如图 13-66 所示。

在弹出的【定义简单全距条形图:各个变量的摘要】对话框中，将"最高价"变量添加到【第一个】列表框中，将"最低价"变量添加到【第二个】列表框中，将"日期"变量添加到【类别轴】列表框中，并单击【确定】按钮，如图 13-67 所示。

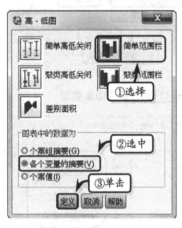

图 13-66　选择图表类型

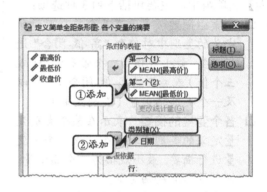

图 13-67　添加图形变量

此时，系统将自动在输出窗口中显示简单范围栏图，如图 13-68 所示。其中，统计图中的直条表示最高价和最低价之间的差异情况。

13.5.3 聚类高低关闭图

聚类高低关闭图是在一个统计图中同时显示两个变量数据的最高值、最低值、均值和闭合值。在 SPSS 中，执行【分析】|【旧对话框】|【高低图】命令，在弹出的【高-低图】对话框中，选择【聚类高低关闭】选项，再选中【各个变量的摘要】选项，并单击【定义】按钮，如图 13-69 所示。

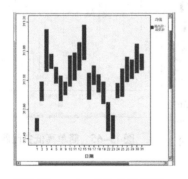

图 13-68　简单范围栏图

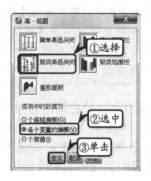

图 13-69　选择图表类型

在弹出的【定义复式高-低-闭合图:各个变量的摘要】对话框中,将"最高价 1"变量添加到【高】列表框中,将"最低价1"变量添加到【低】列表框中,将"收盘价1"变量添加到【闭合】列表框中,并单击【下一张】按钮,如图 13-70 所示。

然后,将"最高价2"变量添加到【高】列表框中,将"最低价2"变量添加到【低】列表框中,将"收盘价2"变量添加到【闭合】列表框中,将"日期"变量添加到【类别轴】列表框中,并单击【确定】按钮,图 13-71 所示。

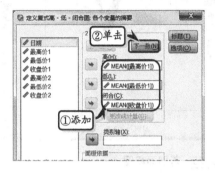
图 13-70 添加第一层图形变量

图 13-71 添加第二层图形变量

此时,系统将会自动在输出窗口中显示聚类高低关闭图,如图 13-72 所示。其中,统计图中的线段表示两个变量数据的最高价和最低价之间的差异情况,而统计中的圆圈表示两个变量数据的收盘价。

13.5.4 差别面积图

差别面积图是以填充图形的方式显示变量数据之间的最大值和最小值之间的差异情况。在 SPSS 中,执行【分析】|【旧对话框】|【高低图】命令,在弹出的【高-低图】对话框中,选择【差别面积】选项,再选中【各个变量的摘要】选项,并单击【定义】按钮,如图 13-73 所示。

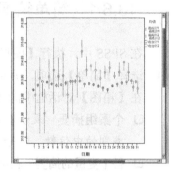
图 13-72 聚类高低关闭图

在弹出的【定义差别面积图:各个变量的摘要】对话框中,将"最高价"变量添加到【第一个】列表框中,将"最低价"变量添加到【第二个】列表框中,将"日期"变量添加到【类别轴】列表框中,并单击【确定】按钮,如图 13-74 所示。

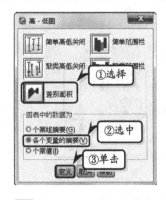
图 13-73 选择图表类型

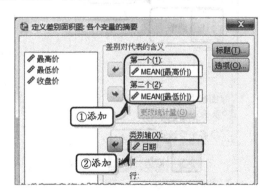
图 13-74 添加第一层图形变量

此时，系统将会自动在输出窗口中显示差别面积图，如图13-75所示。其中，统计图中的填充区域表示两个变量数据的最高价和最低价之间的差异情况。

13.6 箱图

箱图是一种使用数据中最大值、最小值，以及中位数、两个四分位数来表达数据分布情况的一种统计图形，主要用于观察数据的中位数偏离四分位数的具体情况，并根据判断结果推断数据的分布情况。

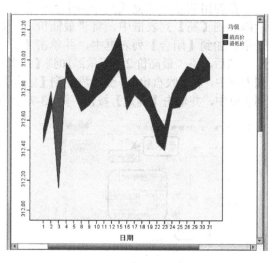

图13-75 差别面积图

13.6.1 简单箱图

在SPSS中，执行【图形】|【旧对话框】|【箱图】命令，在弹出的【箱图】对话框中，选择【简单】选项，并单击【定义】按钮，如图13-76所示。

在【箱图】对话框中的【图表中的数据为】选项组中，主要包括下列两种选项：
- **个案组摘要** 表示在另一个变量的类别中对单个数值变量进行摘要。每个框显示类别的中位数、四分位数和极值。最小规格为一个数值摘要变量和类别轴变量。
- **各个变量的摘要** 表示对一个或多个数值变量进行摘要，每个框代表一个变量。最小规格为一个或多个变量的摘要变量。

在弹出的【定义简单箱图:个案组摘要】对话框中，将"专业类别"变量添加到【变量】列表框中，将"年级"变量添加到【类别轴】列表框中，并单击【确定】按钮，如图13-77所示。

图13-76 选择图表类型

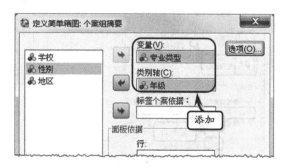

图13-77 添加图形变量

此时，系统将会自动在输出窗口中显示简单箱图，如图 13-78 所示。统计图中的长方形形状被称为箱体，箱体的顶部表示数据的第 75 个百分位，箱体的底部表示数据的第 25 个百分位，箱体中间黑色的横线表示中位数。另外，从箱体延伸出来的直线被称为触须线，其顶部表示数据本体的最大值，其底部表示数据本体的最小值。统计图中的圆圈表示数据的奇异值，奇异值表示该值是否大于第 75 个百分位和小于第 25 个百分位的 1.5 倍。

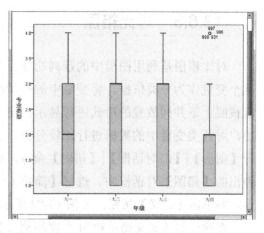

图 13-78 简单箱图

13.6.2 复式箱图

复式箱图比简单箱图多一个变量，执行【图形】|【旧对话框】|【箱图】命令，在弹出的【箱图】对话框中，选择【复式条形图】选项，并单击【定义】按钮，如图 13-79 所示。

在弹出的【定义复式箱图:个案组摘要】对话框中，将"专业类型"变量添加到【变量】列表框中，将"年级"变量添加到【类别轴】列表框中，将"性别"变量添加到【X轴上的聚类】列表框中，并单击【确定】按钮，如图 13-80 所示。

此时，系统会自动在输出窗口中显示复式箱图，如图 13-81 所示。仔细观察，会发现统计图中存在两个箱图，分别代表男女数据，便于用户根据年级对比不同性别下的专业类型。

图 13-79 选择图表类型

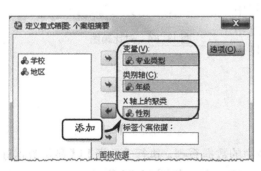

图 13-80 添加图形变量

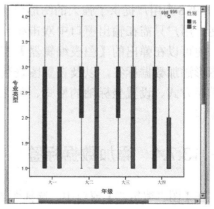

图 13-81 复式箱图

13.6.3 对比箱图

对比箱图是利用图形中的行列功能，将某个变量作为分类依据，将变量中的每种取值按照上下并列放置的形式进行显示，便于用户对各类变量中的数据进行比较分析。执行【图形】|【旧对话框】|【箱图】命令，在弹出的【箱图】对话框中，选择【简单】选项，并单击【定义】按钮，如图13-82所示。

图13-82 选择图表类型

在弹出的【定义简单箱图:个案组摘要】对话框中，将"专业类别"变量添加到【变量】列表框中，将"年级"变量添加到【类别轴】列表框中，将"性别"变量添加到【行】文本框中，并单击【确定】按钮，如图13-83所示。

此时，系统将会自动在输出窗口中显示对比箱图，如图13-84所示。通过对比箱图，可以发现系统以"性别"变量为分类依据，上下并排放置显示不同年级下的专业类型分布情况。

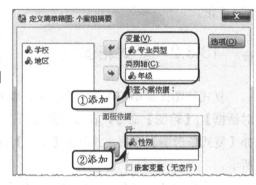

图13-83 添加图形变量

> **提示**
> 使用同样的方法，还可以对其他图形类别制作对比图。

13.7 编辑统计图

SPSS为用户提供了强大的图形交互编辑功能，用户只需在输出窗口中双击统计图图表，便可以在弹出的【图表编辑器】窗口中为图形添加数据标签，以及设置图表数据中的排序方式、设置坐标轴的格式、美化图表等操作。

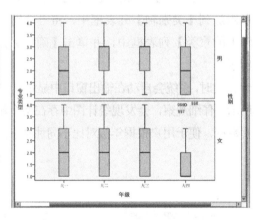

图13-84 对比箱图

13.7.1 添加数据标签

在【图表编辑器】窗口中，选择图表中的数据系列，执行【元素】|【显示数据标签】命令，此时系统会自动在数据系列上显示数据标签，如图13-85所示。

系统在为图表添加数据标签的同时，弹出【属性】对话框。在其【数据值标签】选项卡中的【不显示】列表框中，选择【专业类型】选项，单击【添加】按钮，将该选项添加到【显示】列表框内，如图13-86所示。

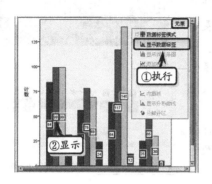

图13-85 显示数据标签

图13-86 增加标签内容

在【标签位置】选项组中，选中【自定义】选项，同时选择【上中】选项。同时，启用【显示选项】选项组中的【将标签颜色与图形元素匹配】复选框，并单击【应用】按钮，如图13-87所示。

> **提示**
> 在SPSS中，图表类型不同，其所弹出的【属性】对话框中的选项卡内容也不尽相同。在本小节中，将以"条形图"为基础，介绍编辑统计图的操作方法与技巧。

13.7.2 美化统计图

图13-87 设置标签位置和显示选项

美化统计图是通过设置数据标签的填充颜色，以及统计图图表区域的填充颜色和图案的方法，来增加统计图的美观性。

1. 设置数据标签的填充颜色

在【图表编辑器】窗口中的【属性】对话框中，激活【填充和边框】选项卡，然后选中需要设置的填充颜色的单个数据标签，例如选中"大一"数据标签。此时，在【属性】对话框中将显示该数据标签的填充颜色，在【颜色】列表中选择一种颜色。同时，在【边框样式】选项组中，设置【宽度】、【样式】和【线端】选项，单击【应用】按钮即可，如图13-88所示。

另外，选择填充颜色之后，单击【编辑】按钮，即可在弹出的【选择颜色】对话框中自定义其填充颜色，如图13-89所示。

在【选择颜色】对话框中，主要包括样品、HSB和RGB选项卡。其中：

图13-88 设置数据标签的填充色

349

❑ **样品**　在该选项卡中，主要为用户罗列了多种颜色色块，用户只需选择相应的色块即可为图表元素设置相应的、独特的填充颜色。

❑ **HSB**　主要基于色调、饱和度与亮度 3 种效果来调整颜色。在【颜色模式】下拉列表中选择"HSL"选项后，单击【颜色】列表框中的颜色，然后在【色调】、【饱和度】与【亮度】微调框中设置数值即可。其中，各数值的取值范围介于 0~255 之间。

❑ **RGB**　主要基于红色、蓝色与绿色 3 种颜色，利用混合原理组合新的颜色。在【颜色模式】下拉列表中选择"RGB"选项后，单击【颜色】列表框中的颜色，然后在【红色】、【绿色】与【蓝色】微调框中设置颜色值即可。

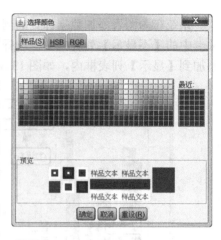
图 13-89　自定义填充颜色

2. 设置去表区域的填充颜色和图案样式

双击统计图中的图表空白区域，在弹出的【属性】对话框中，激活【填充和边框】选项卡。选择【填充】选项，并在颜色列表框中选择一种色块；同样选择【边框】选项，并在颜色列表框中选择一种色块。然后，单击【模式】下拉按钮，在其下拉列表中选择一种图案样式，单击【应用】按钮即可，如图 13-90 所示。

技 巧
在【图表编辑器】窗口中，双击数据标签（柱形图或线段等图表元素）即可弹出【属性】对话框。

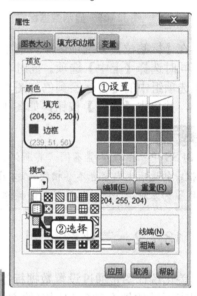
图 13-90　设置填充颜色和图案样式

13.7.3　设置排序方式

在【图表编辑器】窗口中，选中数据系列（条形图），在【属性】对话框中激活【类别】选项卡。将【变量】设置为"年级"，将【排序依据】设置为"标签"，将【方向】设置为"降序"，单击【应用】按钮即可按所设置的条件排序数据系列，如图 13-91 所示。

另外，用户还可以在【顺序】列表框中，选择一个数据系列，单击【上移】或【下移】按钮，通过调整其显示位置的方法来设置数据系列的排列方式。

图 13-91　设置排序方式

> **提 示**
>
> 在【顺序】列表框中选择一个数据系列，可以将该系列从【顺序】列表框中移除，显示在【已排除】列表框中，表示该数据系列将从图表中删除，不进行显示。

13.7.4 设置坐标轴

在【图表编辑器】窗口中，还可以设置图表中坐标轴的数字和文本格式。双击图表中的 Y 轴坐标轴，在弹出的【属性】对话框中，激活【文本样式】选项卡。在【字体】选项组中，设置字体的系列、样式、大小等格式，并在【颜色】选项组中设置字体的颜色，单击【应用】按钮即可，如图 13-92 所示。

激活【刻度】选项卡，在【范围】选项组中设置刻度的最小值、最大值、主增量和原点值，如图 13-93 所示。

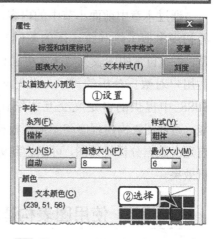

图 13-92 设置坐标轴的字体格式

在【刻度】选项卡中，主要包括下列选项：

- **最小值/最大值** 用于更改轴的范围。列出图中数据的最小值和最大值，以便可以设置包含所有数据的范围。更改范围时可以隐藏其他图形元素（例如注释）。如果没有显示希望看到的元素，请将范围更改为自动设置。如果转换了刻度，则范围值用与数据值相同的单位指定。

- **主增量** 用于指定主刻度标记/标签之间增量的大小。主刻度标记从最小值开始，出现在该数字指定的每个递增位置。一般情况下，最好使用能将范围均分的分隔大小。例如，如果轴的最小值是 0，最大值是 400，则 100、50 或 25 的分隔大小都很合适。

- **原点** 用于指定原点。原点的作用因图形类型而异。

- **在原点处显示线** 表示按照原点文本框中指定的值显示轴。

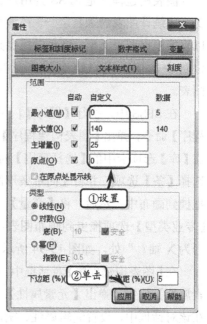

图 13-93 设置刻度的数字格式

- **线性** 表示显示线性、未转换的刻度。
- **对数** 表示显示对数转换的刻度。或者，您可以输入对数的底数，它必须大于 1。如果选择安全，则用于对轴值 x 取对数的转换公式不是 log(x)。图表编辑器使用不同的公式（安全对数），以便处理 0 和负值。
- **幂** 表示显示指数转换的刻度。或者，您可以输入一个幂。默认值为 0.5，即得出的值为数据的平方根。
- **下边距/上边距** 表示创建数据周围的边距。指定内框的一个百分比（0 到 50）用作边距。边距与选中的轴垂直。例如，如果设置垂直坐标轴的上边距为 5%，则在数据框的顶部出现宽度为数据区域的 5% 的边距。

13.8 制作交互式统计图表

通过本章中前面小节中的内容，用户已经初步掌握了绘制统计图的基础知识。但是，系统自带的图表类型无法更加直观地表达用户对数据分析的需求，此时可以使用 SPSS 中提供的自定义交互式统计图表功能，通过图表构建程序和图形画板模板，来自定义数据分析统计图，可以达到更好的分析效果。

13.8.1 使用图表构建程序

图表构建程序是 SPSS 为用户提供制作交互式统计图表的工具之一，在该程序中可以直接根据图表类型，将变量拖曳到相应的位置中，便于用户快速制作交互式统计图表。

在 SPSS 中，执行【图形】|【图表构建程序】命令，弹出【图表构建程序】对话框。在【库】选项卡中的【选择范围】列表框中，选择【条】选项，并将【简单条形图】选项拖拽到画布中。然后，将【变量】列表框的【专业类型】选项拖曳到画布图表中的"是否为 X 轴？"处，如图 13-94 所示。

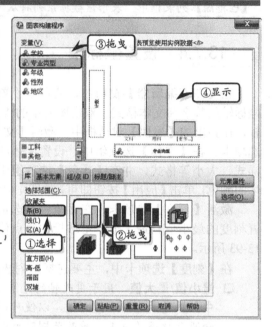

图 13-94　添加图表元素

在【图表构建程序】对话框中，单击【元素属性】按钮，弹出【元素属性】对话框。在该对话框中，设置编辑属性、统计量等选项，并单击【应用】按钮，如图 13-95 所示。

在【元素属性】对话框中，主要包括下列选项组：

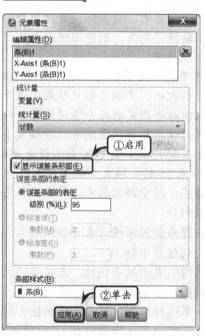

图 13-95　设置元素属性

- 编辑属性　用于指定双轴图形中的元素的轴。
- 统计量　指定一个统计量，以确定图形元素在该 y 轴上的位置（例如，条形图中条的高度或摘要点图中点的位置）。为显示的变量计算该统计量。
- 显示误差条形图　对于汇总分类变量的图表，可以选择显示误差条图。误差条图仅适用于均值、中位数、计数和百分比。
- **误差条图的表征**　对于均值，可以选择显示类别均值周围的置信区间，加减 n 乘以变量标准差，或加减 n 乘以均值的标准误。对于中位数、计数和百分比，只有置信区间是可用的。
- **条图样式**　用于设置条图的样式，包括条、I 形梁和须状 3 种类型。

> **提示**
> 对于【元素属性】对话框中的选项，并不是一成不变的，它会随着图形类型的改变而自动改变。

最后，在【图表构建程序】对话框中，单击【确定】按钮，即可生成交互式统计图表，如图 13-96 所示。

13.8.2 使用图形画板模板

图形画板模板可以根据数据变量的数量和类型，自动提供符合变量数据的图形类型，以满足用户直观、清晰表达数据分布情况的需求。

1. 设置基本选项

在 SPSS 中，执行【图形】|【图形画板模板选择程序】命令，弹出【图形画板模板选择程序】对话框。在【基本】选项卡中，同时选择"专业类型"和"年级"变量，并在右侧的列表框中选择【线图】选项，如图 13-97 所示。

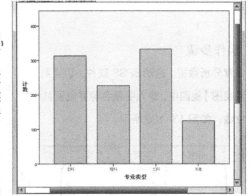

图 13-96　生成交互式统计图表

2. 设置图表选项

在【图形画板模板选择程序】对话框中，激活【选项】对话框，同时单击【选择】按钮。在弹出的【选择样式表】对话框中的【表样式】列表框中，选择【地图标准】选项，并单击【确定】按钮，如图 13-98 所示。

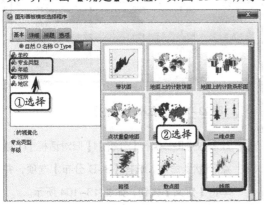

图 13-97　选择图表类型

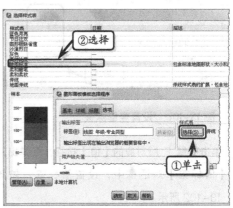

图 13-98　【选项】选项卡

13.9 课堂练习：绘制 3-D 散点图

已知某农业咨询公司，为了研究水分、施肥量，以及区域环境对农作物的影响情况，特对某一区域内农作物的水分、成长、分布和施肥量进行的详细记录。下面，将使用 SPSS 中的 3-D 散点统计图，来查看各影响因素之间的相关性，并根据其具体图形分析各变量之间的变化趋势，如图 13-99 所示。

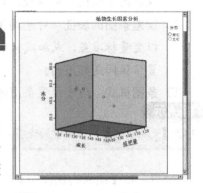

图 13-99　3-D 散点图

操作步骤

1. 设置分析数据。启动 SPSS 软件，切换到【变量视图】视图中，输入变量名称并设置其小数位数，如图 13-100 所示。

	名称	类型	宽度	小数
1	H	数值(N)	8	1
2	C	数值(N)	8	0
3	F	数值(N)	8	0
4	S	数值(N)	8	0

图 13-100　自定义变量

2. 在【标签】列中，根据变量名称依次输入变量的说明性文本，如图 13-101 所示。

图 13-101　设置变量标签

3. 单击变量 F 所对应的【值】按钮，在弹出的【值标签】对话框中，设置值标签，如图 13-102 所示。

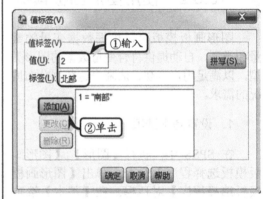

图 13-102　设置值标签

4. 切换到【数据视图】视图中，根据变量类型依次输入分析数据，如图 13-103 所示。

	H	C	F	S
1	40.1	132	1	131
2	40.3	127	2	138
3	50.7	122	1	145
4	50.4	124	2	140
5	50.9	120	2	140
6	50.0	124	1	140
7	30.6	138	1	130

图 13-103　输入分析数据

5. 绘制散点图。执行【分析】|【旧对话框】|【散点/点状】命令，选择【3-D 分布】选项，并单击【定义】按钮，如图 13-104 所示。

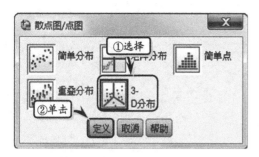

图 13-104 选择图表类型

6. 将"水分"变量添加到【Y轴】列表框中,将"成长"变量添加到【X轴】列表框中,将"施肥量"变量添加到【Z轴】列表框中,将"分布"变量添加到【设置标记】列表框中,如图 13-105 所示。

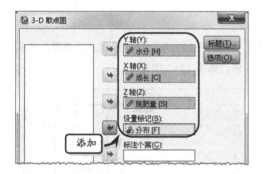

图 13-105 添加图表变量

7. 单击【标题】按钮,在弹出的【标题】对话框中,输入图表的标题文本,并单击【继续】按钮,如图 13-106 所示。

8. 单击【选项】按钮,在弹出的【选项】对话框中启用【显示由缺失值定义的组】复选框,并单击【继续】按钮,如图 13-107 所示。

9. 在【3-D 散点图】对话框中,单击【确定】按钮,系统将自动在输出窗口中显示 3-D 散点图,如图 13-108 所示。

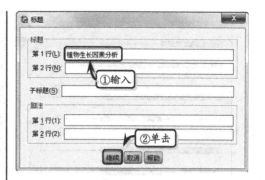

图 13-106 设置图表标题

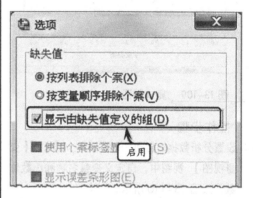

图 13-107 设置图表选项

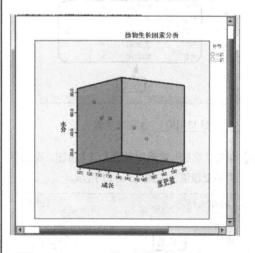

图 13-108 显示 3-D 散点图

13.10 课堂练习:绘制复式箱图

已知某教育机构,对北京 17 所大学中的部分学生进行了专业课、性别、学习和来自地区等数据调查。下面运用 SPSS 中的复式箱图统计图表,通过图详细分析数据的中位数偏离四分位数的具体情况,并根据判断结果推断数据的分布情况,如图 13-109 所示。

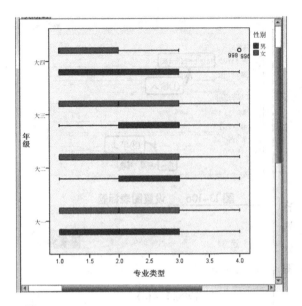

图 13-109 复式箱图

操作步骤

1. 设置分析数据。启动 SPSS 软件,切换到【变量视图】视图中,自定义变量名称和小数位数,如图 13-110 所示。

图 13-110 自定义变量

2. 单击"学校"变量对应的【值】按钮,设置不同的变量值,如图 13-111 所示。

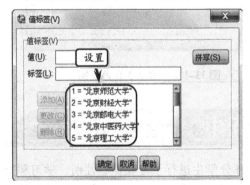

图 13-111 设置变量值

3. 使用同样的方法,分别设置其他变量的标签值,如图 13-112 所示。

图 13-112 设置其他变量值

4. 切换到【数据视图】视图中,根据变量类型依次输入分析数据,如图 13-113 所示。

	学校	专业类型	年级	性别
1	7	1	1	1
2	9	1	1	1
3	2	1	2	1
4	9	1	2	1
5	1	1	1	1
6	1	1	1	1
7	1	1	1	1
8	2	1	1	1

图 13-113 输入分析数据

5. 执行【图形】|【旧对话框】|【箱图】命令,选择【复式条形图】选项,并单击【定义】按钮,如图 13-114 所示。

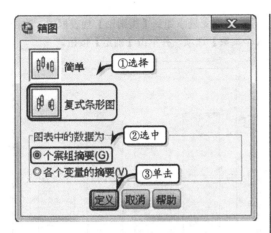

图 13-114　选择图表类型

6 将"专业类型"变量添加到【变量】列表框中，将"年级"变量添加到【类别轴】列表框中，将"性别"变量添加到【X轴上的聚类】列表框中，并单击【确定】按钮，如图 13-115 所示。

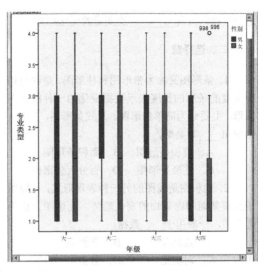

图 13-116　复式箱图

8 双击复式箱图，在弹出的【图表编辑器】对话框中，执行【选项】|【变换图表】命令，转换图表的方向，如图 13-117 所示。

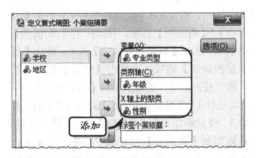

图 13-115　设置图表变量

7 此时，系统会自动在输出窗口中显示复式箱图，如图 13-116 所示。

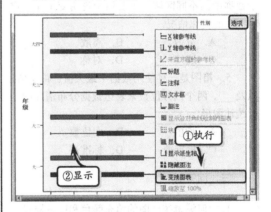

图 13-117　转换图表

13.11　思考与练习

一、填空题

1．误差条形图是一种直观地表现数据_____的图形，它采用平均数和标准差或标准误来计算出总体值的_____，从某种程度上来说误差条形图类似于_____。

2．条形图的_____代表事物数量的多少，而_____是分类轴代表变量、个案或变量的取值。

3．线图是用线上每一个点的_____来表示数据的大小，并以线条连接各个_____，以反映事物之间的关系，主要用于显示_____数据。

4．饼图是一种显示_____比例情况的一种统计图，该类型的统计图使用_____的形式表示数值。

5．散点图是使用_____来显示数据分布情况的统计图，主要用于表现变量之间的_____，适合于观测具有_____的变量的变化趋势。

二、选择题

1. 条形图又称为带形图和柱形图，是利用相同宽度的条形的长度表示数据变化的一种统计图图形，主要分为简单条形图、复式条形图、3-D条形图和____等类型。

   A. 堆积条形图　　B. 面积条形图
   C. 柱形条形图　　D. 百分百条形图

2. 面积图是线图的另一种表现形式，一般用于强调某期间内事物的变化趋势。而饼图又称为圆形图，一般用于____数据。

   A. 连续型　　B. 离散型
   C. 对称型　　D. 分散型

3. 在SPSS中，主要包括简单分布散点图、矩阵散点图、____和3-D散点图4种图表类型。

   A. 堆积散点图　　B. 离散散点图
   C. 重叠散点图　　D. 复式散点图

4. 高低图是以集中趋势和___趋势的形式表示数据中的不同区域，主要用于说明变量在一定时间内的变化情况。

   A. 分散　　B. 离散
   C. 连续　　D. 对称

5. 箱图是一种使用数据中最大值、最小值，以及___、两个四分位数来表达数据分布情况的一种统计图形。

   A. 均值　　B. 中位数
   C. 标准差　　D. 标准误

三、问答题

1. 如何编辑统计图的填充颜色和图案样式？
2. 如何设置统计图中坐标轴的刻度格式？
3. 高低图包括哪几种图表类型？
4. 如何使用图表构建程序自定义统计图表？
5. 如何使用图形画板模板自定义统计图表？

四、上机练习

1. 绘制简单条形图

本练习将绘制一个简单条形统计图，如图13-114所示。制作本练习，首先执行【图形】|【旧对话框】|【条形图】命令，弹出【条形图】对话框。选择【简单箱图】选项，同时选中【个案组摘要】选项，并单击【定义】按钮。然后，将"专业类型"变量添加到【类别轴】列表框中，选中【个案数】选项，并单击【确定】按钮。

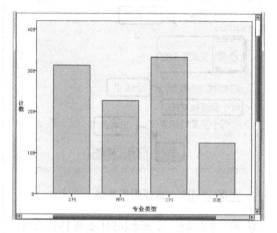

● 图13-118　简单条形图

2. 绘制聚类高低关闭图

本练习将绘制一个聚类高低关闭图，如图13-115所示。制作本实例，首先执行【分析】|【旧对话框】|【高低图】命令，在弹出的【高-低图】对话框中，选择【聚类高低关闭】选项，选中【各个变量的摘要】选项，并单击【定义】按钮。然后，将"最高价1"变量添加到【高】列表框中，将"最低价1"变量添加到【低】列表框中，将"收盘价1"变量添加到【闭合】列表框中，将"日期"变量添加到【类别轴】列表框中，并单击【下一张】按钮。使用同样的方法，设置第二张图表变量，并单击【确定】按钮。

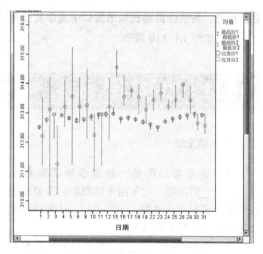

● 图13-119　聚类高低关闭图